经济管理类应用型基础课系列规划教材

Management

管理学

主　编◎王　卫　尚晓燕
副主编◎徐优丽　王积瑾

ZHEJIANG UNIVERSITY PRESS
浙江大学出版社

图书在版编目(CIP)数据

管理学 / 王卫,尚晓燕主编. —杭州:浙江大学
出版社,2019.9
ISBN 978-7-308-18971-2

Ⅰ. ①管… Ⅱ. ①王… ②尚… Ⅲ. ①管理学—高等
学校—教材 Ⅳ. ①C93

中国版本图书馆 CIP 数据核字（2019）第 026078 号

管理学

王　卫　尚晓燕　主编

策　　划	朱　玲
责任编辑	葛　娟
封面设计	春天书装
出版发行	浙江大学出版社
	（杭州市天目山路 148 号　邮政编码 310007）
	（网址:http://www.zjupress.com）
排　　版	杭州朝曦图文设计有限公司
印　　刷	嘉兴华源印刷厂
开　　本	787mm×1092mm　1/16
印　　张	18.75
字　　数	433 千
版 印 次	2019 年 9 月第 1 版　2019 年 9 月第 1 次印刷
书　　号	ISBN 978-7-308-18971-2
定　　价	49.00 元

序

　　作为一本面向应用型本科院校的教材，本书自出版以来受到了广大师生的喜爱。经过多次印刷，一次修订，编者仍然觉得修订的步伐有些滞后于当今管理学理论的更新与发展。随着中国经济的迅猛发展，中国的企业不断成长，不断涌现出新的管理问题来。特别是当前进入移动互联网时代，管理学理论与实践更是遇到了新的问题与新的挑战，一方面传统经典管理理论仍然起着重要的作用，但另一方面，新概念问题在以前的理论体系中很难找到答案。管理学理论需要与时俱进，能够解决当前新形势下的管理问题。我们作为应用型的教材，以培养应用型人才为目标导向来编写教材，更是要紧跟潮流，与时俱进。因此，本书的编者认为有必要对教材做一次较大的修订。

　　几位编写老师都有丰富的管理学教学经验，同时密切关注当前的管理问题，并且对管理学也有较为深入的研究。我们经几轮讨论，保留了原版的基本结构，主要对以下几个方面进行了修订：

　　（一）撤换了大部分的案例，换成更新、更活泼的案例。这主要考虑到两个方面的问题：一个是管理学要注重应用性，势必要紧跟企业界所出现的新问题、新动向；再一个，为了方便大学生理解较为抽象的管理理论，选取了一部分贴近同学们生活的较为生动活泼的案例。

　　（二）增加了新的理论。我们依然保留了经典的管理理论和其基本框架，在其适用性上给出了提示，并且在此基础上提出了新形势下的新问题，使得教材具有延续性和较强的适用性。比如在"组织"一章中，我们仍然保留了经典的组织理论。但我们同时增加了移动互联网形势下出现的新型组织结构，以及对这些新型组织结构的探讨和分析。经典理论并未过时，确切地说管理理论没有新旧之分，只有适合不适合之分。因此，我们在改编教材的时候并未刻意求新，而是秉承适用、实用的原则。

　　（三）删减了一些不合理的地方。编者重新梳理了教材的逻辑，对原本一些重复、逻辑不合理的地方进行了调整和删减。

　　管理学是一门科学又是一门艺术,编者在做本次修订的时候,限于水平和篇幅的限制,深感很多管理的问题仍没有尽述,依然存在疏漏和不足之处,希望广大读者能够批评指正。

　　为了加强与大家的互动交流,及时跟进管理学最新动态,更新管理学的相关案例,我们建立了微信公众平台:管理那点儿事。读者朋友们可以扫描二维码关注本公众号,并且回复"课件"二字可以获得本教材配套课件,同时,大家也可以看到我们为您精选的或原创的精品管理案例。欢迎大家留言,对本书以及公众号提出宝贵意见。我们将不断完善,不辜负大家对本教材的厚爱。

前　　言

管理学是教育部规定的普通高等学校经贸管理类专业的一门重要的核心专业基础课程。

浙江省的应用型本科院校自 1999 年 7 月创办以来,发展迅猛,其中经贸管理类专业数量很多。开创初期,这些院校一般都采用普通高等学校的教材,虽然管理学教材种类很多,但几部最具代表性的教材改版以后篇幅越来越长,有的甚至达到五十余万字。要找一部思路清晰、简洁明了、适合应用型本科院校使用的教材很难。为此,我们组织编写了这部针对应用型本科院校学生特点的管理学教材。

负责本书编写工作的都是多年来从事应用型本科管理学课程教学的任课教师。他们既熟悉普通高等学校管理学课程的教学内容和各种管理类的教材,又了解应用型院校学生的现状,包括他们的接受能力和认知水平。为了编好教材,全体参编者在由主编提供的《管理学课程编写大纲》的基础上进行了认真而热烈的讨论,并在教材目标定位、内容体系和编写特点上达成共识,为编写工作创造了良好的基础。

本书自 2007 年出版发行以来,至今已印刷 13 次,发行量达 3 万余册。除浙江省的应用型本科院校外,还有北京、广东、江苏等地的高校使用本教材。为了更好地适应管理学课程的教学需求,进一步提高教材质量,我们决定对教材进行改版。

参加第三版编写的老师们,对教材的目标定位、内容体系和编写特点又进行了认真的讨论,既肯定了第一版教材的内容体系和编写特点,也指出了需要改进的地方,决定在保留总体框架结构的基础上,删除部分与目前的社会经济环境已不相适应的内容,修改部分讨论题,更新部分案例分析,使其与现实能够更加紧密结合。

为了更好地反映管理理论的新发展,我们增加了"创新"这一章,以使管理理论的内容体系更加完整。

一、教材目标定位

教材的编写必须服务于人才培养目标。我们在总结多年来应用型本科管理学课程教学改革和实际调研的基础上,确立了要编写一部适合于应用型本科院校使用的管理学教材。

本书的目标定位:服务于各类应用型本科经贸管理人才的培养模式。这既区别于普通高校教学型及研究型本科教材服务于培养各类高级经贸管理人才的培养目标,又区别于高职高专培养各类高级技能型管理人才的培养目标。而是培养既有系统的管理理论,又具有实际管理能力的高级应用型管理人才。

二、教材内容体系

本书以培养应用型管理人才为主线,努力使学生掌握两大基础理论:一是系统的管理基础知识,二是基本的管理思想与理念。重点培养学生的四大管理能力:计划与决策的能力、组织与人事的能力、领导与沟通的能力以及控制与信息处理的能力。

根据这一体系,全书共分为10章。

1. 管理导论

本章着重阐述管理的概念和重要性、管理的性质和职能、管理的对象和基本方法、管理者的角色和技能、管理学的特点和研究方法等内容,是管理的原理部分。

2. 管理演进

管理演进既包括管理实践的发展,也包括管理思想的演进,特别是管理理论的演进。主要介绍我国古代、近代和现代的管理思想以及近现代西方管理理论的发展、演变过程,特别是管理理论的"热带丛林",最后分析了管理理论发展的新趋势。

3. 管理伦理

这部分内容在国内部分管理学教材中是不涉及的,而我们认为在现代管理学中伦理问题值得重视。美国管理学家斯蒂芬·P.罗宾斯在他的《管理学》一书中除单独设立"社会责任与管理道德"一章外,还在其他章节开辟了"管理的道德困境"栏目。本章从介绍企业和企业治理结构入手,分析了企业作为一个社会经济细胞的伦理问题及其所应承担的社会责任问题。

4. 管理环境

环境研究是管理决策和制订计划的前提。本章从管理环境及其分类入手,着重分析了管理者进行决策时所需考虑的各种内外部环境因素。其中外部环境因素包括一般环境和特殊环境,而内部环境除阐述各种经营条件外,重点介绍了组织文化。

5. 管理决策

决策是管理工作的本质。管理的各项职能——计划、组织、领导、控制都离不开决策。本章阐述了管理决策的概念及其前提条件、决策的类型、各种决策问题的决策程序,重点介绍了各种定性和定量的决策方法。

6. 计划

计划是管理的首要职能。本章主要阐述了计划的概念和作用、计划类型、计划内容、计划编制过程以及影响计划的因素,并对目标管理的思想和工作程序进行分析和介绍,最后重点阐述了计划的工具和方法,包括滚动计划法、网络计划法和时间管理。

7. 组织

本章在阐述组织的概念、组织设计的任务、组织设计的原则以及影响组织设计的各种因素的基础上,对组织结构各种形式,包括优缺点及其适用条件和范围进行重点阐述,并阐述了人员配备的任务、程序和原则,包括人员选聘、人员培训和人员考核等问题。讨论了组织整合的相关问题,如正式组织与非正式组织、集权与分权、授权等。最后,讨论了互联网时代的新型组织模式。

8. 领导

本章主要阐述了领导的概念和作用,领导的特质理论、行为理论和权变理论,对于各种激励理论,包括内容型、满足型和强化型激励理论和方法进行了阐述和分析,并对各种沟通理论及相关的方法进行详细的分析和介绍。

9.控制

本章在分析控制的含义、控制的作用、控制系统的建立、管理控制的三种基本类型的基础上,对控制过程和各种具体的控制方法进行了介绍,如预算控制、比率分析控制、审计控制和统计分析控制等。

10.创新

本章从阐述创新的概念和特征出发,介绍了创新的作用、创新的条件和创新的具体过程,又对创新的各项内容、创新的各种模式和方法进行了比较详细的阐述,并对管理创新的各项管理工作包括计划、组织、领导和控制进行了具体的介绍。

三、教材编写特点

1.以培养社会需要的应用型管理人才为导向。教材是为课程服务的,课程是为人才培养目标服务的。本教材建立在各类应用型本科院校培养应用型管理人才的办学理念基础上,从编写的指导思想,到内容选择、编写模式都要服务于应用型、外向型、复合型人才的培养模式,适合应用型本科院校的办学特色——"低起点,有坡度,上水平"。

2.在教材内容取舍上,既区别于普通高校教学型及研究型本科教材,又区别于高职高专的高级技能型教材。力求做到概念和知识体系清晰,在介绍各种管理理论时,不是直白的叙述,而是从管理理论研究的背景、研究方法、推理过程对管理理论加以介绍,使读者能够深刻理解管理理论的内容。同时尽可能做到古为今用,洋为中用。本书在编写中借鉴了大量的历史资料以及国内外的管理理论和管理案例,并努力使理论与实践相结合,以此来丰富管理学教学内容,拓展学生的思维空间,使学生能够既具有较为系统的管理理论,又掌握一定的管理技能和方法。

3.教材框架结构完整,理论体系清晰。从介绍管理原理入手(第1章"管理导论"),接着介绍管理思想、管理理论的发展过程(第2章"管理演进"),然后介绍当今管理中的一个热点问题(第3章"管理伦理")。后面部分按管理职能分别加以阐述,重点突出了管理的首要职能即计划职能,共分为三章,分别是第4章"管理环境"、第5章"管理决策"、第6章"计划"。最后介绍第7章"组织"、第8章"领导"、第9章"控制"和第10章"创新"。

4.编写形式上的创新,力求充分体现教科书的特点。我们打破了研究型教材以"绪论—概念—论述—案例"为结构的套路。每一章设置的栏目有:

* 学习目标:为了帮助读者有效地学习,本书在每一章开头提出了学习目标,指出这一章应该掌握的内容,具体达到什么学习目的。

* 引例:在每一章学习目标后引入案例,为学习此章内容创造一个管理情景,激发学生的学习兴趣。

* 思考题:在每一章都包含有不少的思考题,包括小的案例讨论,目的是促使学生在学习过程中开动脑筋,进行思考,加深对管理基本概念和基本观点的理解和掌握。同时,通过思考题进一步激发学生学习的兴趣,自觉扩大阅读面。

* 本章小结:各章后面都有一个围绕此章学习目标的简明总结,正如学习目标指出学习方向一样,本章小结则是提醒学生目前应该掌握的学习程度。

＊复习思考题：每一章后面都设有一些复习思考题，这些问题都是直接针对该章内容的，答案一般都可以从本章内容中直接找到，包括一些计算题和分析题。

＊案例讨论：每一章的最后都附有一个案例。通过对这些案例的讨论、分析，学生可以理论联系实际，提高自己灵活运用管理知识来解决管理实际问题的能力，同时加深对相关章节管理知识的理解。

四、教材使用方法建议

1.本教材是为应用型本科经贸管理类专业管理学课程服务的，全部教材内容通常需要64学时（即一学期16周，每周4学时）才能讲完。由于各校对管理学课时的规定各不相同，因此在大多数情况下需要根据不同的课时数确定教学内容，由教师在此教材基础上适当增减内容。

2.树立以调动学生学习积极性为核心，激励学生自主学习的教学理念。在教学过程中充分发挥学生的主体作用和教师的主导作用，对于这些没有工作经验的本科生，可以以社会生活和日常大学生活中可能遇到的管理问题为例，讲解教材中的管理学知识，避免其由于没有工作经验而难以理解社会上所遇见的管理问题。

3.教师精讲，学生参与，建立互动式课堂。教师要在讲授基本管理理论、原理和方法后，发动学生参与，通过案例分析、撰写小论文、课堂讨论、演讲等多种方式，构建激励学生自主学习的机制，营造一种生动活泼、师生互动的课堂氛围。

4.在本教材中，根据教材的目标定位，我们为应用型本科学生提供了系统的管理学基础知识，同时提供了一些思考与少量的案例分析和练习，其目的就是在保证管理学知识结构体系的完整性和系统性的同时，为教师教学提供足够的发挥空间。也就是说，每一位管理学课程的主讲教师可以根据本人对管理学的理解，发挥自己的特长，对教材内容进行增删，以形成自己独特的教学风格。

本书在编写过程中，吸收、借鉴与引用了大量国内外学者的理论成果，力求建立适合于应用型本科教学特点，更加科学与实用的管理学教材体系。主要的参考文献已列于书后，或在文下注明，一些案例由于在教学中反复使用与修改已难标明出处，在此一并致谢。

本书作为应用型本科规划教材，由浙江大学出版社策划出版。

第三版编写工作的分工如下：王卫（浙江树人大学）编写第1章、第2章、第4章；尚晓燕（浙江树人大学）编写第6章、第7章、第9章、第10章；徐优丽（浙江树人大学）编写第3章、第5章、第8章；由王卫、尚晓燕担任主编，徐优丽、王积瑾担任副主编。全体编写者在第三版编写过程中对其他同类教材进行借鉴和探索，都想把自己多年来从事应用型本科管理学课程的教学经验融入本书中，但由于编写时间仓促，编者水平有限，书中尚有疏漏或不足之处，恳请读者不吝赐教，以便修订，使之日臻完善。

浙江大学出版社的朱玲、葛娟等编辑为本书的出版做了很多工作，对编写工作给予了很大的支持和帮助，在此一并致谢！

编　者

2018年7月

目　　录

第一章

管理导论

学习目标

通过学习本章的内容,学生能够:

1. 掌握管理的概念及特性;
2. 掌握管理的四大职能;
3. 了解管理者的类型,管理者的技能;
4. 理解管理的科学性与艺术性;
5. 了解管理学学科体系及管理学的研究方法。

引 例

女佣变凤凰

对某些人而言,好莱坞电影《女佣变凤凰》只是一部平凡女性嫁入豪门的爱情喜剧,但学管理的学生按理应该会注意到,女主角是纽约曼哈顿地区某饭店的客房清洁人员,向公司申请参与管理训练并获得核准,相关桥段包括其直属上司对她鼓励有加,母亲质疑她为何不乖乖地继续做客房清洁工作,以及同事以"我们想要都没有机会,你还犹豫什么"来勉励她,等等。

虽然整部电影只显示出女主角因为"不想当一辈子女佣"而申请参与管理培训,看不出她对管理工作的热爱与努力过程,甚至在女主角违反规定偷穿客房的名牌服饰,被男主角撞见而一见钟情的关键桥段中,多少有一点讽刺遵守规定则不会有意外惊喜的味道,但包括基层工作者急求管理职位而不可得,客房清洁人员在房客眼中有如隐形人等管理相关议题,都通过不同的桥段有意无意地显示出来。

在管理实务上,参与管理训练的员工称为储备干部,顾名思义就是训练完成后预计要担任公司干部(即管理者)的员工。显然,并不是在基层工作上表现良好的人都可以接受储备干部训练,更不是人人都可以成为管理者。究竟管理是怎么回事? 管理者在做哪些事情? 需要哪些不同于基层人员工作的能力? 这些问题都可以在本章获得初步的答案。

(案例出处:叶日武,林玥秀.管理学.北京:经济管理出版社,2017)

第一节　管理的概念和特征

对于"管理是什么",我们发现,虽然我们每天都在和管理打交道,每天都在讲管理,似乎管理已经深入每天每个人的生活中,但并不是人人都能清楚地回答这一问题。

一、管理的概念

管理的实践活动在人类社会已经存在了几千年,其对于实现组织目标的重要性渐渐被人们所认识,伴随着几千年有效的管理实践活动,管理的重要性也逐渐为人们所认识。20 世纪以来,管理运动和管理热潮取得了令人瞩目的成果——产生了完整的管理理论体系和大量的管理著作。那么,什么是管理? 由于学者具有不同的背景和经历,因此他们对于管理的认识和看法也大不一样,给管理下的定义也有差别。

表 1-1　学者们对管理的定义

强调内容	代表人物	定义内容
强调管理过程	亨利·法约尔	管理是由计划、组织、指挥、协调及控制等职能为要素构成的活动过程。
强调管理作用	彼得·德鲁克	管理就是牟取剩余。所谓剩余,就是产出大于投入的部分。 他还进一步定义:管理是一种任务,不在于知而在于行,不在于逻辑而在于结果;管理是一种工作,有自己的工具、技能、技术;管理是一门科学,是系统化的知识。管理是一种文化:它有它的价值观、风格、信仰(道德约束)。
强调决策作用	赫伯特·西蒙	管理就是决策。而且决策标准不是最优而是满意。
强调管理者个人作用	詹姆斯·穆尼	管理就是领导。认为组织活动的有效性取决于领导的有效性。
强调管理工作内容	哈罗德·孔茨	管理就是通过别人把事情做成的一种职能。
其他		管理是某一组织中,为完成目标而从事的人与物资资源的协调过程。 管理的核心就在于让人愉快、高效地做正确的事并取得成果。

从表 1-1 所述的管理定义可以看出,管理定义虽然多角度、多样化且并不统一,让初学者无所适从,但可以为管理者解决企业经营管理问题提供更多的思路,也从不同角度揭示了管理的内涵和实质。我们认为,管理就是在特定的环境下,对组织所拥有的资源

进行有效的计划、组织、领导和控制，以便达成既定的组织目标的过程。

二、管理的特征

自从有人群组织以来，便存在管理这一类活动，这类活动不同于文化活动，科学活动和教育活动等，它有其自有的特性。

（一）管理的二重性（马克思主义的观点）

1. 自然属性（一般属性）

管理的自然属性是指管理是由许多人进行协作劳动而产生的，是有效组织共同劳动所必需的，同生产力、社会化大生产相联系，担负合理组织生产力的职能。管理的自然属性是为了组织的共同劳动产生的，它反映了社会协作过程本身的要求，力求用先进、科学的方法合理组织生产力，以保证与社会结合的生产过程顺利进行。可见，管理是人类社会活动的客观需求，管理的上述属性是不以人的意志为转移的，也不因社会制度意识形态不同而有所改变，是一种客观存在，所以称之为管理的自然属性。

2. 社会属性（特殊属性）

管理的社会属性体现在管理作为一种社会活动，它只能在一定的社会历史条件下和一定的社会关系中进行，同生产关系、社会制度相联系，社会制度不同，生产目的、管理方式也不同。管理是为生产资料所有者的利益服务的。管理的社会属性是由生产关系决定的，它反映了一定社会形态中统治阶级的要求，受到生产关系和经济基础的影响和制约，按统治阶级的意志调整人们之间的相互关系，维护和完善生产关系。

管理的自然属性为我们学习、借鉴发达国家先进的管理经验和方法提供了理论依据，使我们可以大胆地引进和吸收国外成熟的经验，来迅速提高我们的管理水平。管理的社会属性则告诉我们，决不能全盘照搬国外的做法，必须考虑国情，逐步建立具有中国特色的管理模式。

（二）管理的科学性和艺术性（西方学者的观点）

管理是科学还是艺术？这个争论是从大学开始教授管理才出现的。尽管很早就有企业管理，但并没有这种争论，因为管理者都是从其他专业转行而来的。人们的常识是：一个任何人都可能从事的专业怎么可能是科学？可是当企业越来越大，管理越来越复杂，学校开始教授管理了，有人就提出：管理是科学。争论就开始了。

1. 管理的科学性

我们认为，管理是一门科学。管理的科学性，表现在它是以反映管理客观规律的管理理论和方法为指导的，具有一套分析问题、解决问题的科学方法论等方面。管理是人类重要的社会活动，存在着客观规律性。管理作为科学，就是指人们发现、探索、总结和遵循客观规律，在逻辑的基础上，建立系统化的理论体系，并在管理实践中应用管理原理与原则，使管理成为在理论指导下的规范化理性行为。如果不承认管理的科学性，不按规律办事，违反管理的原理与原则，随心所欲地进行管理，必然受到规律的惩罚，导致管理的失败。我们认为，要将管理工作做好，首先必须承认管理是一门科学，管理主要依靠的是一套制度,尤其是评价制度与激励制度。在现实中,人们也可以发现,一个企业管理得好,那肯定是因为它有一套科学的评价制度与激励制度。只有有了一套科学的管理制度,才能给职工稳定的预期,减少信息搜寻成本和不确定性所造成的损失。在此基础上企业家的人格魅力、聪明才智、创新精神才有发挥的余地。如果只承认管理是一门艺术,而不承认管理是一门科学,就必然导致管理中的随意性、一言堂,甚至独裁与腐败。

2.管理的艺术性

管理又是一门艺术。管理的艺术性,即强调管理的实践性,没有实践则无所谓艺术。管理艺术的含义是指能够熟练地运用知识并且通过巧妙的技能来达到某种效果。管理虽然可以遵循一定的原理或规范办事,但它绝不是"按图索骥"的照章操作行为。管理理论作为普遍适用的原理、原则,必须结合实际应用才能奏效。管理者在实际工作中,面对千变万化的管理对象,因人、因事、因时、因地制宜,灵活多变地、创造性地运用管理技术与方法,解决实际问题,从而在实践与经验的基础上,创造了管理的艺术与技巧。这就是所谓管理是艺术的含义。把管理只当成科学,排斥管理的艺术,完全按管理原理与原则去刻板地解决管理问题,必然会碰壁。在承认管理科学性的前提下,讲管理的艺术性也是很有必要的。因为,管理制度是经营者与职工之间的一些契约,包括正式的契约与非正式的契约、书面契约与口头契约、强制性契约与诱致性契约等等,而这些契约都不可能是完备的。例如,规定工资与生产的产品成正比,这一看似明确的契约实际上包括了很多不完备的地方:工资有没有包括奖金,有没有包括实物工资?生产不同产品的职工之间,产品如何比较?产品的质量如何界定?由请假、工伤、公务、不可抗力导致生产的产品减少,如何扣减工资?而涉及度量(如产品质量度量)方面,更是不可能做到绝对精确。简单到一张桌子有多长,我们也不可能精确量出(总是有误差存在)。而涉及概念,也是不可能绝对明晰的。由于度量是不精确的,概念是模糊的,所以任何制度都不是完备的,在制度不完备的地方,就需要管理者的艺术。可以这样说,管理艺术是对管理制度的补充,在管理制度规定到的地方,是不可以假管理艺术之名违反管理制度的。如果管理制度本身不合理,那么就需要修订管理制度,而不是以管理艺术去代替不合理的管理制度。

管理是科学与艺术的结合。管理既是科学,又是艺术,这种科学与艺术的划分是大致的,其间并没有明确的界限。说它是科学,是强调其客观规律性;说它是艺术,则是强调其灵活性与创造性。而且,这种科学性与艺术性在管理的实践中并非截然分开,而是相互作用,共同发挥管理的功能,促进目标的实现。管理需要科学的理论指导,没有理论指导的实践是盲目的实践,盲目的实践必然导致失败。但是管理理论是管理实践的概括与抽象,具有较高的原则性,可每一项具体的管理活动都是在特定条件下展开的,因此,要结合实际进行创造性的管理。

【思考】 请各举一个管理科学性和艺术性的例子。

第二节　管理的重要性

管理活动和人类的历史一样悠久，至少可以追溯到几千年以前。生活在幼发拉底河流域的闪米尔人，早在公元前 5000 年就开始了原始的记录活动。这也是有据可考的人类历史上最早的管理活动。管理活动的历史虽然悠久，但在过去几千年中，管理始终只是一种零散的经验和某种闪光的思想。只是到了工业革命以后，随着现代工业技术的广泛应用和工商企业的大量发展，管理才得到了系统的研究和普遍的重视。在工业革命之后管理变得越来越重要，主要有以下三个方面的原因。

1. 资源的有效配置

由于人力资源和其他资源（时间、资金、物资、信息、技术等）相对于人类的欲望总是短缺的，为了实现人们的共同欲望（目标），就必须充分利用有限的资源，为此就必须进行管理，使这些资源都以适当的形态、合理的配比参与组织活动。

2. 协调高度专业化分工的社会

组织对管理的要求和对管理的依赖性与组织的规模是密切相关的，共同劳动的规模越大，劳动分工和协作越精细、越复杂，管理工作也就越重要。一般来说，在手工业企业里，要进行共同劳动，有一定的分工协作，管理就成为进行生产所不可缺少的条件。但是，如果手工业企业的生产规模较小，生产技术和劳动分工比较简单，管理工作也就比较简单。现代化大工业生产不仅生产技术复杂，而且分工协作严密，专业化水平和社会化程度都很高，社会联系更加广泛，需要的管理水平就更高。

高度专业化的社会分工是现代国家和现代企业建立的基础。如何把不同行业、不同专业、不同分工的各种人员合理地组织起来，协调他们相互间的关系，协调他们与政府的关系，协调他们与各种资源的关系，从而调动各种积极因素，都要靠有效的管理。美国国际商业机器公司的创办人托马斯曾经讲过这样一个故事，可以深入浅出地说明管理的产生及其在实现组织目标中的作用。有一个男孩得到一条长裤，穿上一试长了一些。他请奶奶帮忙把裤子剪短一点，可奶奶说，眼下的家务事太多，让他去找妈妈。而妈妈回答他，今天她已经同别人约好去玩桥牌。男孩子又去找姐姐，但是姐姐有约会，时间就要到了。到了晚上，奶奶忙完家务事，想起了孙子的裤子，就去把裤子剪短了一点。姐姐回来后心疼弟弟，又把裤子剪短了一点。妈妈回来后同样也把裤子剪短了一点。可以想象，第二天早上大家会发现这种没有管理的活动所造成的恶果。由上述例子可以看出，任何活动都需要管理。

3. 建立和实现共同目标

任何组织（早期的如氏族公社、部落、商号，近现代的企业）都有自己的中长期目标，为了实现组织目标，需要组织中全体成员一致行动。实现社会发展和企业或任何社会组织发展的预期目标,都需要靠全体成员长期的共同努力。把每个成员千差万别的个人目标引向组织的目标,把无数分力组成一个方向一致的合力,也要靠管理。如果管理不善,组织就会像一盘散沙,内耗不止,毫无活力。不仅预期目标不可能实现,而且与强手相比距离愈拉愈远,最后可能找不到立足之地而被淘汰。著名战略管理专家迈克尔·B.波特也曾说过,只要是需要一个以上的人来完成的工作,就需要管理。这些充分说明一个事实:管理存在的基础是组织。组织目标的实现要依靠管理,管理是为实现组织目标服务的。

第三节　管理的职能

一、管理的基本职能

管理职能是指管理过程中各项活动的基本功能。西方管理理论至今对管理职能的划分意见不一。最早系统地提出管理职能的是法国的法约尔。他认为,管理的职能包括计划、组织、指挥、协调和控制,这就是所谓的"五职能说"。其中,他比较重点地强调了计划职能的重要性。另外在他的论述中,组织职能是指为实现组织的既定目标提供一切所需条件的过程,包括组织结构的建立,职工的招募、评价、训练以及规章制度的建立等;指挥职能就是管理层对下属人员给予指导的过程;协调职能是指为使组织目标顺利实现而协调组织一切工作的过程;控制职能是指为了实现组织计划而对实际工作进行调整和控制的活动过程。

自从法约尔提出了管理职能学说,沿着他的研究框架,诸多学者对管理的职能进行了广泛深入的研究。美国学者拉尔夫·戴维斯曾担任过美国管理学院院长。他在1934年提出了"有机职能说"。他认为,管理的职能是计划、组织和控制。所谓"有机职能"意为这些活动的目的是维持组织的生存与发展。这里的"计划"是指为解决某一具体的管理问题,而对所需的各项因素、财务、力量关系做的详细说明;"组织"是指为实现组织目标所需做的一切工作的总称,它强调了对人与人的关系、人与物的关系以及物与物的关系的协调;"控制"是对实现某一目标所从事的各种活动的调节与监督。

美国哥伦比亚大学公共管理研究所所长卢瑟·吉利克在1937年与厄威克合编的《管理科学论文集》中,就管理职能的划分,提出了著名的管理"七职能说"。他认为,管理的职能是:计划、组织、人事、指挥、协调、报告和预算。

阿尔文·布朗是美国一家大公司的高级管理人员。他将管理的职能划分为计划、执行和检查三种。其中,"计划"是预测并规定各种活动的过程,"执行"是实际的实施,"检查"是指检查计划和执行是否同组织目标一致。他认为,管理过程是这些职能活动重叠交叉,周期性进行的。他的管理职能的观点在管理过程学派中有一定的影响。

英国管理学权威林德尔·厄威克在管理职能划分方面,基本上是在法约尔"五职能说"的基础上进行了分析和综合。他认为管理过程是由计划、组织和控制三项主要职能构成的。其中预测是计划的基础,而预测的原则是"适用性",这就决定和要求计划应具有"条理性"。厄威克认为,协调和控制的基础在于职权,而职权则是依据"层次原理"来确定的,即通过职务的高低和职能的统一,最后界定每个人的权责。他主张控制应遵循集中原则,并将控制职能又细分为配备人员、选择与安排、纪律和训练这三种派生的职能。

威廉·纽曼是美国哥伦比亚大学教授,著有《经营管理的原则》。他将管理过程的职能划分为计划、组织、调节资源、指挥和控制。威廉·纽曼对计划职能的描述比较深入,进一步将其划分为三种,即组织目标、专门计划(为适应某一特定情况而制订出的一整套行动路线)、长期计划。纽曼还第一次提出了"调节资源"的职能。而且,威廉·纽曼将协调归入指挥职能,而不作为一项独立的职能。

哈罗德·孔茨和西里尔·奥唐奈两人都是美国加利福尼亚大学的教授。1955年,他们把管理的职能划分为:计划、组织、人事、控制。他们首先明确指出,管理过程中的这些职能是有机联系在一起的,管理人员并非按照固定的顺序来执行这些职能,而事实上往往同时执行这些职能。他们还提出了实施这些职能应遵循的原则。

20世纪60年代以来,随着系统论、控制论和信息论的产生以及现代技术手段的发展,管理决策学派的形成,决策问题在管理中的作用日益突出。西蒙等人在解释管理职能时,突出了决策职能。他们认为组织活动的中心就是决策。制订计划、选择计划方案需要决策;设计组织结构、人事管理等也需要决策;将实际成绩同计划比较,选择控制手段还需要决策。他认为,决策贯穿于管理过程的各个方面,管理就是决策。

约瑟夫·L.梅西是美国肯塔基大学的教授,他在1979年出版的《管理学基础》一书中,将管理职能划分为:决策、计划、组织、控制、通讯与指挥。他强调了决策的作用,认为管理者的主要任务是进行决策,而不必亲自去做某项具体的工作。与前述的研究不同,他还将通讯作为一个独立的管理职能分离出来,认为管理的各项活动,尤其是组织和控制职能中都有通讯。

从西方管理理论关于管理职能的划分中可以看出,管理职能的划分不存在固定的模式。综合前人的研究成果,我们认为管理应包含以下四大职能:

(1)计划。计划职能是指管理者为实现组织目标对工作所进行的筹划活动。计划职能一般包括调查与预测、制定目标、选择活动方式等一系列工作。任何管理者都要执行计划职能,而且,要想将工作做好,无论大事小事都不可缺少事先的筹划。

计划职能是管理的首要职能,它对未来事件做出预测,以制订出行动方案。计划工作是为事物未来的发展规定方向和进程,重点要解决好两个基本问题:一是目标的确定问题。如果目标选择不对,计划再周密具体也枉费心机,这是计划的关键。二是进程的时序,即先做什么,后做什么,可以同时做什么,均不能错位,这是计划的准则。如小赵得知近来某高档啤酒销售利润丰厚,就托关系以预付30%款项的方式从厂家批发了5000

箱。同时招聘一批临时工以 0.2 元/瓶的回扣报酬组织促销队伍,并安排饮食店和宾馆代销。但因促销不力,2000 箱啤酒积压在库房。小赵的爱人骂他做事没有计划,小赵感到很委屈。你认为小赵有计划吗?

从管理学上来说,小赵是有"计划"的。因为,小赵对这次业务活动进行了谋划,了解最近的行情,并估计好卖,也就是做了预测,并在促销和代销中对资源进行了组织。小赵的"计划"虽未形成文字,但却进行了实践,只是结果不理想而已。

在管理科学中,研究的是计划的动态过程,也就是说,要研究计划是如何产生的这一过程,从而探索制订计划的一系列科学程序和方法,为管理提供科学的计划决策。管理的计划职能就是要选择组织的整体目标和各部门的目标,决定实现这种目标的行动方案,从而为管理活动提供基本依据。因此,计划职能是管理的首要职能,是从现在通向未来的桥梁。

(2)组织。组织职能是管理者为实现组织目标而建立与协调组织结构的工作过程。

组织职能一般包括:设计与建立组织结构、合理分配职权与职责、选拔与配置人员、推进组织的协调与变革等。合理、高效的组织结构是实施管理、实现目标的组织保证。因此,不同层次、不同类型的管理者总是或多或少地承担不同性质的组织职能,也是最具有艺术性的职能。

组织职能一般有两个基本要求:一是按目标要求设置机构,明确岗位,配备人员,规定权限,赋予职责,并建立一个统一的组织系统;二是按实现目标的计划和进程,合理地组织人力、物力和财力,并保证它们在数量和质量上相互匹配,以取得最佳的经济效益和社会效益。

(3)领导。领导职能是指管理者指挥、激励下级,以有效实现组织目标的行为。

领导职能一般包括:选择正确的领导方式;运用权威,实施指挥;激励下级,调动其积极性;进行有效沟通……凡是有下级的管理者都要履行领导职能,不同层次、不同类型的管理者领导职能的内容及侧重点各不相同。领导职能是管理过程中最常见、最关键的职能,也是最具有艺术性的职能。

(4)控制。控制职能是监视各项活动以保证它们按计划进行并纠正各种重要偏差的过程。即按照既定的目标、计划和标准,对组织活动各方面的实际情况进行检查和考察,发现差距,分析原因,采取措施,予以纠正,使工作能按原计划进行。新新水果店最近水果滞销,霉烂较多。针对这一问题,果品公司领导先后为该店换了几位经理,但销售还是不火,领导下决心亲自经营。一到水果店,就查找问题根源,发现主要原因在于营业员的态度不如对面的小摊贩热情,促销不力,缺乏竞争意识。这一问题不解决,进货积压在所难免,商品损耗率上升也就很自然了,于是该领导决定对全体员工进行一次培训,专门学习推销技巧,改变服务观念,然后又进行了现场指导,一个月以后,水果店的生意果然红火起来了。

为什么会有这么大的转变?关键在于经理实施了预先控制。

控制职能与计划职能密不可分。计划是控制的前提,为控制提供目标和标准,没有计划就不存在控制;控制是实现计划的手段,没有控制工作,事先拟订的计划是不会自动实现的,控制活动为计划的实现提供保证。但是,控制比计划更重要,控制是管理的内涵,计划则是管理的外延。

控制必须具备三个基本条件:一是有明确的执行标准,如数量、定额、指标、规章制度、政策等;二是及时获得发生偏差的信息,如报表、简报、原始记录、口头汇报等;三是纠正偏差的有效措施。缺少任何一个条件,管理活动便会失去控制。

管理的上述职能是相互关联、不可分割的一个整体。通过计划职能,明确组织的目标与方向;通过组织职能,建立实现目标的手段;通过领导职能,使个人的工作与所要达到的集体目标协调一致;通过控制职能,检查计划的实施情况,保证计划的实现。管理的这几个职能的综合运用,归根结底是为了实现组织的目标。

【思考】 请举例说明管理的四大职能之间的关系。

二、衡量管理水平的标准

我们虽然无法为管理的好坏做一个明确的判断,但是当我们身处一个管理者的管理当中时,总会有自己的感觉和评判,知道现在这个管理者的管理究竟是好还是不好。从前述可以看出,管理活动的首要特点就是其目的性,管理是有目的和目标的。笼统地说,管理目标的实现程度就是衡量管理工作好坏的标准。那么,管理的目的是什么呢? 两个字:效益。即管理者管理组织的目的是使组织产生一定的经济效益和社会效益。

彼得·德鲁克在其《管理实践》中写道:"管理人员在做出每一个决定、采取每一个行动时,都必须永远把经济绩效摆在第一位。只有通过它产生了经济效果,它才有存在的价值,才有权威;也需有一些很重大的非经济的效果:企业成员的幸福、对一个群体的福利或文化的贡献等等。然而,管理如果不能生产出经济效果也就失败了。它如果不能以消费者愿意付的价格供应消费者想要的货物和服务,它就失败了。它如果不能改善,或者至少是维持用交托给它的经济资源制造财富的能力,它就是失败了。在这个意义上,管理是独一无二的。"

效益是管理永恒的主题。任何组织的管理都是为了获得某种效益。效益的高低直接影响着组织的生存和发展,组织的效率和效益高低就是衡量管理水平的标准。组织的高效率和高效益反映出高水平的管理。

效益是有效产出与其投入之间的一种比例关系,是指某一特定系统运转后所产生的实际效果和利益,可从社会和经济这两个不同角度去考察。具体地说,它反映了人们的投入与所带来的利益之间的关系。

效果是一项活动的成效与结果,是人们通过某种行为、力量、方式或因素而产生的合乎目的性的结果。企业生产的产品虽然质量合格,但如果不符合社会需要,在市场上卖不出去而积压在仓库里,最后甚至变成废弃物资,那么这些产品的生产活动就是没有效果的,因为它既不符合企业的目标,也不符合市场的需求。例如实达电脑在1999年上马的VCD生产项目,其产品本身质量是没有问题的,但是由于它所生产的是即将被市场淘汰的产品,因此,这项投资活动是没有效果的,也就是说它的战略是错误的。一项决策的效果好坏取决于公司战略是否正确。

效率的含义是随着生产力的发展而发展的。最初的效率概念就是传统意义上的劳动生产率,因为在劳动力作为主要生产力的时候,劳动生产率基本上决定了整体的生产力。随着工业革命的深入,生产者的体力劳动逐步被机器设备所代替,而要购买机器设备就需要大量的资金,因此,资金也被作为生产力要素之一来看待。之后,人们逐渐开始把资金的投入和产出的大小作为衡量企业效率高低的标志。效率的含义也有了扩展。

效率是指投入与产出或成本与收益的对比关系。投入或成本从一般意义上来说就是利用一定的技术,生产一定产品或提供一定服务所需要的资源,既包括物质资源,又包括人力资源;既包括有形资源,又包括无形资源。产出或收益指的是人们利用一定的技术、投入一定的资源生产出来的能够满足人们需要或具有一定使用价值的物品或服务,既包括有形产品,又包括无形产品。如果用公式来表达效率的概念,即:效率=收益/投入。

从该公式不难看出,提高效率所要考虑的内容只有两个:收益与投入。对组织而言,由于总的投入水平一定,收益愈多就是效率愈高,反之亦然。而组织中收益的增加,是以某些投入(如劳动、原料、管理费用等)为前提的,相对投入越少,说明生产成本越低,因而利润额就越大。如果没有这部分投入的相对减少,那么增产就只是生产规模的扩大,并没有效率可言。效率的提高,实际上就是相对投入的降低。因此,相对投入的降低成为组织最为关心的问题。

从管理的角度来看,管理是一个投入收益的过程。管理者依据计划决策,将人、财、物等资源条件投入生产或服务运转之中,经过管理主体和管理客体的相互作用和创造,产生出一定的收益。任何一种管理理论或技术革命,无一例外都是为了达到相对投入的降低。相对投入的降低可以通过两条途径,一是在一定的投入下增加收益,二是在一定收益上减少投入。而收益的增加归根到底也就是为了减少相对投入,或者说降低成本。组织系统是由组织目的、组织环境、管理主体、管理客体四要素构成的,对于组织而言,减少投入或者降低成本就是在产出一定的情况下,减少管理客体的投入。

在组织系统中,管理客体是人、财、物。管理学一般把人、财、物作为三个平行的要素加以探讨,认为管理就在于通过组织、计划、协调、控制等手段,对人、财、物进行合理的配置,使人尽其才,物尽其用。其实,人是一类因素,财和物则是另一类因素。因为人是有感情的,人在多大程度上接受管理,完全取决于管理者在多大程度上调动了人的积极性、主动性和能动性。管理者越是能够调动起被管理者的积极性、主动性和能动性,被管理者也就越愿意接受管理。在人的管理中,管理和被管理、主动和被动是统一的。对财和物的管理和对人的管理则不同,因为财和物都是一种客观的、完全由人支配的物质因素。

所以,在组织系统中,控制分为两类:一类是对资金、物资的控制;另一类是对人员、组织的控制。前者主要表现在筹措、供应、使用、保管方面的合理安排,以提高物资、装备的使用效率;后者多表现为计划、组织、制度、体制的科学制定,以提高人员的工作效率。

效益与效果和效率是既相互区别又相互联系的概念。效益与效率、效果的关系是:

$$效益＝效果×效率$$

要使效果好就要有正确的战略,要使效率高就要有正确的方法。要提升组织效益就要用正确的方法(策略)做正确的事(战略)。管理的目的就是既要做对工作,又要做好工作。

【思考】 效率高就一定效益好吗?

第四节　管理者

一、管理者的概念及分类

关于管理者的概念有传统观点和现代观点。传统关于管理者的观点认为,根据人们在组织中的地位和作用的不同,可以将他们分为操作者和管理者。操作者是指在组织中直接从事具体的业务,不承担对他人工作监督责任的组织成员。操作者的任务就是做好组织分派的具体操作性事务。管理者是指那些在组织中指挥他人完成具体任务的人。管理者虽然也承担一定的具体事务性工作,但他的主要职责是指挥下属工作。这种概念强调的是组织中的正式职位和职权,强调必须拥有下属。有下属向其汇报工作,是管理者区别于操作者的显著特点。关于管理者的现代观点,美国学者彼得·德鲁克曾下了如下定义:在一个现代的组织里,一个知识工作者如果能够由于他们的职位和知识,对组织负有贡献的责任,因而能够实质性地影响该组织经营及达成成果,即为管理者。这一定义强调作为管理者首要的标志是必须对组织的目标负有贡献的责任,而不是权力。只要共同承担职能责任,对组织的成果有贡献,他就是管理者,而不在于他是否有下属人员。依据这一定义,拥有知识并负有贡献责任的工程师就是管理者。

综合以上分析,管理者的定义应为:履行管理职能,对实现组织目标负有贡献责任的人。管理者拥有奖惩他人的权力,必须执行一定的管理职能,人格一般是双重的,这是管理者的特征。

【思考】 传统的管理者定义与彼得·德鲁克的管理者定义有何不同?

管理者可以按照多个标准进行分类。

1. 按照管理者所处的层次划分

（1）高层管理者。是指那些对组织的管理负有全面责任，并侧重负责制定组织的大政方针、沟通组织与外界交往联系的人。高层管理者对组织发展战略、行动计划、资源安排拥有充分的权力。他们的决策是否科学、职权利用是否得当等，会直接关系到组织的存亡兴衰。如学校的正、副校长，企业的董事会成员，城市的正副市长等。

（2）中层管理者。是指主要贯彻高层管理者所制定的大政方针，并指挥基层管理者活动的人。他们不做具体操作，而是根据上级的计划，把具体任务分配给基层单位，并指导和协调基层管理者的工作。中层管理者起着承上启下的作用，对上下级之间的信息沟通负有重要的责任。如系主任，处长，企业中计划、生产、财务等部门的负责人，政府中的主任、局长等。

（3）基层管理者。是指那些直接指挥和监督现场作业的人员，他们是完成上级下达的各项计划和指令的人，直接带领具体操作人员完成上级下达的具体任务。因此，他们直接同操作人员打交道，协调和解决工作中遇到的具体问题，是整个管理系统的基础。如工长、领班、小组长等。

上述三个不同层次的管理人员，其工作内容和性质存在很大的差别。一般来说，第一线管理人员所关心的主要是具体的战术性工作，而最高管理人员所关心的则主要是抽象的战略性工作。

【思考】 各层次管理者在组织中分别起到什么作用？

2. 按管理工作的性质与领域划分

（1）综合管理者。指负责整个组织或其所属单位的全面管理工作的管理人员。他们是一个组织或其所属单位的主管，对整个组织或该单位目标实现负有全部的责任；他们拥有这个组织或单位所必需的权力，有权指挥和支配该组织或该单位的全部资源与职能活动，而不是只对单一资源或职能负责。例如，工厂的厂长、车间主任、工段长都是综合管理者。而工厂的计财处长则不是综合管理者，因为其只负责财务这种单一职能的管理。

（2）职能管理者。是指在组织内只负责某种职能的管理人员。这类管理者只对组织中某一职能或专业领域的工作目标负责，只在本职能或专业领域内行使职权、指导工作。职能管理者大多具有某种专业或技术专长。例如，一个工厂的总工程师、设备处长等。就一般工商企业而言，职能管理者主要从事以下类别的管理工作：计划管理、生产管理、技术管理、市场营销管理、物资设备管理、财务管理、行政管理、人事管理、后勤管理、安全保卫管理等。

3. 按职权关系的性质划分

（1）直线管理人员。是指有权对下级进行直接指挥的管理者。他们与下级之间存在着领导隶属关系，是一种命令与服从的职权关系。直线管理人员的主要职能是决策和指挥。直线人员主要指组织等级链中的各级主管,即综合管理者。例如,企业中的总经理—部门经理—班组长,他们是典型的直线人员,主要由他们组成组织的等级链。

(2)参谋人员。是指对上级提供咨询、建议,对下级进行专业指导的管理者。他们与上级的关系是一种参谋、顾问与主管领导的关系,与下级是一种非领导隶属的专业指导关系。他们的主要职能是咨询、建议和指导。参谋人员通常是指各级职能管理者。

直线人员与参谋人员是依职权关系进行区分的,是相对于职权作用对象而言的,因此在实际管理中两者经常转化。例如,计财处长对其他各部门来说是参谋性管理者,因为其只是在计财领域内进行专业指导;而对于计财处内部人员来说,计财处长却又是直线管理者,因为他对本处工作人员有直接指挥的权力。

【思考】 直线人员和参谋人员应该如何整合?

二、管理者的角色

20 世纪 60 年代末,加拿大管理学家亨利·明茨伯格(Henry Mintzberg)对 5 位总经理的工作进行了一项细致的研究,他对长期以来对管理者工作所持的看法提出了挑战。例如,当时流行的观点认为管理者是深思熟虑的思考者,在做决策之前,他们总是仔细地和系统地处理信息。而明茨伯格发现,他所观察的经理们陷入大量变化的、无固定模式的和短期的活动中,他们几乎没有时间静下心来思考,因为他们的工作经常被打断。有半数的管理者活动持续时间少于 9 分钟。在大量观察的基础上,明茨伯格提出了一个管理者究竟在做什么的分类纲要。明茨伯格的结论是,管理者扮演着 10 种不同的,但却是高度相关的角色。管理者角色(management roles)这个术语指的是特定的管理行为范畴。这 10 种角色可以进一步组合成三个方面:人际关系、信息传递和决策制定。如图 1-1 所示。

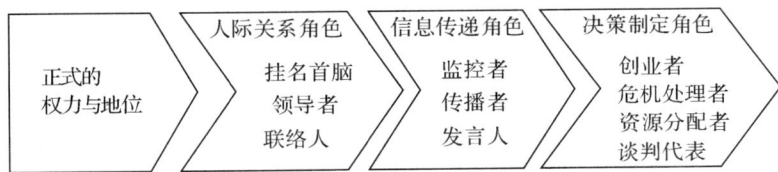

图 1-1 管理者角色

1. 人际关系角色

管理者的角色有 3 个直接来自于正式权力并且涉及基本的人际关系。

(1)挂名首脑。作为组织的首脑,每位管理者有责任主持一些仪式,比如接待重要的访客、参加某些职员的婚礼、与重要客户共进午餐等等。在明茨伯格的研究里,首席执行官将 12% 的沟通时间花在礼节性的职责上,在他们收到的信件中,有 17% 是与其地位相关的感谢信或邀请函。

（2）领导者。激励和动员下属，承担人员配备、培训和交往的职责。这个角色包括雇佣、培训、激励、惩戒雇员。每位管理者必须激励员工，以某种方式使他们的个人需求与组织目的达到和谐。

（3）联络人。维护外部的网络，发感谢信，从事外部委员会的工作。销售经理从人事经理那里获得信息属于内部联络关系。

2. 信息传递角色

依靠与下属和关系网的人际联系，管理者成为组织的神经中枢。他不可能知道每件事情，但却肯定比任何下属知道得多。

信息传递与处理是管理者工作的关键部分。在明茨伯格的研究中，首席执行官花了40％的联系时间专门用于传播信息，他们的信件有70％纯粹是情报性质的（相对于那些请求行动的信件而言）。在很大程度上，沟通即是管理者的工作。监控者、传播者、发言人这3种角色从情报方面描述了管理工作。

（1）监控者。寻求和获取各种特定的内外信息，例如阅读期刊和报告，保持私人接触。作为监控者，他们为了得到信息而不断审视自己所处的环境。他们询问联系人和下属，接收主动提供的信息（这些信息大多来自个人关系网）。担任监控角色的管理者所收集的信息很多都是口头形式的，通常是传闻和流言。这些联系使管理者在为组织收集软信息上具有天然的优势。

（2）传播者。管理者必须分享并分配信息。组织内部可能会需要这些通过管理者的外部个人联系收集到的信息，如通过举行信息交流会，向组织成员传递信息。在传播者的角色中，管理者需要直接传递给下属一些他们独享的信息，因为下属没有途径接触到它们。当下属彼此之间缺乏便利联系时，管理者有时会分别向他们传递信息。

（3）发言人。指把一些信息发送给组织之外的人的管理者。比如总裁发表演讲或者工头建议供货商改进某个产品，举行会议，向股东发布信息等。另外，作为发言人角色的一部分，每位管理者必须随时告知并满足控制其组织命运的人或部门的要求。首席执行官可能要花大量时间与有影响力的人周旋，要就财务状况向董事会和股东报告，还要履行组织的社会责任等。

3. 决策制定角色

信息是决策制定的基本投入。管理者在组织的决策制定系统中起着主要作用。作为具有正式权力的人，只有管理者能够使组织专注于重要的行动计划；作为组织的神经中枢，只有管理者拥有及时全面的信息来制定战略。以下4种角色描述了作为决策者的管理者的工作。

（1）创业者。管理者必须努力组织资源去适应周围环境的变化。在监控者角色里，总裁不断寻找新思想，而作为创业者，当出现一个好主意时，总裁要么决定一个开发项目，直接监督项目的进展，要么就把它委派给一个雇员。在首席执行官层面，有两个关于开发项目的有趣特征。

首先，这些项目不涉及单一或成套的决定，而是一系列临时的小决定和小行动。很明显,首席执行官希望延长每个项目,以便能使之逐渐适应他们忙碌杂乱的时间表,如果这个项目很复杂的话,这样做还能使他们逐渐理解该项目。

其次,亨利·明茨伯格研究的5位首席执行官同时监督着五十多个这类项目。一些项目需要新产品或新程序,一些则涉及公关活动,或者解决某国外分公司员工的士气问题或进行计算机操作集成,完成各种收购等。首席执行官维护的开发项目复杂多样,它们处于不同的发展阶段,有的比较活跃,有的则被疏忽遗忘。如同变魔术的人,他们似乎能让许多悬而未决的项目停在空中,周期性地跌落一个,然后再赋予它新的爆发力,将它重新送回轨道。在不同的间歇时段,他们把新项目放在流水线上,同时抛弃旧项目。

(2)危机处理者。创业者角色把管理者描述为变革的发起人,而危机处理者角色则显示管理者非自愿地响应压力。在这里,管理者不再能够控制迫在眉睫的罢工、某个主要客户的破产或某个供货商违背了合同等变化。

亨利·明茨伯格曾把管理者与管弦乐队的指挥做过比较,正如彼得·德鲁克在《管理实践》中写的一样:管理者有创造一个真正整体的任务,这个整体大于它的各个组成部分之和,是一个多产的实体,多于投入它的资源的总和。这里有个比喻,即一位交响乐队的指挥通过其努力,可以领导那些单一的乐器,使之成为有生命的整体音乐。然而乐队指挥有乐谱,他只是演奏而已。管理者则既是作曲家,又是指挥者。

(3)资源分配者。管理者负责在组织内分配责任,他分配的最重要的资源也许就是他的时间。接近管理者就等于接近了组织的神经中枢和决策者。管理者还负责设计组织的结构,即决定分工和协调工作的正式关系的模式。

在作为资源分配者的角色里,重要决策在被执行之前,首先要获得管理者的批准。通过保留这种权力,管理者能确保决策是互相关联的。分裂这种权力就等于鼓励不连续的决策和脱节的战略。

明茨伯格发现,首席执行官们面临的选择复杂得令人难以置信。他们要考虑每个决策对其他决策和组织战略的影响,要确保该决策能够得到那些对组织有影响力的人的承认,还要确保资源不会过分扩张,还要懂得各种成本与效益以及提议的可行性,还要考虑时效性的问题。即便是在批准别人的某个提议时,所有这些考虑都是必要的。延误将浪费时间,快速批准有可能欠考虑,快速否决则会打击下属的积极性。常见的批准项目的解决方式是选择人而不是提议本身。也就是说,管理者倾向于批准那些具有可信判断力的人提交的项目,但他们不能总是采用这个简单的计策。

(4)谈判代表。对在各个层次进行的管理工作研究显示,管理者花了相当多的时间用于谈判,比如足球俱乐部老板被叫来解决与超级球星的合同纠纷、公司总裁率领代表团去处理一次新的罢工事件等等。正如伦纳德·塞尔斯所言,谈判对于富有经验的管理者来说是一种"生活方式"。谈判是管理者不可推卸的工作职责,而且是工作的主要部分,因为只有管理者有权把组织资源用于"真正重要的时刻",并且只有他拥有重要谈判所要求的神经中枢信息。

对于管理者角色划分,我们应看到,管理者角色的侧重点随组织的等级层次变化而变化,如高层更多地扮演传播者、挂名首脑、谈判者、联络者、发言人等角色,而基层管理者更多地从事领导者工作。另外,一些管理者角色也从事一些不纯属于管理性的工作,既要从事综合管理活动如谈判、挂名首脑的工作,也要从事纯粹管理工作,如资源分配者、创业者等角色。了解管理者的角色,主要目的在于确定管理者角色的重要性,扩大对管理工作的理解。

三、管理者素质

管理者的素质是指管理者与管理相关的内在基本属性与质量。管理者的素质主要表现为品德、知识、能力与身心条件。管理者的素质是形成管理水平与能力的基础,是做好管理工作、取得管理功效极为重要的主观条件。

美国大器晚成的女企业家玛丽·凯·阿什特别重视管理者自身的素质。她认为领导的速度就是众人的速度,称职的经理必须有很高的业务素质并以身作则。例如,所有美容顾问都必须对自己的生产线了如指掌。一个销售主任除非自己是商品专家,否则是不可能说服其美容顾问成为商品专家的。我无法想象出一个不熟知商品知识的销售主任怎样开好销售会议,这样的销售主任只能在会上要求众人"照我说的而不是照我做的那样去做"。她说:"我相信,我们公司的情况也同其他公司一样,一个称职的经理是任何人都替代不了的。"

"我只是在自己的形象极佳时才肯接待光临我家的客人,我认为,自己是一家化妆品公司的创始人,必须给人留下好的印象。因此,与其不能给人留下好印象,不如干脆闭门谢客。我甚至不得不限制自己最喜爱的消遣方式:养花。我认为,要是让我们公司的一个人看见我手上沾满了泥浆,那多不好。我的这些做法已被传扬出去了。有人告诉我,我们的全国销售主任中有许多人在学着我的样子,都穿得十分漂亮,成了各自地区成千上万的美容顾问在穿着方面效仿的榜样。"

美国管理学者 W.H.纽曼认为,一个管理者应具备以下素质。

1. 知识

在匹配人与事时,一个必然的问题是:"他必需通晓什么?"一个经理职位人所必备的知识常常包括专业、深度、协调和管理。每种管理职务要求一种专业知识,如销售方法、污水处理、石油经济或证券贴现。有些职务要求知识的深度,有些只要求对某一领域有一般了解。例如一家公司的总经理,他对公众关系可能只需有一般知识,但一位公共关系经理就必须通晓社会学、政治学、沟通交往手段,以及类似的学科。

除确定专门领域的知识和各领域总的知识深度以外,我们必须考虑一个管理人员在使自己与其他部门工作关联上还需要什么知识。这类协调性知识包括对工作的了解——实情、工艺和问题,以及对那些在工作上与公司某一部门有关联的人的了解。换言之,管理知识是适用于种种情况的管理原则与技术的总纲。当然其他各种知识对具体的决策可能是必需的,但上面的划分法对确定一个具体职位的知识要求仍是一个良好的开端。

2. 决策才干

各种职务在其所要解决的问题的复杂性和新颖性上也是不一样的。例如,一家大航天公司的总经理,他需要有一种不同于联营汽车旅馆领导者的决策才能。这里我们将列出几个对决策才干起作用的个性因素。

(1)分析能力。这种能力使一个人能把一个问题分解为几个部分,确认有关的事实,阐明事实意义和设想一项决策的后果。因为一个典型的管理问题将会牵涉到很多事实,为了能选择出关键事实和排除其他事实,管理者就必须有一种所谓直观的分析意识。

(2)概念——推理能力。要从一系列的事实中取得内涵,我们必须把这些事实归纳为几个大的概念。例如,管理者可以根据一张表示销售下降的图表,从竞争的公司得来的情报,以及关于公司本身推销员活动的报告,而把它们统统归纳到一个概念——"对顾客服务质量欠佳"。在对事实进行概括时将涉及两个方面:创造概念和用逻辑说明概念的因果关系。

(3)创造力。真正棘手的问题通常不是已知方法所能解决的。为寻得一种可行的解决办法,常需有新的研究方法和一种新的手法。较为理想的是,管理者有自己的独到见解或至少要有一种捕捉他人高见的敏锐性。

(4)直观判断力。对决策能力来说犹如一种"主观臆断"。决策人在对问题的每一点进行分析和逻辑推理达到一定程度时,会突然顿悟"该怎么办"。

虽然这一过程还不是系统的和自觉的,但决策确已形成。所以当所有事实一时还不能全部收集到,在概念和逻辑论据比较模糊,或是不容长久等待合理分析而需要立即行动的情况下,直观判断力就显得格外重要。

(5)决断的胆量。管理者不同于一个科学家,他常常不必依赖细致的研究和万无一失的推理来支持自己的决策。当情况不明和面临挫折时,要克服障碍和制定决策没有胆量是不行的。

(6)头脑开明。决策才干的第六个组成部分,也是人员要求中格外重要的一条是接受新思想的能力。一个人能否认真听取别人意见,并能在解决当前问题中来验证其思想的有效性?

总之,我们可以说尽管决策才干很难解释清楚,但它的某些要素是可以确定的。一个有分析、推理和创造能力,头脑开明,有直觉判断力和有胆识的管理者,他在判定有效的决策上较之缺乏上述品格的人要更为可靠。

3. 自信与自恃

在满足需求和解决问题中,人们对自己的信赖程度和对他人的信赖程度往往因人而异。职务方面也是一样,对一个人的主动、坚持维护自己观点和积极有力地提出自己的观点等方面的要求,往往因职务不同而有所不同。

心理学家曾对这种品质做过研究并用所谓两个极端间的摆幅来描述自我信赖(或无自我信赖)的程度。有些人说是支配性服从性,另一些人称作独立依赖或所谓积极消极行为。一些重实务的管理者常常用"首创精神""魄力"或"自我启动能力"来鉴定这同一种品质。

这种性格在日常活动中都能看得到。你们可以检验一下自己。看看如果你在半夜里冻醒,你会怎么做。你是试图把被子往脖子四周披紧并希望冷空气赶快过去,还是正视面临的问题,从床上起来,再拿条毛毯?许多经理职务需要的是再拿条毛毯这样类型的人。

与一个人的自信心紧密相连的是他的雄心,或说"成就激励感"。在征服了一个难题以后,多数人都会给自己树立更高的目标并开始朝着这些目标工作。然而人们在把自己的抱负推进到什么程度方面,各人还是不一样的。有的渴望来个"大跃进",而另一些则满足于稳步前进。

4. 社会敏感性

有些人对一项管理问题的反应,主要取决于所涉及的人们的感情。这种"他人指向"的人常常与"己我指向"的人形成对照,后一种人主要是关心他们自己的想法和对他们来说至关重要的事情。

他人指向的人往往具有较强的神会的能力。这是一种使自己神入于他人思想、感情和可能的反应的能力。我们可能与在阿拉斯加的一个审计员或推销员进行心领神会的交往而没有必要赞成他的感情和行为;但因为我们真正感受到他的反应,我们很可能同情,或至少理解他的观点。

当然,社会敏感性几乎对每一种职务都可能是有益的,但其对于多数销售、参谋和经理职位尤为重要。

5. 情感稳定性

情感稳定性指的是对生活能较好地适应。情感上稳定的人倾向于下列行事方式:①他们能平静和客观地接受不同的人,包括他们所不喜欢的;②他们对障碍的反应是沉着地加强自己的努力,或寻找新的途径来达到自己的愿望,而不是否认障碍的存在,变得过度的丧气,横加指责,或为自己的无能文过饰非;③他们知道自己不可能完成某一既定的目标时,便一耸肩把他们的注意力转到另一些感兴趣的事物上去;④他们在成功时刻反应平静和客观,并不表现出孩子般的高兴和变得过度乐观;⑤他们举止朴实自然,没有矫揉造作或给人以牵强的印象。

当一个人遇到紧张和矛盾的事情时,就将接受感情稳定性方面的考验。有些职务较另一些职务带有更大的紧张性。譬如,一家新成立的药品公司的推销经理,他所体验的紧张很可能比一家储蓄银行总会计师感受到的要强烈。所以销售职务就比会计职务需要有更高的情感稳定性。

6. 对个性因素的运用

如果我们为每一项职务制订了专用要求条件表,我们所谈的那些个性因素将会有极大用处。下面的例子就说明了管理人员应该如何按实际职务来裁定工作要求条件。

我们常常总想让一位经理和他的主要部属具有互补的能力。因而一个有眼力、有胆量和具备快速行动的经理可能需要一名有分析才干和倾向于研究和实地调查的助手。

如果要为一群有高度依赖性的部属委任一个新的主管,那么主管人必须有相当强的自我信赖和坚持自己主张的个性。掌管生产进度的职位带来的将是一个不同的问题。他的工作必须与很多不同部门人的工作,经常密切相连——也许有 12 个领班,加上仓库管理员、采购代理人、维修工、推销员,甚至其他人。任何被指派去担任这种职务的人必须有相当大的情感稳定性,如果他想既能解决问题又能与每一个人相处融洽的话。

对比之下,研究人员和开发工程师的职务是典型地需要有专业知识和敏捷的决策才能的。社会敏感性和情感稳定性虽然需要,但对这类职务来说,它不像对一个生产计划人员那样必不可少。推销员的职务则又要求具有另一些不同的能力,对于他们来说,社会敏感性和自信具有高度相对重要性。

当一家公司经常需要改革,以适应新的竞争或急剧变革的工艺时,管理者需要有相当大的胆量和果断性。同时也需要有高度的情感稳定性,因为重大的改革对任何在工作上会受到新做法影响的人都会是一种压力。

【思考】 你具备管理者的素质吗?

管理者要具备良好的素质,绝不是一朝一夕就能做到的,而是要经过长期不懈地努力。这包括以下几个方面:

1. 勤奋学习。既要学习书本,又要向他人学习。

2. 刻苦磨炼。任何一位有作为的管理者,都应自觉磨炼自己的意志和毅力。

3. 总结经验。管理人员对自己做过的工作要及时总结经验和教训,以便日后进一步做好工作。

4. 严于律己。管理者只有严格要求自己,以身作则,说话才有威力,下级人员才能尊敬,开展工作才能顺利。

5. 接受监督。管理者既负有责任,又握有权力。掌权的人如果不受约束、监督,那就有走向腐败的可能。因此管理者必须接受群众的监督。

四、管理者技能

根据管理学者 R. L. 卡兹的研究,管理者必须具备三类技能,即技术技能、人际技能和概念技能。

1. 技术技能。技术技能是指管理者掌握与运用某一专业领域内的知识、技术和方法的能力。技术技能包括:专业知识、经验、技术、技巧、程序、方法、操作与工具运用熟练程度等。这些是管理者对相应专业领域进行有效管理所必备的技能。管理者虽不能完全做到内行,成为专家,但必须懂行,需要了解并初步掌握与其管理的专业相关的基本技能,否则很难与他所主管的组织内的专业技术人员进行有效的沟通,从而无法对所辖业务范围内的各项工作进行具体的指导。不同层次的管理者对于技术技能要求的程度是不同的,一线管理者对于技术技能的要求相对较高。

2. 人际技能。人际技能是指管理者处理人事关系的技能,即理解、激励他人并与他人共事的能力。它包括领导能力,但其内涵远比领导能力广泛,因为管理者除了领导下属外,还要与上级领导和同级同事打交道,还得学会说服上级领导,领会领导意图,学会与同事合作等。人际技能包括:观察人、理解人、掌握人的心理规律的能力;人际交往、融洽相处、与人沟通的能力;了解并满足下属需要、进行有效激励的能力;善于团结他人,增强向心力、凝聚力的能力等。在以人为本的今天,人际能力对于现代管理者而言,是一种极其重要的基本功。没有人际技能的管理者是不可能做好管理工作的。

3. 概念技能。概念技能(或称构想技能)是指管理者观察、理解和处理各种全局性的复杂关系的抽象能力。概念技能包括:对复杂环境和管理问题的观察、分析能力,概念—推理能力,创造力,对全局性、战略性、长远性的重大问题的处理与决断能力,对突发性紧急处境的应变能力等。其核心是一种观察力和思维力。这种能力对于组织的战略决策和发展具有极为重要的意义,是组织高层管理者所必须具备的,也是最为重要的一种技能。它要求管理者有较强的冒险精神与意识,要自恃与自信,要有较高的情感稳定性。

【思考】　1. 如何提高管理者的技能?
　　　　　2. 如何防止"翅膀硬起来"的员工跳槽?

不同层次管理者对管理技能的需要存在差异性。上述三种技能对任何管理者来说,都是应当具备的。但不同层次的管理者,由于所处位置、作用和职能不同,对三种技能的需要程度明显不同,其侧重点也有所不同。

基层管理人员主要需要的是技术技能和人际交往技能。基层管理人员面对的主要是一线员工,由于直接指挥实际工作,因此他必须对技术和工艺熟练精通,对下属工作了如指掌,这样才能有效地指挥和管理。试想,一个车间主任对技术一窍不通,一个工程部经理对现场工艺一知半解,一个开发部经理在业务上缺乏权威,那么他将很难管好本部门。基层管理人员需要掌握的另一个技能是人际技能,协调和沟通是日常管理的一个重要内容。基层管理者需要充分施展自己的人际技能,开展协调和沟通工作,将日常工作中发生的一些小问题、小矛盾解决和消除在萌芽状态。这不仅有利于基层成员的团结和企业目标的实现,而且还可为中高层领导分忧解难。

中层管理人员需要掌握更多的人际技能和概念技能。像分厂厂长、分公司经理、事业部总经理这样的中层管理者,一方面要领导、激励下属努力工作,另一方面还要同上级领导、同级同事以及各职能部门负责人打交道,同时还要联络企业外部的客户和单位以求得各方面力量的配合,这要求具备很强的人际交往技能。中层管理者还肩负着领导本部门发展,为总部或总公司实现销售额和利润增长的重任,因而还应具备一定的概念技能。在所从事的领域内,业务如何取舍;如何把握市场机遇,规避风险;面对同行竞争,应制定什么对策;如何根据形势发展,制订本部门的中长期规划……这些都是摆在中层管理者面前需要利用概念技能解决的问题。

高层管理人员特别需要具备很强的概念技能。如果把一个企业比作一艘轮船,那么高层管理者应是这艘船的船长、大副、二副等,他们肩负着在市场经济的海洋中把握"航向"、躲避"暗礁"、壮大自身、回报国家和社会的重任。因此,高层管理者的概念技能更多地发挥在整个企业使命和经营理念的建立、企业文化的建设、战略决策的制定、创新的实施和风险的承担上。可以说,概念技能是管理技能发展的最高境界。

虽然三种层次的管理人员所需掌握的管理技能各有侧重,但在实际工作中,一些管理人员往往对提高自己所需重点掌握的管理技能有所忽视。例如有些中层管理者把许多精力放在技术技能的提高上,过多地从事和干预基层的作业工作,认为只有这样才能提高自己在员工中的威信,结果适得其反。还有的虽然重视人际技能的培养,但不注意提高自己的概念技能,结果在激烈的市场竞争中丧失许多机会。这些都是管理人员在实际工作中所应注意的问题。各层次管理者对技能需要的比例如图 1-2 所示。

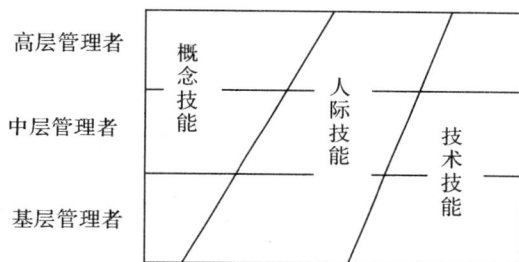

图 1-2 不同层次对管理技能需要比例

第五节 管理的对象与方法

一、管理对象的内涵和外延

管理对象,是管理者为实现管理目标,通过管理行为作用其上的客体。这是管理对象的内涵。

从管理对象的外延来看,管理,总是对一个群体或组织实施的,所以,管理对象首先可以理解为不同功能、不同类型的社会组织。而任何社会组织为发挥其功能,实现其目标,必须拥有一定的资源或要素。正是通过对这些资源或要素进行配置、调度、组织,管理的目标才得以实现。所以,这些资源或要素就成为管理的直接对象。同时,任何组织要实现其功能或目标,就必须开展一些职能活动,形成一系列工作或活动环节。只有对这些职能活动或工作环节进行有效的管理,才能保证目标的实现。这样,这些职能活动或工作环节也成为管理的对象。因此,管理的对象应包括各类社会组织及其构成要素与职能活动。

组织、资源要素与职能活动都是管理的对象。资源要素是构成组织的细胞,其动态组合与运行构成了职能活动;资源与活动又共同构成了完整的组织及其行为。资源、活动、组织是管理对象的不同形态,它们都受管理行为的作用,共同影响着管理的成效和组织目标的实现。

管理对象的划分有多种方法。按照浙江大学马庆国教授的观点,所谓管理,就是为了实现一定目标,对一个系统及其构成要素的安排(在目标达成前)。这里所谓的系统,是被安排的对象(或者说,被管理的对象),所以,又称为对象系统。对象系统的范围,取决于具体的问题与目标。系统一般由人、财、物、信息等要素构成。有时,为了研究方便,也可以广义地把"时间"也作为构成系统的要素。对内,系统可以分解为子系统、子子系统,直到要素。对外,对象系统又被包含于一个更大的系统中。这个更大的系统,被称为对象系统的环境。被管理的对象可以分成两类。

1. 第一类对象系统:直接对象不包含人的系统,如炼油装置系统、武器系统、股票价格系统、财务数据系统。这一对象系统,又可以分为两个子系统:一是实物对象系统,如生产装置系统;二是信息对象系统,如股票价格、信息、知识等。对这两类子系统的管理,也存在较大差异。注意:整个第一类系统,虽然不直接含有人,但可以明显地看到"人"的影子,其复杂性和演变规律,都明显地会受到"人"的影响。

2. 第二类对象系统:直接对象包含人的系统,如企业、学校、医院、科室、班组等。

两类对象系统的特征与变化规律:①复杂性。不直接包含人的系统有时也非常复杂,但是一般而言,其复杂性要远远低于直接包含人的系统。例如,生产装置系统与营销系统在复杂性上差异就非常大。营销系统必须研究客户的需求,而影响需求的因素又非常复杂,包括客户群体的收入水平、文化特征、生活习惯、消费时尚、舆论潮流等。而生产系统的变化,则要相对"单纯"一些。②不确定性强弱。尽管在第一类系统的有些问题中也有较大的不确定性,但总体而言,第一类系统的不确定性,要低于第二类系统。③演变的规律。第一类系统的演变更多地基于技术科学,第二类系统的演变更多地基于行为科学及其基础心理学。

用于两类对象系统的管理技法中,用于第一类系统的管理方法,更多地基于数学工具,如运筹学方法、统计学方法。通过应用这些方法,可以寻求高效的管理方案。用于第二类系统的管理方法,更多的是基于心理学和行为科学的方法,如心理测评方法、对比实验方法、激励方法等。当然,要处理所获得的数据,也必须使用统计方法。通过对这些方法的应用,来寻求高效的管理方案。

【思考】 企业管理的对象与行政管理的对象相同吗? 目标一致吗?

二、管理方法

1. 管理方法的含义。管理方法,是指管理者为实现组织目标,所采用的组织和协调管理要素的工作方式、途径或手段。管理方法是实施管理的途径或手段,是实现目标的中介和桥梁,是管理者管理行为的工作方式,对于管理功效及目标实现,具有非常重要的意义。

2. 管理方法的分类:

(1)按作用的原理,可分为经济方法、行政方法、法律方法和社会心理学方法。

经济方法,是指依靠利益驱动,利用经济手段,通过调节和影响被管理者物质需要来促进管理目标实现的方法。经济方法的特点如下:①利益驱动性。被管理者是在经济利益的驱使下去采取管理者所预期的行为的。②普遍性。经济方法被整个社会所广泛采用,而且也是管理方法中最基本的方法。特别在经济管理领域,是最重要的管理方法。③持久性。作为经济管理的最基本方法,经济方法被长期采用,而且,只要科学运用,其作用也是持久的。但经济方法也有其局限性:可能产生明显的负面作用,即会使被管理者过分看重金钱,影响其工作主动性和创造性的发挥。经济方法的主要形式有:价格、税收、信贷、经济核算、利润、工资、奖金、罚款、定额管理、经营责任制等。

行政方法,是指依靠行政权威,借助行政手段,直接指挥和协调管理对象的方法。行政方法的特点如下:①强制性。行政方法依靠行政权威强制被管理者执行。②直接性。行政方法是采取直接干预的方式进行的,其作用明显、直接、迅速。③垂直性。行政方法反映了明显的上下行政隶属关系,是完全垂直领导的。④无偿性。行政方法是通过行政命令方式进行的,不直接与报酬挂钩。行政方法的局限性是:强制干预容易引起被管理者的心理抵抗,单纯依靠行政方法很难进行持久的有效管理。行政方法的主要形式有:命令、指示、计划、指挥、监督、检查、协调等。

法律方法,是指借助国家法规和组织制度,严格约束管理对象为实现组织目标而工作的一种方法。法律方法的特点如下:①高度强制性。法律方法凭借依靠国家权威制定的法律来进行强制性管理,其强制性大于行政方法。②规范性。它是采用规范进行管理的一种形式,属于"法治",而非"人治",这增强了管理的规范性,而限制了人的主观随意性。其局限性是对于特殊情况有使用上的困难,缺乏灵活性。法律方法的主要形式有:国家的法律、法规;组织内部的规章制度;司法和仲裁等。

社会学心理学方法含是指借助社会学和心理学原理,运用教育、激励、沟通等手段,通过满足管理对象社会心理需要的方式来调动其积极性的方法。社会学心理学方法的特点如下:①自觉自愿性。这是通过激励被管理者,而使其自觉自愿去实现目标的方法,不带有任何强制性。②持久性。这种方法是建立在被管理者的觉悟和自觉服从的基础上的,因此,其作用持久,没有负面影响。其局限性主要表现为对紧急情况难以适应,而且,单纯使用这一种方法常常无法达到目标。社会学心理学方法的形式主要有:宣传教育、思想沟通、各种形式的激励等。

(2)按管理方法适用的普遍程度,可分为一般管理方法和具体管理方法。

(3)按方法的定量化程度,可分为定性管理方法和定量管理方法。

(4)按所运用技术的性质,可分为管理的软方法(指主要靠管理者主观决断能力的方法)和硬方法(主要指靠计算机、数学模型等的数理方法)。

(5)按管理对象的范围,可分为宏观管理方法、中观管理方法和微观管理方法。

(6)按方法所应用的社会领域,可分为经济管理方法、政治管理方法、文化管理方法、军事管理方法等。

(7)按管理对象的类型,可分为人事管理方法、物资管理方法、财物管理方法和信息管理方法等。

要提高管理方法的效能,就必须实现管理方法的现代化。具体表现为:①实现管理方法的科学化。企业要按照客观经济规律和生产技术规律的要求进行组织和管理,正确指挥,科学决策。②实现管理方法的最优化。管理方法尽可能实行量化,通过对多种方案的比较和优选,寻求最佳方案,取得尽可能高的经济效益。③管理方法的文明化。企业要搞文明生产,不但要有好的厂房和设备,还要有良好、优美的工作环境,职工要讲究文明礼貌和道德风尚,领导者要树立以人为本、尊重下级的思想,实现文明管理。④管理手段的现代化。要广泛采用计算机及各种信息、网络技术,努力实现管理和办公手段的现代化。

三、组织的形态及其要素

所谓组织,是指为达到特定目的,完成特定任务而结合在一起的人的群体。一般指具有法人资格的群体。组织可以因不同的标志而有不同的分类方法。一般普遍适用的是按组织的社会功能性质来划分:①政治组织,如政党、政府等;②经济组织,主要是工商企业,即以营利为目的,具有经济职能的组织,这是社会组织的主体;③文化组织,包括教育和各种文化事业单位;④宗教组织,如教会;⑤军事组织,主要指军队;⑥其他社会组织。以整个社会组织为对象进行管理的人,主要是组织的上级领导或社会组织的最高层管理者。而更多的管理者是以组织内部的要素或活动作为管理对象的。

组织内部的单位或部门是指在各种组织(独立法人)内部设置的各种单位或部门,既包括履行组织基本职能的各业务单位,又包括行使各种管理和服务职能的各部门。它们不是独立的社会法人,只是社会组织内部半自治性的群体或组织。组织内部,除最高管理层以外的大部分管理者都是以这类内部组织为对象进行管理的。

组织的资源或要素,作为管理的直接对象,各有其特定的属性与功能。只有对这些资源或要素进行科学的配置与组织,才能有效发挥其作用,以保证目标的实现。关于管理要素的构成,管理学者做了大量的研究,提出了不同的见解。普遍接受的观点是,管理要素包括人员、资金、物资设备、时间和信息等。

1. 人员。人是管理对象中的核心要素,所有管理要素都是以人为中心存在和发挥作用的。人员作为管理对象,包括两层含义:一方面,从生产力角度看,人是作为劳动要素出现的。管理者通过合理运筹与组织,实现劳动者在数量上和质量上的最佳配置,提高劳动的效率和效益。另一方面,从生产关系的角度看,人又是管理者与被管理者。管理者要在人与人之间的互动关系中,通过科学的领导和有效的激励,最大限度地调动人的积极性,以保证目标的实现。管理人,是管理者最重要的职能。

2.资金。资金是任何社会组织,特别是营利性经济组织极为重要的资源,是管理对象的关键性要素。要保证职能活动正常进行,经济、高效地实现组织目标,就必须对资金进行科学的管理。对资金筹措、资金运用、经济分析与经济核算等过程加强管理,以降低成本,提高效益,是管理者重要的经常性管理职能。

3.物资设备。物资设备是社会组织开展职能活动,实现目标的物质条件与保证。通过科学的管理,充分发挥物资设备的作用,也是管理者的一项经常性工作。

4.时间。时间是组织的一种流动形态的资源,也是重要的管理要素。管理者必须重视对时间的管理,真正树立"时间就是金钱"的意识,科学地管理时间,提高工作的效率。

5.信息。在信息社会的今天,信息已成为极为重要的管理对象。现代管理者,特别是高层管理者,已越来越多地不再直接接触事物本身,而是同事物的信息打交道。信息既是组织运行、实施管理的必要手段,又是一种能带来效益的资源。管理者必须高度重视,并科学地管理好信息。

第六节　管理学的研究对象与特点

一、管理学的研究对象

管理学作为一门独立的学科,研究的客体是人类社会的管理领域及其管理活动,研究的重点是管理领域中的特殊矛盾。因此,管理学是一门研究管理活动中基本的管理关系、管理规律及一般方法的科学。掌握管理学研究的对象与方法,是我们学习管理学,并领会其内容的关键之一。

1.管理活动中的基本关系。包括管理主体与管理客体的关系、管理的隶属关系、管理的协作关系、管理中人与人的关系、管理中人与物的关系、管理中物与物的关系等。在管理活动中,正确处理这些关系,就能发挥各方面的积极性,从而提高管理效能。

2.管理规律。有三种:管理系统整体规律、管理过程控制规律、管理人的激励规律。在管理活动中要不断掌握这些规律,并善于运用到管理活动中去,才能提高管理效能。

3.管理方法。管理方法是指人们在管理活动中,为达到既定的目标而采取的管理方式、程序和手段的总和。

4.管理者。

5.管理的历史。

二、管理学的特点

管理学是介于自然科学与社会科学之间的一门新兴学科,它具有"软科学"的性质。

其具体特点如下。

1. 管理学是一门不精确的科学

人们通常把在给定条件下能够得到确定结果的学科称为精确的科学,比如数学。管理则不然,在管理学中几乎不存在纯粹的定律。

正因为管理学是一门科学,所以我们能通过学习掌握其基本原理并据以指导实践;而正因为它是不精确的科学,所以在实际运用时要具体问题具体分析,注重实际情景的特殊性和对理论适用前提条件的分析,不能生搬硬套。

2. 管理学是一门综合性科学

作为实现目标的一种有效手段,管理不仅在各种组织中普遍存在,而且涉及人、财、物、信息、技术、环境的动态平衡。管理过程的复杂性、动态性和管理对象的多样化决定了管理所要借助的知识、方法和手段的多样化。管理学是在社会科学、自然科学、技术科学和新兴科学(系统论、信息论、控制论、运筹学等)的交叉区域上建立起来的一门综合性学科。

3. 管理学是一门实践性很强的应用科学

管理学是一门实践性很强的应用科学。管理的理论和方法是来自管理实践的科学总结,同时回到实践中去经受实践的检验,检验正确后,又对管理实践进行指导。

管理学科的实践性,决定了学校是培养不出"成品"管理者的。要成为一名合格的管理者,除了掌握管理学基本知识以外,更重要的是要在管理实践中不断地磨炼、积累管理经验。

4. 管理学是一门发展中的科学

管理学的建立和发展,有其深刻的历史渊源。管理学发展到今天,已经经历了许多不同的历史阶段,在每一个历史阶段,由于历史背景不同,产生了各种管理理论。这些理论,有的已经过时,有的仍在发挥作用。但总的来说,管理学作为一门科学来研究还只有百年时间,因此它还是一门非常年轻的科学,还处于不断更新、完善和发展中。

三、管理学的研究方法

1. 调查研究法。这是认识管理活动、总结管理经验、探索管理规律的基本方法。管理理论的研究必须以通过直接或间接的调查取得的大量可靠的材料为依据。

2. 比较研究法。有比较,才能有鉴别、有取舍。比较研究法是对彼此有某种联系的事物加以对照,确定对象之间的差异点和共同点的方法。

3. 系统分析法。现代社会任何一个组织的结构、功能及其活动都呈现其特有的系统性。系统分析法是从整体出发,通过部分与整体的联系,来揭示系统的运动规律的方法。

4. 数学方法。它是运用数学理论、技术对所研究的管理客体进行定量分析,并以数学的形式揭示其内在联系和运动规律的方法。

5. 案例分析法。即从实际出发,通过分析案例、经验来研究管理问题的方法。

▷【本章小结】

1.管理就是在特定的环境下,对组织所拥有的资源进行有效的计划、组织、领导和控制,以便达成既定的组织目标的过程。

2.效益是管理永恒的主题。任何组织的管理都是为了获得某种效益。效益的高低直接影响着组织的生存和发展,组织效率和效益的高低就是衡量管理水平的标准。组织的高效率和高效益反映的是高水平的管理。

3.管理既有科学性,又有艺术性。

4.管理具有四项基本职能:计划、组织、领导、控制。

5.管理者扮演着三大角色。人际关系角色:挂名首脑、领导者、联络人。信息传递角色:监控者、传播者、发言人。决策制定角色:创业者、危机处理者、资源分配者、谈判代表。

6.美国管理学家 W.H.纽曼认为,一个管理者应具备以下素质:知识、决策才干、自信与自恃、社会敏感性、情感稳定性、对个性因素的微妙运用。

7.管理学者 R.L.卡兹提出管理者必须具备三方面技能,即技术技能、人际技能和概念技能。

8.管理对象是指管理者为实现管理目标,通过管理行为作用其上的客体。被管理的对象可以分成两类。第一类对象系统:直接对象不包含人的系统,如炼油装置系统、武器系统、股票价格系统、财务数据系统。第二类对象系统:直接对象包含人的系统,如企业、学校、医院、科室、班组等。

9.管理方法是指管理者为实现组织目标,组织和协调管理要素的工作方式、途径或手段。

10.管理学的研究对象包括管理活动中的基本关系、管理规律、管理方法、管理者、管理的历史等。管理学的研究方法有调查研究法、比较研究法、系统分析法、数学方法、案例分析法等。

▷【复习思考题】

1.什么是管理?管理是如何产生的?

2.如何理解管理是科学与艺术的统一?

3.管理者有哪些职责?应具备哪些素质和技能?

4.你认为应该如何提高管理者的素质和技能?

5.管理者在扮演哪些不同的角色?管理者的角色具有普遍性吗?

6.不同层级的管理者技能有何不同?

7.简述研究和学习管理学的方法。

⇨【案例讨论】

什么是管理

百年老院的现代管理启蒙

北京同仁医院是一所以眼科闻名中外的百年老"店",走进医院的行政大楼,其大堂的指示牌上却令人诧异地标着:五楼 MBA 办公室。目前该医院已经从北大清华聘请了十一位 MBA,另外还有一名学习会计的研究生,而医院的常务副院长毛羽就是一位留美的医院管理 MBA。

内忧外患迫使同仁下定决心引进职业经理人并实施规模扩张,希望建立一套行政与技术相分离的现代医院管理制度。

根据我国加入世贸组织达成的协议,2003 年,我国正式开放医疗服务业。2002 年年初,圣新安医院管理公司对国内数十个城市的近 30 家医院及其数千名医院职工进行了调查访谈,得出结论:目前国内大部分医院还处于极低层次的管理启蒙状态,绝大多数医院并没有营销意识,普遍缺乏现代化经营管理常识。更为严峻的竞争现实是:医院提供的服务不属于那种单纯通过营销可以扩大市场规模的市场——医院不能指望通过市场手段刺激每年病人数量的增长。

同仁显然是同行中的先知先觉者。2002 年,医院领导层在职代会上对同仁医院的管理做过"诊断":行政编制过大、员工队伍超编导致流动受限;医务人员的技术价值不能得到体现;管理人员缺乏专业培训,管理方式、手段滞后;经营管理机构力量薄弱。同时他们开出"药方":引入 MBA,对医院进行大手笔改造,涉及岗位评价及岗位工资方案、医院成本核算、医院工作流程设计、经营开发等。

目前,国内几乎所有的医院都没有利润的概念,只计算年收入。但在国外,一家管理有方的医院,其利润率可高达 20%。这也是外资对国内医疗市场虎视眈眈的重要原因。

同仁要在医院中引入现代市场营销观念,启动品牌战略和人事制度改革。树立"以病人为中心"的服务观念:以病人的需求为标准,简化就医流程,降低医疗成本,改善就医环境;建立长期利润观念,走质量效益型发展的道路;适应环境、发挥优势、实行整合营销;通过扩大对外宣传、开展义诊咨询活动、开设健康课堂等形式,有效扩大潜在的医疗市场。

同仁所引进的 MBA 背景各异,绝大多数都缺乏医科背景。他们能否胜任医院的管理工作?医院职业化管理至少包括了市场营销管理、人力资源管理、财务管理、科研教学管理、全面医疗质量管理、信息策略应用及管理、流程管理等 7 个方面的内容。这些职能管理与医学知识相关但非医学专业内容。

同仁医院将 MBA 们"下放"到手术室 3 个月之后,悉数调回科室,单独辟出 MBA 办公室,以课题组的形式,研究医院的经营模式和管理制度。医院引入的企业化管理,主要包含医院经营战略、医疗市场服务营销、医院服务管理、医院成本控制、医院人力资源、医疗质量管理、医院信息系统和医院企业文化等多部分内容。其中,医院成本控制研究与医院人力资源研究是当务之急。

几乎所有的中国医院都面临着成本控制的难题,如何堵住医院漏洞,进行成本标准化设计,最后达到成本、质量、效益的平衡是未来中国医院成本控制研究的发展方向。另外,现有医院的薪酬制度多为"固定工资＋奖金"的模式,而由于现有体制的限制,实施这种薪酬制度并不能达到有效的激励效果,医生的价值并没有得到真实的体现,反而导致了严重的回扣与红包问题。如何真正体现员工价值,并使激励制度透明化、标准化成为当前首先要解决的问题。

这一切都刚刚开始。指望几名 MBA 就能改变中国医院管理的现状是不可能的。不过,医院管理启蒙毕竟已经开始,这就是未来中国医院管理发展的大趋势。

(改编自:茅以宁.21 世纪经济报道.2003-3-20)

【思考】 1. 结合案例说明你对管理及管理职能的理解。

2. 同仁为什么要引进如此多的 MBA?你认为 MBA 们能否胜任医院的管理工作?

二、王新的工作

王新是一家小型机械装配厂的经理。每天王新上班时都随身带着一份列着他当天要处理的各项事务的清单。清单上的有些项目是总部电话通知他要处理的,另一些是他自己在一天多次的现场巡视中发现的或者他手下报告的不正常情况。

一天,王新与往常一样带着他的清单来到了办公室,他做的第一件事情是审查工厂各班次监督人员呈上来的作业报告。他的工厂每天 24 小时连续生产,各班次的监督人员被要求在当班结束时提交一份报告,说明本班次开展了什么工作,发生了什么问题。看完前一天的报告后,王新通常要和他的几位下属人员开个早会,会上他们讨论对于报告中所反映的各种问题应该采取些什么措施。王新在白天也参加一些会议,会见来厂的访问者。他们中有些是供应商或潜在供应商的销售代表,有些则是工厂的客户。此外,有时也有些来自地方、省、国家政府机构的人员。总部职能管理人员和王新的直接上司也会来厂考察。当陪伴这些来访人员和他自己的下属人员参观时,王新常常会发现一些问题,并将它们列入他那待处理事项的清单中。王新发现自己明显无暇顾及长期计划工作,而这些活动是他改进工厂的长期生产效率所必须做的,他似乎总是在处理某种危机,他不知哪里出了问题,为什么他就不能以一种使自己不那么紧张的方式工作呢?

(潘连柏. 管理学原理习题集. 北京:人民邮电出版社,2017)

【思考】 从管理职能的角度,可以对王新的工作做一种什么样的分析?

第二章

管理演进

> > > > >

学习目标

通过学习本章的内容,学生能够:

1. 了解中外早期的管理实践与管理思想;
2. 阐述泰勒的科学管理理论与法约尔的一般管理理论;
3. 阐述行为科学理论中的代表理论与代表人物;
4. 说明各种管理学派的观点;
5. 了解管理科学发展的新趋势。

引 例

罗尔公司的新挑战

当圣路易斯啦啦队首任队长查伦·佩林在 1995 年开始新的工作,就任西弗吉尼亚州罗尔家具公司制造主管时,她还从来没有在这样的城镇工作过——人们在敞篷小型载货卡车的贴花纸上悬挂着盟友的旗帜。不仅如此,这还是老年男性老板的一种行业。在这里,她只是个年轻的不到 30 岁的妇女。而在她出生的时候,有些管理者早就在罗尔公司工作了。

该工厂是在另一个时代建造的,工厂的窗户现在都粉刷成了黑色,以节约制冷费用。人们机械式地劳作,犹如机器人一般整天都重复同样的动作,一个人切割,一个人黏合,一个人缝纫,而其他人员则或者贴标签,或者装运,或者检查各式沙发、安乐椅和双人沙发的质量。虽然工资待遇比较高,但工作本身太枯燥乏味。佩林觉得,在这样的条件下,要想激励年轻的员工努力工作相当困难。另一个问题是,顾客下订单以后,家具要几周时间才能生产出来。

　　罗尔公司的产品由于质量上乘、成本较低,得以在全美某些最好的展厅里展出。但是,最近几年的销售业绩很一般。佩林通过研究发现,顾客希望购买的不是现在这些车间里现成的产品,而是定制化的家具。另外,顾客希望选择余地比现在的更大,而且他们不想总是等待下去。事实上,由于拖延太久,有些人甚至不想再购买罗尔家具。佩林意识到,她必须迅速采取行动,改善公司的绩效。

(王凤彬.管理学.北京:中国人民大学出版社,2010)

　　在该案例中,新任制造主管佩林意识到自己面临严峻的挑战。顾客的需求在改变,不仅要求家具定制化,而且希望加快交货速度。员工不再满足于那种工资较高但枯燥乏味的工作。所有这些都要求公司采取新的管理模式。在当啦啦队队长时,佩林不时听到企业界的管理者在发愁地谈论着变化的主题。当时她总觉得事情没那么严重,现在她亲身体会到,作为今天和明天的管理者,需要采取不同于昨天的管理方法。她知道,要想成为一名成功的管理者,仅仅靠热情和借鉴他人的经验是不够的。她很想得到一些理论上的指导,使自己在探索适合罗尔公司现状的管理模式时,能够少走弯路,早日取得成效。

　　管理理论的产生和发展与管理实践活动有着密切的关系,管理理论是在对管理实践中积累的经验进行总结、提炼后形成的对管理活动的体系化的认识,但这种认识反过来又对管理实践活动起着指导和推动的作用,所以有必要对管理思想史做简单的介绍。

第一节　中国古代管理思想

一、中国古代的管理实践

　　一提起管理理论的历史,人们自然会想到亚当·斯密、泰勒、法约尔等许多西方学者的名字,而对中国的传统管理思想知之甚少。似乎人类的管理实践和管理理论是从18世纪的西方产生的。其实各个国家和民族对管理学的发展都有各自的贡献和价值,中国也同样有悠久的管理实践和丰富的管理思想。

　　中国是世界上历史最悠久的文明古国之一。早在五千年前,中国已经有了人类社会最古老的组织——部落和王国,有了部落的领袖和帝王,因而也就有了管理。到了商、周时代,中国已形成严密的奴隶制和封建制的国家组织,出现了从中央到地方、高度集权、等级森严的金字塔形的权力结构。

　　中国古代也有许多世界历史上伟大的工程,如长城、大运河、都江堰工程等。以长城为例,从公元前7世纪的春秋战国时开始修建,一直到明朝万历年间(1573年)终于形成了西起嘉峪关、东至山海关的总长六千七百多千米的万里长城。要完成如此浩大的工程,在科学技术尚不发达的当时,其计划、组织等管理活动的复杂程度是难以想象的。

在漫长的封建社会中,我国除了建立了高度集权的行政管理体制,还在人才选拔和录用上形成了完善的科举制度。从现代的观点看,尽管科举制度在考试内容和选择标准上还存在许多问题,但通过考试和平等竞争的方法选拔人才,在人类历史上也可以说是开辟了一个范例。

二、中国古代的管理思想

中国的传统文化是以儒、道、释为中心,以法、墨、农、名、兵、纵横、阴阳为副线,形成的一个多元文化体系。这里除了释(佛教)来源于印度,其他都来自中国古代的春秋战国时期。它们是中华文化的核心,对中国传统的管理思想起着决定性的作用。

(一)儒家的管理思想

儒家思想是中国传统文化的主流,孔子开创了儒家学说并提出了主体的思想构架,再经后来的孟子和荀子的进一步补充,最终正式形成了一门学科——儒学。下面我们就儒家学说的代表人物及其管理思想做一简单介绍。

1. 孔子管理思想的要点

(1)重视人的因素:管理工作只有得到被管理者的拥护,才能搞好;管理工作只有依靠人才才能搞好。

首先,孔子主张管理者要有一颗仁心,"仁者爱人""爱人"从管理角度讲有利于缓和管理者和被管理者之间的矛盾,有利于在二者之间建立和保持一种比较和谐的关系,从而有助于实现管理目标。

"得民心者得天下""得其民有道,得其心斯得其民矣"。如何才能"爱人"?"君子学道则爱人,小人学道则易使也"。

其次,"得人""选贤与能"。"贤者"是协助最高领导者掌握全局的人,这种人不但有经邦治国的大本领,有协助领导者驾驭全局的能力,还有高尚的道德品质,能够移风易俗,化民从善。"舜有臣五人(禹、益、契、弃和皋陶)而天下治。""能者"指在具体的工作部门从事具体工作的人,即具备做好某种工作的专业知识的人。在孔子看来,有各方面的"能人"在,即使最高层缺乏"贤人",也可以保持一个较平稳的局面,而不致发生重大的失败,或者很快陷于失败。但也不能使全局工作达到理想的状态,实现"天下大治"。

仅仅选拔"贤人"与"能人"还不够,还要善于使用他们,如何使用"贤能"呢?孔子主张"因材施用":"贤人"要成为"以道事君"的"大臣",即成为领导集团成员;"能人"要成为按自己的本领负责专项工作的"具臣",领导者对他们的使用要"器之"。

(2)管理首重教育。

首先,重视教育手段。"善教得民心""小人学道易使也""导之以政,齐之以刑,民免而无耻;导之以德,齐之以礼,有耻且格"。主张以德、礼教育民众。

其次,也要重视其他管理手段的作用,如行政、法律手段。但是管理主要依靠教育,而行政、法律手段应放在次要的、辅助的位置,而且在使用政法手段时,也应同教育手段配合使用,使民知法、畏法而且耻于犯法。他说,"不教而杀谓之虐"。孔子也重视经济手段的作用。"惠则足以使人",孔子认为,"君子"和"小人"对利益的态度是不一样的,"君子喻于义,小人喻于利",要区别对待。

(3)管理成败的关键在领导。

"百姓有过,在予一人""朕躬有罪,无以万方;万方有罪,罪在朕躬"。

(4)着眼于长期目标,反对急功近利,始终围绕战略目标。

"无欲速,无见小利,欲速则不达,见小利则大事不成"。

(5)对于如何调和人和人之间的矛盾,提出"忠恕"和"和同"主张。

"己所不欲,勿施于人""君子和而不同,小人同而不和"。

2.孟子管理思想的要点

孟子以"性善论"作为自己的哲学基础;以"仁政"思想为管理思想的核心;义利统一的经营管理价值观;高度重视管理者的人格修养;强调"以德服人"的情感管理;强调权变观念。

(1)"仁政"的管理思想。

"不以仁政,不能平治天下",现代企业管理应"以人为本";"民为贵,社稷次之,君为轻",尊重被管理者是搞好管理的前提;"得民心者得天下",赢得消费者是企业占有市场的前提。

(2)义利统一的经营管理价值观。

"圣人治天下,使有菽粟如水火",现代企业应为社会提供丰裕的物质产品;"非其有而取之者,盗也",市场竞争中的企业自律;"老吾老以及人之老,幼吾幼以及人之幼",现代企业回报社会的情怀;"斧斤以时入山林",生态伦理观是现代企业经营的精神之一。

(3)"以德服人"的情感管理。

孟子强调"天时不如地利,地利不如人和"的和谐管理的思想:"以德服人,中心悦而诚服也",感情投入,培养员工对企业的归属感;"家必自毁,而后人毁之",培养企业的团队精神;"以佚道使民",现代企业应实行弹性管理;"隐恶而扬善",实现正面激励的功用。

(4)权变管理的观念。

孟子强调通达权变:"举一而废百",企业管理之大忌;"此一时,彼一时也",以时间地点为转移;"可以久则久,可以速则速",一切以条件为转移;"嫂溺,援之以手,权也",特殊情况下的特事特办;"思则得之,不思则不得",勤于思考,智慧生财。

3.荀子管理思想的要点

荀子的管理思想以人的自利行为为出发点,以人类的分工为核心,以"隆礼""守法"为方式,以"富国富民"为最终目标。

(1)荀子管理思想的出发点:人的自利行为。

"饥而欲食,寒而欲暖,劳而欲息,好利而恶害,是人之所生而有也。"

(2)荀子管理思想的核心:"明分使群。"

人是不能脱离社会群体孤立地进行生产活动的,人和人之间"离居不相待则穷",唯有合作。"人力不若牛,走不若马。而牛马为用,何也?曰:人能群,彼不能群也。人何以能群？曰：分。"

(3)荀子的管理方式："隆礼""守法"。

怎样能够保证"分"更有效率地达到"群"呢？唯有"义"。"分何以能行？曰：义。故义以分则和，和则一，一则多力，多力则强，强则胜物。故宫室可得而居也。故序四时，载万物，兼利天下，无他故焉，得之分义也。"

"义"即为"宜"，"义"的表现形式就是"礼"和"法"，前者是行为准则，更多地表现为风俗、习惯（下意识行为），后者是国家意志的体现，更多地表现为法规、法令（强制性行为）。故荀子提出"隆礼""重法"。当然，"礼"和"法"的内容不是僵硬的，要随着时代的变化而相应地变化其中的内容。

(4)荀子的管理目标：富国富民。

富国必须以富民为基础。"王者富民，霸者富士，仅存之国富大夫，亡国富府库，府库已实，而百姓贫，夫是之谓上进而下漏，入不可以守，出不可以战，则倾覆灭亡可立而待也。"主张在国民财富总量增长的基础上使国库的收入和百姓的财富同步增长，将法家富国之学和儒家富民之学统一与协调起来。富国富民的手段是"强本节用"，"强本而节用，则天不能贫！"

儒家的管理思想对于中国管理思想的形成和发展起着举足轻重的作用。先秦儒家的管理思想，发端于孔子，后经孟子和荀子从"性善""性恶"两方面出发的论述，逐渐全面，其治国思想也不断清晰，从"礼治"到"仁政"再到"隆礼重法"，礼法结合，越来越明确，也越来越容易实践。

(二)道家的管理思想

道家学说和儒家学说是同时产生、并行发展的，在中国几千年的历史上有着极其重要的作用。道家学说的创始人是老子，《老子》一书是道家的经典。

1.老子关于"道"的理念

"道可道，非常道；名可名，非常名；无名，天地之始；有名，万物之母"——道，不仅局限于人类社会的范围，即"人道"，而且还指"天道""地道"。老子的"道"的理念是"大自然法则支配一切"的概念，这就是著名的"道法自然"命题的由来。

2.老子关于"人性"的理念

"五色令人目盲，五音令人耳聋，五味令人口爽。驰骋畋猎，令人心发狂。难得之货，令人行妨。是以圣人为腹不为目，故去彼取此。"老子认为：人的本性是有欲、有私、贪财货的，特别受不得外界物质享受，如五色、五音、五味、田猎和难得之货的刺激，人类社会的一切矛盾和争斗都源于此。

3.老子关于管理方法论的理念

老子的无为而治是道家管理的一个至高境界。"无为"是在遵循自然的前提下，有所作为和无所作为的总和。按照自然的规律行事，一切工作就能够通过道的运行自然而然地"功成事遂"，这就叫作"无为而无不为"。反之，如果人们行事不顺应自然而是凭自己的主观意愿违背自然而强为那就只会干扰、妨碍道的自然运行而招致失败。

"无为"是道家管理哲学的最高原则,它具有以下几个明显的特点:

第一,"无为"是一个普遍适用于任何管理过程的原则,不论是政治管理、经济管理、军事管理或社会文化管理,都概莫能外。

老子反对法令滋彰。认为国家政权为管理人民而制颁的法令规章越多,人们为规避或利用这些法令、规章而采取的手段越多,国家为禁制人民而使用的刑罚越繁苛,人们的反抗越强烈,社会也就越乱,越不安宁。"其政察察,其民缺缺""法令滋彰,盗贼多有""民不畏威""民不畏死,奈何以死惧之"。

老子也反对以礼教作为治国手段。他们认为,以德、礼治国和以政、刑治国,同样是有为。他们激烈地攻击"礼者,忠信之薄而乱之首""大道废,有仁义"。他们认为要想使国家安定,民风淳厚,最好是"绝圣弃知""绝仁弃义"。

第二,"无为"的原则是适用于一切人的,但首先却是对上层统治者尤其是对君主的要求。

老子非常强调统治者、领导者自身的表率作用,这和儒家的风行草偃论是一致的,很可能是受儒家这种观点影响的结果。但是,儒家所讲的表率作用,是以德率民,即以领导者自身的良好道德修养影响被领导者以化民从善。这在老子看来,是导民有为,老子也同样重视领导者的表率作用,但却是要导民无为。

第三,"无为"作为一个宏观的管理原则,意味着国家对私人的活动(尤其是经济活动)采取少干预、不干预的态度,即采取放任的态度。但道家提倡"无为",不是为了充分发挥私人的活力和积极性,而是为了把私人的活力和积极性尽量降低。

老子的理想是"小国寡民",他说:"小国寡民,使有什伯之器而不用,使民重死而不远徙。虽有舟舆,无所乘之;虽有甲兵,无所陈之;使民复结绳而用之,甘其食,美其服,安其居,乐其俗。邻国相望,鸡犬之声相闻,民至老死不相往来。"

从"无为"这个最高原则,又派生出以下几个管理原则:

其一是"清静"。

要使管理活动能顺应道之自然,必须首先以清静、持重的态度处事,克服轻率、躁扰的弊病,不看准方向和时机,就不采取行动,而一旦看准了,就坚定不移地采取行动,不轻易变迁、更改。

其二是"寡欲"。

《老子》认为多欲和纵欲者势必要采取各种手段以求得欲望的满足,这就意味着在经济、技术、文化以及政治、军事等方面有为,而君主或统治者的多欲、纵欲必然导致赋税、徭役的增加,这本身就是国家政权的有为。同时,又将激起百姓的抵制、反抗,而使整个社会陷于纷乱和不宁。《老子》把"寡欲"看作是实现无为之治的一个先决条件,提倡"见素抱朴,少私寡欲""不欲以静,天下将自定"。

其三是"下民"。

《老子》从古代的历史,特别是春秋战国时期的剧烈社会变动中认识到:"贵以贱为本,高以下为基。"因此,《老子》提出了统治者、领导者必须"下民"的管理思想,强调"欲上民必以言下之,欲先民必以身后之",并且以百川归海做比喻说,"江海所以能为百谷王者,以其善下之"。

其四是"愚民"。

《老子》认为,人们智慧的发展必然使人类社会同原始自然状态相去甚远,而且必然使人们更趋向于有为,使无为之治越来越难以实现。因此,它主张要实行无为之治必须"愚民",宣称"古之善为道者,非以明民,将以愚之"(该知道的知道,不该知道的不能知道)。

道家思想在中国管理思想史上占据着重要的地位。它包含着朴素的辩证法思想与丰富的治国智慧。它为统治者治理国家提供了方法指导,成为统治者休养生息,发展生产,恢复国力的重要选择,历史上几个朝代的统治者所遵循的治国理念都借鉴有道家的管理思想。

(三)墨家的管理思想

墨家学派的创始人是墨子,他主张平等和兼爱。兼爱交利是墨子管理思想的核心:"兴天下之利,除天下之害""兼相爱则治""交相利则安"。墨家管理思想的要点主要有四方面。

1.选贤任能的人事管理思想

"尚贤使能,为政之本也",任用贤能是实现管理的关键;"归国宝不若献贤而进士",不拘一格发现人才、选用人才是管理者的要务;"听其言,迹其行,察其所能",在实践中选拔贤才;"良剑期乎利,不期乎莫邪",对人才不能过于苛求;"有能则举之,无能则下之",能上能下,不搞终身制;"量才使用,以劳定赏",建立使人才发挥作用的管理机制,等等。

2.崇尚集权的行政管理思想

"一同天下之义,是以天下治也",表明了实行中央集权管理的必要性;"得天下情则治,不得天下情则乱",集中的基础在于民主等。

3.生财固本的生产管理思想

"以时生财,固本而用财,则财足",表明了生产在国计民生中的作用;"赖其力者生,不赖其力者不生",发展生产力是搞好管理的物质基础等。

4.节用节俭的消费管理思想

"去无用之费,圣王之道,天下之大利也",表明了节用在管理中的重要意义;"节俭则昌,淫佚则亡",说的是限制奢侈性消费的重要性等。

墨子的管理思想是围绕着"兼相爱,交相利"这个核心来进行阐述的,其"尚贤""尚同""节用"的思想,切中当时社会实践,对后世也有着深远的影响。

(四)法家的管理思想

法家学派的代表人物是商鞅、韩非子等,他们反对依赖那些空洞的不切实际的绝对的忠信观念,以及那些主观的道德规范。因为人不是靠自觉就能遵守法律的,因此,他们主张用客观的、具体的、强制的法律,通过铁面无私的奖惩制度强化司法的威严与检查的力量。其管理的核心是以奖惩的强制性来求得公平,并以此实现最高的社会理想。

1.商鞅管理思想的要点

"天下之吏民无不知法"是实行法治的基础与前提;"以治法者强,以治政者削",即要处理好依法与用权的关系等。

2.韩非子管理思想的要点(见图 2-1)

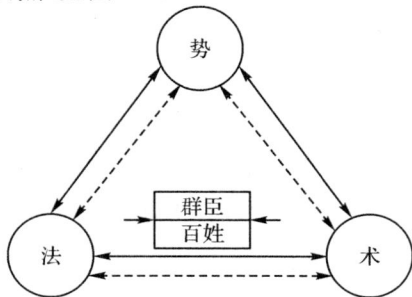

注:实线表示作用力;虚线表示反作用力。

图 2-1　韩非子管理思想图示

韩非子提出"法、术、势"三者并重的法家集大成思想。"法"为制度安排,具有滞后性,因此得靠"术"(监督、考核的种种办法及制度安排)来弥补,"术"的执行必须有"势"才能来维持,因此统治者必须紧紧掌握手中的权力。

与儒家、道家、墨家等思想流派相比,法家的思想无疑最具实用价值。

(五)兵家的管理思想

春秋战国时期是战火纷飞的时代,打仗就得讲究兵法。在中国战争史中,最杰出的兵书就是《孙子兵法》,该书共 13 篇,不到 6000 字,语言简练但其内容却博大精深。

第一篇"计篇",指出了决定事物成败和战争胜负的"五事"(五个因素),即"道、天、地、将、法"。"道"指道义,即只有顺道才能做到上下同心同德;"天"指天时;"地"指地利,即企业面临的内外环境;"将"指人才;"法"指组织与管理。在人才素质方面,孙子提出领导者应具备"五德",即"智、信、仁、勇、严"。在经营谋略方面,孙子提出了"知己知彼,百战不殆""上兵伐谋""以奇制胜""制人而不制于人""兵不厌诈""攻其无备,出其不意"等许多著名论断。

在当今的市场竞争中,尤其是第二次世界大战以后,兵法在商战中的运用越来越广泛。特别是日本,其在经济发展中将中国的兵家思想充分运用于国际市场竞争,并取得了令人瞩目的成绩,使中国的兵家思想在世界上又一次绽放光芒。

【思考】　中国古代管理思想对现代管理有何启示?

第二节　近代西方管理理论

一、早期西方管理实践与理论

西方国家的管理实践活动历史源远流长,尤其是许多工业发达国家,经历了奴隶社会、封建社会、资本主义社会的全过程,积累了较为丰富的管理实践经验及管理理论。

(一)奴隶社会

1.古埃及的管理思想

古埃及在国家制度上,建立了以法老为首的一整套专制体制管理机构。他们在法老之下设置了各级官吏,最高为宰相,掌管着全国的司法、行政及经济事务。宰相之下设有大臣,分别管理财政、水利建设以及各地方事务。上至宰相,下至书吏、监工各有专职,形成了以法老为最高统治者的金字塔式的管理机构。另外,古埃及金字塔的建造,其工程之浩大、技术之复杂,堪称奇迹。

2.古巴比伦的管理思想

在汉谟拉比的统治下,古巴比伦建起了强大的中央集权制国家。为了巩固其统治,汉谟拉比颁布了《汉谟拉比法典》。法典的内容涉及财产、借贷、租赁、转让、抵押、遗产、奴隶等各个方面,对各种职业、各个层面上人员的责、权、利关系给予了明确的规定,从多方面反映了当时巴比伦人的管理思想。

3.古希腊的管理思想

古希腊是欧洲文明的摇篮。在古希腊,当时的思想家们对管理有许多精辟的见解。苏格拉底曾提出管理的普遍性,认为管理技能在公共事务与私人事务之间是相通的。亚里士多德还研究了国家制度问题,提出了国家制度的各种形式以及采取各种国家制度的原则,描绘了以奴隶制为基础的"理想城邦"的轮廓。另一名古希腊哲学家色诺芬则对劳动分工有精辟的论述。

4.古罗马的管理思想

古罗马在世界史上是最大的奴隶制国家之一。罗马在共和时期,在管理体制上已体现了行政、立法和司法的分离。在法律方面,罗马人制定了有名的《十二铜表法》。古罗马最有效的管理实例,是当时统治者戴克里先对罗马帝国的重组。他重新设计了帝国的组织结构,把军队和政府分为不同的权力层次,对每一层次规定了严明的纪律以保证组织职能的发挥。他把帝国分为100个"郡",归为13个"省",进一步把"省"组成4个"道",从而建立起专制的组织结构。

(二)封建社会

西欧封建社会早期是非常暗淡的"黑暗时代",直到中期和后期,由于手工业从农业中迅速分离,城市兴起,商业、贸易不断发展,西欧封建社会的经济才发生了一些新的变化。威尼斯的工商管理最为突出,其商业管理最有代表性的部分是企业组织类型和会计制度。

1.企业组织类型

当时商业的发展,尤其是海外贸易的发展使得一些合伙或合资的企业出现了。合伙企业通常由拥有较大数量资本的人同一个拥有较少数量资本的人合办而成,双方在合伙契约中载明合伙期限等,常见于工商企业。合资企业由两个或两个以上的所有者组成。成立合资企业,要先向政府申请,经批准后获得营业执照,合资企业中的每位股东按资本份额分摊企业的利润和费用,常见于一次性交易的矿藏勘探或海外冒险事业。

2.现代会计制度:复式簿记制度的建立

复式簿记制度于 1340 年首先应用于意大利的银行界,此后向其他工商业领域推广。复式簿记制度主要用于分类账。日记账的主要作用是可以作为法律制度的依据。他们先把所有的交易都记在流水账上,再记入日记账,再过到分类账上。

威尼斯的工业管理以兵工厂为代表。主要包括:流水线的出现、严格的会计管理制度、对成本的分析与核算、较健全的人事管理制度、存货控制等。

(三)资本主义早期

产业革命前后到 19 世纪,是西方管理思想发展中的一个重要时期。这一时期虽然没有形成完整的管理理论,但许多著名的经济学家、思想家、工程学者对管理思想进行了积极的探索。

1.亚当·斯密的劳动分工论和经济人观点

亚当·斯密是英国古典政治经济学家,著有《国民财富的性质和原因的研究》《道德情操论》,主要思想有:①资产阶级利己主义,"看不见的手"。②分工思想。他指出:"有了分工,同数量劳动者就能完成比过去多得多的工作量。其原因有三:劳动者的技巧因业专而日进;由一种工作转到另一种工作,通常需损失不少时间,有了分工,就可以避免这种损失;许多简化劳动和缩减劳动的机械的发明,使一个人可以做许多人的工作。"③控制思想。他说:"如果要真正地控制一个人,就必须使他为自己的工作成绩对某个人负责,而他对这个人无法施加任何重大的影响。"④计算投资还本期的重要性。他说:"购买高价机器,必然期望这台机器在磨毁以前所成就的特殊作业可以收回投下的资本,并至少获得普通的利润(是当时通行利率的 2 倍)。"

2.小瓦特和博尔顿的科学管理制度

小瓦特和博尔顿分别是蒸汽机发明者瓦特和其合作者马修·博尔顿的儿子。1800年,他们接管了一家铸造工厂后,就着手改革该厂的组织与管理,建立了许多管理制度:①在生产管理和销售方面,根据生产流程的要求,配置机器设备,编制生产计划,制订生产作业标准,实行零部件生产标准化,研究市场动态,进行预测;②在会计的成本管理方面,建立起详细的记录和先进的监督制度;③在人事管理方面,制订工人和管理人员的培训和发展规划;④实行工作研究,并按工作研究结果确定工资的支付办法;⑤实行由职工选举的委员会来管理医疗福利费等福利制度。

3. 马萨诸塞车祸与所有权和管理权的分离

1841 年 10 月 5 日,在美国马萨诸塞至纽约的西部铁路上,两列火车迎头相撞造成近 20 人死亡。事故发生后,公众对铁路公司的管理工作进行了猛烈抨击。为平息众怒,该公司进行了改革,实行所有权和管理权的分离。①独立的管理职能和专业的管理人员正式得到承认。管理不仅是一种活动,还是一种职业。②随着所有权和管理权的分离,横向的管理分工开始出现。这不仅提高了管理效率,也为企业组织形式的进一步发展奠定了基础。③具有管理才能的雇佣人员掌握了管理权,直接为科学管理理论的产生创造了条件,也是管理学创立和发展的前提。

4. 罗伯特·欧文的人事管理思想

罗伯特·欧文是 19 世纪英国著名的空想社会主义者。他曾在其经营的一家大纺织厂中做过试验。试验主要包括改善工作条件、缩短工作时长、提高工资、改善生活条件、发放抚恤金等。试验的目的是探索对工人和工厂所有者双方都有利的方法和制度。

欧文是人事管理的先驱。他认为,人是环境的产物。他在一篇论文中对监工们说:"你们中的许多人长期以来有这样的经验,在你们的制造工作中,由于设计良好和运行正常的优良机器而得到很大的好处,既然你们对死的机器赋予适当的注意就能换来如此巨大的好处,那么,如果你们对主要的、构造得远为奇异的机器(即工人)赋予同样的注意,有什么不能期望得到的呢?"欧文还认为,"人事管理必须有所报偿",单纯的"福利式"管理既不能赢得工业雇主全心全意的支持,又不能永久获得工人的支持。他曾在一次对工厂主的演讲中说:"你们的活机器可容易地加以训练和指挥,使你们的金钱收入大大增加。用在工人身上的钱,可以使你们获得 50%~100% 的报酬,而用在机器上的钱只能得到 15% 的报酬。对待活机器的经济学是,使它干净清洁,用和善的态度对待他们,使他们的精神不至于受到太多的挫折刺激"。欧文开创了在企业中重视人的地位和作用的先河,有人因此称他为"人事管理之父"。

5. 查理·巴贝奇报酬原则与利润分配制度

查理·巴贝奇是英国著名的数学家和机械工程师,出版了《论机器和制造业的节约》。他对管理的主要贡献为:①对工作方法的研究。一个体质较弱的人如果使用的铲在形状、重量、大小等方面都比较适宜,那么他一定能胜过体质较强的人。②对报酬制度的研究。他主张按照对生产率贡献的大小来确定工人的报酬。工人的收入应该由三部分组成,即按照工作性质所确定的固定工资、按照对生产率所做出的贡献分得的利润、为增进生产率提出建议而应得的奖金。

6. 亨利·汤尼的收益分享制度

亨利·汤尼是美国一家制造公司的总经理。他 1886 年发表的《作为经济学家的工程师》中提出,"工厂管理同工程技术有着同样的重要性……但工厂的管理却是无组织的,几乎没有什么有关的文献,没有交流经验的机构或媒介工具,而且没有任何协会或组织……为了补救这种情况,不能单只求助于'生意人'或办事员、会计师,而应该由那些由于训练和经验而能从两个方面(机械方面和文书方面)了解有关重要问题的人去办,应该由工程师来发起!"亨利·汤尼在1889年发表了《收益分享》,提出每个职工享有一种"保证工资",然后每个部门按科学方法制订工作标准,并确定生产成本。该部门超过定额时,由该部门职工和管理阶层各得一半。定额应在3~5年内维持不变,以免降低工资。

7.哈尔西的奖金方案

弗雷德里克·哈尔西在1891年向美国机械工程学会提交论文《劳动报酬的奖金方案》,他在论文中指出当时普遍使用的三种报酬制度的弊端:①计时制(日工资制),不是以刺激原则为依据的;②计件制,工人常认为,每当其在产量上有大幅度的提高,雇主就会压低工资率;③收益分享制,不区分工效高的工人与工效低的工人的报酬。因而他提出了自己改进的劳动报酬的奖金方案,该方案是按每个工人来设计的:①以工人过去的通常业绩为依据;②对工人一定量的工作付给日或小时工资;③对工人增加的产量付给奖金,奖金额约为雇主按日工资或小时工资计算的1/3到1/2。

二、古典管理理论

古典管理理论是以"经济人"假设为基础的管理理论,其代表性的理论有泰勒的科学管理理论、法约尔的一般管理理论和韦伯的行政组织理论等。

(一)科学管理理论

弗雷德里克·泰勒(Frederick W. Taylor,1856—1915)是美国古典管理学家,科学管理的创始人。泰勒于1856年出生在美国费城一个富裕的家庭里,19岁时因故停学进入一家小机械厂当徒工。22岁时进入费城米德维尔钢铁公司,开始当技工,后来迅速提升为工长、总技师。28岁时任钢铁公司的总工程师。1890年泰勒离开这家公司,从事顾问工作。1898年进入伯利恒钢铁公司继续从事管理方面的研究,后来他取得发明高速工具钢的专利。1901年以后,他用大部分时间从事写作、讲演工作,宣传他的一套企业管理理论,即"科学管理—泰勒制"。其代表作为《科学管理原理》。

泰勒的科学管理的根本目的是谋求最高效率,而最高的工作效率是雇主和雇员达到共同富裕的基础,科学管理使较高工资和较低的劳动成本统一起来,从而扩大再生产。达到最高的工作效率的重要手段是用科学化的、标准化的管理方法代替原来的经验管理方法。为此,泰勒提出了一些基本的管理制度。

1.对工人提出科学的操作方法,以便有效利用工时,提高工效

研究工人工作时动作的合理性,去掉多余的动作,改善必要动作,并规定完成每一个单位操作的标准时间,制定出劳动时间定额。

2.对工人进行科学的选择,培训晋升

选择合适的工人安排在合适的岗位上,并培训工人使用标准的操作方法,使之在工作中逐步成长。

3.制定科学的工艺规程

使工具、机器、材料标准化,并对作业环境进行标准化,用文件形式固定下来。

4.实行具有激励性的计件工资报酬制度

对完成和超额完成工作定额的工人以较高的工资率计件支付工资,对完不成定额的工人,则按较低的工资率支付工资。

5.管理和劳动分离

管理者和劳动者在工作中密切合作,以保证工作按标准的设计程序进行。上述这些措施虽然在现在已成为管理常识,但在当时却是重大的变革。随后,美国企业的生产率有了大幅度的提高,出现了高效率、低成本、高工资、高利润的新局面。

泰勒的科学管理理论对当时企业管理从经验管理走向科学化起了重要作用:为作业方法和作业定额提供了客观依据;增加了劳资协调的可能性;促进了公众对提高效率的关心。科学管理运动加强了社会公众对消除浪费和提高效率的关心,促进了经营管理的科学研究。其后的管理科学、运筹学、成本核算、准时生产制等,都是在科学管理理论的启发下产生的。但是科学管理理论还是有其局限性,它的局限性主要表现在以下四个方面。

1.单纯从"经济人"的假设出发

泰勒及其追随者采取与古典经济学家亚当·斯密和李嘉图等人一样的观点,认为企业家的目的只是获取最大限度的利润,工人的目的只是获取最大限度的工资收入。

2.以机械模式的观点看待职工

他们把职工看成是进行一定作业的生产工具——活的机器。他们认为,工人虽然具有进行作业、接受命令的能力,但没有自主决策的能力。他们事实上把职工作为被动的生产工具。

3.对有组织的工会采取排斥的态度

泰勒主张通过经营者和工人的职能分工来建立劳资双方的协调关系。泰勒的设想是:一方面,经营者改变放任式的管理方式,担负计划职能,从事有关作业研究等方面的调查研究。这样,可以制定出高效率的作业方法。另一方面,通过教育培训和适应个人条件的工作安排来提高工人的工作效率。工人方面则执行经营者制定的工作方法,完成及超额完成定额来支持企业和经营者。

4.忽视了工人参与决策的能力

泰勒提出的经营者同工人之间实行职能分工的设想,是以工人缺乏参与决策和参与管理的能力和知识为前提的。在当时的情况下,工人虽然在知识等方面不如经营者和专业管理人员,但并不是完全没有在某些问题上参与管理和参与决策的能力和知识。如果在决策和管理方面完全把工人排除在外,真正的经营民主化就难以建立起来。

泰勒是科学管理的先锋,其追随者和同行者也对科学管理做出了重要的贡献。亨利·甘特用图表进行计划和控制的做法是当时管理思想的一次革命。从一张事先准备好的图表上,管理部门可以看到计划执行的进展情况,并可以采取一切必要行动使计划能按时或在预期的许可范围内完成。甘特根据这个思想设计的甘特图现在还常用于编制进度计划。亨利·福特在泰勒的单工序动作研究基础之上,进一步对如何提高整个生产过程的效率进行了研究。他充分考虑了大量生产的优点，规定了各个工序的标准时间定额，使整个生产过程在时间上协调起来，创建了第一条流水生产线——福特汽车流水生产线，使成本明显降低。同时，福特进行了多方面的标准化工作，包括产品系列化，零件规格化，工厂专业化，机器、工具专业化，作业专门化，等等。还有吉尔布雷斯夫妇的动作研究。泰勒及其同行与追随者的理论和实践构成了泰勒制，人们称以泰勒为代表的学派为科学管理学派。

【案例分析】

联合邮包服务公司（UPS）雇用了 15 万名员工，平均每天将 900 万份包裹发送到美国各地和其他 180 个国家和地区。为了实现他们的宗旨"在邮运业中办理最快捷的运送"，UPS 的管理当局系统地培训他们的员工，使他们以尽可能高的效率从事工作。UPS 的工业工程师们对每一位司机的行驶路线都进行了时间研究，并对其中的运货、暂停和取货活动都设立了标准。这些工程师记录了红灯、通行、按门铃、穿过院子、上楼梯、中间休息喝咖啡的时间，甚至上厕所的时间，将这些数据输入计算机中，从而给出每一位司机每天工作的详细时间标准。

为了完成每天取送 130 件包裹的目标，司机们必须严格遵循工程师设计的程序。当他们接近发送站时，他们松开安全带，按喇叭，关发动机，拉起紧急制动，把变速器推到 1 挡上，为送货完毕的启动离开做好准备，这一系列动作严丝合缝。然后，司机从驾驶室跳到地面上，右臂夹着文件夹，左手拿着包裹，右手拿着车钥匙。他们看一眼包裹上的地址把它记在脑子里，然后以每秒钟 0.9 米的速度快步走到顾客的门前，先敲一下门以免浪费时间找门铃。送货完毕后，他们在回到卡车上的路途中完成登录工作。

【思考】 在我们身边的组织中，你看到了哪些科学管理的应用例子？

（二）一般管理理论

亨利·法约尔（Henri Fayol，1841—1925），法国人，1860 年从圣艾蒂安国立矿业学院毕业后进入高芒特里—福尔尚布德采矿有限公司，成为一名采矿工程师。1866 年担任高芒特里矿井经理，1888 年出任该公司总经理直至 1918 年。泰勒的研究从"车床前的工人"开始，重点内容是企业内部具体工作的效率。法约尔的研究则是从"办公桌前的总经理"出发的，以企业整体作为研究对象。他认为，管理理论是指有关管理的、得到普遍承认的理论，是经过普遍经验检验并得到论证的一套有关原则、标准、方法、程序等内容的完整体系，有关管理的理论和方法不仅适用于公私企业，也适用于军政机关和社会团体。这正是其一般管理理论的基石。

法约尔的著作很多，1916 年出版的《工业管理与一般管理》是其代表作，标志着一般管理理论的形成。其主要内容如下。

1.从企业经营活动中提炼出管理活动

法约尔区别了经营和管理,认为这是两个不同的概念,管理包括在经营之中。通过对企业全部活动的分析,管理活动从经营职能(包括技术、商业、财务、安全和会计五大职能)中被提炼出来,成为经营的第六项职能。进一步得出了普遍意义上的管理定义,即管理是普遍的一种单独活动,有自己的一套知识体系,由各种职能构成。管理是管理者通过完成各种职能来实现目标的一个过程。

法约尔还分析了处于不同管理层次的管理者其各种能力的相对要求,随着企业由小到大、管理者职位由低到高,管理能力在管理者必要能力中的相对重要性不断增加,而其他诸如技术、商业、财务、安全、会计能力的重要性则会相对下降。

2.倡导管理教育

法约尔认为管理能力可以通过教育来获得,"缺少管理教育"是由于"没有管理理论",每一个管理者都按照他自己的方法、原则和个人的经验行事,但是谁也不曾设法使那些被人们接受的规则和经验变成普遍的管理理论。

3.提出五大管理职能

法约尔将管理活动分为计划、组织、指挥、协调和控制五大管理职能,并进行了相应的分析和讨论。管理的五大职能并不是企业管理者个人的责任,它是一种分配于领导人与整个组织成员之间的工作。

4.提出十四项管理原则

法约尔在总结管理工作实践经验的基础上,提出了十四项管理原则:

(1)分工。分工可以提高工作技能,从而可以提高工作效率和工作成果。

(2)权力与责任。权力是指挥和要求别人服从的力量和权利,责任是随着权力而来的奖罚。权力和责任是互为依存、互为因果的,权力和责任应当对等。

(3)纪律。纪律实际上是管理者同下属人员之间在服从、勤勉、积极、举止和尊重方面所达成的一种协议,纪律对于企业取得成功是绝对必要的,纪律的好坏主要取决于领导人能否以身作则、赏罚分明。

(4)统一命令。每个成员只能接受一个上级的命令,这与泰勒的职能工长制的思想相反。

(5)统一指挥。对于目标相同的一组活动,只能有一个领导和一项计划,统一指挥来自健全的组织。

(6)个人利益服从集体利益。在一个企业里,一个人或一个部门的利益不能置于整个企业的利益之上。

(7)合理的报酬。人员的报酬是其服务的价格,应当公正、合理,对工作成绩与工作效率优良者应给予奖励,但不应超过合理的限度。任何优良的报酬制度都无法取代优良的管理。

(8)适度的集权与分权。集权指决策发生在组织高层的程度。集权在任何组织中都是一个程度问题,管理当局的任务是找到在各种情况下最适合的集权程度。

(9)等级系列与"跳板"原则。从高层管理到最底层管理的直线职权构成一个等级系列,信息应当按等级系列传递,但为了避免信息的延迟,可允许进行横向交流,即"跳板"。

(10)秩序。指凡事各有其位,既适用于物质资源,也适用于人力资源。关键在于要按事物的内在联系事先选择好恰当的位置。

(11)公平。公平由善意和公道产生。管理者应当公平地对待其下属。

(12)人员的稳定。组织成员的高流动率会导致低效率,管理当局应当提供有规则的人事计划,有秩序地安排人员并补充人员。

(13)首创精神。管理当局应当允许成员发起和实施他们的计划,这会调动员工的积极性,对组织是一种巨大的动力。

(14)集体精神。要努力在企业内部建立起和谐与团结的气氛,全体成员的和谐与团结是企业发展的巨大力量。

法约尔的一般管理理论是西方古典管理思想的重要代表,后来成为管理过程学派(该学派将法约尔尊奉为开山祖师)的理论基础,也是以后各种管理理论和管理实践的重要依据,对管理理论的发展和企业管理的历程均有着深刻的影响。管理之所以能够走进大学讲堂,全赖于法约尔的卓越贡献。一般管理思想的系统性和理论性强,对管理五大职能的分析为管理科学提供了一套科学的理论构架,来源于长期实践经验的管理原则给实际管理人员带来了巨大的帮助,其中某些原则甚至以"公理"的形式为人们接受和使用。因此,继泰勒的科学管理之后,一般管理也被誉为管理史上的第二座丰碑。亨利·法约尔是直到20世纪上半叶为止,欧洲贡献给管理运动的最杰出的大师,被后人尊称为"现代经营管理之父"。

【思考】 法约尔提出的十四项管理原则在今天是否依然有效?

(三)行政组织理论

被称为"组织理论之父"的韦伯与泰勒、法约尔是西方古典管理理论的三位先驱。马克斯·韦伯(Max Weber,1864—1920),生于德国,曾担任过教授、政府顾问、编辑,对社会学、宗教学、经济学与政治学都有相当高的造诣。韦伯的主要著作有《新教伦理与资本主义精神》《一般经济史》《社会和经济组织的理论》等,其中官僚组织模式的理论(即行政组织理论),对后世产生了最为深远的影响。韦伯行政组织理论产生的历史背景,正是德国企业从小规模世袭管理,到大规模专业管理转变的关键时期,对了解韦伯的思想更具有重要的现实意义。

韦伯认为,任何组织都必须以某种形式的权力为基础,没有某种形式的权力,任何组织都不能达到自己的目标。人类社会存在三种为社会所接受的权力:

传统权力,依靠传统惯例或世袭得来;

超凡权力,来源于别人的崇拜与追随;

法定权力,理性——法律规定的权力。

对于传统权力,韦伯认为:人们对其服从是因为领袖人物占据着传统所支持的权力地位,同时,领袖人物也受着传统的制约。但是,人们对传统权力的服从并不是以与个人无关的秩序为依据,而是在习惯义务领域内的个人忠诚。领导人的作用似乎只是维护传统,因而效率较低,不宜作为行政组织体系的基础。

而超凡权力的合法性,完全依靠对于领袖人物的信仰,他必须以不断的奇迹和英雄之举赢得追随者,超凡权力带有过多感情色彩并且是非理性的,不是依据规章制度,而是依据神秘启示的。所以,超凡的权力形式也不宜作为行政组织体系的基础。

韦伯认为,只有法定权力才能作为行政组织体系的基础,其最根本的特征在于它提供了慎重的公正。原因在于:①管理的连续性使管理活动必须有秩序地进行;②以"能"为本的择人方式提供了理性基础;③领导者的权力并非无限,应受到约束。

有了适合于行政组织体系的权力基础,韦伯勾画出的理想官僚组织结构,具有下列特征:

(1)组织中的人员应有固定和正式的职责并依法行使职权。组织的法规制度是根据合法程序制定的,应有其明确目标,组织应靠着这一套完整的法规制度,组织与规范成员的行为,以期有效地达到组织的目标。

(2)组织的结构是一层层控制的体系。在组织内,按照地位的高低规定成员间命令与服从的关系。

(3)人与工作的关系。成员间的关系只有对事的关系而无对人的关系。

(4)成员的选用与保障。组织对每一职位的应聘者根据这一职位的资格限制(资历或学历),按自由契约原则,经公开考试,录用合格者,务求人尽其才。

(5)专业分工与技术训练。对成员进行合理分工并明确每人的工作范围及权责,然后通过技术培训来提高工作效率。

(6)成员的工资及升迁。按职位支付薪金,并建立奖惩与升迁制度,使成员安心工作,培养其事业心。

【思考】 韦伯的官僚组织结构与我们现在所讲的官僚主义有何区别?

总的来说,古典管理阶段是基于"经济人"假设提出和形成的管理理论。随着社会和经济的发展,这一阶段管理思想的局限性日益突出,因此行为科学理论的兴起成为时代的必然。

三、行为科学理论

古典管理理论的建立为当时生产力的发展和社会的进步提供了有力的理论武器。但随着社会的发展,人们发现古典管理理论并不能解决实践中的所有问题,尤其是很少涉及关于人的研究。逐渐地,管理研究的前沿与中心,从科学管理理论转到了行为科学理论上。行为科学理论产生于 20 世纪 20 至 30 年代。

（一）早期行为科学

1. 芒斯特伯格（Hugo Munsterberg，1863—1916）

芒斯特伯格是原籍德国的美国心理学家，工业心理学的创始人之一。他的主要著作有：《心理学与工业效率》（1913 年）、《一般心理学和应用心理学》（1914 年）、《企业心理学》（1918 年）等。

芒斯特伯格是首先指出心理学能应用于工业以提高劳动生产率的心理学家，并最早确定工业心理学的范围和方法（美国电车司机选拔、一战士兵的选拔）。他指出，当时美国有两种意义重大的社会运动，第一种是为学校毕业生提供选择职业的指导，第二种是工商业中的科学管理，心理学对这两种社会运动都可以做出贡献。

他指出，心理学家在工业中的作用应该是：①帮助发现最适合于做某项工作的工人；②决定每个人在什么样的心理状态下能达到最高产量；③帮助人们在思想中形成最有利于企业利益的状态。

2. 福莱特（Mary P. Follett，1868—1933）

福莱特是美国的管理学家和政治哲学家。她开始主要是学哲学的，但她有着广泛的兴趣，对政治学、历史学、法学、社会心理学和成人教育等都有兴趣，并取得了较高的成就。她的主要著作有：《新国家》（1920 年）、《动态的管理》（1941 年）、《自由和协作》（1949 年）等。

福莱特观点主要如下：

（1）通过利益的结合来减少冲突。

社会组织内部总是有冲突存在的。处理冲突的方法主要有三种：

第一种，压服的方法。

第二种，妥协的方法。

第三种，利益结合的方法。这就是把冲突双方的利益结合起来。这是一种创造性的解决办法，通常需要引入某些新事物，这些新事物可能是启发性的思想或见解，但更经常的是，需要花费一定的人力和物力。利益结合的最大障碍在于人们对它缺乏思想准备和训练。利益结合的解决办法执行起来比较困难，需要智慧、识别力和创造力。但必须用这种方法才能真正解决问题。

福莱特的"利益结合原则"同泰勒的劳资双方的"精神革命"相似。有些学者认为它是理想主义的，无法实现，但也有人认为它是有启发性的。如循此思路前进，对于冲突的解决是有帮助的。

（2）变服从个人权力为遵循形势规律。

为了实现"利益结合原则"，人们必须重新考虑他们对权威和权力的看法。要用"共同的权力"来代替"统治的权力"，用共同行动来代替赞成和压制。福莱特提出的克服办法是，使命令"非人格化"，变服从个人命令为遵循"形势规律"。形势规律的基本原理是以科学管理的下述论点为基础的：在泰勒的职能管理中，人们服从的是经过研究确定的事实，而不是由某一个人的权责所决定的。如果权威是由职能产生的，那就同等级制度和地位没有关系。

(3)通过协作和控制来达到目标。

除非在一个特定形势中的全部要素(人和物资)是团结协作的,否则控制就不可能实现。控制的基础在于自我指挥的各个个人和群众认识到共同的利益,并对自己的工作进行控制,以便达到这个共同目的。

关于协作的四条基本原则是:①协作是涉及一种形势中全部要素的相互作用的因素;②协作由全部有关负责人的直接接触形成;③协作要在早期阶段进行;④协作是一个连续的过程。通过这四条原则所得到的结论是:组织就是控制;组织和协调的目的是保证达到可控制的成果;协调达到团结,团结就是控制。

(4)领导的基础是领导者和被领导者的相互影响。

领导不应以权力为基础,而应以领导者和被领导者在形势中的相互影响为基础。

领导者的首要任务是确定组织的目标。他要使下属知道,所要实现的不是他个人的目标,而是由群体的愿望和行为产生的共同目标。将组织目标同职工的个人目标结合在一起,这要求领导者拥有最高超的领导艺术。领导者所依靠的不是命令和服从,而是协调和确定目标的技巧,以唤起下属对形势规律的响应。

(二)中期行为科学

1. 梅奥和霍桑试验

梅奥(George E. Mayo,1880—1949)是原籍澳大利亚的美国行为科学家,主持了有名的霍桑试验,为人际关系学说和行为科学的创立奠定了基础。他的著作主要有:《工业文明的人类问题》(1933 年)、《工业文明的社会问题》(1945 年)、《工业中的团体压力》(1945 年)等。

霍桑试验指 1924 年至 1932 年在美国西方电器公司的霍桑工厂进行的一系列试验。霍桑试验的全部过程可分为四个阶段。初期的照明试验(1924—1927)是按照科学管理理论,研究工作环境、物质条件与劳动生产率的关系,但试验的结果无法证实预想的结论。霍桑试验的后三个阶段由梅奥领导进行,是为了研究和解决前一阶段出现的问题而发展出来的。

(1)继电器装配测试室试验(1927.8—1928.4):旨在试验各种工作条件的变化对劳动生产率的影响,结果发现生产效率的决定因素不是作业条件,而是职工的情绪。

(2)访谈计划(1928—1931):旨在了解如何获取职工内心真正的感受。倾听其诉说有助于解决问题,进而提高劳动生产率。

(3)对接线板小组观察试验(1931—1932):旨在研究非正式组织的行为、规范及其奖惩对劳动生产率的影响。

2. 人际关系学说

通过霍桑试验,梅奥在人际关系的研究上取得了一系列重要成果,并总结出人际关系学说的主要观点:

(1)"社会人"假设。工人是社会人,不仅仅追求金钱收入,还有社会方面、心理方面的需要。这是对古典管理理论的"经济人"假设的否定。

(2)企业中存在"非正式组织"。除了正式组织外,企业中还存在着非正式组织。非正式组织的作用一是保护工人免受内部成员的疏忽所造成的损失,二是保护工人免受非正式组织以外的管理人员的干涉所形成的损失。非正式组织有其特殊的感情和倾向,左右着成员的行为,对生产率的提高有很大的影响。

(3)新的领导能力在于提高职工的满足度。根据"社会人"和"非正式组织"的观点,企业中新的领导能力在于提高职工的满足度,以提高职工的士气,从而提高劳动生产率。因此,管理人员要同时具备技术——经济的技能和人际关系的技能。

【思考】 梅奥的人际关系学说与泰勒的科学管理理论有何区别?

(三)后期行为科学

梅奥等人创立了人际关系学说以后,从事这门学科研究的人大量出现。1949 年在美国芝加哥召开的一次跨学科的会议上,行为科学的概念首次被提出。为避免与广义的行为科学相混淆,组织行为学这一名称出现了,专指管理学中的行为科学。梅奥等人在早期提出的观点已为较多的人所接受,但随着社会经济和科学技术的发展,单纯依靠人际关系学说的理论和方法已不能适应管理上的需要。因此行为科学家在梅奥等人的研究基础上进行了更加细致而深入的研究,"社会人"假设发展到"自我实现人"和"复杂人"假设,研究内容也更为广泛,其侧重点是研究人的需要、动机和激励,组织中的人性,非正式组织和群体行为等。其中的几种主要理论如下。

1.需求层次理论

由美国心理学家马斯洛(A. H. Maslow,1908—1970)提出。该理论流传很广,是最主要的、应用最普遍的激励理论之一。

该理论强调两个基本论点:①人是有需求的动物,其需求取决于他所得到的东西,只有尚未满足的需求才能影响行为;②人的需求都有其轻重的层次,一旦某种需求得到满足,又会出现另一种需要满足的需求。

人的需求(或需要)分为五个等级(或层次),由低级到高级为:生理的需要、安全的需要、社会的需要、尊重的需要和自我实现的需要。

2.双因素理论

这是由赫茨伯格(F. Herzberg,1923—2000)提出的理论。

赫茨伯格根据一项对满足需求的研究以及就满足这些需求的激励效果进行的观察,在对 200 名工程人员和会计师进行的调查报告中提出了这一理论。赫茨伯格把企业中影响人的积极性的因素分为两大类,即"激励因素"和"保健因素"。

(1)在工作中,有些因素不具备会引起员工的不满,然而具备这些因素,并不能使员工受到巨大的激励,赫茨伯格称这些因素为保健因素。保健因素往往与工作环境或外在条件有关。

（2）在工作中有些因素可以构成很大程度的激励和对工作的满足感，然而如果不具备这些因素，也不会构成很大的不满足。赫茨伯格称这样的因素为激励因素。激励因素通常与工作本身的特点和工作内容有关。

【思考】 举例说明你所在组织的"保健因素"和"激励因素"。

3. X-Y 理论

这是由麦格雷戈（Douglas McGregor，1906—1964）在其著作《企业的人性方面》中提出的。他认为管理人员对员工的行为有不同的假设，主要可分为两类，分别称为 X 理论和 Y 理论。

X 理论的假设要点如下：

（1）一般人天生厌恶工作，并尽可能地逃避工作；

（2）一般人不愿承担责任，情愿受人领导；

（3）一般人缺乏进取心，没有什么抱负，对生理和安全的需要高于一切；

（4）对大多数人必须用强制、控制、指令，甚至用惩罚相威胁的办法，才能使他们达成组织目标。

麦格雷戈指出，当时企业中对人的管理工作以及传统的组织结构、管理政策、实践和规划都是以 X 理论为依据的，所以管理人员在完成任务时，或者用"强硬的"管理办法，包括强迫和威胁、严密的监督和严格的控制，或者用"温和的"办法，包括采取随和的态度顺应员工要求以及一团和气。但实践证明效果都不太理想。

麦格雷戈认为，由于上述的以及其他许多的原因，需要一个关于人员管理工作的新理论，它要建立在对人的特性和人的行为动机更为恰当的认识的基础上，于是他提出了 Y 理论，其要点如下：

（1）厌恶工作不是人的本性，工作中体力和脑力的消耗就像游戏或休息一样自然。

（2）一般人是有责任心的，在适当的条件下，人们不仅愿意接受和承担一定的责任，而且会追求责任。

（3）外来的控制和惩罚并不是使人努力工作的唯一手段，人们愿意实行自我管理和自我控制来实现组织的目标。

（4）人们在解决组织的各种问题时，有着较高的想象力和创造力，但在现代工业社会条件下，普通劳动者的智力只得到了部分的发挥。

麦格雷戈认为 Y 理论是建立在对人的特性和人的行为动机更为恰当的认识的基础上的，将其称为"个人目标和组织目标的结合"，认为它能够使组织成员在努力实现组织目标的同时，最好地实现自己的个人目标。所以他提出组织目标的实现不在于在采用"强硬的"方法和"温和的"方法之间进行选择，而在于在管理指导思想上变 X 理论为 Y 理论。据此，管理工作的重点是创造一个使人得以发挥其能力的工作环境，领导的主要职责是指导和服务，要让下属担当更具有挑战性的工作，赋予其更多的责任和自主权，让员工参与管理与决策。

【思考】 你认为高校教师应该用 X 理论还是 Y 理论来管理学生？

此外，还有许多管理学者从不同的侧面对组织行为理论做出了贡献，丰富了组织行为理论的内容，使之成为当代管理理论的重要组成部分。

【思考】 在西方管理思想的发展过程中，新理论的出现是否有一定的规律性？

第三节　西方现代管理理论

现代管理理论是在前两个阶段的基础上，充分吸收现代科学技术，适应现代市场经济环境而不断创新所形成的学派体系。它很难用一个学派或理论来概括。第二次世界大战后，随着现代自然科学和技术日新月异，生产和组织规模急剧扩大，生产力迅速发展，思想社会化程度不断提高，引起人们对管理理论的普遍重视。因而出现了各种管理学派，管理理论进入"丛林"时期。美国著名管理学家孔茨（H. Koontz）在 1980 年，把管理划分为 11 个学派。

一、管理过程学派

这个学派是在法约尔管理思想的基础上发展起来的。该学派的主要代表人物之一是孔茨。孔茨，美国管理学家，早年在美国耶鲁大学学习并获博士学位，以后在美欧各国讲授管理学，并在美国、荷兰、日本等国的大公司中任咨询工作。主要代表作有《管理学》《管理理论丛林》《再论管理理论丛林》等。该学派认为管理是一个过程，此过程包括计划、组织、领导、控制等若干职能，这些管理职能对任何组织的管理都具有普遍性。

该学派的基本观点是：

(1)管理是一个过程，即让别人同自己去实现既定目标的过程。

(2)管理过程的五个职能是计划工作、组织工作、人员配备、指挥和控制。

(3)管理职能具有普遍性，但侧重点则因管理级别的不同而异。

(4)管理应具有灵活性，要因地制宜，灵活应用。

二、人际关系学派

此学派的依据是，既然管理是让别人或同别人一起去把事情办好，因此，就必须以人与人之间的关系为中心来研究管理问题。这个学派注重管理中"人"的因素，认为人们在为实现其目标而结成团体一起工作时,应该互相了解。这个学派把社会科学方面已有的和新近提出的有关理论、方法和技术用来研究人与人之间以及个人的各种现象,从个人的个性特点到文化关系,范围广泛,无所不包。

三、群体行为学派

这一学派是从人类行为学派中分化出来的,因此同人际关系学派关系密切,甚至易于混同。但它关心的主要是群体中人的行为,而不是人际关系。它以社会学、人类学和社会心理学为基础,而不以个人心理学为基础。它着重研究各种群体行为方式。从小群体的文化和行为方式,到大群体的行为特点,都在它的研究之列。它也常被叫作"组织行为学"。"组织"一词在这里可以表示公司、政府机构、医院或其他任何一种事业单位中一组群体关系的体系和类型。有时则按切斯特·巴纳德的用法,用来表示人们之间的协作关系。而所谓正式组织则指一种有着自觉的精心筹划的共同目的的组织。克里斯·阿吉里斯甚至用"组织"一词来概括集体事业中所有参加者的所有行为。

四、经验或案例学派

该学派的代表人物有美国的彼得·德鲁克和戴尔等人。德鲁克的代表作有《管理、任务、责任和实践》《管理实践》《有效的管理者》等,戴尔的代表作有《伟大的组织者》《企业管理的理论与实践》等。该学派是通过分析经验(各种实际案例)来研究管理,以向西方大企业的经理提供管理企业的成功经验和科学方法为目标,以大企业的管理经验为主要研究对象,认为学生和管理者通过研究各种成功与失败的管理案例,就能理解管理问题,自然学会有效地进行管理。但是,未来肯定不同于过去,过去的具体经验,未必能沿用于解决未来的问题。对过去经验的研究,如果不是从根本上搞清楚事物的起因,那就不可靠,甚至是危险的,因此,只有以探求基本规律为目的去总结经验,才有助于管理原则的提出和论证。

五、社会协作系统学派

该学派的主要代表人物是美国的巴纳德,其代表作为《经理的职能》。这个学派认为,社会的各级组织都是由有意识进行相互协调的各个个人组成的协作系统,正式组织的协作基础是成员相互协作的意愿、共同的目标和相对稳定的信息联系。一个组织中不仅有正式组织,也有非正式组织。非正式组织同正式组织相互创造条件,在某些方面和某些时刻能对正式组织的目标产生积极影响。经理人员是协作系统因素中的关键因素,经理在系统中的作用就是对协作进行有效的协调,以便协作系统能够维持运转。组织作为一个社会的协作系统,其存在取决于:协作效果,即组织目标的达成;协作效率,即在实现目标的过程中协作的成员损失最小而心理满足度较高;组织目标应和环境相适应。显然此学派研究的领域很宽,有的已超出了管理范围。

六、社会技术系统学派

这一学派的创立归功于美国学者特里司特及其在美国维斯托克研究所的同事。该理论是从研究美国煤矿由手工采煤到机械采煤的技术变化所引起的问题着手,在社会协作系统学派的基础上发展起来的。此学派认为,要解决管理问题,只分析社会协作系统是不够的,还必须分析研究技术系统对社会系统的影响,以及对个人心理的影响。他们认为,组织的绩效,不仅取决于人们的行为态度及其相互影响,而且也取决于人们工作所处的技术环境。

七、系统学派

一般系统理论建立之后,有些学者把它应用于工商业的管理,因而形成了系统管理学派。该学派的代表人物有约翰逊、卡斯特等人。系统管理学派认为,一个组织的管理人员必须理解构成整个运作的每一个系统。所谓系统即相互联系或相互依存的一组事物,各部分在运作时像一个整体一样,来达成特定的目标,或按计划与设计发挥其功能。

组织也有其子系统,执行着其生存所必需的各项关联的任务。要理解一个系统是如何工作的,首先要懂得其各子系统是如何发挥作用的,以及每一个子系统对整个系统的贡献。任何一个子系统的变化,通常会对其他子系统产生影响。对于管理者而言,尤其是工商组织中的管理者,必须要有一个系统观念,即明白当他们决定改变某一子系统时,这将会对其他子系统乃至整个系统产生怎样的影响。总之,在企业中,没有一个管理者,没有一个部门或单位能不顾他人而独立存在,这也就是说,组织中整体的或部门的运作要防止因局部的优化而对其他领域产生负面影响。

系统管理和系统分析在自然科学中早已被应用,并形成了很值得重视的系统知识体系。系统理论同样也适用于管理理论与管理科学。一些精明老练的管理人员和有实际经验的管理学家,都习惯于把他们的问题和业务看成是一个由相互联系的因素所构成的网络,该网络和组织的内外环境每日每时都在互相作用。对系统的自觉研究和强调,的确提高了管理人员和学者们对影响管理理论与实践的各种相关因素的洞察力。

八、决策理论学派

这一学派的代表人物是著名的诺贝尔经济学奖获得者美国教授西蒙。基本观点是:由于决策是管理人员的主要任务,因而应该集中研究决策问题,而管理又是以决策为特征的,所以应该围绕决策这个核心来形成管理理论。由于决策既要有经济方面的考虑,又要有数学模型的定量描述,所以支持这个学派的学者多数是经济学家和数学家。

九、管理科学学派

管理科学学派的代表人物是布莱克特、丹齐克、伯法等人,主要代表作有布莱克特的《运筹学方法论上的某些方面》、伯法的《生产管理基础》等。他们认为,管理基本上是一种数学程序、概念、符号以及模型等的演算和推导。赞成这一学派的学者多数是数学家、数理统计家、物理学家、管理理论学家等。其特点为:用先进的数学方法及管理手段,使生产力得到较为合理的组织,以获得最佳的经济效益,而较少考虑人的行为因素。

十、权变理论学派

该学派的代表人物是美国内布拉加斯大学教授卢桑斯,其代表作为《管理导论:一种权变学》。权变理论学派认为,在管理中要根据所处的内外条件随机应变,没有一成不变、普遍适用的"最好的"管理理论与方法。这个学派强调管理者的实际工作取决于所处的环境条件,因此管理者应根据不同的情景及其变量决定采取何种行动和方法,它试图寻求最为有效的方式来处理一个特定的情景和问题。管理人员遇到的每一个情形虽然有可能和其他经验相类似,但都有各自独有的特征。权变理论家们广泛地应用了古典理论、管理科学和系统观念来分析解决问题。有人甚至认为真正的权变学派是一个综合各家理论的学派。在有的情形中需要"人治"(由人来寻求答案),换种情形则可能需要"法治"(按逻辑程序解决问题)。他们既吸取在某种情景中行为学家的经验,也学习在另一种形势下数理学派所用的知识。

管理实践按其本质而言,要求管理者在应用理论或方法时要考虑现实情况。科学和理论的任务绝不是,也不可能去规定在各种具体情况下该怎么办。理论与科学应用于实践的问题只能根据实际情况来解决。

十一、经理角色学派

这个学派主要通过观察经理的实际活动来明确经理角色的内容。该学派认为经理扮演着10种角色。

(1)人际关系方面的角色有三种:①挂名首脑角色(作为一个组织的代表执行礼仪和社会方面的职责);②领导者角色;③联系人角色(特别是同外界的联系)。

(2)信息方面的角色有三种:①信息接受者角色(接受有关企业经营管理的信息);②信息传播者角色(向下级传达信息);③发言人角色(向组织外部传递信息)。

(3)决策方面的角色有四种:①领导者角色;②故障排除者角色;③资源分配者角色;④谈判者角色(与各种人和组织打交道)。

然而,到了20世纪80年代后,又衍生出许多学派,这一阶段被称为西方当代管理思想,主要代表有学习型组织理论、企业再造理论、知识管理理论、管理创新理论、信息管理理论、物流管理理论、项目管理理论等。

【思考】 从西方管理思想的演变中你得到了什么启示?

第四节　中国管理思想的发展

在第一部分我们介绍了中国古代的管理实践与管理思想,进入近代时期,中国传统管理思想与西方科学管理思想逐渐融合,在复杂的历史背景下慢慢形成了富有中国特色的近代和现代管理思想。

一、中国近代管理思想

(一)行政管理思想

地主阶级改革派林则徐是一位向西方寻求救国真理的先驱,他不仅是为近代中国勇开风气之先的有识之士,而且在选材用人问题上也独具慧眼,重视和使用一些"社会地位卑下"的外语人才,以顺应时代对选才用人的需要。

洋务派张之洞提出"旧学为体,新学为用"的观点。"旧学为体"即用封建的"圣道"作为统治人民的根本;"新学为用"即学一些西方技术为我所用。

资产阶级改良派康有为认为,在全面变法中必以政治改革为根本,在政治改革中又必以君主立宪为根本。只有实行了君主立宪,解决了根本问题,其他各方面的问题才能次第实现,中国才能免于灭亡而走上富强独立的资本主义道路。

资产阶级革命派孙中山提出以民权主义为特征的政治管理思想。民权主义的基本内容是建立民主立宪政体。

(二)经济管理思想

地主阶级改革派林则徐提出严禁鸦片贸易不禁一般贸易的贸易管理思想,还提出了铸银币、用银票、开银矿的货币管理思想。

洋务派李鸿章提出以"自强""求富"为管理目标的思想,兴办了近代军事工业、民用工业。他还提出了"官督商办"的管理形式,即商人出资,政府派官管理。

资产阶级改良派康有为提出"富国""养民",发展资本主义的经济纲领。富国之法包括钞法、铸银、铁路、机器轮舟、开矿、邮政六项纲领,养民之法包括务农、劝工、惠商、恤穷四项纲领。

资产阶级革命派孙中山提出以民生主义为特征的经济管理思想。他为宏观经济管理所制定的目标是,同时注意"贫"和"不均"两个方面的问题,但把解决"贫"的问题放在首位。他在宏观经济管理模式方面的主张倾向于国家干涉主义。

(三)企业经营管理思想

随着中国民族资本主义企业的产生和发展,中国民族资产阶级的企业经营管理思想应运而生。"棉纺巨子"穆藕初第一个把西方科学管理理论引进中国,他不仅在思想上认识到引进先进管理学说的必要性,而且在实践中大力贯彻实施,并取得了一定的成效。

中华人民共和国成立前最大的民族资本主义企业荣氏企业集团的创始人荣宗敬、荣德生的企业经营管理思想值得后人借鉴,如勇于开拓,急于扩展;敢于竞争,抢占市场;重视人才,加强培训等。被誉为"煤炭大王""火柴大王""企业大王"的刘鸿生创办的刘氏企业集团,集轻重工业、运输业、商业及金融业于一体。他的重视企业战略决策、主张分散投资策略、人才竞争策略及市场竞争策略等企业经营管理思想,是符合当时社会历史条件和中国特定国情的。

二、中国现代管理思想

中国现代管理思想是与西方科学管理思想整合之后,根据中国的特色发展起来的,主要代表是毛泽东的管理思想和邓小平的管理思想。

（一）毛泽东的管理思想

1.毛泽东的社会管理思想[①]

毛泽东把马克思列宁主义同中国革命和建设实际结合起来,对社会主义的社会管理提出了许多新观点,进一步丰富和发展了马列主义的社会管理思想。

（1）为建设一个伟大的社会主义国家而奋斗。确立反映社会利益和社会一般发展规律的目标,是社会管理主体有效活动的基础。

（2）不要四面出击。

（3）调动一切积极因素,为社会主义事业服务。在社会管理过程中,确立正确的目标和战略策略后,就是组织和协调各种力量,为实现目标而奋斗。

（4）统筹兼顾,适当安排。

（5）全面规划,加强领导。

2.毛泽东的企业管理思想

（1）要给企业一定的独立性。

（2）要实行"两参一改三结合"。即干部参加劳动,工人参加管理;不断改革不合理的规章制度;工人群众、领导干部、技术人员三结合。

（3）用托拉斯的组织形式管理企业。

（二）邓小平的管理思想[②]

1978年党的十一届三中全会以后,邓小平带领全党和全国人民进入了改革开放和社会主义现代化建设的新时期。在开放条件下的改革是中国的第二次革命,随着改革的不断深入,邓小平的管理思想也不断地丰富和发展。

（1）加强学习。在新的形势和任务下,高瞻远瞩,提出了学习管理的任务。

（2）克服官僚主义。在管理方法上,强调要特别注意克服官僚主义。

（3）民主与集中。民主与集中是管理决策的两个方面,管理要正确处理民主与集中的问题,贯彻民主集中制。

---

①②　邢以群.管理学(第二版),杭州:浙江大学出版社,2005.

(4)体制改革。改革体制,要从改革领导制度和其他制度入手。

(5)重视科技,重视人才。

(6)强调思想政治工作。强调思想政治工作就是做人的工作,也是管理工作的重要方面。

(7)借鉴先进经验和方法。管理要学习借鉴国外的先进经验和方法,要有创造性。

三、中国现代管理实践

中华人民共和国成立以后管理实践活动富有特色,尤其是改革开放后,积累了较为丰富的管理实践经验。

(1)全面学习苏联的管理模式(1953—1957)。1953 年起,我国进入大规模的、有计划的社会主义经济建设时期,开始了发展国民经济的第一个五年计划。由于当时的现实情况,这个时期的企业管理主要是全面学习苏联的经验,引进苏联的整套企业管理制度和方法。

这一时期的管理思想既包括苏联管理中科学的一面,也包括了其中的糟粕。当时管理思想中比较科学的有:强调计划管理、重视技术管理、注重经济管理、重视人才培养等。但是当时对苏联管理制度的照搬照抄、单纯强调行政命令、忽视民主管理等也是随之而来的问题。

(2)自行探索阶段(1958—1965)。为克服学习苏联过程中的照搬照抄的缺点,我国从第二个五年计划开始探索中国式的现代管理模式。1956 年提出了党委领导下的厂长负责制;1957 年提出党委领导下的职工代表大会制;1958 年又总结出"两参、一改、三结合"。只是 1958 年至 1961 年的"大跃进"走了一段弯路,1961 年以后及时采取了一系列措施纠正这些错误。

(3)十年"文化大革命"(1966—1976)。从 1966 年开始的十年"文化大革命",是我国政治大动乱,经济大倒退的十年,也是企业管理大混乱的十年。

(4)社会主义经济管理体制改革(1977 年至今)。1976 年 10 月,十年动乱结束,我国进入了一个新的历史发展时期,工农业生产得到了较快的恢复。特别是 1978 年党的十一届三中全会以后,邓小平带领全党和全国人民进入了改革开放和社会主义现代化建设的新时期。这一时期我国的企业改革主要可以划分为三个阶段:

①第一阶段(1978—1986),以扩大企业自主权、推行经济责任制和利改税为主要内容。

首先是扩大企业自主权,简政放权。从 1978 年下半年起,部分省区市在一些国有企业进行试点,其主要内容是扩大企业经营管理权。扩权的主要内容有:国有工业企业由按工资总额提取企业基金的办法改为实行利润留成的办法;企业拥有制订补充生产计划的权力;企业有权销售超产产品等。

其次是推行经济责任制。通过利润留成、盈亏包干、以税代利等方法处理好国家与企业、企业与职工的关系;通过计件工资、超产奖、浮动工资等方式解决企业吃国家大锅饭、职工吃企业大锅饭的问题。

最后是两步"利改税"。从 1983 年开始将国有企业的利润上缴逐步改为上缴税金的形式。

②第二阶段(1987—1991),以推行各种经营责任制,实行所有权和经营权分离为主要内容。主要有承包经营责任制、租赁经营责任制和股份制。

所谓承包经营责任制是在坚持企业的社会主义全民所有制的基础上,按照所有权与经营权分离的原则,以承包经营合同的形式,确定国家与企业的责权利关系,使企业做到自主经营、自负盈亏的经济管理制度。

所谓租赁经营责任制是以国家为资产所有者的代表,按出租企业资产价值收取一定租金,将企业出租给承租人,使其在一定时期内获得资产经营权与使用权的一种经营让渡行为的经济管理制度。

股份制是指将企业的资本划分为一定数量的股份,继而发行、认购,吸收投资者入股的一种资本组织形式。

③第三阶段(1992—2012),以理顺产权关系,转换企业经营机制和建立并完善现代企业制度为主要内容。

2013 年党的十八届三中全会明确,今后核心问题是处理好政府和市场的关系,使市场在资源配置中起决定性作用和更好发挥政府作用。

四、中国传统管理思想的转轨

进入 21 世纪后,管理环境发生了巨大变化,管理思想和管理模式也必然进行变革和调整,东西方管理思想的交流使得中国管理思想也发生了明显的转变。

1. 以人为本,结合"情"与"法"

以人为本就是要重视"人"在企业中的作用,使每个人的价值都能在共同劳动中得以实现。在中国,由于受传统思想"人和"的影响,管理的工作方式基本上是定性化的,不善于运用西方管理科学的模型化和定量化解决问题的手段,也不善于用系统的观点研究各种功能关系,缺乏"法治"的管理方法。因此,日后的管理活动,要做到"情"与"法"的有机结合,使管理工作产生更高的效率。

2. 因时因地制宜

这就要求企业的管理目标应根据具体情况而设定。用系统的观点来研究企业与环境的关系时,企业不仅是独立的个体,而且是社会系统中的一个子系统。所以企业不仅是一个经济实体同时也是社会实体,要与社会生活中各种利益相关者和谐共处,在实现自身目标实现的同时,也要保证利益相关者目标的实现。

3. 无为而治,实现柔性化管理

柔性化管理是指企业在市场机会不断变化,竞争环境难以预测的情况下,快速反应,不断重组其人力和技术资源,获得竞争优势和利润的管理模式。柔性化管理模式是对老子"无为而治"思想的最好实践。

4.以德为先,建设企业文化

中国传统管理思想教导人们要"以德服人",这就要求企业领导人在确立了一种能够为全体成员所接受的经营理念和价值体系后,要身先士卒地去实践,通过自己的言行,向组织成员展示企业的价值观念、管理制度、经营特点等,对其成员的行为起到引导和同化的作用,并由此形成企业独特的文化。

第五节 管理理论的新发展

管理理论是随着社会经济发展和环境的变化而变化的,近年来,管理理论也有了很多新的发展。

一、管理新理论

1.企业再造理论

所谓企业再造是指针对企业业务流程的基本问题进行反思,并对它进行彻底的重新设计,以便在成本、质量、服务和速度等当前衡量企业业绩的这些重要的尺度上取得显著的进步。

企业再造运动主要在两个方面和传统的管理模式不同:一是传统的自上而下管理模式变成信息过程的增值管理模式。即衡量一个企业有效性的主要标志是:当一个信息输入企业经企业加工后输出,信息所通过企业的任何一个环节,其管理环节对此信息加工的增值是多少,从工业的产品链到信息的价值链,就形成一种企业价值的增值过程。如果该信息不进行增值就要进行改造,这样就形成了企业管理运行机制观念的改变。二是企业再造不是在传统的管理模式基础上的渐进式改造,而是强调从根本上着手,要改变企业的运作模式就彻底改造,把旧的全部抛弃,唯有破除过去才能创造新机。

2.学习型组织

技术和知识在急剧增长,无论多么先进的东西随着时间的推移都会被淘汰,因此一个企业要保持持续发展,就必须不断学习,不断更新知识。学习型组织是美国麻省理工学院的彼得·圣吉在《第五项修炼》一书中首先提出的。所谓学习型组织是指人们能够得以在其中不断扩展创造未来的能量,培养全新、前瞻而开阔的思考方法,全力实现共同的愿望,并持续学习如何共同学习的组织。他不仅要求企业中的每个人都要终身学习,不断获取新知,不断超越自我,而且要求企业也要不断地学习和不断地超越。

二、21世纪管理新趋势

人类社会在由工业经济向知识经济逐步推进的过程中,必然会出现管理思想的巨大变革,这一时期管理思想将会呈现以下几种趋势。

1. 创新

21 世纪是多变的世纪，任何已有的和常规的管理模式最后都将被创新的管理模式所取代。当前对管理创新发展趋势的研究主要有这样几个观点：①管理创新的内容，战略创新、制度创新、组织创新、观念创新和市场创新等几个方面，把创新渗透于整个管理过程之中。②整个组织中的每个人都是创新者，因而组织要致力于创造一个每个人都可以创新的环境和机制。③企业个性化，即具有独特的个性化的产品和个性化的经营管理模式。

2. 知识经济引发知识管理

社会的发展已使知识成为最重要的资源。在信息的催化下，知识经济时代已经到来，企业如何具有独特的属于自己的知识已成为企业能否生存发展的重要标志。而知识管理就是运用集体的智慧提高应变和创新能力。它要求企业的领导层把集体知识共享和创新视为赢得竞争优势的支柱。

在知识经济时代，新的知识不断涌现，随后大部分知识很快就变得陈旧过时。企业不能等着自己的知识被竞争对手的创新所淘汰，而是要自己主动地淘汰旧产品和旧知识，以争取走在变革的前面，自己建立"游戏规则"，领导新潮流。在知识管理中，最难处理的旧知识不是那些已经证明是错误或不适用的知识，而是曾经很成功但未有明确证据表明已过时的知识。

3. 快速应变

市场复杂多变，且变化的速度在日益加快，这是被人们称为"10 倍速时代"的当今的主要特征。如何跟上时代的步伐，适应迅速变化的市场的需要，是当今企业管理的一大难题。企业只有快速反应、快速应变才能生存。企业行为不仅比价格、质量和服务，还要比反应、速度和效率。在这商机稍纵即逝的时代，谁抢先一步谁就把握了获胜的先机。企业快速反应能力的建立成为管理理论研究的新领域。管理效率的持续提高成为衡量组织效能的首要标准，敏锐的观察力是预测和预见未来的首要条件，抓住时机、果断决策，使企业始终和市场的变化同步，成为企业生存和发展的首要课题。

4. 组织结构的倒置

传统的组织结构是金字塔形的，最上层是企业的总裁，然后是中间层，最后是基层。指挥链是从上至下，上面是决策层，下面是执行层。当上面的决策与用户的要求相矛盾时，传统的组织结构是执行上面的决策。而在知识经济的时代正好相反，在金字塔的最上层是用户和顾客，然后是第一线的基层工作人员，最后才是中层和最高领导者。这种倒金字塔不仅仅是把组织结构进行了简单的颠倒，而是要求员工的知识、能力、技术等方面都必须得到持续发展，从而获得独立处理问题的才干。这样一种转变是整个管理观念的转变。上层从领导转为支持服务，员工从执行转为独立处理问题。

5. 管理手段和设施的网络化

21 世纪，信息科技特别是国际互联网的蓬勃发展，改变了人类的生产、生活方式，特别是极大地改变了企业的运行环境，把全球企业带入了"电子商务"时代。这样，企业内部的管理手段和设施也就不可避免地把各种网络联系到一起。

6.全球战略

随着信息时代的到来,企业的竞争已经不仅在单一的区域内进行,而是以全球为舞台进行竞争。竞争的全球化对每个企业来说既使之受到挑战,同时也带来新的机遇。全球化使得企业在竞争时,无论是对于竞争的战略还是资源的配置都必须从全球的角度去考虑,全球战略已成为企业决胜的关键。

7.跨文化管理

企业竞争的全球化必然带来管理活动的国际化。管理活动受人们的价值观、伦理道德、行为准则、社会习俗的全面影响,它与不同的文化结合,就形成了不同的管理文化和管理风格。比如美国式的以"法"为主的管理,强调个人价值、严格的管理、理性决策等。而日本式的以"理"为主的管理,强调和谐的员工关系、员工对组织的忠诚、企业的社会责任等。中国应该如何建立既具有中国文化特色又吸纳人类一切先进文化成果的管理文化模式,是一个需要深思的问题。

8.战略弹性

战略弹性是企业依据公司自身的知识能力,为应付不断变化的不确定情况而具有的应变能力,这些知识和能力由人员、程序、产品和综合的系统所构成。战略弹性由组织结构弹性、生产技术弹性、管理弹性和人员构成弹性所构成,它来源于企业本身独特的知识能力。一旦企业建立起自己的战略弹性,企业即形成了组织的活性化、功能的综合化、活动的灵活化,从而就建立起别人无法复制的战略优势,竞争能力将会得到极大的提高。

【思考】 管理发展的新趋势对管理者提出了什么新的要求?

▷【本章小结】

研究管理的历史可以理解现代的管理理论与实践。现代管理理论经历了一个不断发展、被检验、修正、再检验的过程。

1.系统化的管理思想,是在19世纪末20世纪初,随着生产力的高度发展和科学技术的进步,在西方形成并蓬勃发展起来的。其主要的管理思想流派除传统的经验管理思想以外,包括:科学管理思想、行为管理思想、定量管理思想、权变管理思想。

2.科学管理思想着眼于寻找科学的管理劳动和组织的各种方法,其代表性的理论有泰勒的科学管理理论、法约尔的一般管理理论和韦伯的行政组织理论。他们都主张管理的科学化和专业化,并以提高劳动生产率为研究目标。

3.行为管理思想的研究重点在分析影响人的行为的各种因素上,强调管理的重点是理解人的行为。其代表人物有梅奥、马斯洛、麦克雷格等。他们都把人看作是宝贵的资源。

4.定量管理思想的核心是把数学、统计学、计算机用于管理决策和提高组织效率,其特点是用先进的数学方法及管理手段,使生产力得到较为合理的组织,以获得最佳的经济效益,而较少考虑人的行为因素。

5.权变管理思想认为,在管理中要根据所处的内外条件随机应变,没有一成不变、普遍适用的"最好的"管理理论与方法。这个学派强调管理者的实际工作取决于所处的环境条件,因此管理者应根据不同的情景及其变量决定采取何种行动和方法,它试图寻求最为有效的方式来处理一个特定的情景和问题。

6. 我国作为文明古国,在各个历史发展时期,都有极其丰富的管理思想。其中主要有关于运筹与决策的思想、关于人类行为与心理的思想、关于领导艺术的思想等等。

7. 管理理论随着社会经济的发展而发展,进入 20 世纪 90 年代以后,各种新的管理理论不断出现,如企业再造、学习型组织等。进入 21 世纪以后,竞争的加剧、科技的发展,将引起管理思想的进一步发展。

总之,管理思想及理论随着社会的发展将不断发展、不断完善。

➡️【复习思考题】

1. 试评述中国古代传统管理思想。
2. 西方管理思想是如何随着社会的发展而发展的?
3. 西方各种管理思想的主要特点是什么?
4. 管理理论的发展与趋势对我们有什么启示?
5. 通过查阅相关资料,指出近几年管理思想的新理论。

➡️【案例讨论】

管理的理论流派

某大学管理学教授在讲授古典管理理论时,竭力宣扬科学管理的创始人泰勒的历史功勋,鼓吹泰勒所主张的"有必要用严密的科学知识代替老的单凭经验或个人知识行事"的观点,并且宣传法约尔的 14 条管理原则。

后来,在介绍经验主义学派的理论时,这位教授又强调企业管理学要从实际经验出发,而不应该从一般原则出发来进行管理和研究。他还说,E. 戴尔(Ernest Dale)在其著作中故意不用"原则"一词,断然反对任何关于组织和管理的"普遍原则"。

在介绍权变理论学派的观点时,这位教授又鼓吹在企业管理中要根据企业所处的内外条件随机应变,没有什么一成不变、普遍适用的"最好的"管理理论和方法。

不少学生却认为这位教授的讲课前后矛盾,胸无定见,要求教授予以解答。教授却笑而不答,反倒要求学生自己去思考,得出自己的结论。

问题:1. 你是否认为教授的上述观点是前后矛盾的? 为什么?

2. 在企业管理中,有无可能将管理原理与实践正确结合起来?

3. 管理学究竟是一门科学,还是一门艺术?

第三章

管理伦理

1. 掌握管理伦理的定义和内涵；
2. 理解管理伦理的基本原则；
3. 了解企业社会责任的发展史；
4. 了解两种不同的社会责任观；
5. 掌握企业社会责任的内涵；
6. 掌握企业社会责任的主要内容。

引 例

为抢月饼，阿里巴巴四名员工被开除

2016 年 9 月 12 日下午，阿里巴巴公司的内网"阿里味儿"上流传着一则公告："今天下午，安全部四名同事抱着抢月饼/秀技术的心态在公司月饼内销过程中采用技术手段作弊，共计多刷了 124 盒月饼。秒杀虽然没涉及对阿里巴巴外部平台业务的干扰，但对于内部其他人却造成福利分配的不公正，客观上有获利的意图和事实结果……和四名同事非常坦诚地沟通后，我们做了无论对于安全部还是这四名同事都很痛心的让他们离开公司的决定。"很快，一名当事人匿名在知乎发帖诉说"事实真相"。12 日下午，他听说秒杀内销月饼的活动开始了，就想抢购一盒。他开始用鼠标点击时发现打开就没有了，便怀疑有人用程序刷，于是他也写了一个"刷月饼"的脚本程序，定时抢 16 时的那一批。结果到 16 时一看，总共抢到 16 盒月饼，而且没有跳转到付款页面，于是他赶紧给行政人员打电话。但是为时已晚，经过一个多小时的谈话，当天 18 时，他就收到了

人力资源部门发来的解约合同。这位发帖人认为,公司将这件事上升到价值观、诚信和不当获利的高度,太过严重。

是秀技术,还是不诚信?

该事件迅速引发 IT 企业员工及其他社会人士的广泛关注,并登上脉脉、赤兔等各大职场社交软件的话题排行榜首位。同情四名程序员的人认为,阿里巴巴有些小题大做,年轻人为了秀技术一时冲动犯错误,应该给予改正的机会;支持公司的人则认为,规则就是规则,写脚本抢月饼本身就是违反规则,应该受到惩罚;还有人表示,HR 这样做也是为了杀一儆百,不幸被抓个正着的人只能自认倒霉。

事情发酵两天后,阿里官方做出正式回应:"中秋节为员工家人准备月饼是阿里的传统,每位员工已经分到一盒。今年的月饼因为造型可爱,受到大家欢迎,不少员工希望再多买几盒送给亲朋好友,为此,公司决定将为数不多的余量月饼通过内网向员工以成本价销售。在月饼内销过程中,公司发现四名安全部小二采用技术手段作弊⋯⋯安全部小二作为平台规则的捍卫者,使用工具作弊触及了诚信红线。今天这个引起争议的决定,让我们再次提醒自己和每个员工,游戏都有规则,偶然总有必然。无可奈何是因为万事都有底线。"

(资料来源:此案例由苏勇根据媒体报道和网络消息改编。)

讨论题

1. 你认为那四名员工有错吗?错在何处?

2. 阿里巴巴公司是否小题大做?这样处理是否过重?

3. 从企业管理和伦理角度来看,此案例会引发什么样的思考?

第一节　管理伦理

一、管理伦理的定义

20 世纪中叶前,西方企业一直以追求利润最大化为目的,企业社会责任长期被忽视,随之而来的是社会问题不断出现并恶化。到 20 世纪 50 年代末 60 年代初,美国工商企业出现了一系列经营丑闻:行贿受贿、胁迫或欺诈交易、规定垄断价格、污染环境、不平等对待甚至歧视员工等。公众对此反应强烈,要求政府进行调查。此后,美国陆续出现了一系列直接或间接涉及企业伦理道德的社会运动,有力促进了西方国家对企业伦理文化问题的关注、研究。管理伦理就是在下面的背景下发展起来的。

(1)竞争加剧导致管理伦理的发展。科学技术的发展既导致了产品间的差异化,又带来了产品总体优势差异的缩小化、趋同化,使企业把竞争焦点集中在产品以外的服务上,众多的企业家和管理学家意识到服务制胜的时代已经来临,必须以一种新的、共同的伦理道德价值观与之相适应。

（2）买方市场的出现促使企业重视与消费者的伦理问题。企业不仅要重视产品、质量、包装、安全中的伦理问题，更要重视价格欺诈、价格垄断、暴利行为等定价中的伦理问题；不仅要重视分销伦理，更要重视促销中的伦理问题；不仅要特别重视广告中的伦理问题，也要重视人员推销中的伦理问题；不仅要重视公共宣传中的伦理问题，更要重视服务中的伦理问题。

（3）员工地位与需求变化，促使企业更加重视管理伦理的发展。人们对职业生涯的追求不再局限于劳动报酬，而是更追求工作成就感、满意感及自我实现。同时工会为维护工人的经济利益和政治权利，与企业的违法与侵权行为进行了斗争，使一些黑心业主的不法行为受到揭露；与消费者运动、环境保护运动相结合，猛烈抨击了不法企业主对广大消费者的坑蒙拐骗行为、污染环境及危害工人身体健康的行为，并激起了一次次反不法企业的浪潮，不仅使企业家遭到鄙视和痛骂，还给企业及企业主造成了经济上的损失。严峻的现实使企业家开始对自身行为进行反思，认识到这不仅导致自己与员工、消费者及社会的关系恶化，也直接影响企业的生存、发展和企业家的自身利益与安全，一些企业家开始思考自己和自己企业的伦理道德问题，从而重视企业伦理问题。

（4）法律环境的完善，促使企业特别重视法治伦理，切忌违法乱纪。

（5）环境保护运动。环境保护运动推动了社会对环境保护的重视，催生了相关的环境保护法律，从而对企业的生产经营提出了更高的道德要求。

管理伦理就是在这样的基础上应运而生的。

英文中的"Business Ethics"，由于翻译的不同，可以译成企业伦理学、商业伦理学或管理伦理学。在中国，其约定俗成的范围，就是企业在经营管理活动中所涉及的伦理道德准则和具体问题。企业的管理伦理是指在企业内形成的一套管理者倡导的、全体（或多数）员工认同并且遵循的，处理企业与消费者、供应者、竞争者、政府、社区、公众、所有者、员工等关系的行为准则，包括观念、规范、行为三个层次。其实，企业的管理伦理集中反映了企业的经营宗旨、价值准则和管理信条，包括内部伦理和外部伦理两部分。内部伦理涉及处理管理者与被管理者之间、内部成员之间关系时应持有的价值观念和应遵循的规范。外部伦理涉及企业在处理与外部利益相关者之间关系时应持有的价值观念和应遵循的规范。总之，企业管理伦理是人类社会伦理准则在企业经营活动中的表现，它的核心价值是重视人、尊重人和服务人，目的在于使企业更好地承担起它的社会责任和道义职责，以促进人类社会有序发展。这是一个比较年轻的学科，它的形成是理论界对公众和实业界普遍重视企业伦理所做出的积极反应，也是企业界重视管理伦理实践活动所带来的一个积极成果。

二、管理与伦理的关系

管理与伦理二者之间具有一致性和相关性，主要表现在两个方面。

1. 管理活动离不开伦理准则

管理的本质是协调，哈罗德·孔茨和西里尔·奥唐奈指出：许多权威人士把协调当做主管人员的一个独立职能。然而,把它当作管理的本质看来更准确,因为使个人的努力与所要取得的集体目标协调一致是管理的目的。企业是一个系统,企业活动是集体活动。企业与利益相关者有着多种多样的联系,要使企业活动取得成效,就必须使企业目标与社会目标相协调,企业要求与利益相关者要求相协调,个人目标与组织目标相协调,个人的行动与他人的行动相协调。协调的本质是利益关系的调整,而如何正确处理利益关系是伦理所要回答的。管理的核心是决策,企业效益来自于正确的决策。而正确的决策,除了进行经济、技术分析外,还必须进行伦理分析。只有决策符合社会的进步、人民生活的改善这一根本目的,兼顾利益相关者利益时,决策的可行性才具有了坚实的基础。正如美国学者雷德里克·B.伯德和杰弗里·甘兹所说:"如果管理者能更多地意识到他们的价值观、社会准则和伦理规范,并把它们用于决策,就可改善决策。如果决策时能考虑到社会分析和伦理选择,那对管理者本身、企业和社会都是有益的。各种伦理分析工具能帮助管理者做出更好的决策,要清晰地向利益相关者解释其行为的理由。"管理的重心是对人的管理。人有物质需要又有精神需要。从精神层面看,要抓好人的工作,一要赋予工作以意义;二要尊重人、关心人、公正地对待人;三要管理者率先垂范;四要人与人之间关系融洽。这些无不与伦理有关。

2.伦理具有特殊的管理功能

伦理作为一种社会规范,不仅从人们的主观意识上控制和引导着人们的行为,使得人们每做出一项社会行为时,都会自觉或不自觉地考虑一下是否符合伦理道德,而且在客观上也制约着人们的行为,每当人们的一项社会行为产生后,其周围的人群都会用当时社会所奉行的伦理道德规范来对这一行为加以衡量和评判。如符合的就以各种形式予以肯定,不符合的就会以各种形式加以批评和抨击。更重要的是,伦理管理具有独特的优点。对社会的管理总是由强制的和非强制的管理构成,政治和法律是强制的管理,对社会的各方面起着强有力的约束作用。但是法律总是比较有原则和简明扼要,不可能涵盖社会行为的各方面,而且法律也有滞后性,因此法律所能调节的管理的范围和程度有一定限制。而伦理是通过社会舆论、习惯、良心、理想等发挥其管理作用的,它通过对人的深层心理的渗透,直接影响人的内部精神世界,因而其对社会管理的作用有时显得更为深刻、稳定。

三、管理伦理的普遍原则

企业的管理的伦理困境来自于个体与整体的矛盾,如个人与组织、组织与组织、组织与整个社会的矛盾等。管理者经常会遇到这类棘手的伦理问题,而对此类问题的解决则是依据建立在价值观基础上的伦理原则。目前企业管理伦理的原则主要有以下四种:义利统一原则、道德—权利原则、公正原则、诚信原则。

1.义利统一原则

企业作为在一定资源关系支配下为获取利润而从事生产经营活动,向社会提供商品或劳务的独立经济组织,其如何协调自身利益与社会利益、短期利益与长期利益的关系,是一个关系企业生存与发展的重大问题。义利统一原则是企业协调各方利益所应遵循的基本原则。义利统一原则包括以下方面：

第一，企业作为经济组织，追求赢利是正当的，企业应当以赢利为目标，那种要求企业放弃自身目标的观点是缺乏理论基础的，也是不切实际的。也正如施泰因曼所言："一般而言，在把企业伦理思考与企业战略结合起来这一思想背后的是企业行为中的伦理问题，其并不在于赢利原则本身，而是在于用哪种手段来实现赢利。"

第二，企业要遵循道德准则的要求，企业追求赢利的活动应在社会道德和法律的框架之内进行，不应超越法律和道德的界限。

第三，在企业自身利益与社会利益、公众利益发生冲突时，应以社会利益为重。现代企业的活动越来越离不开社会的支撑，所以从长远来看，只有社会利益不被损害，社会利益得到保障，企业利益才能更好地实现。对企业而言义利统一原则要求企业不能只顾短期利益、眼前利益，而应从战略的高度来看待利益问题，谋求长期利益和长远发展，这比只考虑眼前利益的做法更为重要。

2. 道德—权利原则

道德—权利原则认为，人拥有基本的权利和自由，这些权利和自由不能由于他人的决策而被剥夺。基于此，正确的伦理决策应当是最大限度地保护与决策相关的人的权利。在进行伦理决策时，管理人员应当避免干涉个人的基本权利。

这些基本的权利包括：

(1)意愿自由权。不管做出何种决策，个人的意志都必须得到充分的尊重。

(2)个人隐私权。个人有权对自己工作之外的私人的各种信息予以保密，别人不得干涉。

(3)保持良知权。对于那些有悖于他们道德或宗教准则的指令，个人有权拒绝执行。

(4)言论自由权。个人可以坦诚地对法律或伦理行为做出评价。

(5)获得公正信息和待遇权。个人有权获知不带偏见的信息并受到公正的待遇。

(6)安全生活权。个人有权在健康和安全不受到威胁的状态下生活。

3. 公正原则

公正原则认为，伦理决策必须建立在公平、公正的基础之上。对于管理者来说，有三种可供选择的公正原则。第一种是"广泛公正"(distributive justice)，即对待不同的人不应当带有任何个人的偏见，每个人都是平等的，都应当受到相同的待遇。所以，当女雇员和男雇员做相同的工作时，报酬就应当是相同的。但每个雇员的技术熟练程度和责任不同，这就需要根据技术和责任差异来确定工作报酬。而且这种差异应当与组织目标和任务相互匹配。第二种是"程序公正"，它强调了"执法"的公正性。规章制度应当是明确和具有连续性的，执行过程也必须公正。第三种是"补偿公正"，即如果由于集体的原因而对个人造成伤害，个人应当得到赔偿。更进一步说，对于个人无法控制的事件，个人不应当承担任何责任。

4. 诚信原则

古人认为"诚"即诚实、诚恳，是指真实不欺的品德，它包含忠诚于自己和诚实地对待别人的双重内涵,它更多的指主体的自我修养以及由此而形成的个人内在的道德品性;而"信"指诚信,是指遵守诺言、兑现诺言的品德。

在西方,诚信思想的演变与中国传统有所不同,具有自身鲜明的特点。西方早期的诚信伦理规范主要体现在宗教里,宗法一体,如行事诚实的,为上帝所喜悦。后来诚信原则逐步由道德规范上升为一种法律原则,并随资本主义市场经济的形成和发展而逐步完善。著名的思想家洛克(Locke)、霍布斯(Hobbes)等认为,诚信是政府与社会秩序的主要原则基础,是民主的前提条件,而齐美尔、韦伯(Weber)等社会学家则认为,诚信是社会组织的黏合剂,是一个社会凝聚力的基础。

在市场经济条件下,诚信是"古已有之"的道德伦理原则,我们必须重新加以认识和诠释。在继承中西传统诚信观的同时发展现代诚信观,在更广泛的伦理意义上使用和要求,现代意义上的诚信有其自身的特点。随着市场经济的发展,诚信规范从潜意识形态发展为显意识形态,并且日趋明朗和具体,成为调节社会关系的最基本最普遍的准则。因此,在现代社会,诚信首先是对社会成员最起码的社会规范,它要求人们在社会交往中以"诚信"待人,讲究信义,不欺人欺己,锻造诚信的道德品格。其次,诚信更重要的是对法律、规则、契约的诚信,是指每一个市场主体、全体公民必须遵循的道德义务。诚信既是一种法律原则,又是一项道德义务。

第二节　企业社会责任

一、西方企业社会责任的发展史

1. 西方企业社会责任的早期思想

西方早期的企业社会责任主要涉及的是经济活动中的道德和伦理问题,尤其关注用普通的伦理原则来反对经济活动中的撒谎、偷窃或欺骗等不道德和不合伦理行为。例如:《旧约全书》中包含对贿赂行为、从穷人身上获利行为、滥用土地行为的鞭笞;柏拉图在《理想国》中对私人财产进行批判;亚里士多德在《政治学》中指责商人的敛财行为。18世纪工业革命产生与发展,现代企业及企业家出现,企业家出于怜悯之心,参与社区建设、捐款、兴办教育等慈善活动,企业将改善经营所在地社区及雇员的生活看作企业成功的基本要素。西方早期的社会实践主要受宗教信仰的影响,特别关注三方面的伦理行为:有伦理地对待顾客及商业伙伴,如商业交易中的诚实和公正;慈善捐赠,富裕的商人认为应该将自己的财富与社区分享;对员工进行家长式管理,特别涉及员工福利。社会中有特权或财富的人,应该在各项决策中考虑到那些较不幸或较弱小者的利益。

2. 西方社会责任理念的出现及研究

(1)西方企业社会责任的提出。1916 年,芝加哥大学的约翰·莫里斯·克拉克(John

Maurice Clark)在《改变中的经济责任的基础》一文中提出:"迄今为止,大家并没有认识到社会责任中很大一部分是企业的责任。"这也是最早提出企业社会责任概念的文献。1953 年,霍华德·鲍恩(Howard R Bowen)的《商人的社会责任》出版,开创了现代企业社会责任研究的先河。书中提出:"商人有义务按照社会所期望的目标和价值来制定政策,进行决策或采取某些行动。"之后,围绕着"企业为什么要履行社会责任""企业应该履行什么社会责任""企业如何履行社会责任",先后出现了各种不同的观点和思想。

(2)企业社会责任的发展。在西方,企业社会责任问题的产生经历了三个阶段。第一阶段是 1930 年以前,在这一时期,西方管理者们的看法是:企业组织的社会责任就是通过管理获得最大的利润。他们认为,企业本身获得了最大的利润也就是为社会获得最大的利益。因此,当时西方世界绝大多数的管理者都同意这样的一种口号:"社会? 社会见鬼去吧。"第二阶段是从 20 世纪 30 年代到 40 年代。30 年代是资本主义经济大萧条时期,许多企业为避免陷入困境而与大股东等相关公众发展密切的合作与互助关系。在这个阶段,绝大多数的管理者都认为企业管理的主要社会责任是调节股东、资源供应者、顾客和公共社会利益之间的矛盾。他们也提出了一个口号:"企业与社会是相互合作、相互支持的伙伴关系。"第三阶段是 20 世纪 40 年代后。40 年代以来,在西方特别是在美国,反污染、反欺骗、保护环境和保护消费者利益的呼声越来越高,以这些口号为宗旨的群众组织也越来越多。这反映了人们对企业那种只为了获取本身的最大利润,而使周围工作和生活的环境日趋恶化的管理行为的强烈不满和愤慨。广大的管理者认识到:企业组织与社会之间并不是伙伴关系,相反,企业的利益必须服从和服务于社会的利益。

(3)西方企业社会责任的观点。第一,"企业回应"的观点。认为企业在实践中应当对外部的社会压力做出回应,控制外部社会责任压力对企业的影响,降低企业面临的社会风险(Frederick W C,1978)。第二,"企业社会绩效"的观点。全面考察了企业社会责任的动机、过程和结果,描述、衡量和分析了企业与其他社会因素之间的关系,以及公司应当如何作为及其结果(Carroll Archie B,1979)。第三,"综合性社会契约理论"的观点。从社会契约的传统角度来考虑企业与社会的关系,认为企业与社会之间存在一个社会契约:企业应对为其存在提供条件的社会履行社会责任,社会应对企业的发展承担责任(Donaldson T,Dunfee,T,1994)。第四,"利益相关者"的观点。指明了企业社会责任管理的对象对其的相关责任,突破了股东利益至上的传统观点,为企业社会责任的实施提供了一个新的分析平台(Wood,Donna J,1991)。第五,"企业伦理"的观点。从伦理角度提出了企业可以作为道德代理人,应该与个人一样,秉持一定的道德规范和准则,遵从一定的商业伦理。第六,"企业公民"的观点。从法学角度强调企业作为社会经济主体,与自然人类似,是社会的法人公民,在享有权利的同时,必须对企业的行为负责,担负社会责任。

二、两种不同的社会责任观

当今的管理人员在管理实践中经常会遇到如下问题:是否为慈善事业出力,是否以及怎样保护自然环境等,这些问题均与社会责任有关。针对同一问题,社会责任感程度不同的人给出的答案是不同的。我们可以根据企业管理人员对这些问题的回答来判断该企业是否承担了社会责任。那么,何谓"社会责任"?

如果一个企业不仅承担了法律上和经济上的义务(法律上的义务是指企业要遵守有关法律,经济上的义务是指企业要追求经济利益),还承担了"追求对社会有利的长期目标"的义务,我们就说该企业是有社会责任的。

在市场经济条件下,企业成为一个自主经营、自负盈亏、自我约束、自我发展的独立实体,这意味着企业的经营管理工作要以利润为导向。我们的问题是,利润取向是否与一些企业(特别是大企业)从事各种社会活动这一事实相矛盾?我们首先介绍两种社会责任观:一种观点认为企业只应对股东负责;另一种观点认为企业要对包括股东在内的所有利益相关者负责。其实在每种观点下,企业的社会责任与利润取向都是相容的。

1. 两种社会责任观

从一开始,学者在企业的社会责任问题上就存在着较为严重的分歧,并逐渐形成两大阵营。一个阵营主张企业只应对股东负责,企业只要使股东的利益得到满足,就是具有社会责任的表现,至于其他人的利益,则不是企业所要管的和所能管的,这种观点称为"古典观"或"纯经济观"。另一个阵营则不同意上述主张,他们主张企业要对包括股东在内的所有利益相关者(如消费者、供应商、债权人、员工、所在社区乃至政府等)负责,这种观点称为"社会经济观"。

(1)古典观

古典观的代表人物首推诺贝尔经济学奖得主米尔顿·弗里德曼(Milton Friedman)。他认为当今的大多数管理者是职业管理者,这意味着他们并不拥有他们所经营的企业。他们是员工,仅向股东负责,从而他们的主要责任就是最大限度地满足股东的利益。那么,股东的利益是什么呢?弗里德曼认为股东只关心一件事,那就是财务收益。

在弗里德曼看来,当管理者自行决定将公司的资源用于社会目的时,他们是在削弱市场机制的作用。有人必然为此付出代价,具体来说,如果社会责任行动使企业利润和股利下降,则它损害了股东的利益;如果社会行动使工资和福利下降,则它损害了员工的利益;如果社会行动使价格上升,则它损害了顾客的利益;如果顾客不愿支付或支付不起较高的价格,销售额就会下降,从而企业很难维持下去。在这种情况下,企业所有的利益相关者都会遭受或多或少的损失。此外,弗里德曼还认为,当职业管理者追求利润以外的其他目标时,他们其实是在扮演非选举产生的政策制定者的角色。他怀疑企业管理者是否具备决定"社会应该怎样"的专长。至于"社会应该怎样",弗里德曼认为,应该由选举出来的政治代表来决定。

(2)社会经济观

持社会经济观的人提出了不同的看法。他们指出,时代发生了变化,社会对企业的期望也发生了变化。公司的法律形式可以很好地说明这一点。公司的设立和经营要经过政府的许可,政府也可以撤销许可。因此,公司不是仅对股东负责的独立实体,它同时要对产生和支持它的社会负责。

在社会经济观的支持者看来，古典观的主要缺陷在于其时间框架。社会经济观的支持者们认为，管理者应该关心长期财务收益的最大化。为此，他们必须从事一些必要的社会行动，并承担相应的成本。他们必须以不污染、不歧视、不发布欺骗性广告等方式来维护社会利益。他们还必须在增进社会利益方面发挥积极的作用，如参加所在社会的一些活动和捐钱给慈善组织等。

2. 社会责任与利润取向

在考察了有关企业的社会责任的两种代表性观点之后，我们转入对社会责任与利润取向相容性的分析。

（1）古典观下的社会责任与利润取向

根据前面对古典观的详细介绍，古典观所指称的企业社会责任的范围是相当狭窄的，企业只需并且只能对股东承担责任。在持古典观的人看来，如果一个企业最大限度地满足了股东利益，那它就是尽了最大的社会责任；相反，如果一个企业从事一些社会活动，或为社会利益着想，而把资源从企业中转移出去，则它不仅损害了股东的利益（管理者这样做是在慷他人之慨），而且更为严重的是，损害了其他社会群体的利益。所以，在古典观那里，企业的社会责任指的就是利润取向，企业的唯一目标就是追逐利润，使股东的利益达到最大化，在这样做的过程中就自然给社会带来最大的福利。这是亚当·斯密的"看不见的手"原理——每个经济主体在追逐或实现自身利益的过程中就在增进社会的利益，并且这种增进的效果要好于它们刻意去增进的效果。由此我们可以把古典观看作"看不见的手"原理在企业的社会责任问题上的表现形式。弗里德曼认为股东只关心一件事，这就是财务方面的回报。他还主张不管何时当管理者自作主张将组织资源用于"社会利益"时，都是在增加经营成本。这些成本要么通过高价转嫁给消费者，要么降低股息回报由股东所吸收。必须指出，弗里德曼并不是说组织不应当承担社会责任，他支持组织承担社会责任，但这种责任仅限于为股东实现组织利润的最大化。

（2）社会经济观下的社会责任与利润取向

社会经济学观点（socioeconomic view）认为企业的社会责任不只是创造利润，还包括保护和增进社会福利。这一立场是基于社会对企业的期望已经发生了变化这样一种信念。企业并非只是对股东负责的独立实体。它们还要对社会负责，社会通过各种法律法规认可了企业的建立，并通过购买产品和服务对其提供支持。因此企业组织不仅仅是经济机构。社会期望企业能承担更多的社会责任。社会经济观所指称的企业社会责任的范围很广，它包括了所有的利益相关者，企业不仅要对股东负责，还要对其他利益的相关者负责。在多数情况下，企业从事社会责任活动要付出代价，并且很难使成本及时得到补偿，这意味着企业要支付额外成本，这直接给当期利润造成不利影响。也就是说，对非股东的利益相关者负责通常给股东的利益带来不利的影响（至少从短期看或从静态上看）。但若我们换一个角度看，情况未必如此。事实上，企业在力所能及的范围内进行一些社会责任活动相当于投资。虽然短期内这种投资或许牺牲了企业的经营业绩，但从长期看,这种投资由于改善了企业的社会形象和生存环境,吸引了大量优秀人才,减少了政府的管制等,可以使企业的收益增加,并且所增加的收益足以抵补企业当初所额外支付的成本。从这种意义上讲,企业在利他的同时也在利己。

赞成和反对企业承担社会责任的具体争论有哪些呢? 表 3-1 列出了已提出的一些主要观点。

表 3-1 两种社会责任观对企业承担社会责任观点的比较

赞成的观点	反对的观点
公众期望: 公众的意见现在支持企业同时追逐经济的和社会的目标	违反利润最大化原则: 企业只有在追求其经济利益时,才是在承担社会责任
长期利润: 具有社会责任感的公司趋向于取得更稳固的长期利润	淡化使命: 追求社会目标淡化了企业的基本使命,即经济的生产率
道德义务: 企业应当承担社会责任,因为负责任的行为才是所要做的正确的事情	成本: 许多社会责任活动都不能够补偿其成本,必须有人为此买单
公众形象: 公司通过追求社会目标可以树立良好的公众形象	责任过大: 企业已经拥有了大量的责任,追逐社会目标将会使它们的责任更大
更好的环境: 企业的参与有助于解决社会难题,减少政府管制; 企业社会责任感的加强会导致较少的政府管制; 大企业拥有大量的权力,这就要求相应的责任来加以平衡	缺乏技能: 企业领导者缺乏处理社会问题的必要技能,缺乏明确的责任; 企业与社会性行动之间没有直接的联系责任与权力的平衡
股东利益: 从长期来看,具有社会责任感将提高企业的股票价格	
资源占有: 企业拥有支持慈善事业的大量资源	
预防胜于治疗: 企业应在社会问题变得严重之前采取措施以免付出更大的补救代价	

⇨【案例讨论】

美国福特公司 Pinto 汽车

1981 年美国一位父亲驾驶的福特公司生产的 Pinto 汽车在行驶途中爆炸,导致车上小孩严重烧伤。经法庭调查,福特汽车公司早已知悉该型汽车有瑕疵,该公司根据计算,认为全部召回该款汽车加以修复的成本为 1 亿美元,而车着火致人死亡的事故每件赔偿 20 万美元,因而决定不召回。

1968 年,美国福特汽车公司决定在美国首次开发廉价微型轿车。总裁 Lee Icocca 期望加速这一开发,以便能在 1970 年推出价格低于 2000 美元的微型轿车。

结果由于工程技术跟不上车型的革新,油箱位置设置不当,造成严重的安全问题。后车轴与后保险杠之间,只给油箱留有 10 寸的缓冲空间,后车轴上还安装有向外凸出的轮缘和一大排螺栓头。追尾冲撞试验表明,只要后面的车辆经每小时 34 千米的速度撞来,油箱就可能向前移动并漏油,一点火花就会将汽车化为灰烬。

其他试验结果表明,只要增加辅助安全措施,就可改善这种设计,估计所需成本为每辆车 11 美元。

然而福特公司提出了维持原来设计的几点理由:

1. 单车价格将突破 2000 美元,无法达到一个重要的市场目标;

2. 这种设计也符合当时的联邦安全标准;

3. 福特急于开发出一种能够与市场十分流行的大众"甲壳虫"车相抗衡的新车型。

最后,经福特总裁批准,福特公司决定仍然维持原车型的原设计。

问题:福特仓促地推出 Pinto 汽车是否是不负责任呢? 福特应该召回该款车型吗?

（案例出处:陈北元.美国"食毒时代"如何由乱而治.南方周末,2008-10-2）

三、企业社会责任的内涵

1. 企业社会责任的定义

关于企业社会责任(corporate social responsibility,CSR)的内涵,迄今为止学者们主要从两个角度进行了探讨。一是从宏观上界定企业社会责任的范围,主张企业社会责任包括其对社会应承担的责任的总和:既包括经济责任,又包括非经济责任;既包括对直接相关者的责任,又包括对间接相关者的责任;既包括法律责任,又包括道德责任;既包括对内的责任,又包括对外的责任。二是从微观上界定企业社会责任的范围,主张企业社会责任主要是指企业对企业以外的社会环境层面上应负的责任,如社会风气、慈善事业、环境保护、公共服务等领域。这主要是相对传统企业的绝对经济责任而言的。在现代社会中,全球化战略迫使企业必须考虑东道国政府与社会的需求,必须对整个产业链条进行战略思考,必须适应国家产业结构的调整,必须全盘考虑顾客的功能需求与情感需求。因此,微观层面上的企业社会责任更关注非经济领域的责任。

我们认为,所谓企业的社会责任,是指企业在追求利润最大化时或在经营过程中,对社会应承担的责任或对社会应尽的义务,它可以使企业实现可持续发展。具体表现为:企业在经营过程中,特别是在进行决策时,除了要考虑投资人的利益或企业本身的利益之外,还应适当考虑与企业行为有密切关系的其他利益群体及社会的利益;除了要考虑其行为对自身是否有利外,还应考虑对他人是否有不利的影响,如是否造成公害、环境污染、资源浪费等。企业在进行决策时,对这些问题进行考虑并采取适当的措施加以避免,其行为本身就是在承担社会责任。

与社会责任相联系的是社会义务和社会响应。社会义务(social obligation)是工商企业参与社会的基础。一个企业当它符合了其经济和法律责任时,它已经履行了它的社会义务,仅此而已。它达到了法律的最低要求。一个企业追求社会目标的程度仅限于它们有利于该企业实现其经济目标的范围。与社会义务相比,社会责任和社会响应不仅仅限于符合基本的经济和法律标准。社会响应(social responsiveness)是指一个企业适应变化的社会状况的能力。社会响应是由社会准则引导的社会准则的价值,它们能为管理者做决策提供一个更有意义的指南。

2. 企业社会责任的本质

企业社会责任是在全球化背景下企业对其自身经济行为的道德约束,它既是企业的宗旨和经营理念,又是企业用来约束企业内部包括供应商生产经营行为的一套管理和评估体系。企业社会责任不同于其他的技术标准,它超越了以往企业只是强调技术性指标,只是把赚取利润作为唯一目标这样的传统理念,而更强调在生产过程中对人的价值的关注,注重生产过程中人的健康、安全和应该享有的权益。企业社会责任还强调企业对消费者、对环境和对社会的价值,注重企业对社会的贡献。

3. 关于对企业社会责任的理解误区

一种观点认为推行企业社会责任就是又要回到"企业办社会"的模式去。实际上,企业社会责任不同于"企业办社会",因为所谓"企业办社会"是指在计划经济体制下,国家将企业看成是一个行政单位,企业对每一个员工承担了本来应该由社会承担的福利功能,如企业办学校、企业办医院、企业办社区等,其结果是企业用于支付员工福利的社会成本不断增加,企业效率低下。而企业社会责任则是指在市场经济条件下,在企业的经济功能与社会功能相剥离的前提下,企业有目的、有计划地主动承担对员工、对消费者和对社区的社会责任,其结果是企业在创造利润的同时,获得了良好的品牌形象和社会赞誉,实现了企业与社会的共同可持续发展,实现企业发展与社会利益的双赢。

另一个误区就是将企业社会责任等同于《国际劳工标准》、跨国公司的《企业社会责任守则》《SA8000 认证》,或者将企业社会责任等同于企业捐赠或企业所做的公益事业。这样的理解是不够全面的。

企业社会责任是一个整体的概念,它既包括基本的社会责任,也包括高层次的社会责任。国外对企业社会责任的评价方面都包含了这两个层面的内容,遵守法律、遵守国际劳工标准,这仅仅是企业最基本的社会责任,它不能代表完整的企业社会责任概念。如果一个企业做到了遵守法律,保证了员工生产安全、职业健康,就可以说这个企业履行了最基本的企业社会责任,但还不能说这个企业已经达到了较高层次的企业社会责任水平。反过来,如果一个企业为社会公益事业做了大量的捐赠,然而,它在基本的社会责任方面受到了谴责或投诉,例如,使用了童工或出了生产安全事故,那么,也不能说它很好地履行了企业社会责任,原因就在于此。他们最害怕生产供应链上的企业触犯了法律或国际劳工标准,损害他们的品牌形象,所以他们要求加工企业在产品达到技术标准的同时,还要履行企业社会责任。

［阅读材料］

SA8000 社会责任标准

SA8000 标准是由社会责任国际组织（Social Accountability International 简称 SAI）制定的全球第一个可用于第三方认证的社会责任国际标准。SAI 称其宗旨是通过发展和实施社会责任标准,促进工人工作条件的改善和增进劳资双方的理解。SAI 属民间团体,成员包括 11 个国家的 20 家大型企业、非政府组织。SAI 的前身于 1997 年 10 月公布了 SA8000 第一版,原则上每 4 年修订一次。SA8000 标准认证要求企业在赚钱的同时,也要承担社会责任,对工作环境、员工健康与安全、员工培训、薪酬、工会权利等具体问题,都设有最低标准。SA8000 标准是一个通用的标准,不仅适用于发展中国家,也适用于发达国家;不仅适合于各类工商企业,也适合于公共机构。另外 SA8000 标准还可以代替公司或行业制定的社会责任守则。

4. 社会责任与管理革命

今天,许多优秀的公司意识到,一个组织成功与否有很多度量标准,并不仅仅考虑利润指标,如何处理伦理与组织盈利的关系始终是管理者和管理学者们关注的一个重要问题。"管理者们担心,对伦理问题的过度追求会影响组织的经济效益。"人们为此做了一系列的研究,试图弄清提高伦理、社会责任水平和组织的经济效益到底是一种什么样的相关关系。研究结果表明:"承担社会责任状况和组织的经济效益之间存在着明显的相关关系。组织社会责任水平的提高会促进组织经济效益的提高。"

研究表明,那些注重伦理建设,乐于承担社会责任的组织比那些不注重伦理建设的组织的经济效益要好得多。越来越多的管理者已意识到诚实和信用对于保持组织快速和稳定的发展是至关重要的。从长期来看,信誉是无法用金钱买到的。而这种信誉和形象对于组织的长期发展将起到巨大的促进作用。

四、企业社会责任的主要内容

作为独立法人或市场经济主体的企业,其社会责任必然受到两种因素的支配,首先它的行为必然要遵循市场经济体制的伦理原则,其次它应当追求的目的也规定了它应遵循的伦理准则或企业社会责任。

根据市场经济体制的伦理原则,企业及其成员应当奉行勤奋、节约、创新和大胆谨慎等规范,因为这些行为规范符合经济效率的原则,其实质是追求社会产出的最大化。企业及其成员还应当奉行独立自主、平等交易、诚实不欺和信守诺言等行为规范,因为他们符合经济公平的原则,其实质乃是经济自由与不侵犯损害他人权益,等价交换或按贡献分配。

在此基础上,我们可以根据企业的目的分别从经济效率和经济公平这两个方面进一步规定企业整体的道德原则,它们构成了企业的伦理准则。

从经济效率方面说,由企业的第一个目的可以直接得出企业的首要社会责任:应当高效率地为社会提供所需要的产品和服务。企业生产经营的高效率不仅使企业得以存在,而且能够使它更好地为社会服务,包括为社会提供产品服务和税收,以及为经济发展积累资本,从而为个人和社会整体的发展奠定基础。

从经济公平方面说,企业的社会责任比较复杂。就企业的第二个目的而言,企业应当尊重所有参与者和相关者的权利并遵循按贡献分配的原则,这既要涉及企业与其外部相关者的权益关系,又要涉及企业内部各参与者的权益关系。企业的外部关系主要有企业与企业的关系、企业与消费者或顾客的关系,以及企业与社会整体的关系。企业的内部关系则主要指企业与其员工的关系或企业内部各阶层的关系。

1.企业应当公平地对待竞争者和供应商

市场经济中的交易活动包括从各类厂商处购买原材料、零部件、半成品或各种供给品,从竞争者手中夺取更大的市场份额,争夺更好的工人和管理人员,生产质量更优价格更低的产品,等等。只要做法公平,这些交易和竞争并不违反企业伦理原则。例如不应当恶意中伤竞争者及其产品,不应当窃取商业秘密,不应当暗中破坏或直接干涉竞争对手的内部事务。市场经济下的企业竞争是一种有序竞争。有社会责任的组织应重视与供应商、竞争对手的关系,在竞争中合作,在合作中竞争。对于那些用搞价格共谋、操纵招标、操纵市场等各种手段来破坏公平竞争、损害公众利益的做法,企业应当明确抵制。

此外,企业还要为投资者带来有吸引力的投资报酬。企业有义务将其财务状况及时、准确地报告给投资者,瞒报或者假报财务状况,是对投资者的欺骗。

2.企业要为自己的产品对消费者负社会责任

企业与消费者的关系也可以看作是一种平等交易的契约关系:企业提供质量合格、价格公道的产品,消费者为此支付货款。这种契约要符合经济公平的原则,同样得遵循不损害对方的权益和平等交换的原则。首先,企业所提供的产品和服务不应侵害顾客的基本权利,不应危害顾客的生命和安全,例如电器产品决不能有漏电现象,因为这会对消费者造成损害。其次,企业对顾客一定要做到诚实不欺,信守承诺。商品必须要有充分的说明,包括产品的用途、使用方法、质量、生产日期或保质期等;产品的质量必须符合说明;而且商品必须要有一定的耐用性,质量担保必须明确并能够得到兑现,已经有所损坏的商品或二手商品要出售则必须予以注明……因为使消费者具有充分的信息并使他们的合理预期得到实现是公平交易的必要条件之一。再次,按照平等交换的原则,企业所提供的产品和服务的价格不应过高,不应以牟取暴利为目标。

总而言之,从企业伦理的角度说,为顾客提供质优价廉的产品和服务不应看作是企业在市场竞争中谋求生存和发展的手段,而应看作是企业伦理所要求的企业目的之一,是企业伦理的原则之一。

⊡▷【案例讨论】

　　爱普生在《2005年可持续性发展报告》中指出,作为一个优秀的企业公民,其向社会提供产品以及服务均需秉承对客户诚信、对环境诚信的态度。为了减少产品生产过程之中对地球环境所产生的负荷,爱普生开展了以此为目的的LCA 活动,把"节能设计、节约资源、排除有害物质"作为基本方针,从产品设计阶段开始,将生产环境友好型产品的核心思想贯穿到整个商品生命周期中。截至目前,爱普生集团的主要生产和非生产基地均已全部取得国际环境标准ISO14001 认证。此外,爱普生还将减少对环境的负荷的理念推广到零件采购、材料的采用、运输,乃至用户使用阶段以及回收再生方面的商品的整个生命周期中,通过与各供应商建立新型合作伙伴关系,共同开展环境负荷降低活动。从 2004 年后期至今,爱普生的绿色采购率一直保持在 100%。更加值得一提的是,出于对环境的诚信态度,爱普生不惜增加公司的经营成本,在充分考虑全球以及消费者需求的基础上,构建了废旧商品回收与再利用系统,倡导和支持对电子耗材的回收工作。爱普生在不断追求产品高品质的同时,在产品设计上持续改进,坚持大幅度削减对资源的使用和消耗。在能耗方面,爱普生针对打印机耗电总量大的特点,不仅在打印机执行打印操作时减少耗电量,而且对电源关闭时和待机时的耗电量都采取了很多改进措施,从而在整体上实现了节能的目标。爱普生在此原则上设计和生产出诸多倍受消费者欢迎的节能型产品,例如爱普生在 2004 年发布的 PM-A900 喷墨打印机,日均耗电总量与 2003 年的同类产品相比节约了 45%～55%!

对于企业所肩负的社会责任与生产经营之间的关系,正如精工爱普生集团董事长草间三郎在《2005 年可持续性发展报告》中所言:"在市场活动中以合理合法的方式不断获取利润是企业的根本使命,在此基础上保持健康稳定的发展,为环境、顾客、股东、投资者服务是企业义不容辞的社会责任,同时与外界保持良好的信赖关系,开创更加美好的未来也是爱普生肩负的社会责任。"正是在诚信精神的指导之下,爱普生成为深受世界各国(地区)利害关系者信赖的跨国公司,与社会建立起相互信赖的关系。而这种和谐关系不仅促进了爱普生企业的发展,同时也为社会的可持续发展贡献了自己的力量。

3.企业对员工的社会责任

员工既是组织的成员,也是组织最宝贵的财富。现阶段,有社会责任的组织不仅要根据员工的综合素质,把他们安排在合适的工作岗位上,做到人尽其才,才尽其用,而且在工作过程中,要根据实际的需要,对他们进行培训,这既满足了员工自身的需要,使员工在组织中得到锻炼和发展的机会。同时,经过培训后的员工能胜任更具挑战性的工作,更好地满足组织的发展需要。另外,面对现代组织员工队伍多元化的特征,组织要同等对待所有员工,调动各方面的积极性。

⇨【案例讨论】

富士康跳楼事件

富士康科技集团创立于 1974 年,是专业从事电脑、通讯、消费电子、数位内容、汽车零组件、通路等 6C 产业的高新科技企业。2008 年富士康依然保持强劲发展,逆势成长,出口总额达 556 亿美元,占中国大陆出口总额的 3.9%,连续 7 年雄居大陆出口 200 强榜首,跃居《财富》2009 年全球企业 500 强第 109 位。然而,就是这样一个大公司,竟发生了令人发指的跳楼事件。自 2010 年 1 月 23 日富士康员工第一跳起至 2010 年 11 月 5 日,富士康已发生 14 起跳楼事件,引起社会各界乃至全球的关注。

在富士康公司,每个活生生的人,全部被异化为在流水线上把原材料变成产品的工具,只是流水线上的一个零件而已。企业为了维持最大利润,把压力分解到每个员工头上,每个人的私人生活全部被剥夺。他们每天除了上班加班外的剩余时间,能够保证吃饭和睡觉就不错了。

在富士康观澜园区的插针机流水线上,人几乎被机器劫持了。富士康工人李祥庆说:"就站在机器前,'罚站'8 小时(一个班 8 小时),一直工作。站着的时候,有个东西掉了弯腰去捡,恨不得一直有东西掉,一直不用站起来。要是可以躺一分钟,那就是天大的享受。"这些富士康工人的生活就是上班,下班,睡觉,上班,下班,睡觉……

一名曾经在富士康工作过的员工说,最让他受不了的是,工厂不允许他在工作时与同事交谈。此外,同组的员工不能住在同一栋宿舍里,这影响了同事之间建立友谊。据说富士康有的员工聚会,问谁能喊出房间室友的名字,没有人能喊出。

4. 企业要为自己的行动对一般公众或社会负道德责任

企业是社会的成员,因此企业所面对的就不仅仅是与它发生直接交易关系的其他企业或消费者,它还要面对不与其直接发生交易关系的一般公众,调整好它与公众整体的关系。由于企业与一般公众的关系是一种间接关系,调整其关系所根据的主要是不应侵害社会利益的原则。根据这一原则,企业的行为应当负有以下责任:

首先,企业负有保护环境的社会责任。组织既受环境的影响又影响着环境。从自身的生存和发展角度看,组织有保护环境的责任。有社会责任感的企业有着强烈的环境保护意识,它们积极采用生态循环生产技术,实现资源合理而充分的利用,保持生产过程高度的生态效率和对环境的零污染。这主要表现在企业会采取切实有效的措施来治理环境污染,承担自己的应尽职责,杜绝转嫁生态危机的不道德行为的发生;以"绿色产品"为研究和开发的主要对象,推动环保宣传教育,致力于提高这个社会的生态意识。如索尼爱立信一直致力于环保事业,并推出了"绿色伙伴计划",从 2005 年第三季度开始,所有索尼爱立信的供应商都必须通过严格的审查,才可成为合格的"绿色伙伴",以从源头进行环保控制。而恪守"企业是社会公民"理念的福特公司推出的"亨利·福特环保奖"授奖活动遍及 50 多个国家和地区,在此基础上推出的"野生动物保护奖"的影响波及北美、亚洲等地的 60 多个国家。

其次,企业对受其影响的社区公众负有社会责任。企业的开设和关闭不仅会影响企业及其工人,而且会对当地的社区产生很大的影响,尤其是对较小的社区或单一产业的城镇。这种影响既可能是正面的,也可能是负面的。有社会责任的企业应当通过适当的方式把利润的一部分回报给所在社区,企业不仅要为所在社区提供就业机会和创造财富,还应积极寻找途径参与各种社区活动,尽可能为社区做出贡献。

▷【本章小结】

1. 管理伦理的定义:企业的管理伦理指的是在企业内形成的一套管理者倡导的,全体(或多数)员工认同并且遵循的,处理企业与消费者、供应者、竞争者、政府、社区、公众、所有者、员工等关系的行为准则,包括观念、规范、行为三个层次。

2. 企业管理伦理的原则主要有以下四种:义利统一原则、道德—权利原则、公正原则、诚信原则。

3. 企业社会责任的定义:所谓企业的社会责任,是指企业在追求利润最大化的同时或在经营过程中,对社会应承担的责任或对社会应尽的义务。企业承担社会责任,最终是为了实现企业的可持续发展。

4. 企业的外部关系主要有企业与企业的关系、企业与消费者或顾客的关系,以及企业与社会整体的关系。企业的内部关系则主要指企业与其员工的关系或企业内部各阶层的关系。

5. 企业社会责任的内容包括:企业应当公平地对待竞争者和供应商;企业要为自己的产品对消费者负社会责任;企业对员工的社会责任;企业要为自己的行动对一般公众或社会负道德责任。

▷【复习思考题】

1. 管理伦理的定义是什么?

2. 管理伦理是在什么背景下发展起来的?

3. 企业如何做到义利统一?

4. 企业社会责任的必要性和意义。

5. 利润最大化的企业目的观是否符合经济伦理原则?为什么?

6. 有些人认为,厂商利润最大化是经济学的一个基本原则,现实中经商的人也没有不谈利润的,所以某些企业家所谓企业的目的是"顾客满意最大化""为社会做贡献"等,不过是一种手段,其最终目的还是追求利润。你赞同这种看法吗?为什么?

▷【案例讨论】

三鹿奶粉事件

2008年开始,被誉为国家免检产品、中国名牌的三鹿奶粉的质量问题,在国内外引发了巨大的轰动。

　　此次事件引发了 6244 名婴幼儿患病,158 名住院,3 名死亡。作为国内首屈一指的大型食品生产企业,三鹿集团没有尽到法定的义务与责任,更没有尽到企业对社会的责任。首先,对于顾客,它并没有提供安全的食品,在发现产品存在三聚氰胺之后,并没有理会顾客的知情权,把企业的利益放在了婴幼儿生命的前面,采取从市面上偷偷撤回的举措。于企业投资者而言,它的破产无疑说明了问题。

　　虽时隔多年,但三鹿事件的影响依然存在。据参加政协十一届四次会议第三次全体会议的刘佩智委员透露,三鹿事件不仅损害公众健康,而且影响整个奶产品行业的声誉。事件之后国内产品无人问津,市场份额被拱手让于国外公司。如今,国外奶制产品占比接近市场的 90%。

　　三鹿奶粉事件的揭露,无疑是一枚重磅炸弹在中国炸响,引发了消费者对食品行业的又一次怀疑,而后,国家质检总局还分别在伊利、蒙牛、雅士利等知名品牌的奶粉中检查出了三聚氰胺。这一系列的事件无疑揭示了一个普遍的社会现象——企业的社会责任缺失。企业社会责任缺失主要表现在三方面:

　　第一,企业多数为了追逐自身利益,对产品质量把关不严。就如三鹿,在决策层发现奶粉存在问题时,尽管市面上已经有不好的消息声称三鹿奶粉有问题,企业仍然继续销售,仅仅是对三聚氰胺含量高的奶粉做了处理,10 毫克以下的放行。甚至用天气过热、饮水过少等理由搪塞消费者。虽然企业获得了小额利润,但相对其造成的巨大损失,那是得不偿失的。

　　第二,为了维护企业形象,在出现问题后,企业多数隐瞒不报,企图用自己的方式解决问题,却没想过这样会给消费者带来怎样的伤害,通常会引发更严重的后果。三鹿奶粉首次被网友披露出现问题时,温州地区经理就是利用价值 2476 元的各式奶粉解决问题的。但这灾难的伏笔并没引起企业当局的重视,以致事态发展越来越严重。在第二拨浪潮严重打击三鹿时,企业试图通过奶源检查,产品调换,加大品牌广告投放和宣传等手段蒙混过关,而这一关始终是没混过。如果企业早日上报,政府早日干预进行解决的话,影响也不至于如此大。

　　第三,企业在出现危机时往往想逃避社会责任。三鹿事件出现后,集团秘密地处理问题,瞒着所有人,甚至连新西兰恒天然都不知道,而三鹿企业也是被网友人肉出来的。在曝光三鹿奶粉后,三鹿集团还谎报质检局的结果,并对三鹿奶粉知婴儿生病的事拒不承认。三鹿集团极不负责的做法,不仅害了数以千计的小孩,还毁了企业的一切。

　　(三鹿奶粉案例根据网上内容整理 http://m. wodefanwen. com/mlhd_ 801zh5gd9e7d82u9y9dl_1. html)

第四章

≪　　≪≪≪

管理环境

学习目标

通过学习本章的内容,学生能够:

1.了解管理环境的含义及其分类,能区分某一因素是否为环境因素,是何环境因素;

2.能分析某一特定组织的任务环境;

3.解释环境的不确定性;

4.了解管理者管理环境的基本方法。

引　例

迪士尼败走巴黎

1984 年美国华特·迪士尼集团提出跨国经营的战略目标,首选开设东京迪士尼乐园。由于是第一次在国外开设迪士尼乐园,经验少、风险高,因此集团决定采用不投资、不参股,只向日方转让技术的方式,收取技术转让费和管理服务费,由日方的东方地产公司投资建造和经营,结果取得了意想不到的成功:当年游客达 1000 万人次,突破了预计指标,到 1990 年游客已经达到每年 1400 万人次,超过美国加州的迪士尼游客人次。

东京迪士尼乐园的成功增强了华特·迪士尼集团的信心。技术转让方式风险虽低,利润却有限。除去开办时的咨询费外,仅限门票收入的 10% 和国内商品销售额的 5%。于是 1992 年开办巴黎迪士尼乐园时采取了股份合资的方式,华特·迪士尼集团投资 18 亿美元在巴黎郊外开办了占地 45 平方千米的大型游乐场。奇怪的是,巴黎迪士尼乐园第一年的游客人数大大低于预计指标,当年亏损 9 亿美元,迫使巴黎迪士尼关闭了一家附设旅馆,解雇了 950 名雇员,全面推迟了二期工程的开发。巴黎迪士尼的股票价格从 164 法郎跌到 68 法郎,欧洲舆论界戏称巴黎迪士尼是"欧洲倒霉地"。

(赵涛.管理学习题库.天津:天津大学出版社,2005)

第一节　管理环境及其分类

一、管理环境的概念

任何组织都存在于一定的环境中,环境一方面为组织活动提供了必要的条件,另一方面又对组织活动起制约作用。管理环境是指存在于一个组织内部和外部的,影响组织业绩的各种力量和条件因素的总和。在这里,环境不仅包括组织的外部环境,还包括组织的内部环境。对于管理者来说,要提高管理效率,达到其管理目标,不仅要了解政治、经济、文化等外部环境因素,而且要掌握组织的资源、员工的价值观等内部环境因素,据此才有可能做出正确的决策。

因此,了解组织所处的环境,把握环境的现状和将来的发展变化趋势,利用环境提供的有利于组织发展的机会,避开环境存在的不利于组织发展的威胁,是组织谋求生存和发展的首要任务。

二、管理环境的分类

根据各种因素对组织业绩影响程度的不同,组织外部环境又可分为一般环境因素和任务环境因素。一般环境因素也称宏观环境因素,是指可能对这个组织的活动产生影响,但其影响的相关性却不清楚的各种因素,一般包括政治、经济、法律、社会、文化等等。这些因素的影响一般都不是只涉及某一个具体的组织,因此这些因素对某一特定的组织会有什么样的影响,会有多大的影响都不清楚。一般环境因素虽然对某一组织的影响不是直接的,可还是有可能对组织产生很大的影响,所以管理者必须认真分析和研究自己组织可能面对的一般环境因素。

相对于一般环境而言,管理者一般更注重对任务环境的研究与分析。任务环境也称微观环境,是指对某一具体组织的组织目标的实现有直接影响的那些外部因素。一个组织比较典型的任务因素一般包括资源的供应者、竞争者、服务对象(顾客)、政府管理部门及社会上的各种利益代表组织等。对一个特定的组织而言,任务环境是特定的。

对一个组织而言,组织外部哪些是环境因素,是一般环境因素还是任务环境因素,取决于组织的目标定位。同样是服装企业,由于各自的产品市场定位不同,其环境影响因素也不同。比如一个童装企业和一个女装企业,除国家对服装企业的相关规定、银行利率等以外,童装企业还要考虑国家的计划生育政策、儿童的社会地位等一般环境因素和儿童的数量、年龄结构、童装市场的竞争情况等任务环境因素;而女装企业则要考虑女性的收入等一般环境因素和女性的年龄结构、女装市场的竞争情况等任务环境因素。由此可见,对于一个组织的发展有重大影响的环境因素,对另一个组织可能根本不重要。

管理环境除了组织外部环境,还包括组织内部环境。组织内部环境一般包括组织文化和组织经营条件两大部分。组织文化是指组织在一定经济社会文化背景下,在长期的实践活动中所形成的,并且为组织成员普遍认可和遵循的具有本组织特色的价值观念、团体意识、工作作风、行为规范和思维方式的总和。组织的经营条件是组织拥有的各种资源的数量和质量情况,包括人员、资金、设备等等。这些因素不仅与外部环境因素一样,影响一个组织目标的制定和实现,而且直接影响该组织管理者的管理行为。

综上所述,要区别一个因素是否是环境因素,关键看该因素对这一组织业绩是否有影响,以及影响是直接的还是间接的。若有影响,这一因素就是组织的环境因素之一;若没有影响,则这一因素对这一组织而言就不是环境影响因素。

第二节 外部环境因素

一、一般环境因素

通常而言,一般环境因素主要包括政治、经济、社会、技术及自然等方面,这些环境因素对一个组织运作的影响虽然不那么直接,但各个组织的管理者仍必须充分考虑这些因素。

(一)政治和法律因素

政治因素指社会政治形势和各种政治事件所构成的对组织的影响因素,如国家政局的总体稳定性、国际关系、重大国际事件的发生和发展等。政治因素对各种组织的管理活动都会产生影响,主要表现在地区政局的稳定性和政府对各类组织或活动的态度上。比如一个国家的政局稳定,有利于组织长期计划的制订,也是吸引国际投资的必要条件;在国际关系上两国关系的融洽,常会促进跨国公司的投资和合资企业的建立。对管理者而言,在投资决策中考虑政治风险是一项重要的任务。

法律与政治密切相关,但法律更细致、具体。在各个国家,许多公司都必须应付法律方面的问题。在欧洲部分地区,可口可乐公司受到了政府管制性的监督,因为据说它的某些瓶装厂的生产条件不卫生。通用电气公司试图斥资410亿美元收购霍尼韦尔国际公司,该方案在美国获得了受规章限制的批准,但是却遭到了欧洲联盟领导人的压制,理由是这样做会严重削弱竞争并提高商品的价格。

中国加入世贸组织之后,经济全球化进程加快,法律环境对中国企业越来越重要。

企业在进行经营战略选择时,要注意拟投资企业所在国家和地区法律体系的完备性、法律仲裁的公正性和法制的稳定性等。对从事国际化经营的企业来说,在遵守不同东道国法律法规的同时,还要遵守世界范围内共同的行为准则。当然,企业在某些国家和地区也会遇到一些执法机构有法不依、执法不严、违法不纠的现象,这会严重制约企业的发展。随着国际上相互投资的增加,为了给投资者提供充分的法制保护,坚定其投资信心,国家和地方政府必须不断健全法制,完善投资规范,形成一个宜于国际资本流动的良好的法律环境。

【思考】 举例说明政治因素对组织的影响。

(二)经济因素

经济因素是指社会整体的经济发展形势和景气状况等影响因素,如经济发展趋势、物价水平、财政金融政策等等。经济因素一般从资金来源、人员供给、市场需求等方面影响组织的投入和产出,从而对组织的管理活动起制约作用。就企业而言,一般来说,如果经济形势良好,企业会处于有利地位;如果经济萧条,则企业会面临各种困难。通常,一般经济因素主要是通过对各类组织所需要的各种资源的获得方式、价格水准的不同和对市场需求结构的作用来影响各类组织的生存和发展的。

现在,由于组织是在全球化的环境中开展经营活动,所以经济因素已经变得极度复杂,同时也给管理者带来了更大的不确定性。世界各国的经济比以往任何时候都更加紧密地联系在一起。例如,美国"9·11"恐怖袭击事件发生之后的经济衰退和消费者信心削弱也影响了世界其他各国的经济。同样,亚洲和欧洲的经济危机也给美国的公司和股票市场造成了重大的影响。

近年来,经济环境的一大趋势是频繁发生企业合并和收购事件,这正在改变企业的经济前景。与此同时,中小企业在经济发展中充满了活力。

【思考】 目前我国的总体经济形势如何?

(三)社会和文化因素

社会因素指一个社会中形成的传统风俗、道德观念、价值取向和知识水平等因素的总和。任何组织都是由人所构成的,组织及其人员都处在一定的社会环境之中,会受到社会因素的影响和渗透,进而反映在组织行为和人的行为之中。管理者要考虑到社会因素对组织和员工的影响,根据社会环境的不同特点,采取不同的管理方法和手段。文化因素也是重要的环境因素,其内容十分丰富,比如国民的受教育程度等。

社会和文化因素对于一个组织的行为也有很大的影响。例如,就风俗习惯而言,有的国家或地区,把服装式样看成是社会地位的一种象征,因此他们很讲究服装的式样并很愿意为此花钱。而在有的国家或地区,人们对服装式样并不讲究,只要经济实用就行了。那么作为从事国际贸易的服装企业就必须关注不同国家或地区在风俗习惯上的这些差异。

【思考】 传统风俗对哪些组织会产生影响？

（四）技术因素

技术因素是指由科技水平的提高、新工艺和新技术的发明及应用等所构成的因素。技术环境领域的变化是十分迅速的，一个组织要保持和提高自己的竞争力，必须随时关注世界范围内技术发展的趋势。任何组织，欲求经营有效而与技术和技术发展无关，几乎是不可能的。不同的技术和技术过程，要求有不同的管理方式和方法，技术的发展也改变着管理活动。

近年来，技术因素为各行各业的组织都带来了大规模的、意义深远的变革。15 年以前，许多组织甚至还没有使用台式计算机。而今天，事实上人们都可以想当然地认为计算机网络、因特网接入、视频会议系统、蜂窝电话、传真机、手机和笔记本电脑是做生意的最基本的设备。技术进步使得几乎每个人都可以接触因特网，这就改变了竞争的性质，也改变了组织与其顾客的关系。许多公司都在采用技术领先的电子商务方法，利用私人网络或者因特网来处理所有的业务。其他的技术进步同样会影响到组织及其管理者。

（五）自然因素

自然因素包括组织所在地区的位置、气候条件、资源状况等。对于企业来说，自然因素是影响生产经营活动至关重要的因素。在"天时、地利、人和"中，"地利"指的主要就是自然因素。

组织所处的地理位置决定了其可能获得的交通运输条件、通信条件、人力资源条件、政策优惠条件等，从而影响到组织的生产经营成本或运行成本、人员素质、信息获取、社会负担等。气候条件对那些受气候影响较大的组织（如旅游企业、空调生产企业等）尤其重要，良好的气候条件可以为这些组织提供机会，恶劣的气候条件则可能带来破坏性的影响。而这里所说的资源主要是自然资源，如矿藏、水资源等。这些都是所有组织生存和发展的必要条件。

▷【案例讨论】

对系统的一次打击

2001 年 9 月 11 日星期二，对世贸中心和美国国防部的恐怖袭击，通过全球经济系统，迅速将冲击波扩散开来，吞没了世界各国大批公司和行业。危机最直接、最明显的表现可见于航空业，主要航空线路运营者突然发现，人们不愿意坐飞机。他们的市场因竞争加剧和经济衰退，本来就处于困境中，此时更是雪上加霜。在美国，联合航空、三角航空和大陆航空公司宣布解雇数以万计的员工，英国航空、维珍航空和加拿大航空公司也紧追其后。欧洲的瑞士航空和比利时国家航空公司进入破产接管,其他运营商也发出信号进入紧缩开支时期。

航空业缩减的间接结果也冲击了两个相关行业:飞机制造业和旅游业。同样表现出需求下降和不可避免的失业。空中客车、波音、麦道纷纷裁员,像劳斯莱斯等供应商们,旅游及相关行业如饭店、饮食、出租等都出现了更多的失业现象。例如,迪士尼公司立即感到美洲和欧洲主题公园参观人数减少所带来的冲击。无数其他的组织和度假地很快经历了恐怖袭击余波后海外游客减少的恶果。

一些观察家当时暗示了有些企业一定借机削减劳动力,但很少有人怀疑这次袭击会显著冲击经济、人道和心理。幸运的是,对系统的类似打击数量少、间隔长,即使发生了,也有一些公司会发现它们提供了出人意料的商机。

(本案例选自:伊恩·沃辛顿.企业环境,徐磊,洪晓丽,译,北京:经济管理出版社,2011,第10—11页)

【思考】 你能想到在你的国家发生的无法预测的对经济产生严重负面影响的大事件有哪些? 你能想到任何从"9·11"事件中获得商业利益的企业吗?

二、任务环境因素

不同的组织有不同的任务环境,与一般环境因素相比,任务环境对组织的影响更为直接和具体,因此绝大多数组织的管理者也都更为重视其任务环境因素。任务环境指的是直接影响企业、事业单位经营的具体环境因素。对大多数组织而言,其任务环境主要包括竞争对手、顾客、资源供应者、政府机构以及利益集团等。

(一)竞争对手

能够提供相同或可以替代的产品的组织相互为竞争对手。竞争是多方面的,不仅限于争顾客,在取得原材料、贷款上也有竞争,在技术发展、改进商品上更是竞争激烈,这是市场经济的特点。总的来说,竞争主要是市场和资源方面的竞争。由于竞争对组织的市场条件和资源条件会造成直接影响,因此组织的管理者必须正确估计自己和竞争对手的实力,根据竞争环境的特点制定有效的组织发展战略,以期在激烈的竞争条件下立于不败之地。

1.直接竞争对手

直接竞争对手主要是同行业中现有的企业。多家企业生产相同或相似的产品,必然会想方设法争夺市场,从而形成竞争关系。对直接竞争对手的研究一般从以下几个方面进行。

(1)基本情况研究

基本情况包括有哪些直接竞争对手和它们的地区分布、规模、资金实力、技术实力、经营特色、主要产品、市场占有情况等等。在进行基本情况研究时,要注意分析下面三个指标：

一是销售增长率,即当年销售额与上年相比的增长幅度。销售增长率为正,则企业的生产经营规模在扩大,一般地说,企业的实力也在增强。但这个指标要与行业发展速度和国民经济的发展速度进行对比研究才有意义。

二是市场占有率,即企业产品的销售量与市场上同类产品的销售量的比率。该指标反映了企业产品在市场上的相对竞争能力。

三是产品获利能力,这是反映企业竞争能力能否持续的支持性指标,可以用销售利润率即企业利润总额占销售总额的比率表示。显然销售利润率高,产品的获利能力就强。

（2）主要竞争对手研究

主要竞争对手研究是在直接竞争对手中找出主要竞争对手,对其进行更为具体的分析。特别是要分析其对本企业产生威胁的主要原因,从而制定相应的竞争对策。企业不可能也没必要对付所有的竞争对手,所以对主要竞争对手的研究就非常有意义了。

（3）竞争对手的发展方向

竞争对手的发展方向包括竞争对手的市场发展与产品发展动向。这种动向往往会对本企业构成威胁,企业若能掌握竞争对手的发展方向,就可以捷足先登,抢得主动。

在分析竞争对手的发展方向时,要注意了解企业所在行业的退出障碍,所谓退出障碍,即企业退出某个行业要付出的代价。

2.潜在竞争对手

潜在竞争对手主要指那些可能进入本行业的新进入者。新进入者在给行业带来新生产能力、新资源的同时,也希望在已被现有企业瓜分完毕的市场上赢得一席之地,这就有可能会与现有企业发生原材料和市场份额的竞争,最终导致行业中现有企业盈利水平降低,严重的话还有可能危及这些企业的生存。竞争性进入威胁的严重程度取决于两方面因素,即进入新领域的障碍和预期现有企业对于新进入者的反应情况。

影响行业进入障碍的因素主要有:规模经济、产品差别化、转移成本（泛指买主从使用一个卖主的产品转而使用另一个卖主的产品所引起的职工重新培训、购买附加设备等时间、货币及心理成本总和）、资本需求、在位优势、政府行为与政策、自然资源、地理环境等等。

预期现有企业对于新进入者的反应情况,其实主要就是预期现有企业采取报复行动的可能性的大小,它取决于相关企业的实力、行业所处的发展阶段、行业的退出障碍等等。

3.替代品生产者

替代品是指那些具有相同或相似功能的产品。两个处于不同行业中的企业,可能会由于所生产的产品互为替代品,从而产生相互竞争行为。这种源自于替代品的竞争会以各种形式影响行业中现有企业的竞争战略。首先现有企业产品售价以及获利潜力的提高,将由于存在能被用户方便接受的替代品而受到限制。其次由于替代品生产者的进入,现有企业就必须通过提高产品质量、降低成本以降低售价、增加产品特色等来达到其销量与利润的增长目标。最后产品买主的转移成本越低,源自替代品生产者的竞争强度就越大。

对替代品生产者的分析主要包括两个内容:第一,判断哪些产品是替代品;第二,判断哪些替代品可能对本企业经营构成威胁。在判断威胁最大的替代品时,应特别重视以下两类替代品:那些价格(总成本)容易被改善的替代品,那些现行盈利率很高的替代品。

【思考】 你所在组织的竞争对手有哪些?

(二)顾客

顾客是组织要满足其某种需要的服务对象。企业能否成功,关键在于是否能满足顾客的需要,使顾客满意。因此组织管理工作的重要方面就是要正确分析市场需求及其变化趋势,及时开发出满足顾客需要的产品和服务,形成广泛而稳定的顾客群体。顾客对企业的影响主要表现在两个方面:顾客的需求水平决定企业的市场状况,顾客的价格谈判能力影响企业的获利。

1. 顾客的需求

顾客的需求包括总需求量、需求结构、顾客的购买力三方面。

2. 顾客的价格谈判能力

用户总是要求企业的产品价格更低廉,质量更好,能提供更多更好的售后服务。企业的盈利水平与用户的价格谈判能力有直接关系。一般来说,顾客的价格谈判能力主要取决于以下因素:顾客是否大批量或集中购买;顾客这一业务在其购买额中的份额大小;产品或服务是否具有价格合理的替代品;顾客面临的购买转移成本大小;本企业的产品、服务是否是顾客在生产经营过程中的一项重要投入;顾客是否采取"后向一体化"的威胁;顾客行业获利状况;顾客对产品是否具有充分信息。

争取顾客可采取多种措施。其一是提高产品质量并做好售后服务,以包修、包换、包退为号召;其二是可使产品多用途化,为自己的产品开辟新用途;其三是采用上门服务的办法。

【思考】 你认为大学这一组织是否有顾客? 有的话是哪些?

(三)供应者

任何组织的正常运营都必须有一定的人力、物力、财力和信息资源做支撑。供应者是指向组织提供资源的单位,如对企业而言,原材料供应商、银行、学校都是它的供应者,分别为其提供原材料、资金和人员。组织在资源供应方面得不到充分保证,就无法完成组织任务,实现组织目标。组织的管理者应寻求尽可能低的成本保证所需投入持续和稳定的供应。

供应者对企业的影响主要表现在两个方面:一是供应者能否按照企业的要求按时、

按质、按量提供各种要素,这决定了生产经营活动能否正常运行;二是供应者的价格谈判能力,这决定了企业的生产经营成本并进一步影响企业的利润水平。影响供应者价格谈判能力的因素主要有:要素供应方行业的集中化程度;要素替代品行业的发展状况;本行业是否是供方集团的主要客户;要素是否是该企业的主要投入资源;要素是否存在差别化或转移成本是否较低;要素供应者是否有"前向一体化"的威胁。

【思考】 怎样才能使学校得到保质、保量、稳定的生源供应?

(四)政府机构

政府机构主要是指国务院、各部委及地方政府的相应机构,如市场监督管理局、烟草专卖局、物价局、财政局、税务局等。作为行政管理部门,其制定的各种政策和法规在很大程度上制约着组织的行为,因而对组织目标的实现有直接的影响。一切组织都应该在政府政策的指导下,在法律允许的范围内进行活动;一旦政府的政策和法规发生了变化,组织的战略也要随之进行调整。有的组织由于组织目标的特殊性,更是直接受制于某些政府部门,例如我国的电信业、军工企业、医药业,就各自受到工业和信息化部、国防科工委、药品监督管理局的直接管理或监督。

组织耗费大量的时间和资金来满足政府法规的要求。但是这些规定的影响不仅限于时间和金钱,它们还缩小了管理者可斟酌决定的范围,限制了可供经理选择的可行方案。

【思考】 如果政府部门的某些工作人员以权谋私,故意刁难,你该怎么办?

(五)利益集团

利益集团是指社会上代表某一部分人的特殊利益的群众组织,如工会、消费者协会、环境保护组织等。利益集团虽然没有政府机构那样的权力,但同样可以对各类组织产生相当大的影响。他们可以通过直接向政府部门反映情况,或以各种宣传工具制造舆论等方式,影响组织的管理活动。事实上,政府所制定的某些政策和法规,正是对某些利益集团要求的反应。例如绿色和平组织经过不懈的努力,不仅显著改变了捕鲸业、金枪鱼捕捞业及海豹皮制品业,而且提高了公众对环境问题的关注。管理者应当意识到这些集团影响他们决策的力量。

【思考】 有哪些社会利益集团会对学校的工作产生影响?

由上可见,任何组织都不是孤立的。组织把环境作为自己输入的来源和输出的接受者,因此环境因素可以对某个组织施加压力,而管理者也必须对这些环境因素的影响做出适当的反应。

第三节　内部环境因素

管理环境除了外部环境,还包括组织内部环境。其中对管理影响较大的内部环境是组织文化和经营条件。

一、组织文化

就像部落和民族有图腾和禁忌以指导每一个成员如何与其同伴及外部人员交往一样,组织也有指导其成员应该如何行动的文化。在一个组织中能取得杰出业绩的管理者,在另一个组织中不一定能取得杰出的业绩,这在很大程度上与不同的组织具有不同的组织文化有关。

（一）组织文化的概念与特征

1.组织文化的形成

组织文化主要探讨企业文化,这一概念最早是美国学者于 20 世纪 70 年代末至 80 年代初提出的,是通过对日本经济飞速发展的实证分析,以及与美国经济发展的比较所提出来的一个崭新的概念。

众所周知,日本在第二次世界大战后千疮百孔,资源几乎等于零,但为什么后来发展如此之快? 美国企业界人士、管理学界的学者纷纷涌向日本,学习、考察和探索日本经济腾飞的奥秘。尽管美国人对日本经济迅猛发展的看法不尽一致,但他们都认为日本的成功得益于自己独特的管理模式。日本人的高明之处就在于重视对人的管理,重视人的价值观念及其作用,能够把"硬性"管理与"软性"管理有机地统一起来。因此,文化的本质是人的问题,是人的价值观念问题。"企业文化"的概念就这样被美国人提出来了。可见,探索企业文化是探索企业管理的本质,是管理领域的新问题。

2.组织文化的基本概念

要想正确地理解组织文化,首先应认识什么是文化。文化有广义和狭义两种理解。广义的文化指人类在社会历史发展过程中所创造的物质文明和精神文明的总和,即包括了物质文化和精神文化两个方面。狭义的文化可以是一种群体意识形态的文化,即精神文化,指群体的意识、思维活动和心理状态。文化不仅作用于人类改造自然和社会的实践活动,推动社会历史的发展,同时,人类文化又随着社会历史的发展,形成了各种门类、各种形式、各具特色的文化模式。

组织是按照一定的目的和形式而建构起来的社会集合体,每个组织都有自己特殊的环境条件和历史传统,也就形成了自己独特的哲学信仰、意识形态、价值取向和行为方式,于是每一种组织也都形成了自己特定的组织文化。形成组织文化就是努力创造这些共同的价值观念体系和共同的行为准则。从这个意义上来说,组织文化是组织在长期的实践活动中所形成的并且为组织成员普遍认可和遵循的具有本组织特色的价值观念、团体意识、工作作风、行为规范和思维方式的总和。

3.组织文化的主要特征

任何组织的组织文化,都具有以下一些共同特征。

(1)客观性

组织文化是组织在其所处的一定的经济、社会、文化环境合力作用下,在长期的发展过程中逐步生成和发展起来的。在组织文化的形成过程中,组织创始人起了关键性的作用。一个组织的文化反映了组织创始人的使命和价值观。创始人对于组织应该是怎么样的规划或设想导致了早期组织文化的形成。尽管如此,从总体上说,组织文化的产生和存在是不以人的意志为转移的。只要是一个组织,在发展过程中就必然会形成组织文化。

(2)社会性

企业作为进行生产技术经济活动的社会细胞,它需要直接或间接地依赖其他企业和单位的协作配合,企业文化也正是通过社会生产技术经济协作,得以继承和发展。

(3)个异性

每个组织由于其使命不同,所拥有的资源和所处的环境不同,相应的组织文化也不同,即任何组织的组织文化都有其鲜明的个性。不仅如此,组织文化还有强弱之分。所有的组织都有其特定的组织文化,但其文化对管理的影响程度是不同的。

(4)民族性

每一个民族都有其独特的民族文化,任何组织都是存在于某一区域内的,它们必然要受到所在地的民族文化的影响,相应地,其组织文化也必然带有地域性、民族性和时代性。

【思考】　在国际性公司中,不同国家的组织成员一起工作,常常会出现什么问题?

(5)继承性

每个组织都需要注意本组织优良文化的积累,通过文化的继承性,把自己的过去、现在和将来联结起来,把组织精神灌输给一代又一代。但是在继承过程中,要有选择地继承。

(6)融合性

每一个组织都是在特定的文化背景之下形成的,必然会接受和继承这个国家和民族的文化传统和价值体系。组织文化的融合性除了表现为每个组织过去优良文化与现代新文化的融合,还表现为本国与外国新文化的发展融合。

(7)稳定性

组织文化需要经过较长的时间才能形成,一旦形成后,就具有稳定性,就像人的个性较难随时间变化而变化一样,组织文化的改变也是比较困难的。

【思考】 对管理者而言,组织文化是强好还是弱好?

(二)组织文化的结构与内容

1.组织文化的结构

根据文化就是"反映人类创造的物质财富和精神财富的总和"这样一个基本定义,组织文化应包括从物质文化层到行为文化层、制度文化层,最后再到精神文化层的完整体系。

(1)物质文化层

物质文化是组织文化的表层文化,是指组织如企业的物质基础、物质条件和物质手段等方面的总和。物质文化的特点就是看得见、摸得着、很直观。那么,为什么要把这些属于物质实体的东西作为文化来看待呢? 这是因为,不仅仪器设备、技术装备、工艺流程、操作手段等这些与企业生产直接相关的物质现象要体现企业的文化素质,而且厂区布局、建筑形态、工作环境等也要体现企业的文化素质。这就是我们说物质现象的本质是反映和体现文化内涵的原因。

(2)行为文化层

从层次看,行为文化是企业文化的浅层部分,这是相对于表层的物质文化而言的。从内容看,行为文化既包括企业的生产行为、分配行为、交换行为和消费行为所反映的文化内涵与意义,同时,也包括企业形象、企业风尚和企业礼仪等行为文化因素。对企业来说,生产行为文化的建设是企业文化建设最重要、最基础的文化建设,生产行为的合理化、有效性直接影响分配行为、交换行为和消费行为的有效性。比如,可口可乐公司的"永远的 coca-cola"、丰田公司的"以生产大众喜爱的汽车为目标"、惠普公司的"以世界第一流的高精度而自豪"、中国一汽的"永葆第一"等,都是体现行为文化的重要内容与形式。

(3)制度文化层

制度文化是企业文化建设的中层结构部分,它是相对于表层的物质文化和浅层的行为文化建设而言的。制度文化层主要内容有组织与领导制度、工艺与工作管理制度、职工管理制度、分配管理制度等方面。应该说,不同的文化意识,就会有不同的制度建设思想。

(4)精神文化层

精神文化层是组织文化结构中的核心层次,作为深层文化它是相对于中层的制度文化、浅层的行为文化和表层的物质文化而言的。可以看出,这四个层面构成了组织文化建设的一个完整系统,比较好地把物质文明建设和精神文明建设有机地统一起来,形成了一个由内向外发散、再从外向内深入的开放网络,从而促进组织的不断创新与发展。精神文化是组织文化中的核心和主体,是广大员工共同而潜在的意识形态,包括管理哲学、敬业精神、人本主义的价值观念、道德观念等。

企业的经营思想,必然会影响到它的价值观念。比如,若认为"质量第一"是生产经营之本,那就必然会有"用户至上"的价值观念。所以,价值观就是企业对经营管理目的的基本看法和判断。而企业精神则是在企业价值观念的基础上所形成的一种群体意识和精神状态。

综上所述,精神文化是企业文化建设的核心层次,它直接决定和影响制度文化层的建设,制度文化层又影响和决定行为文化层的建设,而行为文化层最终要影响和决定物质文化的建设。当然,从本质上看,物质决定精神,经济基础决定上层建筑,但从发展过程看,精神的反作用不可低估,企业精神文化的建设同样不可低估。

【思考】　组织的口号是哪一层次的组织文化?

2.组织文化的内容

从最能体现组织文化特征的内容来看,组织文化包括组织价值观、组织精神、伦理规范以及组织素养等。

(1)组织的价值观

组织的价值观就是组织内部管理层和全体员工对该组织的生产、经营、服务等活动以及指导这些活动的一般看法或基本观点。它包括组织存在的意义和目的、组织中各项规章制度的必要性与作用、组织中各层级和各部门的各种不同岗位上的人的行为与组织利益之间的关系等。

(2)组织精神

组织精神反映了一个组织的基本素养和精神风貌,成为激励组织成员共同奋斗的精神源泉。组织精神是指组织经过共同努力奋斗和长期培养所逐步形成的,认识和看待事物的共同心理趋势、价值取向和主导意识、组织精神,是一个组织的精神支柱,是组织文化的核心,它反映了组织成员对组织的特征、形象、地位等的理解和认同,也包含了对组织未来发展和命运所抱有的理想和希望。

(3)伦理规范

伦理规范是指从道德意义上考虑的,由社会向人们提出的,人们应当遵守的行为准则。它通过社会公众舆论规范人们的行为。组织文化内容结构中的伦理规范既体现组织自下而上环境中社会文化的一般性要求,又体现着本组织各项管理的特殊需求。由此可见,以道德规范为内容与基础的员工伦理行为准则是对传统的组织管理规章制度的补充、完善和发展。正是这种补充、完善和发展,使组织的价值观中融入了新的文化力量。

(4)组织素养

组织的素养包括组织中各层级员工的基本思想素养、科技和文化教育水平、工作能力、精力以及身体状况等。

(三)组织文化的功能与作用

1.组织文化的功能

组织文化作为一种自组织系统具有很多特定的功能。主要功能有以下几点。

（1）整合功能

组织文化通过培育组织成员的认同感和归属感，建立起成员与组织之间的相互信任和依存关系，使个人的行为、思想、感情、信念、习惯以及沟通方式与整个组织有机地整合在一起，形成相对稳固的文化氛围，凝聚成一种无形的合力，以此激发出组织成员的主观能动性，使之为组织的共同目标而努力。

（2）适应功能

组织文化能从根本上改变员工旧有的价值观念，建立起新的价值观念，使之适应组织外部环境的变化要求。一旦组织文化所提倡的价值观念和行为规范被成员接受和认同，成员就会做出符合组织要求的行为选择，倘若违反，则会感到内疚、不安或自责，从而自动修正自己的行为。因此，组织文化具有某种程度的强制性和改造性，其效用是帮助组织指导员工的日常活动，使其能快速地适应外部环境因素的变化。

（3）导向功能

组织文化作为团体共同的价值观，与组织成员必须强行遵守的、以文字形式表述的明文规定不同，它只是一种软性的理智约束。组织的共同价值观不断地向个人价值观渗透和内化，使组织自动生成一套自我调控机制，以一种适应性文化引导组织的行为和活动。

（4）发展功能

组织在不断的发展过程中所形成的文化沉淀，通过无数次的辐射、反馈和强化，会随着实践的发展而不断地更新和优化，推动组织文化从一个高度向另一个高度迈进。

（5）持续功能

组织文化的形成是一个复杂的过程，往往会受到政治、社会、人文和自然环境等诸多因素的影响，因此，它的形成需要经过长期的倡导和培育。正如任何文化都有历史继承性一样，组织文化一经形成，便会具有持续性，并不会因为组织战略或领导层的人事变动而立即消失。

2.组织文化的作用

组织要实行有效的管理，关键在于它的内聚力、向心力和持久力，而组织文化对此正有着不容忽视的重要影响，具体说来，组织文化在组织管理中的作用主要有以下方面。

（1）激励作用

以"组织精神"为中心的组织文化体现了管理要以人为中心的思想，培育组织文化对调动广大职工的积极性有着重要的激励作用。组织文化的激励功能是综合发挥目标激励、领导行为激励、竞争激励、奖惩激励等多种激励手段的作用，从而激发出组织内各部门和所有劳动者的积极性，这种积极性，同时也成为组织发展的无穷力量。

（2）导向作用

组织文化在很大程度上决定着成员的价值取向，确定着成员的共同目标。为了增强组织活力，要冲破那些陈腐过时的封建文化和传统观念的束缚，在改革开放的实践中形成现代的心理、价值观、思想和行为方式。

（3）规范作用

组织文化的一个重要特征就是根据组织整体利益的需要，提供一整套行为准则，通过一系列的形式来规范组织全体成员的行为，使之心往一处想，劲往一处使，自觉地维护共同的利益。这是组织利益共同体存在的可靠保证。每个组织，为了保证其经济目标的实现和生产、经营活动的一致性，需要一定的行为准则来统一成员的信念、价值和行为，并以此作为价值取舍的标准，它起着调节职工活动关系的作用。组织的生存，离不开这种行为规范的约束。

（4）凝聚作用

组织文化能够培育职工的组织共同体意识，组织文化告诉成员，组织的利益、形象和前途，与职工有着密切的联系。这种对组织共同体的同一性的认识，是组织凝聚力的来源，它能在组织共同体内部造成一种和谐公平、友好的气氛，促进全体职工的团结、信任、理解和相互支持，使之形成群体的向心力。

（5）稳定作用

组织文化具有相对稳定性。组织文化一旦模式化，就具有很强的稳定性，可以成为深层心理结构中的基本部分，在较长时间内对成员的思想感情和行为发生作用，这种稳定性，往往能部分地替代或强化经济、行政手段的控制功能，综合发挥各种控制手段的作用。

（四）组织文化的塑造

1. 组织文化塑造的基本原则

（1）组织文化建设要坚持目标原则

即组织文化建设要有一个方向和目标。坚持目标原则是一个涉及把职工的思想与行为朝什么方向和目标去凝聚、去激励和去校正的大问题。组织必须根据自己的实际，确定文化建设的方向和目标，并细化为阶段性目标，以便有计划地实施。

（2）组织文化建设要坚持主体原则

所谓坚持主体原则，就是指：一要体现组织作为生产经营主体的原则，也就是要坚持市场主体的原则，以有利于组织主体意识的培育和形成；二要体现国情与民族特点的主体性，即体现我国民族文化传统的主体性和体现中国特色社会主义的主体意识。否则，组织文化建设就没有根基。

（3）组织文化建设要坚持价值原则

所谓坚持价值原则，就是指组织文化建设要坚持组织的价值观念和价值取向标准。组织的价值观是组织文化建设的核心问题。

（4）组织文化建设要坚持创新原则

组织必须紧密结合自己的个性和特点，以及面临的具体内外环境及其特点来创新。只有这样，组织文化的建设才具有生命力，体现的才是自己组织的组织文化，也才真正是活着的组织文化。

（5）组织文化建设要坚持职工参与原则

（6）组织文化建设要坚持点面结合的原则

即要在组织文化建设中,注意典型的示范和推动作用,包括典型事例、典型人物、典型集体等。

2.组织文化的塑造途径

组织文化的塑造是个长期的过程,同时也是组织发展过程中的一项艰巨、细致的系统工程。

(1)诊断

即总结现有企业文化状况。掌握了现有企业文化状况的翔实资料之后,接下来便可以进行诊断,可以对企业中已有的企业价值观、企业精神、道德风尚、企业制度等因素进行评价,判断出哪些是恰当的,哪些是不恰当的,哪些是符合时代要求的,哪些是将为时代所淘汰的,等等。

(2)定格

即确立企业价值观及整个企业文化体系。通过诊断,可以确立未来的企业价值观,并围绕所确立的价值观建立相应的企业目标、企业制度、企业道德、企业文化礼仪等,从而将企业文化的整个体系构建出来。为了便于记忆、流传和推广,我们还应该把企业价值观及企业精神用简明扼要、精练确切的语言表述出来。

(3)强化

即大力推进企业文化建设。企业文化定格后,应马上进入企业文化建设的强化阶段。在这一阶段,企业应通过各种途径,利用各种方式宣传和强化员工的企业文化意识,力求使企业新文化、新观念家喻户晓,深入人心。

(4)调整

即积极完善企业文化体系。企业文化建设到达该阶段,应有计划、有针对性地对企业文化进行评价,看看它起了哪些作用,尚存在哪些不足,然后结合实际对其进行调整、丰富和补充,以便使企业文化体系日趋成熟,日渐完善。

(5)发展

即实现企业生产、经营的突破。企业发展的最终目的是要在经营上获胜,在市场、发行中争雄。企业文化建设在不断经历调整、完善后,迈入了正轨,并渐渐步入发展的良性循环,从而推动企业生产经营顺利发展。

(五)组织文化对管理的影响

组织文化对组织成员的行为有重大影响,当组织文化形成并得到加强时,它会到处蔓延,影响组织成员所做的一切,并通过左右组织成员的知觉、思想和感觉影响组织成员的行为。表 4-1 列举了组织文化对管理四大职能方面的影响。组织文化之所以能对管理产生重大影响,是因为它建立了在这个组织中可以做什么和不可以做什么的依据。

表 4-1　组织文化对管理职能的影响

计划	组织
确立什么样的目标	授权的程度
计划乐意包含的风险程度	用人的标准
决策倾向于从长期还是短期考虑	规范化程度的大小

领导	控制
用怎样的方式来激励员工 采用怎么样的领导方式 是否要消除一切不一致	采用何种控制方式 业绩评估时注重于什么标准 超过预算时应有怎样的反应

组织文化对组织成员的约束很少是直截了当的,它们可能并没有写下来,甚至在口头上也很少明确地说起,但它们确实存在,并影响着组织成员的行为和组织的决策。

（六）知识经济时代组织文化所面临的变革

组织文化在我国的实践,使一部分组织逐步形成了能够参与国际竞争的核心竞争力,但大部分企业尚处在探索和完善之中。然而竞争在一天天加剧,机遇和挑战也一天天向我们逼近,纵观世界形势,组织文化创新面临的挑战主要有以下方面。

1.知识经济的兴起对组织文化的挑战

知识经济问题是中国乃至世界经济发展面临的新课题。展望21世纪,科技进步将比20世纪更为显著,信息技术的革命性变革将会给人类经济和社会的发展带来巨大的挑战。例如在对产业结构的影响方面,预计今后20年工业结构受到前所未有的冲击,某些企业将会彻底改头换面(如出版印刷业),有些行业可能会爆炸性地增长(如软件业)。随着全球性的产业结构重组,数以万计的职业将会消亡,同时,数以万计的新职业会应运而生。生物技术也将迅速崛起,生物革命的浪潮必将带来一场产品形态和思想观念的重大革命,这种态势带给组织文化的挑战将是十分严峻的。

2.世界经济一体化对组织文化的挑战

近年来,世界各国经济相互依存,相互间的渗透不断加深,经济区域化和全球化成为一股不可阻挡的潮流,这股潮流也使得企业风险更趋于国际化。随着外商投资规模的扩大、投资领域的拓宽,以及投资方式的多样化,中国企业在"家门口"就将面临极其残酷的国际市场竞争,文化的冲撞已在所难免,如果没有强有力的文化支撑,必然会被外来文化的潮水吞没。

3.经济市场化的加速推进对组织文化的挑战

随着我国改革开放的深入,社会主义市场经济体制的建立也明显加快了进程,国有企业市场化、政府行为市场化的力度将加大,难度也将加大。改革将更加注重综合配套性,即既包括经济领域,也会触及政治体制,尤其是与传统体制密切相连的既得利益集团的阻力和数以千万计的职工下岗造成的阻力会使改革的风险更大。企业如何克服这种阻力和风险,如何形成强而有力的组织文化去应对这种挑战已成为一个迫在眉睫的新课题。

二、经营条件

经营条件的分析主要是分析企业内部各类资源的拥有和利用情况,它是影响管理活动的直接的内部环境因素。

组织的经营条件我们可以把它划分为两大类:基本活动和辅助活动。它们的构成和关系如图 4-1 所示。

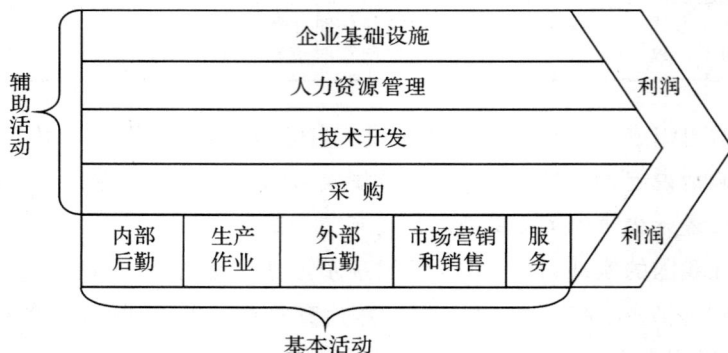

图 4-1　组织的经营条件

1.基本活动

按价值活动的工艺顺序,基本活动由五个部分构成。

(1)内部后勤

与接收、存储和分配相关联的各种活动。主要有物资和库存控制系统的健全性、原材料入库工作的效率。

(2)生产作业

与将投入转化为最终产品形式相关的各种活动。主要有与主要竞争对手相比设备的生产效率,生产过程中的自动化程度,用以提高质量和降低成本的生产控制系统的效果,工厂、车间设计和工作流程设计的效率。

(3)外部后勤

与集中、存储和将产品发送给买方有关的各种活动。主要有产成品交货和服务的及时性和效率、产成品入库工作的效率。

(4)市场营销和销售

与传递信息、引导和巩固购买行为有关的各种活动。主要有用以识别目标顾客和顾客需求的市场研究的效果、在销售促进和广告方面的创新、对可供选择的分销渠道的评价、销售队伍的能力及其激励、顾客对品牌的忠诚度等。

(5)服务

与提供服务以增加或保持产品价值有关的各种活动。主要有对顾客意见反应的及时性、企业提供零部件和维修服务的能力等。

2.辅助活动

辅助活动主要包括四方面。

(1)企业基础设施

包括总体管理、计划、财务、会计、法律、信息系统等价值活动。如对新产品市场的机会和潜在环境威胁识别的能力、获得成本相对低廉的资本的能力、信息系统对制定战略和日常决策的支持水平、有关企业环境信息获取的及时性和准确性等。

（2）人力资源管理

包括组织各级员工的招聘、培训、开发和激励等价值活动。如各级员工的招聘培训、组织报酬制度的合理性、良好的工作环境、一般员工的工作积极性和满意度等。

（3）技术开发

包括基础研究、产品设计、媒介研究、工艺与装备设计等价值活动，如技术开发的及时性、实验室和其他设施的质量、激励创造性和创新性的工作环境等。

（4）采购

指购买用于企业价值链各种投入的活动，包括原材料采购，以及诸如机器、设备、建筑设施等直接用于生产过程的投入品采购等价值活动。如开发多采购渠道以降低对单一供应商倚赖的能力、保质保量及时采购原材料的能力、与供应商保持良好关系的能力等。

由于不同的组织其经营条件的具体内容有很大的不同，在此不再做详细的介绍。

第四节　环境的管理

从以上对管理环境的论述中，我们已经清楚地认识到了环境对于管理的重要性。外部环境决定了一个组织可以做什么和不可以做什么，它一方面为组织活动提供条件，另一方面也必然因此而对组织的活动起制约作用。组织的内部环境决定了该组织中的管理者能够做什么以及可以怎么做、做到何种程度。只有在内外部环境允许的范围内，管理者才能有所作为。因此，管理者的工作成效通常取决于他们对环境的了解、认识和掌握程度，取决于他们能否正确、及时地做出反应。为此，任何一个组织的管理者都必须学会有效地管理其环境。

一、组织环境的定位

要管理环境，首先必须要了解组织所处的环境。那么怎样衡量环境的不同呢？可采用著名组织理论家汤姆森所提出的方法，即用环境的变化程度和环境的复杂程度来衡量。

根据环境的变化程度，可将组织环境分为动态环境和稳定环境两类。动态环境中形成环境的各种因素变化大，而稳定环境中形成环境的各种因素变化小。稳定的环境可能是一个没有新的竞争者，现有的竞争对手也没有技术上的创新，没有什么公众对组织施加压力的环境。显然，管理人员更关注的是动态环境。

根据环境的复杂程度，组织环境可分为复杂环境和简单环境。环境的复杂程度与组织环境的组成因素多少及组织已拥有的对其环境影响因素的了解程度有关。一个组织需要接触的顾客、供应商、竞争对手、政府机构越少,其环境越简单。反之就复杂。

由环境的变化程度和环境的复杂程度,可形成四种典型的组织环境,如表4-2所示。

表 4-2　四种典型的组织环境

环境变化程度 环境复杂程度	稳　定	动　态
简　单	状态1:稳定、简单的环境 ①环境影响因素较少 ②环境因素变化不大 ③环境因素容易了解	状态2:动荡、简单的环境 ①环境影响因素较少 ②但在不断变化之中 ③环境因素较容易掌握
复　杂	状态3:稳定、复杂的环境 ①环境影响因素多 ②且基本保持不变 ③掌握环境因素较难	状态4:动荡、复杂的环境 ①环境影响因素多 ②且处于不断变化之中 ③掌握环境因素较难

状态1:相对稳定和简单的环境。在这种环境下,管理者对内部可采用强有力的组织结构形式,通过计划、纪律、规章制度和标准化等来管理。一般的日用品生产企业大都处于此种环境。

状态2:动荡而简单的环境。在这种环境下,组织一般采用调整内部组织管理的方法来适应变化中的环境。纪律和规章制度仍占主要地位,但也可能在其他方面需要采取强有力的措施,以对付快速变化中的市场形势。一般音像制品公司就处于这种环境。

状态3:相对稳定但极为复杂的环境。在这种环境下,组织一般都采用分权的形式,强调根据不同的资源条件来组织各自的活动。像汽车制造企业基本上处于此种环境之中。

状态4:动荡且复杂的环境。在这种环境下,管理者就必须更强调组织内部各方面及时有效的相互联络,并采用权力分散下放和各自相对独立决策的经营方式。一般而言,家电企业、高新技术企业面临的主要是这种环境。

二、组织环境的 SWOT 分析法

SWOT 分析法是分析组织环境常用的方法,即基于内外部竞争环境和竞争条件进行态势分析,就是将与研究对象密切相关的各种主要内部优势、劣势和外部的机会及威胁等,通过调查列举出来,并依照矩阵形式排列,然后用系统分析的思想,把各种因素相互匹配起来加以分析,从中得出一系列相应的结论,而结论通常带有一定的决策性。

运用这种方法,可以对研究对象所处的情景进行全面、系统、准确的研究,从而根据研究结果制定相应的发展战略、计划以及对策等。

S(strengths)是优势,W(weaknesses)是劣势,O(opportunities)是机会,T(threats)是威胁。按照企业竞争战略的完整概念,战略应是一个企业"能够做的"(即组织的强项和弱项)和"可能做的"(即环境的机会和威胁)之间的有机组合。SWOT 分析方法从某种意义上来说隶属于企业内部分析方法,即根据企业自身的既定内在条件进行分析。SWOT 分析有其形成的基础。

著名的竞争战略专家迈克尔·波特提出的竞争理论从产业结构入手,对一个企业"可能做的"方面进行了透彻的分析和说明,而能力学派管理学家则运用价值链解构企业的价值创造过程,注重对公司的资源和能力的分析。

SWOT分析,就是在综合了前面两者的基础上,以资源学派学者为代表,将公司的内部分析(即20世纪80年代中期管理学界权威们所关注的研究取向,以能力学派为代表)与产业竞争环境的外部分析(即更早期战略研究所关注的中心主题,以安德鲁斯与迈克尔·波特为代表)结合起来,形成了自己结构化的平衡系统分析体系。与其他的分析方法相比较,SWOT分析从一开始就具有显著的结构化和系统性的特征。就结构化而言,首先在形式上,SWOT分析法表现为构造SWOT结构矩阵,并对矩阵的不同区域赋予了不同的分析意义。其次内容上,SWOT分析法的主要理论基础也强调从结构分析入手对企业的外部环境和内部资源进行分析(见图4-2)。

图 4-2 SWOT 分析模型图

1. 优势与劣势分析(SW)

由于企业是一个整体,并且由于竞争优势来源广泛,所以,在做优劣势分析时必须从整个价值链的每个环节上,将企业与竞争对手做详细的对比。如产品是否新颖,制造工艺是否复杂,销售渠道是否畅通,以及价格是否具有竞争性等。如果一个企业在某一方面或几个方面的优势正是该行业企业应具备的关键成功要素,那么,该企业的综合竞争优势也许就强一些。需要指出的是,衡量一个企业及其产品是否具有竞争优势,只能站在现有潜在用户角度上,而不是站在企业的角度上。

2. 机会与威胁分析(OT)

比如当前社会上流行的盗版威胁:盗版替代品限定了公司产品的最高价,替代品对公司不仅有威胁,可能也带来机会。企业必须分析,替代品给公司的产品或服务带来的是"灭顶之灾",还是更高的利润或价值;购买者转而购买替代品的转移成本;公司可以采取什么措施来降低成本或增加附加值来降低消费者购买盗版替代品的风险。

3. 整体分析(SWOT)

从整体上看,SWOT可以分为两部分:第一部分为SW,主要用来分析内部条件;第二部分为OT,主要用来分析外部条件。利用这种方法可以从中找出对自己有利的、值得发扬的因素,以及对自己不利的、要避开的东西,发现存在的问题,找出解决办法,并明确以后的发展方向。根据这个分析,可以将问题按轻重缓急分类,明确哪些是急需解决的问题,哪些是可以稍微拖后一点儿的事情,哪些属于战略目标上的障碍,哪些属于战术上的问题,并将这些研究对象列举出来,依照矩阵形式排列,然后用系统分析的思想,把各种因素相互匹配起来加以分析,从中得出一系列相应的结论,而结论通常带有一定的决策性,有利于领导者和管理者做出较正确的决策和规划。

三、组织环境的管理步骤

正如我们所看到的,组织并不能自给自足,它们同环境发生相互作用,并受环境的影响。组织依赖其环境作为投入的来源和产出的接受者,组织还必须遵守国家的法律并对向组织行为发起挑战的集团做出反应。

一般而言,除了某些实力雄厚的特大型组织,能够对其环境的改变施加一定的影响外,大多数组织对于改变其外部环境是无能为力的,因而常常是环境主宰着组织。但这并不是说管理者对影响外部环境就无能为力,管理环境是困难的,但又是可能的。说困难是因为环境的组成因素的多样性、复杂性、多变性,说可能是因为环境的规律性。管理组织环境的步骤一般有以下几步:

(1)了解环境因素及变化情况。由于环境的多变性、复杂性,管理者首先要随时随地利用各种渠道与方法去认识、了解、掌握环境,认真地研究其变化的规律,预测环境变化的趋势及其可能对组织产生的影响。

(2)分析环境因素。在了解和掌握了各种环境因素的基础上,对其进行分析研究,确定各环境因素对组织有什么影响,有多大的影响等。

(3)采取应对措施。管理者在对环境因素进行了一定的分析之后,要对各种环境因素的影响做出相应的反应。充分利用环境对组织有利的方面,并努力使其继续朝着这个方向发展。对于环境中不利于组织发展的因素,组织一方面可以通过内部改革使组织与环境相适应,另一方面可努力通过组织的行为去影响环境,使其朝有利于组织的方向发展。

【思考】 管理者怎样及时了解环境的变化?

四、组织环境的管理方法

外部环境因素根据其对组织影响的直接程度,分为一般环境因素和任务环境因素,相应地在管理上也采用不同的方法。一般环境因素不是管理者可以影响的,也不是管理者所能改变的,对于一般环境因素,管理者主要是想方设法去适应它。

对于任务环境,管理者是可以而且应该通过努力加以管理的。比如我们可以通过与供应商建立联盟的方式保证供应等。

对于组织内部的微观环境,管理者更可以主动地改变自己,变被动为主动。

从以上可以看出,在多数情况下,环境是可以管理的。关键是管理者对环境要保持高度的重视和灵敏的嗅觉。对于已经形成的环境,管理者要认识、了解、掌握环境,并努力使组织适应环境的限制与变化,在特定的环境下求生存与发展。同时,积极寻找其中的突破口,通过组织行为作用于环境,影响环境,使之朝着有利于组织的方向发展。

⇨【本章小结】

研究管理环境有助于我们了解环境给组织提供的机会和带来的威胁,组织自己的长处和短处以便于组织更好地做出决策。

1.管理环境是指存在于一个组织内部和外部的,影响组织业绩的各种力量和条件因素的总和。在这里,环境不仅包括组织的外部环境,还包括组织的内部环境。

2.根据各种因素对组织业绩影响程度的不同,组织外部环境又可分为一般环境因素和任务环境因素。一般环境因素一般包括政治、经济、法律、社会文化等等。一个组织比较典型的任务环境因素一般包括资源的供应者、竞争者、服务对象(顾客)、政府管理部门及社会上的各种利益代表组织等。对一个特定的组织而言,任务环境是特定的。对于一个组织而言,哪些是环境因素、是什么环境因素取决于组织的定位。

3.管理环境除了组织外部环境,还包括组织内部环境。组织内部环境一般包括组织文化和组织经营条件两大部分。

4.组织文化是组织在长期的实践活动中所形成的并且为组织成员普遍认可和遵循的具有本组织特色的价值观念、团体意识、工作作风、行为规范和思维方式的总和。组织的经营条件是组织拥有的各种资源的数量和质量情况,包括人员、资金、设备等。这些因素不仅与外部环境因素一样,影响一个组织目标的制定和实现,而且还直接影响该组织管理者的管理行为。

5.根据环境的变化程度和环境的复杂程度,可形成四种典型的组织环境:稳定而简单的环境、动荡而简单的环境、稳定而复杂的环境和动荡而复杂的环境。对不同的环境应采用不同的管理方法。

6.环境管理的一般步骤是:了解环境因素及变化情况—分析环境因素—采取应对措施。

⇨【复习思考题】

1.管理环境由哪几部分组成?

2.对一个组织而言,一般环境和任务环境哪一个更重要? 为什么?

3.常见的组织外部环境因素有哪些? 它们是如何影响组织业绩的?

4.一个组织怎样才能对自身的环境做出正确的评估?

5.组织应当如何塑造自己的文化?

6.如何实行跨文化管理?

7.为什么说文化管理是管理发展的更高阶段?

⇨【案例讨论】

淘宝的成功

互联网确实是个创造奇迹的地方,淘宝网的崛起简直是一个神话。

随着互联网经济发展步伐的加快和网络环境的改善,中国的网络购物市场近几年发生了翻天覆地的变化,从最初的年销售额数亿元,到半年销售额过百亿,仅仅用了7年时间。期间,C2C网络购物方式远远超过B2C网络购物方式,占据了主要的市场份额,其中的擂主也由有着外资背景、一枝独秀的"eBay(易贝)",变成了一统天下的"淘宝网",给C2C购物网站的发展带来新的契机,新的市场环境呼唤新的发展思路与方法。

作为全球三大电子商务公司之一,阿里巴巴已经成为中国电子商务B2B模式的代表,淘宝网作为阿里巴巴旗下网站,是国内首选购物网站,在亚洲购物网站中现排名第三。淘宝网由全球最佳B2B平台阿里巴巴投资4.5亿创办,2005年又追加了10亿元。它致力于成就全球首选购物网站,已成为中国电子商务C2C模式的代表。

4年间,淘宝网的市场份额由0上升到80%以上,对手的市场份额由90%下降到了10%左右。在品牌形象方面,淘宝网在年轻、时尚、有乐趣、新奇、进取等指标上遥遥领先于竞争对手,面对品牌先行者——eBay的夹击和后起之秀腾讯拍拍网的追赶,淘宝网仍获得了C2C领域第一品牌的称号和荣耀。

淘宝网,顾名思义——没有淘不到的宝贝,没有卖不出的宝贝。自2003年5月10日成立以来,淘宝网基于诚信为本的准则,从零做起,在短短的两年时间内,迅速占领了国内个人交易市场的领先位置,创造了互联网企业的一个发展奇迹,真正成为有志于网上交易的个人的最佳网络创业平台。

截至2006年12月,淘宝网注册会员超3000万人,2006年全年成交额突破169亿元,远超2005年中国网购整体市场总量。据评测,淘宝网为中国访问量最大的电子商务网站。1999年3月,马云以50万元人民币创建了阿里巴巴网站。阿里巴巴的这种B2B商业模式,被看作是继雅虎的门户网站商业模式、Google(谷歌)的AdWords广告商业模式、亚马逊的B2C商业模式和eBay的C2C商业模式之后,世界互联网的第五种商业模式。

马云的这种"疯子设想",获得了众多风险投资商的认可。2002年,这个"中国制造"的阿里巴巴开始盈利。与此同时,马云本着"坚持做与电子商务相关的产业"的原则,开始策划挑战eBay。2003年5月10日,淘宝网正式浮出水面。淘宝网的成功为电子商务的品牌建设提供了什么样的借鉴?我们可以从电子商务角度来分析淘宝网成功的商业模式。淘宝网所提供的是用户对用户的交易模式,其特点类似于现实商务世界中的跳蚤市场。其构成要素,除了买卖双方外,还包括淘宝网所提供的交易平台,即类似于现实市场中跳蚤市场的场地提供者和管理者。

在这个 C2C 模式中，淘宝网扮演着举足轻重的角色。首先，网络是一个虚拟却又庞大的区域。如果没有一个像淘宝网这样知名的(依托于阿里巴巴)、让交易双方信任的电子商务平台来联系买家与卖家，那买卖双方是很难完成交易的。其次，淘宝网还担负着对交易过程和买卖双方信用的监督和管理职能，最大限度地防止网络欺骗的产生。再次，淘宝网为买卖双方提供技术支持服务，正是有了这样的技术支持，C2C 的模式才能在短时间内迅速为广大普通用户所接受。

淘宝网的开发、维护和运作需要大量的资金。它要想生存和发展，除了依靠广告带来的收益外，还必须为其会员提供更加完善和个性化的服务，最大限度地提高会员的忠诚度，并不断发展新的会员。这样在聚集了一定的人气基础后，才能选一个恰当的时机，让交易中的买卖双方对其存在与发展的资金进行补充，并在最后产生利润。

由此可见，买家、卖家、成熟的电子商务平台三者间互依互存、不可分割。它们共同组成了目前中国这种 C2C 电子商务模式的基本要素。

消费者对于一个新事物的认知，首先是对其提供的主要利益点进行感知和反应，进行最重要的购买决策资源的获取。其次是围绕其接收到的购买决策资源进行验证或强化，以最大限度地降低购买风险。在 C2C 网站的实质性接触阶段，首要的关键点就是收费问题，而淘宝网在这点上取得了成功。

从阿里巴巴开始，马云就寻找到一种颠覆传统商业模式的模式——所有的会员是免费的。最初淘宝网的模式继承了这点。同时免费也是淘宝网直接针对 eBay 而打造的非常强有力的竞争利器。eBay 坚持收费策略，包括至少 50 元的店租、商品登录费、交易佣金，还有图片费、仓储费、粗体显示费、推荐位费用等。淘宝网凭借免费这把利器，迅速切入了原本被 eBay 垄断的市场，并且在两年内夺下了超过 60% 的市场份额。

为了解除顾客在网络信息安全方面的后顾之忧，淘宝网最早推出了"支付宝"系统。买家在网站上购买了商品并付费，这笔钱首先到了支付宝，当买家收到商品并感到满意时，再通过网络授权支付宝付款给卖家，支付宝从中收取少额费用。这样就尽可能降低了 C2C 交易的风险，赢得了用户的青睐。同时，支付宝也为买家解决了汇款后担心收不到货、货不对等等后顾之忧。实际上，为了保障交易安全，淘宝网设立了多重安全防线：全国首推卖家开店要先通过公安部门验证身份证信息，并有手机和信用卡认证；每个卖家有信用评价体系，如果卖家有欺诈行为，信用就会很低。

从其大力推广的诚信认证系统以及"支付宝"中，不难看到原先阿里巴巴"诚信通"品牌的影子。在淘宝网的买卖双方交易之前，都可以仔细查看对方的信用记录，也可以通过其他买家对该买家的评价内容判断交易是否诚实守信，货品是否货真价实等。信用评价将为买家提供极有价值的参照,为网上购物提供安全保障。

淘宝网推出的阿里旺旺,是类似于QQ、MSN的工具,它可以使买方和卖方在线直接交流,甚至可能通过聊天成为朋友,从而提高了买卖双方对于淘宝网这个C2C平台的忠诚度,大大提高了商品的成交量。

综上所述,淘宝网C2C电子商务模式的三大亮点——免费、支付宝、阿里旺旺,很好地协调了买家和卖家的关系,同时安全的支付平台和即时的沟通工具造就了淘宝网这个成熟的电子商务平台,使得淘宝网的C2C模式走向成功。

截至2007年6月30日,淘宝网会员数高达3990万,和2006年同期相比,增幅达80%,覆盖了中国绝大部分网购人群。淘宝网每天在线商品数接近7500万件,和2007年一季度相比,增长了1000多万件,和2006年同期相比,增长了100%。根据统计,2007年上半年,每天登录淘宝网购物的不重复访问者超过600万,而根据新生代市场监测机构2006年的调查,像家乐福、联华这种大卖场,一个门店一天的平均客流量为1.1万人左右,也就是说淘宝网一天的人流量相当于近600个大卖场。

在同行业中,淘宝网的市场份额为80%以上,占据龙头位置。

对于阿里巴巴网上淘宝的模式,淘宝网通过规范自律、自我完善、以人为本、放水养鱼做大市场。与eBay等其他网站相比,淘宝网在注册时身份认证更为严密,采用实名认证,符合我国国情,淘宝网的作用相当于电子商城平台和"放心秤",在支付宝交易中为买卖双方提供企业信用,并根据交易结果由双方自主进行评价,确定星级,建立个人信用指数。因而淘宝网现在的人气最旺,服务较好,建站方便,全程免费,入驻者日益增多,前景看好。

(资料来源:https//wenku.baidu.com/view)

案例讨论题: 1. 请结合案例和本章所学习知识分析淘宝网取得今天的成绩最主要的原因是什么。

2. 作为传统零售业管理者,面对淘宝网这样的电子商务给外部环境带来的冲击,该做出何种管理决策?

第五章

管理决策

通过学习本章的内容,学生能够:

1. 理解决策的含义、特点与作用,掌握决策的分类;

2. 理解决策的前提,掌握决策的过程和影响因素;

3. 熟悉各种定性决策方法;

4. 掌握盈亏平衡点法、决策树法等定量决策方法。

引 例

艾森豪威尔的英明决策

1944 年 6 月 4 日,盟军集中 45 个师,1 万多架飞机,各型舰船几千艘,即将开始规模宏大的诺曼底登陆作战。就在这关键时刻,在大西洋上的气象船和气象飞机却发来令人困扰的消息:今后三天,英吉利海峡将在低压槽控制之下,舰船出航十分危险。盟军最高统帅艾森豪威尔面对登陆条件恶劣的英吉利海峡一筹莫展。盟军司令部的司令官们都知道,登陆战役发起的"D"日,对气象、天文、潮汐这三种自然因素条件也有要求。就在大家几乎束手无策时,盟军联合气象组的负责人、气象学家斯塔戈提出一份预报,有一股冷风正向英吉利海峡移动,在冷风过后和低压槽到来之前,可能会出现一段转好的天气。当时,联合气象组对 6 日的天气又做了一次较为详细的预报:上午晴,夜间转阴。这种天气虽不理想,但能满足登岸的起码条件。艾森豪威尔沉思片刻,果断做出最后决定:"好,我们行动吧!"后来虽因天气不好,使盟军空降兵损失了 60% 的装备,汹涌的海浪使一些登陆战船沉没,轰炸投弹效果差,但诺曼底登陆作战一举成功,却是不可否认的事实。

诺曼底登陆,是第二次世界大战中至关重要的一次战役,它加速了法西斯的灭亡,缩短了"二战"的时间。以后的事实证明,这个决策是多么的英明。在这个时候,希特勒还没回过神来,他坚定地认为,盟军绝不可能在诺曼底登陆。在这个时候,作为诺曼底德军最高指挥官之一的隆美尔深信盟军不可能在如此恶劣的天气里登陆,便请了四天假,回去为他的太太过生日去了。最为致命的是,仅仅在登陆成功一周后,德军威力无比的撒手铜巡航导弹首次投入使用。

回过头来看这段历史,连艾森豪威尔也不由惊出一身冷汗:"上帝只给了我12 个小时,幸运的是,我抓住了它。"

第一节 决策及其类型

一、决策的含义与特点

科学决策理论认为,决策是为了达到某一特定目的而从若干个可行方案中选择一个满意方案的分析判断过程。对决策的含义加以深入的分析,可以理解决策的几方面特点。

1. 决策要求有明确而具体的决策目标

决策就是选择方案,如果决策的目标是模糊的,甚至是模棱两可的,那就无法以目标为标准评价方案,更无从选择方案了。

2. 决策要求以了解和掌握信息为基础

一个合理的决策是以充分了解和掌握各种信息为前提的,即通过组织外部环境和组织内部条件的调查分析,根据实际需要与可能选择切实可行的方案。千万不要在问题不明、条件不清、要求模糊的状态下,匆匆忙忙做出选择。要坚决反对"情况不明决心大,心中无数办法多"的错误做法。

3. 决策要求有两个以上的备选方案,以便比较选择

决策必须有可供选择的方案,否则决策可能就是错误的。人们总结出这样两条规则:一是在没有不同意见前,不要做出决策;二是如果只有一种行事方法,那么这种方法很可能就是错误的。

4. 决策要求对控制的方案进行综合分析和评估

每个实现目标的可行方案都会对目标的实现发挥某种积极作用和影响,也会产生消极作用和影响,因此必须对每个可行方案进行综合分析和评价,即进行可行性研究。可行性研究是决策的重要环节。决策方案不但必须在技术上可行,而且应当考虑社会、政治、道德等各方面的因素,还要使决策结果的副作用(例如环境污染)缩小到允许的范围内。应通过可行性分析确定每个方案的经济效果和所能带来的潜在问题,以便比较各个

可行方案的优劣。

5. 决策追求的是最可能的优化效应

任何事情都不可能做到完美无缺。对于决策者来说,同样不能以最理想方案作为目标,而只能以足够好地达到组织目标的方案作为准则。即在若干备选方案中选择一个合理的方案。合理方案只能在决策时提出来的若干可行方案中进行比较和优选。决策的可行方案是在人们现有的认知能力条件下被提出来的。由于组织水平以及对决策人员能力训练方式的不同,可行方案的多寡和质量都是不同的。而且,由于人们对客观事物的认识是一个不断深化的过程,明天的认识比今天的认识往往深刻得多。所以对于任何目标,都很难提出完全可行的方案,决策者只能得到一个适宜或满意的方案,而不可能得到最优方案。

【思考】　决策与计划相同吗?

二、决策的类型

决策根据它所要解决的问题的性质和内容,可分成不同的类型。管理者在进行决策之前,首先要了解所要解决的问题的特征,以便按照不同的决策类型,采取不同的决策方法。一般而言,决策可以分为以下几种类型。

1. 按照决策的性质不同,分为战略决策和战术决策

战略决策是与企业经营战略目标有关的总体决策。战略决策一般是对企业全局性、长期性经营目标和战略计划等方面的问题进行决策,也可以是对企业个别问题远期规划做出的决策。战术决策一般指为实现战略目标所做的分阶段决策,或是为实现战略决策或解决决策过程中所面临的其他问题所做的决策。战略决策决定了企业的效益,战术决策决定了企业的效率。

2. 按照决策的内容不同,分为经营决策、生产经营过程决策和管理决策

经营决策是对企业经营发展所面临的重大问题以及具体问题进行决策。包括对企业的经营方针、经营目标、经营方式、经营战略和策略等问题的决策。企业生产经营过程决策包括产品开发与整顿决策、生产制造决策、市场营销决策、技术更新与企业改造决策、财务决策等。管理决策是对所面临的组织与管理方面的问题的决策。它包括资源配置与组织管理决策、人事安排决策、劳动组织决策、有关管理职能的决策等。

3. 按照决策事件自然状态的可控程度不同,分为确定型决策、风险型决策和非确定型决策

确定型决策指可供选择的方案只有一种自然状态时的决策。此时各备择方案所需的条件已知,并能预先准确了解各方案的必然后果,如常用的盈亏平衡分析方法。风险型决策指可供选择的方案中存在着两种或两种以上的自然状态,哪种状态可能发生是不确定的,但可估计其发生的客观概率。如买彩票的决策就属于风险型决策。非确定型决

策指各备择方案中存在着两种或两种以上的可能出现的后果,这些后果出现的概率是不知道的。有的时候可以凭主观推测得出概率。如企业开发新产品的决策。这类问题无规律可循,一般依靠决策者的经验和直觉进行决策。对同样的问题决策者可以给出不同的答案。

一般来说,越是组织的高层主管,其所做出的决策越倾向于战略型的、非常规的、科学的、非确定型的,而越是组织的下层主管,其所做出的决策越倾向于战术型的、常规的、经验的、确定型的。

4. 按照决策问题的重复程度不同,分为程序化决策和非程序化决策

这是赫伯特·西蒙提出的分类法。程序化决策又称为常规决策,是指经常发生、能按照规定程序和标准进行的决策,多指对例行公事所做的决策。非程序化决策又称非常规决策,它所要解决的事是不易确定、错综复杂且目前没有遇到过的。一般来讲,非程序化决策由企业的高层领导来决定,而程序化决策由基层管理者处理,或者以组织规定的有关规章制度和政策处理。

一家年销售额达几十亿美元的美国公司,在全国设有 40 多家工厂,每家工厂中都设有一个主计员(总会计师),每位主计员有 3～6 名监督员向他汇报,并管理 25～50 名职员。至 1994 年,公司已成功地把主计员的几乎全部决策高度程序化了。大多数的主计员仅受过高中教育,然而,他们能遵从指导。公司制定了一份 4000 页的会计手册,并不断更新。它告诉每一位主计员他遇到的绝大多数问题应如何处理。在这家公司中,高代价的人才集中在总部,负责制定所有的非程序化会计决策。

5. 按照决策的主体不同,分为群体决策(组织决策)和个体决策

个体决策指决策者是单个人,群体决策指有两个或两个以上的决策者。群体决策和个体决策可以说各有优缺点。群体决策的优点是:能提供更完整的信息,产生更多的方案,增加对某项解决方案的接受性,提高合法性。群体决策的缺点是:消耗时间,少数人统治,多数人屈从压力,责任不清。究竟采用何种决策方法,要看采取群体决策的收益是否足以抵消效率的损失。

【思考】 在解决某一个专业技术问题时,应采用哪种决策方法? 为什么?

三、决策的意义与作用

决策是管理者从事管理工作的基础,在管理活动中具有重要的地位与作用。决策在管理中的重要性主要体现在以下几方面。

1. 决策是普遍性的管理工作

西蒙提出了"管理就是决策"的观点;斯蒂芬·P. 罗宾斯在其《管理学》一书中也说,"决策对管理者每一方面工作的重要性是怎么强调也不过分的"。如表 5-1 所示,决策渗透于管理的所有四个职能中,实际上,这解释了为什么管理者(当他们计划、组织、领导和

控制时)常被称为决策者,也说明了决策与管理同义是不正确的。

表 5-1　管理职能中的决策

计划	领导
组织的长远目标是什么?	我应当如何对待缺乏积极性的雇员?
什么战略能够最好地实现这些目标?	在特定的环境中,哪一种领导方式最有效?
组织的短期目标应该是什么?	一个具体的变化将如何影响工人的生产力?
每个目标的困难程度如何?	何时是激发冲突的最恰当时机?
组织	**控制**
直接向我报告的下属是多少人?	组织中的哪些活动需要控制?
组织中的集中程度应多大?	如何控制这些活动?
职务如何设计?	绩效偏差达到什么程度才算严重?
组织何时应实行改组?	组织应建立哪种类型的管理信息系统?

一个管理者在决策制定中所做的一切,几乎都不是拖得很长的、复杂的,或对外界观察者而言是显而易见的。许多管理者的决策制定活动具有例常性。管理者每天要制定许多例常性决策。不过,即使一个决策很容易做出,或管理者以前已经遇上过许多次,它仍然是一个决策。

2.决策影响组织的生存与发展

决策不仅仅是上层主管人员的事。上至国家最高领导人,下到基层班组长,均要做出决策,只是决策的重要程度和影响范围不同而已。在实际管理工作中,决策作为主管人员的首要工作已得到普遍验证。国外曾有人做过调查,他向组织的主管人员提出如下三个问题:"每天花时间最多在哪些方面?""每天最重要的事情是什么?""在履行职责时感到最困难的是什么?"绝大多数主管人员回答就是两个字——决策。可见决策确实是各级各类主管人员的首要工作。

决策是行为的选择,行为是决策的执行,正确的行为来源于正确的决策。因此,对于每个主管人员来说,并不是是否需要做出决策的问题,而是如何使决策做得更好、更合理、更有效的问题。不同层次的决策,可以有不同的影响,小则影响管理工作的效率和事业的成败,大则关系到部门、地区乃至国家的兴衰。因此,改进管理决策、提高决策水平,应当成为各级主管人员经常注意的重要问题之一。

【思考】　如何理解西蒙的"管理就是决策"的观点?

3.决策能力是衡量管理者水平高低的重要标志

要求决策正确,光有主观愿望是不够的。决策是一项创造性的思维活动,体现了高度的科学性和艺术性。有效的决策取决于三个方面:一是具有有关决策原理、概念和方法的坚实知识;二是具有收集、分析、评价信息和选择方案的娴熟技能;三是具备经受风险和承担决策中某些不确定因素的心理素质。由于管理者所面临的问题常常涉及众多的因素,错综复杂,因此需要管理者具有多方面的才能方可做出正确的决策,加上决策在管理中的重要作用,决策能力便成为衡量管理者水平高低的重要标志。

第二节 决策过程

一、决策的前提

决策的成功与否对于组织发展具有异常重要的作用。著名管理学家西蒙强调：成功的决策依赖于对有效信息和决策前提、目标及态度的准确把握。决策的过程实际上是一个克服信息不对称现象的过程。如果决策者在决策信息严重偏离时做出决策，那么这种决策往往是不必要的决策，必将导致失败。只有信息在决策者和被决策所面临的问题间处于一种相对平衡的状态时，才是做出必要决策的最佳时机。由此可见信息对决策的重要意义，获取必要的信息是决策的前提条件。

（一）决策中的信息恐慌

在基于信息决策的实践中，越来越多的决策者认为他们所处的信息环境带给他们的是恐慌、焦虑。波特将其称为"决策中的信息恐慌"。它主要体现在以下四个方面。

1. 信息泛滥的困惑

快速膨胀的信息空间在不断淡化决策信息的含量，网络信息的非结构化、无组织性，网络信息搜索机制的不力，总是让决策者在寻找相关决策信息（比如企业外部信息）时无所适从，再加上伪劣信息的误导作用，许多决策者对依靠信息决策失去了信心。

2. 信息不畅的苦恼

信息有显性和隐性之分，显性信息是指存在于各种媒体之中的有形信息，而隐性信息则是指存在于人们大脑中的知识和经验。决策中，组织或团体中员工的想法和知识都属于隐性信息的范畴，对决策的成功起着非常重要的作用。但在实践中将隐性信息显性化是非常困难的，这往往成为获取决策信息的瓶颈，导致信息流通的不畅。

3. 难觅有效的信息分析手段

有时决策者通过各种努力能够获取所需的信息。但是，这些原始信息往往是无序、无组织的，透过这些信息根本看不出什么规律，因而难以为其决策提供可靠的依据。同时，就目前的信息环境来说，人们一般将更多的注意力集中到信息获取的手段上，而忽略了有效的信息分析手段。

4. 信息成本和效益难统一

成本和效益是一柄双刃剑，对于决策中的信息也是如此。为解决决策中的信息不对称问题，需要寻求更多的支持信息，但这在无形中却增加了成本（包括机会成本和时间成本）。我们在防备仓促决策的同时，也不能忽略决策的时效，不能过于保守，为追求信息的充分性而延误决策。

（二）获得有效决策信息的途径

要保证决策的正确必须克服"决策中的信息恐慌"，获取必要的信息。获得有效的决策信息需要经过以下途径。

1.有效的信息获取手段

"工欲善其事,必先利其器。"面对浩瀚的信息海洋,需要有效的信息获取手段。SWOT 分析所涉及的信息包括企业的财务信息、人事信息、技术信息、产品信息、市场信息、竞争对手信息和客户信息等。为获取这些信息,公司要有收集、整理、存储信息的意识。当然,对于其中有些实在难以获取的信息,可以求助于专业信息机构,甚至展开实地调查。

2.有效的信息内容

信息重在其效度和信度。过时信息或虚假信息不仅对决策无任何帮助,甚至会误导决策者。

3.有效的信息分析

透过数据看规律,透过信息看趋势就是信息分析的作用。有效的信息分析注重从全局出发,综合利用定性和定量的分析方法。既有分析,又有综合;既有对比,又有类比。分析的结果可以使决策者全面认识组织或团体的强势、弱势、机遇和威胁,从而找出问题症结之所在。

4.有效的信息沟通

决策是一个从下至上,再从上到下的倒"V"字形过程,缺乏交流的决策是武断的决策,也是不必要的决策。著名信息学家约翰·普莱斯科特认为,有效的信息沟通比分析更重要,而有效的信息沟通正是许多决策团体所欠缺的。通过信息沟通,决策者能够听取员工的意见或建议,从而避免做出冲突性的错误决策。此外,有效的信息沟通能启发决策者的思维,使决策更富有创造性。

二、决策的过程

决策过程是指从问题提出到定案所经历的过程。科学的决策程序是保证决策正确的重要因素。斯蒂芬·P.罗宾斯提出如下的决策过程,如图 5-1 所示。

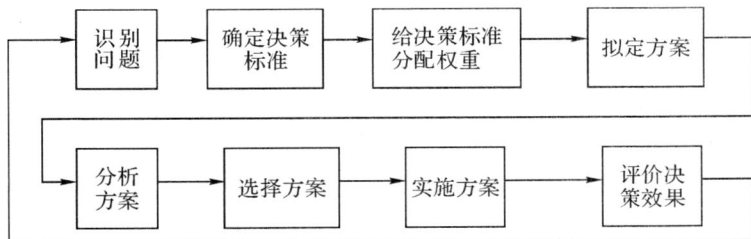

图 5-1 斯蒂芬·P.罗宾斯的决策过程

我们可以将决策的过程归纳为五个步骤。

1.识别问题

问题可以理解为在现有条件下,应该可以达到的理想状况和现实状态之间的差距。

没有问题就无所谓决策,决策时首先必须明确提出所要解决的问题。在很多情况下,决策不力往往是因为没有真正清楚地认识问题,或者把决策的焦点聚集到错误的或者并非重要的问题上去。所以说,正确地定义问题通常是决策成功的前提。否则可能导向错误的决策方向,不仅无法解决问题,还可能产生新的问题。

"定义问题是为了设定范围、厘清细节""最好的方式就是将目前的问题切割成数个更小的问题,这样才能看清楚问题的原貌"。定义问题主要分成四个方面:问题是何时发生的?问题是如何发生的?问题为何会发生?已经造成哪些影响?问题的厘清需要花费时间,在决策的过程中,有可能因为新资料的发现而有了不一样的看法,因此问题的定义是一个持续的过程,经过不断调整、重新解释,一次比一次更为完整,更为清楚。在此过程中还要进一步搞清楚究竟发生了什么事情,哪些因素与此问题相关。为了正确而全面地定义问题,唯一的办法就是:对照观察到的所有情况,不断对已有的定义进行检验,一旦发现该定义未能涵盖全部情况,就立即摒弃。

据说美国华盛顿广场有名的杰弗逊纪念大厦,因年深日久,墙面出现裂纹。为保护好这幢大厦,有关专家专门进行了研讨。最初大家认为损害建筑物表面的元凶是酸雨的侵蚀。专家们通过进一步研究却发现,墙体侵蚀最直接的原因,是每天冲洗墙壁所含的清洁剂对墙体有侵蚀作用。而每天之所以要冲洗墙壁,是因为墙壁上每天都有大量的鸟粪。为什么会有那么多鸟粪呢?因为大厦周围聚集了很多燕子。为什么会有那么多燕子呢?因为墙上有很多燕子爱吃的蜘蛛。为什么会有那么多蜘蛛呢?因为大厦四周有蜘蛛喜欢吃的飞虫。为什么有这么多飞虫?因为飞虫在这里繁殖特别快。而飞虫在这里繁殖特别快的原因,是这里的尘埃最适宜飞虫繁殖。为什么这里最适宜飞虫繁殖?因为开着的窗光线充足,大量飞虫聚集在此,超常繁殖。由此发现解决的办法很简单,只须拉上整幢大厦的窗帘。此前专家们设计一套套复杂而又详尽的维护方案也就成了纸上谈兵。

因此,确定问题时要注意:①首先确定是否存在需要解决的问题;②确定问题出在何处;③明确真正的问题及其可能的原因。

2.确定决策标准

管理者一旦确定了需要注意的问题,则对于解决问题中起重要作用的决策标准也必须加以确定。这就是说,管理者必须确定什么因素与决策相关。

例如,在购房时,购房者必须确定什么因素与其决策相关。这些标准可能是地段、面积、户型、建筑年代、价格等,这些标准反映出购房者的想法。这些标准与决策方案选择都是相关的。无论明确表述与否,每一位决策者都有指引自己决策的标准。在决策制定过程的这一步,不确认什么和确认什么是同等重要的。假如购房者认为是否已装修不是一个标准的话,那么它将不会影响他对于房子的最终选择。

【思考】 购置一辆小汽车的决策标准应包括哪些?

3.方案的拟订

决策也可以说是对解决问题的种种行动方案进行选择的过程。但如果不能将各种可行方案找到,选择的余地就很少了,也难以保证决策的质量。

备选方案不可能是一个,但也不能太多。因此,备选方案是带有概括性、典型性和代表性的几个可能的方案。概括性是指所拟订的备选方案包括了所有可能的方案,典型性和代表性是指各方案之间互相排斥。在拟订备选方案的过程中,一个很重要的方面就是尽量找出限制性因素,遵循限定因素原理,对一些抉择方案进行排除。

【思考】　在拟订决策方案时,应采用何种决策方法?

4.方案的评价与选择

每个实现目标的可行方案,都会对目标的实现发挥某种积极作用和影响,也会产生消极作用和影响。必须对每个可行方案进行可行性研究。可行性研究是决策的重要环节。决策方案不但必须在技术上可行,而且应当考虑社会、政治、道德等各方面的因素,还要使决策结果的副作用缩小到可以接受的范围内。

方案的评价首先需要建立一套有助于指导和检验判断正确性的决策准则。决策标准应充分考虑各种可能的限制因素和条件。特别应重视各种方案可能带来的后果。在对方案进行评价时,尽可能将各个方案量化打分,以科学的方法对方案进行评价。

在对方案进行评价以后,即需要对决策方案进行选择。方案选择时应当注意:①任何方案均有风险;②不要一味追求最佳方案,只要相对满意就可以作为决策方案;③在最终选择时,允许不做任何选择,不选择也是一种方案。

应当注意的是:按照西蒙的观点,决策只能做到有限理性,不可能达到最优。因此,决策时不能以最理想方案作为目标,而只能以足够好地达到组织目标的方案作为准则,即在若干备选方案中选择一个合理的方案。合理方案只能在决策时能够提出来的若干可行方案中,进行比较和优选。而决策的可行方案,是人们在现有的认知能力下提出来的。由于组织水平以及对决策人员能力训练方式的不同,加上人们对客观事物的认识是一个不断深化的过程,所以,对于任何目标,都很难提出全部的可行方案。决策者只能得到一个适宜或相对满意的方案。

▷【案例讨论】

选择的两难

西汉有个周亚夫,治军作战是个高手,汉文帝视察细柳营时看到了这一点,称其为"真将军",在其临终前交代他的儿子景帝,将来万一打仗,这是用得上的人物。"即有缓急,周亚夫真可任将兵。"很快,吴楚七国之乱爆发,周亚夫统兵上阵,与吴楚乱军对峙,充分发挥了他的军事才能。

这时,周亚夫面临着一个两难的选择。吴楚乱军剽悍凶猛,利在速决。周亚夫屯兵中原,以逸待劳。乱军打不过周亚夫,就去猛攻"居膏腴之地"的梁孝王。梁孝王吃紧,十万火急向周亚夫求救。景帝也下达诏令让周亚夫救梁。周亚夫的日子就不好过了。如果救梁,等于放弃了起初制定的基本战略,这正是吴楚乱军所希望的。而如果不救梁,梁孝王是汉景帝的亲兄弟,万一有个闪失就得吃不了兜着走。对此,周亚夫的选择是抗诏不救梁,坚持原来的坚壁清野、固守不出战略。最后,这一战略果然取得了成功。吴楚乱军的粮道一断,军需匮乏,兵败如山倒。梁孝王死守睢阳,虽然万分危急,但总算挺了三个月,迎来了胜利。

由此看来,周亚夫的选择是没有问题的,但是且慢,他的这一选择保住了汉室江山,却得罪了梁孝王。

【思考】 评价与选择决策方案时,应如何兼顾解决组织和社会的双重目标?

5. 方案的执行与反馈

在执行决策的过程中首先应当制订一个实施的方案,包括宣布决策、解释决策、分配实施决策所涉及的资源和任务等。决策固然重要,但决策的最后目的是切实可行的执行与落实。

在执行决策的过程中必须进行有效的控制和监督,对决策执行过程中的结果必须进行及时的反馈,这样才能发现问题,及时地纠正偏差。这一步骤对决策最终的结果影响很大,也是西蒙所强调的。

【思考】 如何促使决策方案得到有效执行?

三、决策的影响因素

决策过程会受到众多因素的影响,主要包括以下几方面。

1. 决策目标

决策目标是指在一定的环境和条件下,根据预测所希望得到的结果。决策要求有明确而具体的决策目标。若决策的目标是模糊的,甚至是模棱两可的,则无法以目标为标准评价方案,更无从选择方案。问题提出后必须明确问题能否解决,解决的程度、结果要达到什么要求,这是以后判定和选择方案的依据和标准。

决策不可能同时达成所有的目标,很多情况下鱼与熊掌不可兼得,管理者必须设定优先顺序,有所取舍。也就是说,要明确列出决策所要实现的目标,并对目标进行优先排序和取舍。这一步最容易犯的错误是设定了几个本身就相互矛盾的目标,如果是这样,那么这种决策比赌博还不理性。另外,即使决策一开始是正确的,但是如果后续过程中前提条件发生了改变,而决策没有随之调整的话,就必然导致失败。因此,决策者必须一直牢记决策所要实现的限定条件。一旦现实情况发生大的变化,就应该马上寻找新的办法。

2.环境

环境包括内部环境和外部环境,两者都会对组织绩效产生影响,是组织决策时必须考虑的因素。其中,外部环境对组织决策的影响表现在:①环境的特点影响着组织决策的频率和内容以及组织的活动选择;②环境中的其他行动者及其决策也会对组织决策产生影响;③对环境的习惯反应模式影响着组织的活动选择。

3.过去的决策

过去的决策经验对现在的决策会产生影响。过去的决策对目前决策的制约程度主要受它们与现任决策者的关系的影响。

4.组织文化

从决策方面来说,组织文化会对决策的制定和执行产生重大影响:①组织文化制约着包括决策制定者在内的所有组织成员的思想和行为;②组织文化通过影响人们对改变的态度而对决策起影响和限制作用;③组织文化是构成组织内部环境的主要因素。

5.决策者对风险的态度

任何决策都带有一定程度的风险性。愿意承担风险的决策者,通常会未雨绸缪,在被迫对环境做出反应以前就采取进攻性的行动,并会经常进行新的探索。不愿意承担风险的决策者,通常只会对环境做出被动的反应,事后应变,他们对变革、变动表现出谨小慎微的态度。其活动往往受到过去决策的严重制约。

6.决策的时间紧迫性

美国学者威廉·金和大卫·克里兰把决策划分为时间敏感型和知识敏感型。时间敏感型决策是指那些必须迅速而尽量准确做出的决策(战争中经常出现);知识敏感型讲究决策的效果,它取决于决策质量。

第三节　决策的方法

决策的方法总的来说可以分为两大类:定性决策方法和定量决策方法。但很多情况下需要将这两种方法结合运用。特别对于一些重要的决策更是如此。

一、定性决策方法

定性决策方法指决策者根据已知的情况和资料,直接利用个人的知识、经验和组织规章制度进行决策。这一类决策包括程序性决策方法、经验型决策方法、创造性决策方法等。

定性决策方法灵活,通用性大,容易被一般管理者所接受,而且特别适合于非常规决策,同时还有利于调动专家的积极性,提高他们的工作能力。其局限性表现为:建立在专家个人主观意志的基础上,缺乏严格论证,易具有主观性,而且还容易受决策组织者个人倾向的影响。常用的定性决策方法主要有以下几种。

1. 程序性决策方法

程序性决策方法主要用来处理例行的决策问题。例行性问题主要是组织中反复出现的问题,如公文传递、设备使用等。程序性决策一般需要依据组织中已制定好的政策、规章制度、业务常规等进行。

(1)政策。政策是处理各种组织活动的普遍适用的原则。如企业退货原则、引进高层次人才政策等。

(2)规章制度。组织的规章制度规定了在某种情况下必须遵守的一系列行为准则。如上下班制度、接待顾客制度等。

(3)业务常规。这也可以说是业务程序,规定了执行某项任务时如何一步步去做。

程序性决策可以帮助管理者更快地处理日常事务,节省时间和精力处理其他问题。其缺点是可能会减少发现处理问题更好的方法的机会,而且政策、规章制度、程序一旦建立,人们就必须照章执行,即使有更好的方法,因此显得有些僵化。

2. 经验型决策方法

经验型决策就是决策者凭自己的经验进行决策。凭个人的经验来进行决策有时会出现重大的失误。但在一些情况下,如信息资料不完整、问题复杂、涉及大量不可预知的因素等时,为了避免出现重大的失误,导致严重的后果,利用经验进行预测时可以采用渐近式决策方法。

渐近式决策方法是指在众多途径中先选择一条,慢慢向目标靠近。也就是我们常说的"摸着石头过河"。这种方法虽然缺少力度和直接性,但由于是根据每一步的结果做出下一步的行动,因此可以避免因犯严重的错误而导致的重大的损失。这种方法适合于重大的决策。

在日常生活中进行一些简单的决策时,我们常会借助于一系列的经验总结来指导决策。如足球运动员在形势危急时将球踢出场,领导者把员工当成熟人来看待等。

3. 创造性决策方法

创造性决策是指发现新的、富有想象力的解决问题的方案的方法。思维科学对此做了很多的研究,提出了很多能够激发人们想象力的方法。

(1)头脑风暴法:指一群人通过相互启发,形成多种方案的方法。一般由5~9人组成一个小组,要求每个人提出自己的方案,别的人可以在此基础上提出更好的方案,但不允许指责批评别人的方案。

(2)发散思维的方法:促使人们通过发散思维的方式从全新的角度来提出解决问题的方案的方法。这种方法主要鼓励人们摆脱传统的思维模式,从不同角度去看待问题。

二、定量决策方法

定量决策方法是建立在对数学工具进行运用的基础上的决策方法。它的核心是把决策的变量与常量以及变量与目标之间的关系,用数学模型表示出来,然后根据决策的条件,通过运算,求得决策答案。

定量决策方法的优点是:第一,提高了决策的准确性、最优性和可靠性;第二,可使领导者、决策者从常规的决策中解脱出来,把注意力集中在关键性、全局性的重大复杂的战略决策上,这又帮助了领导者提高重大战略决策的正确性和可靠性。其局限性表现为:第一,对于许多复杂的决策来说,仍未见可以运用的简便可行的数学手段,在许多决策问题中,有些变量是根本无法确定的;第二,数学手段本身深奥难懂,很多决策人员并不熟悉,掌握起来也不容易;第三,采用数学手段或计算机,成本高,一般只用在重大项目或具有全局意义的决策问题上,而不直接用于一般问题的决策。下面就不同的决策环境介绍几种常用的定量决策方法。

1.确定型决策的方法

确定型决策必须具备的条件:存在着决策人要达到的一个明确的决策目标,如最大利润、最少成本等;有可供选择的两种或两个以上的可行方案;肯定会出现不以决策人主观意志为转移的一种自然状态,其概率为1。在这些条件下,损益值可以计算出来。

确定型决策问题指只存在一种确定的自然状态,决策者可依据科学的方法做出决策的问题。确定型决策的方法有以下几类:

(1)线性规划、库存论、排队论、网络技术等数学模型法。这些都是运筹学课程中的重点内容。这里简单介绍一下线性规划的决策方法。

线性规划是在一些线性等式或不等式的约束条件下,求解线性目标函数的最大值或最小值的方法。线性规划方法主要用于解决两类问题:①资源一定的条件下,力求完成更多的任务,取得更好的经济效益;②任务一定的条件下,力求节省资源。

运用线性规划建立数学模型的步骤是:首先,确定影响目标大小的变量。其次,列出目标函数方程。再次,找出实现目标的约束条件。最后,找出使目标函数达到最优的可行解,该解即为该线性规划问题的最优解。

【例 5-1】 某企业生产两种产品——桌子和椅子,它们都要经过制造和装配两道工序,有关资料如表 5-2 所示。假设市场状况良好,企业生产出来的产品都能卖出去,试问生产何种组合的产品可使企业利润最大?

第一步,确定影响目标大小的变量。在本例中,目标是利润,影响利润的变量是桌子的数量 T 和椅子的数量 C。

第二步,列出目标函数方程。在本例中,目标函数方程为:$L = 8T + 6C$。

第三步,找出约束条件。在本例中,两种产品在一道工序上的总时间不能超过该道工序的可利用时间,即

制造工序:$2T + 4C \leqslant 48$

装配工序：$4T+2C\leqslant60$

除此之外，还有两个约束条件，即非负约束：

$$T\geqslant0$$

$$C\geqslant0$$

从而线性规划问题为：如何选取 T 和 C，使 L 在上述四个约束条件下达到最大。

第四步，求出最优解——最优产品组合。求出上述线性规划问题的解为 $T'=12$ 和 $C'=6$，即生产 12 张桌子和 6 把椅子时企业的利润最大。

$$L_{max}=12\times8+6\times6=132（元）$$

表 5-2　产品生产的可供时间、需要时间和单位产品利润

生产程序	生产每件产品所需时间/小时		每天可供时间/小时
	桌子	椅子	
制造	2	4	48
装配	4	2	60
单位产品利润/元	8	6	

（2）盈亏平衡分析法。盈亏平衡分析是研究生产、经营一种产品达到不盈不亏状态时的产量或收入的一种分析模型（见图 5-2）。

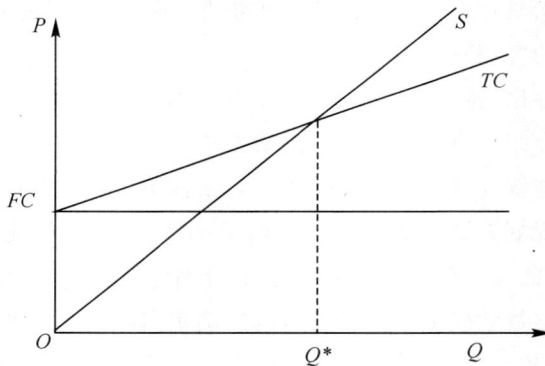

图 5-2　盈亏平衡分析基本模型

盈亏平衡点产量（销量）法是以盈亏平衡点产量或销量作为依据进行分析的方法。其基本公式为：

$$Q=\frac{C}{P-V}$$

式中：Q 为盈亏平衡点产量（销量）；

C 为总固定成本；

P 为产品价格；

V 为单位变动成本。

当要获得一定的目标利润时，其公式为：

$$Q = \frac{C+B}{P-V}$$

式中：B 为预期的目标利润额；

Q 为实现目标利润 B 时的产量或销量。

盈亏平衡点销售额法是以盈亏平衡点销售额作为依据进行分析的方法。其基本公式为：

$$R = \frac{C}{1-\dfrac{V}{P}}$$

式中：R 为盈亏平衡点销售额；

其余变量同前式。

当要获得一定目标利润时，公式为：

$$R = \frac{C+B}{1-\dfrac{V}{P}}$$

式中：R 为获得目标利润 B 时的销售额；

其余变量同前式。

【例 5-2】 某企业的年生产能力为 3000 台机器，已接受订货 2400 台，每台价格为 100 元，单台成本为 85 元。现在一个单位要求订货 600 台，只愿意每台定价 80 元。经计算，此时 3000 台产量的成本为每台 81 元，比 600 台订货的单台销售价还要高出 1 元。所以大多数人反对接受后来的订货，但厂长同意接受，为什么？接受后来的订货能增加获利多少？

可以按照盈亏平衡分析法的公式计算得出，接受订单可以增加利润 9000 元，所以该厂长同意接受订货。

2.风险型决策的方法

使用风险型决策方法的条件：存在着决策人要达到的一个明确的决策目标；有两个以上可供选择的可行方案；存在着不以决策人意志为转移的两种以上的自然状态，各种自然状态客观的概率可以预测出来，各种自然状态下的损益可以计算出来。

(1)决策损益表法。决策损益表法是指以决策收益表为基础，分别计算各个方案在不同自然状态下的损益值，然后按客观概率的大小，加权计算出各方案的期望收益值，进行比较，从中选择一个最佳的方案。

【例 5-3】 某项目有三个可行方案：扩建、新建、合同转包。据市场预测和分析，三种方案在实施过程中均可能遇到以下四种情况，有关情况的损益状况如表 5-3 所示。

表 5-3　三个可行方案在不同情况下的损益值　　　单位:万元

方案＼自然状态	销路好 0.5	销路一般 0.3	销路差 0.1	销路极差 0.1	期望 损益值
扩　建	50	25	−25	−45	25.5
新　建	70	30	−40	−80	32
转　包	30	15	−5	−10	18

由以上计算结果,可以看出应选择新建方案。

(2)决策树法:决策树法仍然以决策损益表为判断依据,通过计算和比较各个方案的损益值,借助于树枝图形,利用修剪树枝方法寻找出最优方案。它一般用于分析较为复杂的多级决策,用树状图来描述各种方案在不同状态下的收益,计算每种方案的期望收益,据此做出决策。其优点是:①决策树法有利于决策人员把决策问题形象化;②把各种方案、可能出现的状态、可能性大小及产生的后果等,简单地绘制在一张图上,便于计算、研究与分析;③可以随时补充和修正。

下面通过一道例题说明使用决策树法的决策过程。

【例 5-4】　某企业欲扩大产能,现有两个方案可供选择:一个方案是扩建生产线,另一个方案是新建一条生产线。两个方案的经营年限均为十年,方案的投资和收益情况如表 5-4 所示。

表 5-4　投资和收益情况　　　单位:万元

方案＼收益额	投资额	销路好 $P=0.7$	销路差 $P=0.3$
新建	300	100	20
扩建	200	80	50

决策树法步骤:

(1)画出决策树图(图 5-3)。

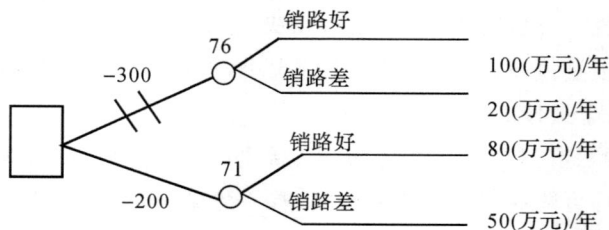

注:经营年限 10 年。

图 5-3　决策树图

(2)计算各方案的收益及净收益。

第一方案的期望收益＝100×0.7＋20×0.3＝76(万元)

第二方案的期望收益＝80×0.7＋50×0.3＝71(万元)

第一方案的净收益＝76×10－300＝460(万元)

第二方案的净收益＝71×10－200＝510(万元)

(3)比较净收益,选择方案。

因为第二方案的净收益高于第一方案的净收益,所以应选择第二方案。

(4)剪枝,即用双线划去第一方案。

3.不确定型决策的方法

不确定型决策是指对未来事件,不仅无法估计在各种特定情况下的肯定结果,而且无法确定各种结果发生的概率。这时,决策是在不确定情况下进行方案的选择,其效果主要取决于决策者的经验和主观判断。

不确定型决策选择哪种方案,在很大程度上取决于决策者的风险价值观。根据决策者对待风险的态度和看法,决策者可分成三种类型,相应的就有三种不同的选择标准:

(1)小中取大法。也称为悲观原则,这类决策者对于利益的反应比较迟钝,而对损失的反应比较敏感;不求大利,唯求无险;不求有功,但求无过。

这种方法是先计算出各方案的期望之后,找出各方案的最小损益值,再从中选择损益值最大的方案作为决策方案。

(2)大中取大法。也称为乐观原则,这类决策者对于损失的反应比较迟钝,而对利益的反应比较敏感,他们往往谋求大利,不怕风险,敢于进取,以求突破。

与悲观原则相反,他们从损益值中挑选收益最大的方案作为决策方案,也就是极大损益值。

【例5-5】 某企业有三种新产品待选,估计销路和损益情况如表5-5所示。试分别用乐观原则、悲观原则选择最优产品方案。

表 5-5 损益表 单位:万元

状　态	甲产品	乙产品	丙产品
销 路 好	40	90	30
销路一般	20	40	20
销 路 差	－10	－50	－4
最大利润	40	90	30
最小利润	－10	－50	－4

按照乐观原则,应选乙产品;按照悲观原则,应选丙产品。

(3)最大最小后悔值法。也称后悔值原则,这类决策者既不愿冒大的风险,也不愿循规蹈矩,在决策时往往依据最小后悔值原则。

最小后悔值原则,即以各个方案的机会损失的大小作为判别方案优劣的依据。

机会损失也就是后悔值,是用由于没有采取与实际状态相符的决策方案所造成的收益差额来衡量的。

【例 5-6】 A、B 两家企业为互相竞争的对手,A、B 博弈后,A 的收益情况如表 5-6 所示,请用最大最小后悔值法进行决策。

表 5-6 A、B 博弈矩阵

B企业的可能反应	B1	B2	B3	后悔值			最大后悔值
				24－B1	21－B2	28－B3	
A1	13	14	11	11	7	17	17
A2	9	15	18	15	6	10	15
A3	24	21	15	0	0	13	13
A4	19	14	28	5	7	0	7
相对收益最大值	24	21	28				
最大最小后悔值							7
选取的方案							第 4 方案

根据最大最小后悔值法,A 应选择 A4 方案,因为此方案给 A 带来的最大的后悔值只有 7,A 选择 A4 的后悔值不会超过 7,可将机会损失控制在最低限度内。

▷【本章小结】

决策是管理者最重要的任务之一,决策遍布于一切管理职能之中。决策就是做出判断,进行抉择,是行动之前选择一个合理行动方案的活动过程。

1.决策的类型:①按照决策的性质划分,分为战略决策和战术决策;②按照决策内容不同,可以分为经营决策、生产经营过程决策和管理决策;③按照决策事件自然状态的可控程度划分,可以分为确定型决策、风险型决策和非确定型决策;④按照决策问题的重复程度,可以分为程序化决策和非程序化决策;⑤按决策主体分类,可以分为群体决策(组织决策)和个体决策。

2.决策的特点:①决策要求有明确而具体的决策目标;②决策要求以了解和掌握信息为基础;③决策要求有两个以上的备选方案,以便比较选择,就是说必须要有可供选择的方案,否则决策可能就是错误的;④决策要求对控制的方案进行综合分析和评估;⑤决策追求的是最可能的优化效应。

3.决策在管理工作中具有重要的地位与作用:①决策是普遍性的管理工作;②决策影响组织的生存与发展。

4.决策的前提条件。决策的成功与否对于组织发展具有异常重要的影响作用。成功的决策依赖于对有效信息和决策前提、目标及态度的准确把握。

5.决策的过程可归纳为五个步骤:识别问题、确定决策标准、方案的拟订、方案的评价与选择,以及方案的执行与反馈。

6.决策的影响因素:决策目标、环境、过去的决策、组织文化、决策者对风险的态度、决策的时间紧迫性。

7.定性决策方法。决策者根据已知的情况和资料,直接利用个人的知识、经验和组织规章进行决策。这一类决策包括程序性决策方法、经验型决策方法、创造性决策方法等。

8.定量决策方法。定量决策方法是建立在对数学工具进行运用的基础上的决策方法。它的核心是把决策的变量与常量,以及变量与目标之间的关系,用数学模型表示出来,然后根据决策的条件,通过运算,求得决策答案。确定型决策的方法有以下几类:线性规划、库存论、排队论、网络技术、盈亏平衡分析法。风险型决策的方法有:决策损益表法、决策树法。不确定型决策的方法有:小中取大法、大中取大法、最大最小后悔值法。

【复习思考题】

1.什么是管理学上的决策? 决策有什么特点及意义?

2.决策有哪些类型?

3.简述决策的过程。

4.决策会受到哪些因素影响?

5.什么是头脑风暴法?

6.某工厂推销甲产品,预计单位产品售价为1200元,单位产品可变成本为700元,年需固定费用为1800万元。

(1)盈亏平衡时的产量是多少?

(2)当企业现有生产能力为5万台时,每年可获利多少?

(3)为扩大生产规模,需添置一些设备,每年需增加固定成本400万元,同时每台设备可节约成本100元,为扩大销路,计划降低售价10%。问:当生产能力为5万台时,此方案是否可行?

7.某企业为扩大某产品的生产,拟建设新厂,有新建大型厂、中型厂、小型厂3个方案。据市场预测,产品销路好的概率为0.3,销路一般的概率为0.5,销路差的概率为0.2,各个方案的投资及不同状态下的损益值如表5-7所示。3个方案的服务期均为10年,试用决策树法进行决策。

表 5-7 损益表 单位:万元

损益值　　　有关状态 方　案	销路好	销路一般	销路差	投资额
	0.3	0.5	0.2	
方案1:新建大型厂	100	60	-20	300
方案2:新建中型厂	70	40	10	200
方案3:新建小型厂	50	30	20	100

☞【案例讨论】

华为转型决策

华为手机业务的运营主体是华为终端有限公司,为什么不叫华为移动通信有限公司或者华为手机有限公司,而叫华为终端呢?要想真正了解华为手机,我们就要先从华为终端公司的发展历程说起。

华为在 2003 年以前一直专注做通信系统设备,主要与国内外各大运营商合作,在做系统设备销售时,客户希望华为不但可以销售系统设备,最好还能配套销售在网络上可以"跑"的终端产品,这就是华为成立终端有限公司的初衷(引用一下任总的话:"当年我们没想过做终端,我们是被逼迫上马的,因为我们的 3G 系统卖不出去,没有配套手机,要去买终端,买不到,才被逼上马的。")当时终端公司在华为的定位就是为网络设备销售做配套支撑,2003 年成立后主要产品线为固网的产品:固定台、视讯终端和手机(小灵通、CDMA 手机、3G 手机)等。

纵观华为手机的发展历程,可以大致分为如下三个阶段:

2003—2008 年:系统配套期;

2009—2011 年:运营商定制期;

2012 年至今:战略转型期。

一、2003—2008 年:系统配套期

在文章开头,先多费些笔墨重点说一下华为终端公司成立时的另一个非常重要的背景:

2002 年,华为由于在小灵通、CDMA 领域的判断接连出现失误,加上死守3G,而国内 3G 牌照由于 3G 标准完善工作的推迟(当时国产的标准 TD 还没有成型)、终端技术的不成熟、移动数据业务市场不理想以及难以预测的前景等众多原因推迟发放,华为在当年的业务发展速度放缓。

与此同时,UT 斯达康和中兴等几家厂商瞄准机会瓜分了国内的小灵通市场,尤其是 UT 斯达康,其在小灵通市场相关设备占有率超过 60%,终端产品占有率超过 70%,2003 年是 UT 斯达康收入增长最快的一年,收入总额达 19.65亿美元,增长率为 100%,而花 1 亿美元收购 3Com 子公司 CommWorks 后的UT 斯达康市场攻关能力极强,成为华为国内系统侧的最大的竞争对手。

在这种背景下,华为经过综合考虑最终决定还是不做市场已经相对饱和但技术比较落后的 1900MHz 的 PAS 系统,继续把重心放在 3G 上,但会在小灵通终端上加大投入,分享市场。在当时的情况下,华为的决策是正确的,没过多久海外迎来了 3G 的高速发展。也就是在这几年里,华为开始以小灵通手机涉足国内手机业务,同时也锻炼了国内队伍,培养了很多优秀的人才,在有限的投入下,极致运用"烧粮仓"策略成功地打掉了上述两家公司的大部分利润,极大地限制了这两家公司在系统设备上的追赶。

华为当时押的是 CDMA 450MHz 制式小灵通,450MHz 应用的是 CDMA 移动网络技术,与应用 PHS 技术使用 1900MHz 制式的小灵通并不相同。同时 CDMA 制式小灵通使用的 450MHz 频段是 3G 频段,因此这种设备的推广得到了电信、网通和铁通的青睐,因为一旦这些运营商采用 450MHz 频段,实际上等于建设了一张移动通信网,只要拿到移动牌照,即可直接进行全国联网,并顺利地过渡到 3G。

从技术上讲,CDMA 450MHz 比其他 PAS 拥有更好的覆盖效果,并在俄罗斯以及东欧的其他几个国家开始商用。另外,国内一些偏远地区如西藏,也一度开始应用该项技术组网,以代替 PAS 技术。

但是在政策上就不是那么回事了。2003 年 3 月,450MHz 被信产部紧急叫停,原因是华为 CDMA 450MHz 的规模组网已经不属于"无线市话"的范畴,它很容易跨越本地交换机构成单独组网。因此,出于频段方面的考虑,信息产业部果断地制止了这一技术在小灵通领域的发展。

这个阶段,华为终端主要的商业模式就是依托运营商关系进行销售,产品线涵盖数据卡、固定台、固网终端和手机等,其中除了手机业务,其他几条产品线都已经做到在业内数一数二,尤其是数据卡产品线更成了华为终端的现金牛,市场份额一度达到 70%。而在手机产品线,虽然华为员工非常努力,但受限于公司战略、运营成本及商业模式,主要还是给运营商贴牌,再加上竞争激烈,华为手机虽然规模庞大但利润很低,品牌建设更是有限。

在这个时候要提一下与华为芯片有关的 2 个故事,这也是后来华为坚定自主开发海思手机芯片的重要影响事件。

一个是华为与思科:有一家芯片公司开发的芯片很好地满足了华为高端路由器的需求,从此华为高端路由器一路高歌猛进,追赶思科的步伐非常快。但是由于高端路由器的市场空间和华为的市场份额等原因,华为的采购量有限,这家公司一直处于亏损状态,这家芯片公司就想出售给华为。因为种种原因华为没有收购成,而思科以两倍的价格收购了这家公司,华为立马就悲剧了,在高端路由器市场就直接歇了,所以华为如果想在高端路由器上有作为,也只有寄希望于海思了,后来经过努力,海思还是开发出了相关的芯片,并帮助华为在 40G 平台上追平思科,并在 100G/400G 平台赶超思科,一直处于行业领先地位。

另一个是华为与高通:当年华为最早做出 USB 数据卡并在全球大卖,一度抢占了全球数据卡市场 70% 的市场份额,赚了很多很多钱,是绝对的现金牛。与手机芯片相比,数据卡芯片相对简单,只需要基带芯片。开始的时候,华为的数据卡全部基于高通的基带芯片,每年华为都会就芯片价格与高通进行议价。高通在 3G 领域一直是绝对的大哥,价格和牌照高通说了算,哪受得了这个。于是高通的人不爽了,转而扶持中兴。这也可以理解,高通这样做是避免被华为绑架。给中兴供货其实华为也能接受,但当时高通的策略变为优先支持中兴,给华为供货不及时甚至断供,以至于当时华为的数据卡出现全球缺货现象,绝大部分是因为高通芯片供货不及时。这给当时的华为终端公司好好上了一课:供应链上核心器件一定不能受制于人,采购一定要有"双供应商"战略。但是当时做3G基带的只有高通一家,想要"双供应商"其实也只能是海思自研,因此巴龙(基带)芯片在2007年年底立项,这也为后来华为麒麟芯片的崛起打下了基础。

这个阶段,华为品牌手机刚开始进入广大用户的视野,主要是在营业厅销售的合约机。华为是做系统侧设备起家的,对质量的追求是很苛刻的,对手机产品线来说,一个非常重要的考核标准就是FFR(故障反馈比例)。"质量好,售后好,买运营商套餐送的"这是第一批华为手机用户对华为手机的认识,"质量好,售后好"一直保持到现在,这也为华为手机积累了第一波用户,在低端机市场口碑不错。

另外一个事件也可以和大家说一下,2007年华为手机发货量达到2000万台,2008年成为CDMA定制手机全球第三大供应商,在这一年,华为终端业务还不是华为的核心业务,当时预感到金融危机即将到来,为了"过冬",华为有意出售华为终端公司股份给美国的基金公司,既有拓展北美业务的意思,也有为冬天准备干粮的意思,但最终因为种种原因没有成交,如果成交了就不会有今天的华为手机了。

二、2009—2011年:运营商定制期

2009年,中国3G牌照终于发放了!

华为已经是拥有丰富3G运营经验的通信巨头,而这一时期,华为手机业务虽然在海外与沃达丰等运营商在定制机方面合作得风生水起,但在国内手机市场依然主要在低端玩。2009年华为手机发货超过3000万台,除了在中国等少数几个市场采用华为品牌外,其他都是与运营商合作的定制模式,打运营商品牌,自主性非常差,利润也非常低,这期间在华为品牌上的投入更是少之又少。当时华为终端内部有一种说法,说任总曾经说过,大致意思如下:华为手机的成本就是因为没有像其他公司乱做营销节约下来的,因此华为终端公司从上到下根本不敢在品牌建设上加大投入。

2010年年底的一次高级座谈会是华为终端的一个重要转折点,任总在会上对华为终端进行了重新定位,会议明确了华为终端对于华为的重要性,制定了做自己品牌更要主动进攻的战略发展思路,同时也从思想上坚定了终端要成功的决心。

但一年过后整体改观不大,虽然更多的手机打上了华为的品牌,但80%的渠道仍然依赖运营商。在2011年下半年的会议上,任总在会上更加明确地提出要把最终消费者作为华为终端公司的客户,这一决定要求华为手机的研发模式和商业模式都要随之改变,再次指出华为终端转型升级的方向,同时公司决定在组织架构上将华为终端并入消费业务,终端公司由来自无线业务部门的余承东坐镇,决心实现从运营商代工模式向品牌运作模式的转变,华为终端公司也正式进入余承东时代。

这一年,中国手机市场进入智能机高速发展期,小米手机也在年内发布,除了性价比外在使用体验方面也较同期的其他智能手机厂商高出几个"level",再加上互联网模式的优点,小米手机一时横扫线上,曾经的"中华酷联"一时都晕了。华为终端的转型就在这样一个复杂多变的市场环境中痛苦地开始了。

在这个时期还有一件事需要重点说一下,在 2009 年,华为海思开发的 K3 芯片发布了,其有意拓展外部客户但失败了。笔者认为失败的主要原因大致有如下 3 个:

1. 趋势选择错误,K3 首推的是"K3＋WM"的方案,而没有站在"K3＋Android"的阵营。

2. 客户定位错误,迫于 MTK 的压力,大的设计公司不敢采用海思的芯片,目标客户只能定位为中小手机设计公司,而这些中小手机设计公司的研发能力有限,不能帮助 K3 进一步完善,相反,由于其中一些公司设计能力的问题,还可能会毁了 K3 的名声。这时如果有一家研发能力强的大客户用 K3 该多好。

3. 渠道拓展过快,一个错误的战术在好的执行力面前会很快成为灾难,对一个芯片产品来说,还没有经过量产检验就大规模发展渠道并铺货是有问题的,但好在海思拓展得快,收得也快。

从这一次失败中海思也进行了彻底的反思与调整,认定了华为终端是海思的最佳客户,并决定后续在外部渠道不贸然拓展。这一失败也促成华为终端与海思在战略上的深度整合。

三、2012 年至今:战略转型期

任总的决策是高瞻远瞩的,华为终端公司不转型是不会有前途的,只有通过转型才能实现新的发展。对于当时的华为终端来说,转型确实很痛苦,但不转型未来会更痛苦。早转早主动,先转赢先机,快转快受益。

从现在的结果看,华为终端的转型肯定是成功的,但我在这里不对华为的转型成功大加赞扬,而是要多说说转型过程中的一些事件,客观地告知大家企业转型的不易。

任总在 2010 年年底就重新定位了华为终端,要求华为终端转型,而在 2011 年前半段华为终端的表现根本不能达到任总预期,这才委任得力干将余承东前去坐镇,推动转型。余承东一入驻华为终端就进行了调整,全力推动华为终端华为手机从运营商代工定制模式向公开市场品牌运作转型升级。

转型首先要转变人的思维,不仅内部从上到下要转变,还要转变客户对华为的定位,这两者都难度巨大。

华为终端原有的运营商模式,虽然利润率低,但已经成熟运作多年,并已经相当成规模。此次转型对原有业务的冲击不可谓不大,可想而知从上到下、从内到外的反对、异议之多,阻力之大,在这种情况下,既要推动转型又要完成当年的 KPI,这种压力之大、推动之难,也只有余承东能够体会。

余承东刚到终端的一年多,应该是他最难的时期,也是华为终端转型阵痛最强烈的时候。余承东推动转型,直接打破原有持续多年的模式,相信彼时很多与华为终端有关的人,不论是内部的还是外部的都会有异议、怀疑甚至不满,再加上按照全新模式投入重兵开发运营的几款产品(P1/P2/D1/D2/Mate1/Mate2 等)虽然在设计上得到了认可但在业绩上因为各种原因没有一款成功,甚至在 2012 年因为对部分机型预测过于乐观但销量不达预期,公司被迫进行砍单,这些都增加了内部对转型方向的怀疑。

2012 年还有一个插曲:华为一度要和 360 合作推出 360 特供机,但是在关键时刻被任总叫停,任总认为该合作与华为终端的重新定位不符,从中长期看对华为手机品牌发展不利。

这一年的华为终端的 KPI 靠原有的业务模式所取得的成绩完成了,这让各种异议、怀疑之声更大了,很多华为员工对华为终端能否完成此次转型也很没底,时不时会听到"余承东要下课"的传言,重走原模式的呼声不断。

在大华为体系里,余承东做不到在华为终端"说一不二",在这段没有成绩的日子里,余承东既要争取任总等高层的支持,还要忍受华为终端公司内部的质疑,平衡错综复杂的相关方的利益,接受外界对其张扬性格的各种曲解。如果换作在其他公司,将近两年没有成绩的余承东下课是必然的,但他是幸运的,因为有一个器重他并坚定支持他的任总。2012 年年底,余承东并没有因前期产品的不成功而下课,反而任总还给余承东颁发了一个"从零起飞"奖,送了他一架起飞的飞机模型,鞭策他继续努力。任总的支持对于余承东来说至关重要,只要有任总的支持,华为内部其他反对的声音都会相应地削弱,从这里我们可以再次感受到华为教父任总在用人方面的坚决和大智慧。

2013 年是移动互联网蓬勃发展,中国手机行业爆发增长的一年。中国智能机在短短几年内实现了从"单核到多核"的硬件大飞跃,互联网模式的新贵小米在 2012 年实现了出货 719 万的惊人业绩,2013 年风头正盛,气势如虹。原来江湖的四位大哥"中华酷联"全部被互联网这波风吹晕了。

华为是一家狼性十足的公司,如果认准方向,在国内鲜有执行力出其右的公司。但如何制定这个方向呢?如何平衡线上和线下模式呢?这对所有当时的传统手机厂商来说是一个难题。

华为的策略就是分拆出荣耀品牌主打线上,定位中低端,对标小米;华为手机主打线下渠道,定位中高端,对标苹果和三星。

方向确定后,荣耀产品线就展开了对小米的像素级学习,再加上强大的执行力,华为充分利用了小米在产能、产品规划上的弱点,快速提升了荣耀在中国用户心目中的知名度。

华为、荣耀虽然是双品牌,但对用户而言根本无法清晰地分开,荣耀的线上运作加大了华为的曝光,提升了广大用户对华为品牌的认知。再加上华为在荣耀品牌的产品布局完全对标小米产品(小米成功后在产品规划和产品外观上的弱项一直没补上,当时荣耀手机对比小米手机在外观设计和质量上也更优),定价上还比小米的略低一点点,运作上贴身跟进,荣耀渐渐有了起色,知名度和销量持续提升。

2013 年,P6 凭借超薄纤美的设计和出色的性能大获成功,华为的品牌美誉度大幅度上升,并成功完成一个新品牌在中高端(2500 价位段)价位段的突破。

在这一年,还有一个事件对 2014 年华为品牌的崛起起到非常重要的作用,那就是打车软件的抢单玩法。

大家知道,打车软件在推广初期是靠补贴出租车司机和乘客来快速积累和培育用户的,对于出租车司机而言,如何能快速抢到单,对其收入影响甚大。当时一个出租车司机通过完成打车软件的订单任务一个月光补贴就有可能拿到 1万多,这对整个出租车司机行业是多么大的刺激。

华为手机的信号质量一直以来都非常好,再加上华为在通信领域的多年积累,所以当时用华为手机抢单的出租车司机抢单的成功率最高,比其他品牌的安卓机抢单成功率高很多,对比极其明显。这直接推动了一波出租车司机换华为手机的浪潮,出租车司机们快速将手机更换为华为手机(一个华为手机的价格也就是几天补贴的事,根本无压力)。

而使用打车抢单软件的出租车司机是一二线城市一个非常有影响力的群体,他们之间信息传递快,而且也愿意和乘客分享自己的生活,这样一来二去,华为手机的好评率大幅上升。后续随着打车软件补贴大战的继续进行,快车等业务的陆续开通,打车软件的司机群体也大幅扩大,华为手机的好评也随着司机和乘客的口口相传不断增加。

这是一个很少有人提及和关注的小事件,但这相当于给华为节约了巨大的推广成本,并带来了无数的关注及好评。一个信号质量好的基本特性"无心插柳柳成荫",极大地助力了华为手机崛起。

华为手机的爆发是在 2014 年,那一年华为手机采用的是海思最新的麒麟芯片,整机在性能上更加均衡,关键指标表现优越,华为 P7、Mate7 大放异彩,以荣耀 6 为代表的线上产品势如破竹。

最后说一下华为 Mate7 上市前后的背景信息及思考:

1. 核心器件对行业格局影响重大,要想突破必须掌控核心器件

华为 Mate7 当时采用的是自家的麒麟 925 芯片,旗舰产品发布节奏可以根

据核心器件的进展动态调整,在功能和性能上可以进行差异化布局,而业内其他厂商在高端机领域采用的都是高通芯片,产品发布节奏和差异化都比较受限。而高通当时的主力芯片是骁龙801,它与麒麟925相比在功耗等方面弱势明显,新平台因功耗问题迟迟发布不了,因此在一段时间内全球安卓阵营旗舰产品青黄不接,这也为华为Mate7在高端领域快速发展提供了宽松的竞争环境。

"国产手机史上"抓住一次核心器件的发展机遇迎来快速发展的例子有很多,但都是厂商对芯片公司的依靠,后来者马上就会跟上;而华为这次是自己的技术积累到一定程度后的大爆发,影响会更长久,红利会持续产生直至自己在芯片领域犯错。

2. 产品的整机性能要均衡,切勿有明显短板

Mate7与其他旗舰机相比,没有什么明显的短板,又增加了当时热点——指纹解锁,切合用户需求,同时在待机和信号上表现优异,这也是目标人群的强需求。

3. 定价也是门"艺术"

Mate7的定价是低配不到3000元,高配也才3000元多一点,当时肯定也是不自信,备货也不是很多,但是因为前述2个原因,Mate7一经上市就备受市场关注,形成一机难求的局面,高配的Mate7甚至卖到了4000元多。华为手机在Mate7上市的半年内受到空前的追捧,很多原三星和苹果的高端客户转购华为,华为成功进入高端市场。

华为Mate7成功后,华为凭借其雄厚的技术积累、高效的供应链运作体系、清晰的产品规划、成熟的全球销售网络和业内第一的执行力快速拓展全球市场,成为中国在全球市场发展最快的手机品牌。

结束语:通过梳理华为手机的崛起之路,我们可以更深刻地体会到传统企业转型之难,成功之不易,是对企业领头人决心和智慧的考验。其成功有一定的抓住机会的偶然性,但更多是实力积累到一定程度的必然。最后希望更多的中国企业能够转型成功。

(资料来源 http://www.52rd.com/news/app/Detail/? ID=91972)

第六章

计　划

<<<　<<<

学习目标

通过学习本章的内容，学生能够：

1. 掌握计划的含义和内容；
2. 理解计划的特点和作用；
3. 区分各种类型的计划；
4. 熟悉计划的制订过程；
5. 掌握常用的计划制订方法；
6. 明确计划的概念与作用；
7. 理解目标和目标管理，掌握目标管理的本质及过程。

引　例

该怎样度过我的大学？

小明是一个刚刚步入大学的大一新生。在经历了紧张繁忙的高中学习之后，他顺利考入了某大学的工商管理专业。小明进入大学之后发现自己的空闲时间多了很多，又觉得自己高中学习太紧张、太辛苦了，终于可以好好放松一下了。于是，他在上完课之后就把大量的时间投入到了休闲娱乐当中。渐渐地，他迷上了网络游戏，和同宿舍的同学一起玩游戏，有时候玩到很晚。就这样过了1年的时间，小明升入了大二，结果发现自己虽然课程勉强及格，但是身体越来越差，而且感觉越来越迷茫，不知道自己未来要做什么。眼看着班里的同学有的已经开始打算考研、考公务员、出国，而他还没有搞清楚自己的专业是干什么的。于是他开始抱怨父母给自己选专业的时候没有选一个自己感兴趣的专业,但是他又想自己也并不知道自己感兴趣什么,擅长什么。经历过很长时间的迷茫,眼看大二就要结束了,小明觉得不能这么漫无目的地混下去,他决心定好目标和计划。最近学校里关于创业创新的论坛和讲座很多,小明在被同学拉去听了一个创业讲座之后热血沸腾,想了一晚上决定要走创业之路,立志做一个在中国有影响力的企业家。经过一个星期的构思,小明想了一个让自己非常激动的创业计划,他准备去找相关老师请教一下,想要马上开始创业之路。但是指导老师说他的创业计划太空太大,很难实施。小明不服气,拉了几个同学写了创业计划书去参加创业大赛,结果在校内初赛就遭到了淘汰,小明这才感觉创业之路的艰辛,觉得此路似乎不通,于是他又陷入了迷茫之中,刚刚燃起的热情被浇灭,小明只好自怨自艾地想:算了,还是玩游戏吧,船到桥头自然直,到毕业的时候总会找到出路的……

转眼到了毕业的时间,好不容易混了个文凭的小明到人才市场找工作屡屡碰壁,他开始咒骂这个不公平的社会,这个无聊的专业。最让他感觉到痛苦的是,他年轻的身体竟然满是病痛,他患有严重的胃病和颈椎病,他觉得命运对自己实在太不公平了……

(本案例根据真实故事改编,小明为化名)

【思考】 你觉得小明大四毕业的时候陷入的窘境是谁造成的?是如何造成的?对于他的未来你有何建议?

第一节 目 标

计划的概念有广义和狭义之分。狭义的计划就是关于组织未来的蓝图,是对组织未来一段时间内的目标和实现目标的途径的策划与安排。而广义的计划则是指计划工作,包括调查研究、预测未来、设置目标、制订计划、贯彻落实、监督检查和修正等内容。其中制订计划首先要制定目标,这是计划的前提。没有目标就没有管理,同样也就没有计划。为了显示目标的重要性,我们把目标这一部分单列一节。

【思考】 组织和个人在制订计划的时候是否首先要考虑到目标?没有目标会怎样?

二、目标的概念

目标就是企业和个人在一定时期内想要达成的结果。它是一定时间内管理的方向,它使组织所有活动、可获得的资源都用于目标的实现。

三、目标的作用

案例：哈佛大学毕业生的人生轨迹

目标决定了一个人成就的大小，目标决定着一个人的生活状态。为了证明这一点，美国哈佛大学专门针对1970年毕业的一批天之骄子们做了一项长达25年之久的目标研究——"哈佛精英的人生轨迹"研究。

研究者发现：3％的人，有清晰且长期的目标；10％的人，有清晰但比较短期的目标；60％的人，目标模糊；27％的人，没有目标。

那么，25年后，即1995年，这些持有不同目标的毕业生的生活状况如何呢？

3％有清晰且长期目标的人：25年来，几乎不曾更改自己的人生目标，都朝着同一个方向不懈努力，25年后，他们都成了社会各界顶尖的成功人士，他们中不乏白手起家的创业者、行业领袖、社会精英。

10％有清晰但比较短期目标的人：大多生活在社会上层，短期目标不断被达成，生活状态稳步上升，成为各行各业不可或缺的专业人才，如医生、律师、工程师、高级主管等。

60％目标模糊的人：几乎都生活在社会的中下层，过着安稳的生活，有着稳定的工作，没有什么特别的成绩，平平淡淡地生活着。

剩下27％从来没有目标的人：几乎都生活在社会底层，生活过得很不如意，常常失业，靠社会救济，并且常常抱怨他人，抱怨社会，抱怨世界。

【思考】 为什么是否有目标会产生如此巨大的差别？

没有目标的组织和个人，配置资源是非常随意的，很容易被分散，这意味着消磨、浪费，因此会一事无成。目标的达成从本质上而言是资源聚集的结果，没有资源的投入何来的成果？

假设组织和个人没有目标，那么组织和个人的资源应该如何配置呢？哪些地方应该配置多点，哪些地方应该配置少点呢？就个人来说，每个人都拥有宝贵的、不可再生的时间资源，如果个人没有目标，你的时间将如何配置呢？显而易见，如果没有目标，资源将会被非常随意地运用。

相对于人类的需求欲望，资源是稀缺的、有限的。正因为这一点，人类才需要管理，才需要计划，才需要围绕着目标展开管理，围绕着目标制订计划。只有这样才能够真正有效地运用好资源。

所以，目标对于组织或者个人的作用之一是：明确努力的方向，明确资源配置的方向。

《西游记》里，如果没有去西天取经这一共同的目标，唐僧师徒是不会在一起走同一条路，做相同的努力的。他们在一起的目的就是前往西天取经，进而达成个人目标。

目标对于组织的作用之二是:激励和凝聚组织中的成员。

组织目标是组织一定时期的目的,组织成员的个人目标是组织成员希望通过个人在组织中的努力所要达到的目的,管理者如果能使组织目标和组织成员个人目标相结合,则组织成员无须管理者的监督就会努力地去完成组织要求的工作,组织目标就会成为激励组织成员的因素。由于组织成员的工作都是以实现组织目标为基础的,共同的目的使组织成员之间存在相互协调和配合的基础,存在相互沟通的条件,因此组织目标有凝聚组织成员的作用。

目标对于组织的作用之三是:促进合理决策。

管理者经常面临各种管理问题,在解决这些问题的过程中,管理者根据组织目标,来明确组织应完成的任务,明确应选择什么方案达到组织所希望的合理结果。

目标对于组织的作用之四是:衡量组织绩效。

组织绩效及组织成员绩效的高低是对组织成员的行为是否符合组织目标及目标实现程度的估价,因此组织目标的实现程度可以作为衡量实际绩效的标准。

四、目标制定的基本原则

组织通过履行一定的社会职责,来换取组织生存和发展所需要的各种资源,以实现组织目标。要确保制定的目标对组织有效,就应该遵循一定的制定目标的基本原则,并使制定的目标满足目标的基本特性。一般来讲,确定组织目标时,应遵循下述基本原则。

(一)以满足社会或市场需求为前提

组织要生存,就必须对社会做出贡献,满足一定的社会需求。在此前提下,才可能进一步考虑组织发展的需要和实现可持续发展的可能性。因此,要把分析和满足社会需求作为制定组织目标的基础,只有这样,组织才有可能得到社会的承认并取得不断的发展。

从这个意义上讲,组织的宗旨或使命可以作为最基本的目标。如大学的宗旨就是传授知识、培养人才,医院的宗旨是提供医疗保健服务,企业则是为社会提供产品或服务。

在明确目标的基础上,管理者还必须选择最好的途径和办法去实现总目标。被选用的最佳途径及办法就是完成组织的任务,例如上海宝钢集团公司就选择完成生产钢铁产品的任务。

(二)以提高组织绩效为出发点

由于任何组织的资源都是有限的,所以组织在选择目标方案时,要充分体现获取最大绩效的原则,即要选择能使有限的资源发挥最大效益的目标方案。这就要求组织在确定组织目标时,要全面、系统地分析影响组织效益的一切因素,在此基础上,设计多个目标方案,通过比较论证,择优确定。

(三)所制定的目标值应是经过努力有可能实现的

订立目标是为了实现目标,组织目标值的确定必须切实可行。在制定目标时,要全面分析组织在各种资源条件下通过主观努力能够达到的程度,既不能脱离实际,凭主观愿望把目标定得过高,而使组织成员的努力无法起作用,也不能将目标定得过低,失去目标应有的激励作用,并使社会对组织的需求无法得到满足。

(四)要适当考虑组织的社会责任

组织是社会的基本单位,要承担一定的社会责任和义务。因此,每个组织在考虑自身的组织目标时,都要考虑其应尽的社会责任。例如要合法经营、注意环境保护等。

五、目标制定的过程

制定目标是一项复杂的工作,依据上述基本原则和目标的特点,目标制定一般包括以下几个步骤。

(一)分析组织环境和组织愿景

目标的确定首先要进行内外部环境分析,即全面收集、调查、分析、掌握外部环境和内部条件的有关资料,在大量调研的基础上,对组织内外环境的现状、发展趋势及其对组织的影响程度做出客观的分析和判断,以此作为确立组织目标的依据。

1.外部环境分析

通过对影响组织目标制定和组织生存发展的外部环境因素,如有关国家政治、经济政策和法规、社会消费倾向的变化等在过去若干年中的发展情况和未来可能发生的变化的分析,明确组织在未来若干年中可以为社会做什么,可以利用哪些社会资源以及不可以做什么,即明确组织在未来生存发展可能面对的机会和威胁以及可利用的社会资源。

2.内部实力分析

在分析以往组织目标的执行和完成情况的基础上,对组织所拥有的物质、资金、人员、技术、管理水平等和未来可能发生的变化进行分析,明确按照拥有的资源情况,组织能够做什么,不能做什么,通过创新还能做什么,即确定自身的实力。

3.愿景分析

通过对组织成员,特别是领导层价值观和志向的分析,明确组织成员愿意做什么,不愿意做什么,以及希望做到何种程度,即从总体上明确组织成员的群体价值观。

(二)拟订总体目标方案

在对上述各方面进行系统分析的基础上,可明确总体方案可行域,即所提出的方案必须是在外部环境允许(可以做)、内部条件具备(能够做),而且符合组织成员价值观(愿意做且认为值得做)的范围之内,从而保证组织目标的切实可行性。外部环境不允许(不可以做),组织力量难以实现(不能做)或组织成员不愿意做(认为不值得或不喜欢做)的都不能列为可行目标方案。

在制订每一个可行的总体目标方案时,都要明确服务方向(做什么)和服务对象(为谁做),以及贡献率(做到何种程度)。例如,对于企业来说,就是要明确经营方向、目标市场、财务指标,对于行政或事业部门来讲就是要明确其功能、服务对象及职责。

(三)评估各总体目标的可行方案并优选方案

依据科学决策过程要素,对提出的各可行目标方案进行分析论证,从中选出一个满意的目标方案。评估主要从以下几方面进行:

1.限制因素分析

分析哪些因素会影响目标的实现程度,有多大影响。特别要对比分析组织与竞争者之间的实力,看组织是否有可能在竞争中取得一定的竞争优势。

2.综合效益分析

综合分析每一个目标方案所带来的种种效益,包括社会的和本组织的效益,看是否是组织能够取得最大效益的方案。

3.潜在问题分析

对实施每一个目标方案时可能遇到的问题、困难和障碍进行预测分析,看组织是否有能力解决。

通过评估,进一步明确组织的优势与劣势,最后根据发扬优势、避开劣势的原则,确定组织的总体目标(应该做什么、为谁做、做到何种程度)。

(四)总体目标具体化

由于组织目标最终要由组织的各级部门和单位执行,因此,拟订出组织的总体目标以后,还需要将目标进行细化和分解——分层、分等级,以形成一个完整的目标体系。

总体目标的具体化,一是要根据组织总体目标制定出相应的战略目标和行动目标,即为了实现总体目标必须要做些什么、怎么做、做到何种程度等。例如,一个企业为了获取更多的利润(总体目标),决定要在某一市场投放新产品(战略目标),为此就要制定出生产该新产品的有关资金筹备、生产规模、营销方式等方面更具体的行动目标。只有通过这一系列的行动目标,组织总体目标和战略目标才能付诸实施。二是要将总体目标分解成部门目标和岗位目标,使组织中不同层次和岗位的成员了解,他们应当做些什么才有助于组织总体目标的实现,确认各级成员在组织总体目标实现中应承担的责任和拥有的权利,并规定相应的评价与奖惩制度,使组织目标落实到人,成为组织中一切成员的行动指南。

(五)优化目标体系

通过总体目标具体化后形成的多层次、多部门的目标体系一般是以一个网络的形式相互连接的,因此如何保证这些目标之间的相互协调,便成为目标制定过程中必须考虑的问题。如果目标体系中的各目标互不支援、互不协调,就会在目标的制定及实施过程中出现对本部门有利而对其他部门不利或有害的现象。例如:生产部门希望以大批量、长周期、重复生产为目标,而销售部门则希望以小批量、短周期、多品种为目标,两者之间若不加以协调,就会影响相互间的合作。

组织目标的协调主要通过以下三方面的工作来实现:

(1)横向协调,即对组织中处于同一层次的不同目标进行相互协调,如扩大生产和提高福利。生产、营销、财务各部门之间的目标要有机联系,相互支持。管理的作用就在于力求以有限的资源实现尽可能多或高的目标,因此,在制定目标时要尽可能将表面上似乎是矛盾的不同性质的目标有机地加以结合。

(2)纵向协调,即组织中不同层次的目标之间要上下保证,如岗位目标与部门目标之间、部门目标与总体目标之间要保持一致。上一层次抽象的目标要分解细化为下一层次具体的目标,下一层次具体的目标必须能够保证上一层次目标的实现。

(3)综合平衡,明确各目标的优先顺序和重要程度,以突出重点,避免因小失大。因为尽管进行了横向和纵向协调,在实际协调过程中仍有可能出现目标之间相互冲突的情况。为此,必须事先明确各目标的优先顺序,以便在目标冲突时不会忙中出错,因小失大。

通过上述三方面的协调,最终将形成一个相互支持的目标矩阵。

课堂小作业:

请将你个人典型的一天的活动列个清单。比如 22 点到 22 点 20 分洗漱,花费时间 20 分钟;22 点 20 到第二天 7 点 20 睡觉,花费时间 9 个小时……将完整的 24 个小时记录下来,然后合并同类项:学习、实践、锻炼、休闲娱乐、睡眠、其他。看看每一项占的百分比为多少。再进一步分析学习项目中,课堂学习时间是多少? 有效课堂学习时间(没有睡觉没有看手机集中精力学习的时间)是多少? 课外学习时间是多少? 学习的是什么内容? 有何目的?

通过分析你的时间清单,请思考:你对时间资源的安排合理吗? 是否在重要的事情上分配了更多的时间? 从这张清单中能看出你的个人目标吗? 你是属于很忙但无成效的,很闲的,还是目标明确计划合理的那种人?

第二节　计划概述

一、计划的含义与特点

计划是管理的基本职能之一,是对未来行动的预先安排,是组织与外部环境联系的桥梁,也是连接可能与现实、今天与明天、现在与未来的桥梁。因此,计划工作质量集中体现了组织管理水平的高低,并直接影响甚至决定着组织未来的前途和命运。计划包括明确组织的目标和考核指标,选择实现目标的手段,制定战略及安排进度等。作为一项基本的、先导性的管理活动,它先于组织、领导和控制工作(见图 6-1),因此,计划是管理的首要职能。计划工作有如下特点:

(1)它与组织的未来有关。它既不是对过去成绩和教训的简单总结,也不是对现状的描绘,而是在预测未来趋势的基础上对组织发展的一种前景规划,计划能使组织在一定程度上成功地应对未来。

(2)它与人们的行动有关。它不是空泛的说教,而是制订一条切实可行的应该遵循的行动路线。

(3)它与管理的其他职能相关。它影响并贯穿于组织工作、领导工作、控制工作中。

组织可以根据计划,合理有效地组织有限的人、财、物资源,并在领导的带领、指导、协调、控制下,高效率地完成计划,即计划是要通过其他职能活动去执行的。

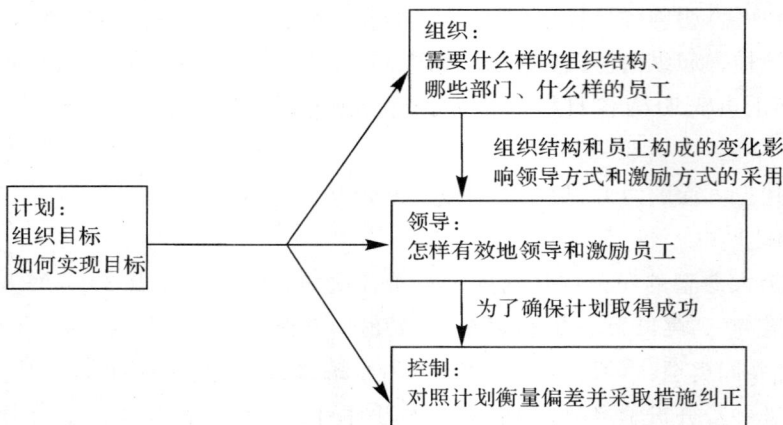

图6-1 计划与其他职能间的关系[①]

二、计划的内容

计划工作的内容可以概括为六个方面,即做什么(what)、为什么做(why)、何时做(when)、何地做(where)、谁去做(who)、怎么做(how),简称为"5w1how"。这六个方面的具体含义如下:

(1)"做什么":要明确组织的使命、宗旨、战略、目标,以及行动计划的具体任务和要求,明确一个时期的中心任务和工作重点。例如,企业在未来 5 年内要达到什么样的战略目标;企业年度生产计划的任务主要是确定生产哪些产品、生产多少,合理安排产品投入和产出的数量和进度,在保证按期、按质、按量完成订货合同的前提下,使生产能力得到尽可能充分的利用。

(2)"为什么做":要论证组织的使命、宗旨、战略、目标,以及行动计划的可能性和可行性,也就是说要提供计划制定的依据。实践表明,计划工作人员对组织和企业的宗旨、目标和战略了解得越清楚,认识得越深刻,就越有助于他们在计划工作中发挥主动性和创造性。正如通常所说的"要我做"和"我要做"的结果是完全不一样的,其道理就在于此。

(3)"何时做":选定计划实施的时机,规定各项工作的开始和完成的进度,以便进行有效的控制和对能力及资源进行平衡。

(4)"何地做":规定计划的实施地点或场所,了解计划实施的环境条件和限制,以便合理安排计划实施的空间组织和布局。

(5)"谁去做":计划不仅要明确规定目标、任务、地点和进度,还应规定每个阶段由哪

---

  ① 杨文士,张雁.管理学.北京:中国人民大学出版社,1994.

个部门、哪个人负责。例如,开发一项新产品,要经过产品设计、样品试制、小批试制和正式投产等几个阶段。在计划中要明确规定每个阶段由哪个部门负主要责任,哪些部门协助,各阶段交接时,由哪些部门和哪些人员参加鉴定和审核等。

（6）"怎么做"：规定实现计划的措施以及相应的政策和规则,对资源进行合理分配和集中使用,对人力、生产能力进行平衡,对各种派生计划进行综合平衡等。

实际上,一个完整的计划还应该包括控制标准和考核标准,使组织中所有部门与成员不但知道组织的使命、宗旨、战略、目标和行动计划,而且明确本职工作的内容,知道如何去做,以及要达到什么样的标准。

【例6-1】 一家企业因为要上一个新的项目,急需筹措资金。他们想到了向银行贷款。厂长找到财务科长,向他做了这样的布置："张科长,企业要上新的项目,需要资金,你也知道我们企业目前缺乏资金。请你想办法从银行申请到贷款。"

【思考】 对于该企业厂长的指示,你觉得张科长能否执行? 为什么?

三、计划类型

任何一种未来的行动方案,都属于计划。计划的种类很多,可以按不同的标准进行分类。常见的分类标准有：按影响程度、时间跨度、计划的对象和应用范围、计划内容的详尽程度。了解各种计划类型有助于我们在编制计划的实际工作中避免遗漏或忽略某些重要的因素,提高计划的先导性和有效性。

（一）按影响程度：战略计划和行动计划

计划按其影响程度（主要是范围广度和时间跨度）可分为战略计划和行动计划。战略计划一般是指应用于整个组织的,为组织设立总体目标和寻求组织在环境中的地位以及实施途径的计划。战略计划具有长远性、全局性和指导性的特点,它决定着在相当长时期内组织资源的运动方向,并将在较长时间内发挥指导作用。而行动计划是在战略计划所规定的方向、方针、政策框架内,确保战略目标的落实和实现,确保资源的取得与有效运作的具体计划,它主要描述如何实现组织的总体目标,是战略计划的具体化或战略实施计划。战略计划与行动计划之间的比较如表6-1所示。

表6-1 战略计划与行动计划的比较

比较项目	战略计划	行动计划
时间跨度	三年或三年以上	三年以内（周、月、季、年）
范围	涉及整个组织	限于特定的部门或活动
侧重点	确定组织宗旨、目标,明确战略和重大措施	明确实现目标和贯彻落实战略、措施的各种方法
目的	提高效益	提高效率
特点	全局性、指导性、长远性	局部性、指令性、一次性

（二）按时间跨度：长期计划、中期计划和短期计划

人们习惯于把时间跨度在 5 年以上的计划称为长期计划，时间跨度在 1～5 年的计划称为中期计划，时间跨度在 1 年以内的计划称为短期计划。长期计划主要围绕两个方面的问题制订：一是组织的长远目标和发展方向，二是怎样达到组织的长远目标。例如，一个企业的长期计划要指出该企业的经营目标、经营方针和经营策略等，一般包括企业的发展方向，企业的发展规模、科研方向和技术水平、主要的技术经济指标等。中期计划来自长期计划，比长期计划具体、详细，主要是协调长期计划和短期计划之间的关系，长期计划以问题、目标为中心，中期计划则以时间为中心，具体说明各年应达到的目标和应开展的工作。短期计划比中期计划更为具体和详尽，它主要说明计划期内必须达到的目标，以及具体的工作要求，要求能够直接指导各项活动的开展，如企业中的年度利润计划、销售计划、生产计划等。在一个组织中，长期计划和短期计划之间应是"长计划，短安排"的关系，即为了实现长期计划中提出的各项目标，组织必须制订相应的一系列中、短期计划，而中、短期计划的制订则必须围绕着长期计划中所提出的各项目标而展开。

（三）按计划的对象和应用范围：综合计划、部门计划和项目计划

综合计划涉及的内容是多方面的，部门计划只涉及某一特定的部门，项目计划则是为某项特定的活动而制订的计划。综合计划一般是指具有多个目标和多方面内容的计划，就其所涉及的对象而言，它关联整个组织和组织中的许多方面。习惯上人们把预算年度的计划称为综合计划，在企业中它是指年度的生产经营计划。部门计划是在综合计划的基础上制订的，它的内容比较专一，局限于某一特定部门或职能，一般是综合计划的子计划，是为了达到组织的分目标而制订的，某企业销售部门的年度销售计划、生产部门的生产计划等，都是属于这一类型的计划。项目计划是针对组织的特定活动所做的计划，例如某项产品的开发计划、职工俱乐部建设计划等都属于项目计划。

（四）按计划内容的详尽程度：具体计划与指导计划

具体计划有明确规定的目标，不存在模棱两可或其他容易引起误解的问题。例如，一位经理打算使他的企业利润在未来的 6 个月内增加 10％，他或许需要制订一些特定的程序或方案。再比如成本降低 5％的成本控制计划，销售额增加 12％的销售计划，产量提高一倍的生产组织计划等，都是具体计划。

具体计划适用于比较稳定的环境，当周围环境变化较快、不太稳定时，具体计划所要求的明确的指标和条件不一定全部满足，此时具体计划的缺点就出现了。如上述例子中，在计划期的 6 个月内，企业突然资金短缺，没有足够的财力去实施销售计划中的广告、人员促销措施，或者市场销售不旺等，这些因素均会造成销售计划失效。这种情况下采用指导计划就更可取一些。

指导计划只规定一些一般的方针，它指出重点，但不把管理者限定在具体的目标上和特定的行动方案上。比如，上例中指导性计划也许只提出未来的 6 个月中利润要增加5％～10％。显然，指导性计划在具有灵活性的同时丧失了具体计划的明确性。

因此，制订计划时，要根据未来的不确定性在灵活性和明确性之间权衡，不确定性越

大时,计划越应具有指导性。换句话说,环境越不稳定,变化越快,计划就越应具有弹性,管理工作也就越具有灵活性。

【例6-2】 1984年,原油价格为每桶30美元,包括壳牌公司在内的绝大多数分析人员和管理人员都认为到1990年将涨到每桶50美元。但是壳牌公司进行了一项情境计划的练习。在这项练习中,他们假定原油价格下降到每桶15美元,然后要求管理人员提出在这种情况下做出何种对策。最后,管理人员提出了一系列的计划方案,包括采用新的技术降低开采成本、提高对低成本的炼油设备的投资、卖掉不盈利的加油站等。

通过审议这些建议,公司高层管理人员得出结论:即便原油价格继续上涨,上述措施同样可使公司利润增加。所以,公司全心全意将这些计划付诸实施。20世纪80年代末,原油价格果然下跌到每桶15美元。与其他竞争对手不同,壳牌公司早已采用了在低价原油市场上获取利润的一系列措施。结果,到1990年,壳牌公司的盈利水平是其竞争对手的两倍。

【思考】 1. 讨论情境计划的作用。
　　　　 2. 设定一个你认为重要的项目,个人项目或组织项目均可,进行情境计划。

四、计划的作用

计划工作的作用主要体现在以下四个方面。

(一)明确组织成员行动的方向和方式

计划是一种协调过程,它给管理者和非管理者指明方向。当所有有关人员了解了组织的目标和为达到目标他们必须做出什么贡献时,计划就能开始协调他们的活动,使之互相合作,结成团队。而缺乏计划则会走许多弯路,从而使实现目标的过程失去效率。

(二)预测变化,减少冲击,为组织的稳定发展提供保证

严密、科学的计划必定是建立在科学预测的基础上的,所以管理者在制订计划之前,必须要预见未来可能的变化,考虑各种变化可能带来的冲击,并采取各种积极的应对措施。也就是说,计划已经把未来一段时间内的一些事件以某种清晰度表示出来了,人们通过计划可以预测未来可能变化的情况,因而可以认为计划降低了未来的不确定性,从而在一定程度上为组织的发展提供了保证。

(三)为组织资源的筹措和整合提供依据

计划不仅提出了组织的目标,而且从众多的实现目标的手段、方法、途径中选择了最优(可以更为准确地称为"满意的")方案,且这种方案是经过了科学论证的。因此,在计划的实施过程中,可以避免无计划时的重复性、浪费性活动,使组织的目标通过经济、高效、优质的工作予以实现。

(四)为检查与控制组织活动奠定基础

在计划的制订和编制过程中,人们必须设立工作需要达到的目标以及考核需要参考

的指标,而在管理工作的控制职能中,重要的工作是将实际的绩效与计划中的目标、指标进行比较,从而能发现偏差并采取措施进行校正、补救。因此,没有计划,也就谈不上控制职能的实施。

第三节　计划制订过程

一、计划的编制

虽然计划的表现形式和类型多种多样,但科学地编制计划的工作却具有普遍性。任何完整的计划,一般都要经过下面的编制过程。

（一）确定目标或任务

制订任何一项计划的首要工作是明确目标或任务。明确目标是为了指明计划的方向,同时要注意计划中的目标应该是具体的、可衡量的,并且要尽可能地简明扼要、易懂易记,符合本章中所述的目标描述要求。

目标和任务的明确是一项计划的核心,每一项计划最好只针对一个目标,即浓缩目标,使计划易于制订和有效实施,否则一项计划可能因为设立的目标太多,在行动时发生不知如何决定优先次序或协调达成各目标的情形。计划书中有两个以上的目标时,一定要列出各目标优先顺序或重要程度,以集中资源保证重要目标的实现,防止因小失大。

例如,当你给一次目标为"交流学习经验,增强相互间的感情,娱乐身心"的集体活动制订相应计划时,为了达到上述方面的目标,就要安排学术交流、交友活动、娱乐活动等项目,导致的结果可能是由于时间有限而内容繁多,不仅学术交流、感情交流泛泛而行,而且每一个人都被搞得筋疲力尽。所以,还不如以"交流学习经验"为主题直接和简捷。

（二）明确计划的前提条件

制订计划是为了指导行动,而行动要以组织现有的资源为基础。因此,在明确目标以后,要积极与各方面沟通,收集各方面的信息,明确计划的各种可能条件和限制条件。

例如,在我们制订海外旅游计划时,不仅要收集有关目的地的气候、货币使用情况、当地的食宿情况等信息,而且要清楚可使用的时间、能够承受的费用额度等条件,只有将这些情况调查清楚,才能够计划行程、路线等。

【思考】　如果在制订计划时忽视了其中的某些信息或限制条件,会导致什么后果?

（三）制订战略或行动方案

确定目标、明确前提条件后,就要从现实出发分析实现目标所需解决的问题或需要开展的工作,即首先分解目标,确定所要进行的各项工作。其次,分析各项工作之间的相互关系和先后次序,确定行动路线图。

值得一提的是在制订行动方案时,应反复考虑和评价各种方法和程序,因为一个好的计划,不仅程序、方法应该清楚可行,而且所需要的人力和资金等各种资源支出越少越好,即要以最少的投入来保证目标的实现。

(四)落实人选,明确责权利

在所要进行的各项工作任务明确以后,就要落实每项工作由谁负责、由谁执行、由谁协调、由谁检查。同时,要明确规定工作标准、检验标准,制定相应的奖惩措施,使计划中的每一项工作落实到部门和个人,并有清楚的标准和切实的保障措施。

【思考】 若在计划中没有明确各项工作的检验标准或奖惩方法,在计划实施过程中会出现什么情况?

(五)制定进度表

各项活动所需时间的多少,取决于该项活动所需的客观持续时间、所涉及的资源的供应情况及其可以花费的资金的多少。

活动的客观持续时间是指在正常情况下完成此项工作所需的最少时间,例如,酿酒需要一定的发酵时间,从原材料投入生产出成品需要一定的生产时间等。在一般情况下,工作计划时间不能少于客观持续时间。实际工作时间的多少还受工作所需资源的供应情况的影响,若所需资源能从市场上随时获得,则工作计划时间约为客观持续时间加上一个余量;若所需资源的获得需要经过一段时间,则计划时间也要在客观持续时间上再加一个获得资源所需的时间。另外,同样的一项工作,如不计成本,则可通过采用先进的技术、增加人力等缩短工作时间;资金不足,也会影响工作进展,所以在一定条件下计划时间与工作成本成反比。

根据以上几方面的情况,即可决定每项工作所需的时间,前后相连的各项工作时间之和即为完成此项任务或实现此项目标所需的总时间。

(六)分配资源

资源分配涉及需要哪些资源、各需要多少及何时需要等问题。一项计划所需要的资源及资源多少可根据该项计划所涉及的工作要求确定,不同的工作需要不同性质和数量不等的资源。根据各项工作对资源的需求、各项工作的轻重缓急和组织可提供资源的多少就可确定资源分配给哪些工作和各分配多少。同时结合该项工作的行动路线和进度表,确定每一项工作所需资源何时投入、各投入多少。

在配置资源时,计划工作人员要注意不能留有缺口,但要留有一定的余地,即在保证工作所需的各项资源的基础上,视环境的不确定程度留有一定的余量,以保证计划的顺利实施。

【思考】 为什么在分配资源时,不能留有缺口,但要留有余量?

（七）制定应变措施

"人算不如天算"强调的就是制订计划时，最好事先备妥替代方案。制订多个方案的目的，一是因为在一个组织中，计划必须经过各方面的审议才能获得批准，制订多个计划有助于早日获得各方面的认可；二是因为尽管我们按未来最有可能发生的情境制订2～3个计划，但未来的不确定性始终存在，为了应对未来可能发生的其他变化，保证在任何情况下都不会失控，就有必要在按最有可能的情况制订正式计划的同时，按最坏情况制订应急计划。

需要说明的是，应急措施可以是一个完整的应对最有可能发生的最坏情况的计划，也可以只是简单说明一旦出现最坏情况该如何做。如当我们按天气晴朗这一前提制订郊游计划时，最后要明确一下，一旦下雨该如何，这时可以制订一个具体的应急计划，也可以就是简单的一句"风雨无阻"。

制订计划的实际过程未必都要按上述顺序进行，不过需要强调的是：只要是完备的计划，上述计划过程的每一个环节都是必不可少的。

二、计划的审定

在完成计划初步编制后，还要进行计划的审定。计划审定主要是评价所制订计划的完整性和可行性。计划的完整性审定主要是看该项计划要素是否齐全，也可称之为计划形式审查；计划的可行性审查也叫内容审查，主要是评价计划中所列各事项的可行性。如果在计划的审定过程中，发现缺少某一部分或某一部分不合适，就要立即进行修改，以使计划更加行之有效。

计划可以由上级、同事审定，也可由群众讨论评价。若经常从事计划审定工作，可根据计划评审的要求将一些问题列成一张清单，作为检核表据此审定。检核表中的问题可根据形式审查和内容审查的要求提出，包括诸如以下一些问题：

（1）计划目标与该组织的目标一致吗？

（2）该计划符合政府的规定吗？

（3）计划的前提假设能现实吗？

（4）具体的预算投入同计划预计的收益是否平衡？

（5）能及时取得计划中所需的资源吗？

（6）计划中的完成日期现实吗？

（7）计划中的各项工作的负责人能否胜任？

（8）如有需要，应变计划行得通吗？

……

计划审定通过后，该项计划就可作为正式计划实施。

【思考】 经过审定和不经过审定这一环节的计划有何不同？

第四节　计划制订方法

计划工作效率的高低和质量的好坏取决于所采用的计划方法。现代计划方法为制订这种切实可行的计划提供了手段。在质量方面，现代计划方法可以确定各种复杂的经济关系，提高综合平衡的准确性，能够在众多的方案中选择最优方案，还能够进行因果分析，科学地进行预测；在效率方面，由于采用了现代数学工具并以计算机技术为基础，计划工作的速度被大大加快，这就使得管理者从繁杂的计划工作中解脱出来，能够集中精力考虑更重要的问题。总之，现代计划方法具有许多优点，已经逐渐为更多的计划工作所采用。其中，主要的计划方法有以下三种：滚动计划法、网络计划技术和目标管理。

一、滚动计划法

滚动计划法是一种定期修订未来计划的方法。这种方法根据计划的执行情况和环境变化情况定期修订未来的计划，并逐期向前推移，将短期计划、中期计划和长期计划有机地结合起来。由于在计划工作中很难准确地预测影响未来发展的各种因素的变化，计划期越长，这种不确定性就越大，若硬性地按几年前制订的计划实施，可能会造成重大的损失。滚动计划法则可避免这种不确定性可能带来的不良后果。

滚动计划法的具体做法是，在制订计划时，同时制订未来若干期的计划，但计划内容采用近细远粗的办法，即近期计划尽可能地详尽，远期计划的内容则较粗；在计划期的第一阶段结束时，根据该阶段计划执行情况和内外部环境变化情况，对原计划进行修订，并将整个计划向前滚动一个阶段，以后根据同样的原则逐期滚动。如图 6-2 就是一个 5 年的滚动计划法的示意图。

滚动计划法适用于任何类型的计划，其优点是：

（1）使计划更加切合实际。由于滚动计划相对缩短了计划时期，加大了对未来估计的准确性，能更好地保证计划的指导作用，从而提高了计划的质量。

（2）使长期计划、中期计划、短期计划相互衔接，短期计划内部各阶段相互衔接。这就保证了组织能根据环境的变化及时地进行调节，并使各期计划基本保持一致。

（3）大大增加了计划的弹性。这在环境剧烈变化的时代尤为重要，它可以提高组织的应变能力。

滚动计划法作为一种动态计划方法，具有长短结合、近细远粗、逐期滚动的特点，适用于各种计划的制订。但其编制工作量大，近细远粗的尺度难以把握，尤其是滚动间隔期的选择，要适应企业的具体情况，如果滚动间隔期偏短，则计划调整较频繁。滚动计划法的优点是有利于使计划符合实际，缺点是降低了计划的严肃性。一般情况是，生产比较稳定的大批量生产企业宜采用较长的滚动间隔期，生产不太稳定的单件小批量生产企

本期五年计划（2006-2010）				
2006	2007	2008	2009	2010
很细	较细	一般	较粗	很粗

2006年实际完成情况

计划与实际之间的差异

计划修正因素		
差异分析	环境变化	组织方针变化

修订计划

本期五年计划（2007-2011）				
2007	2008	2009	2010	2011
很细	较细	一般	较粗	很粗

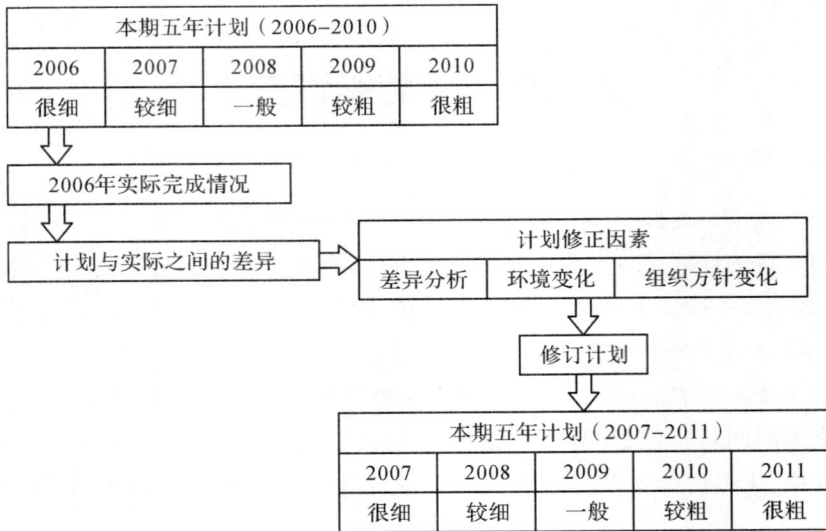

图 6-2　滚动计划法示意

业则可考虑采用较短的间隔期。

但是，有些单项性计划如品种发展计划、技术发行计划等，其变化因素及对计划的影响不是表现在产量、销售额或利润上，而是涉及项目、方针等。对此滚动计划就不适用了。此时，可以采用编制备用计划的办法来对原计划进行调整。其关键是要正确及时地把握调整的时机，而判断的依据主要是计划内容的前提因素和先行指标状况，备用计划是事先准备好的，一旦时机成熟就立即启用。

二、网络计划技术

（一）网络计划技术的原理

网络计划技术（program evaluation and review technique，通常称为 PERT 或 PERT 网络分析技术）最初是在 20 世纪 50 年代末开发北极星潜艇时，为协调三千多个承包商和研究机构的活动而开发的。这个项目具有难以想象的复杂性，要协调几万种活动。据报道，由于 PERT 的应用，北极星潜艇项目提前两年完成。

网络技术的基本原理简单来说就是把一项工作或项目分成各种作业，然后根据作业顺序进行排列，通过网络图对整个工作或项目进行统筹规划和控制，以便用最少的人力、物力、财力和最快的速度在最短的时间内完成工作。其原理如图 6-3 所示。

（二）PERT 网络图的绘制

从图 6-3 中可以看出，构造 PERT 网络是其核心工作。要构造 PERT 网络，首先需要明确相关的四个概念：事件、活动、虚箭线和关键路线。其次，要了解网络图的基本绘制规则，以及明确构造 PERT 网络的步骤。最后还需借助 PERT 网络图通过计算找出关键路线。

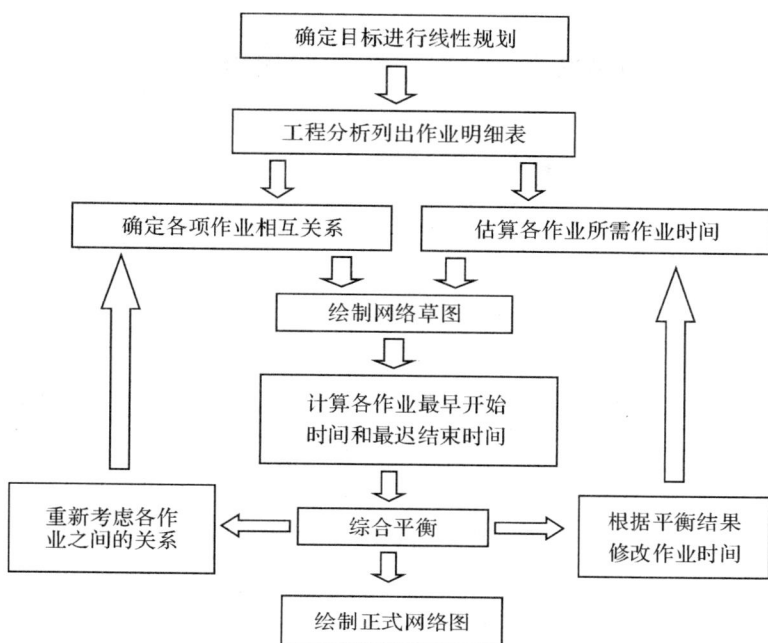

图 6-3 网络计划绘图与平衡步骤示意

1.网络图中的基本概念

(1)活动(activities)。也称工作、作业、工序或箭线,表示从一个事件到另一个事件的过程,箭线由箭头和箭尾组成,箭尾表示活动的开始,箭头表示活动的结束。完成组成整个任务的各个局部任务,都需要一定的时间和资源。活动时间一般写在箭线下方,活动的名称除用文字或代号表示外,还可以用箭线的起始节点的编号(i)和结束节点的编号(j)来表示,一般写在箭线上方。箭线的长短与活动或作业所需的时间多少无关,它不是矢量,可长可短可弯折,但不能中断。在网络图中,箭线把各个节点连接起来,以表明各项作业或各道工序之间的先后顺序和相互关系。

(2)事件(events)。也叫节点或事项,用圆圈表示,代表若干个工作的开始与结束。节点不占用时间,也不消耗资源,只是表示某项活动开始或结束的符号。网络图中的第一个节点称为始点,表示整个计划最初作业的开始;网络图中的最后一个节点称为终点,表示整个计划最终作业的结束;介于始点和终点之间的节点称为中间节点,表示中间各项作业的开始和结束。在绘制网络图时,对各个节点要按其先后次序进行统一编号,始点编号一般都从"1"开始。值得注意的是一个网络图中只有一个起点事项和一个终点事项。

(3)虚箭线。用带箭头的虚线表示,只是一个符号标志,代表一项并不存在的作业,不占用时间也不消耗任何资源。在网络图中使用虚箭线的作用是把两个节点之间的多个平行作业分开,以明确各项作业或各道工序之间的逻辑关系,并便于计算机识别。因为网络图中两个节点之间只允许有一条箭线,因此,当两个节点之间存在多道工序时,须借助虚箭线来理顺工序之间的逻辑关系。

（4）路线。路线是指网络图中从始点事项开始，沿着箭头方向到达终点事项为止，中间由一系列首尾相连的节点和箭线所组成的一条通道。在一个网络图中，往往有多条路线，各条路线的时间长短不同，其中，在路线上的各项作业时间之和最大的路线，称为关键路线（critical path）。关键路线是 PERT 网络里面所有路线中花费时间最长的事件和活动的序列或网络图上总时差为零的各项活动的连线。它直接影响整个作业计划完成的时间期限。除关键路线外，网络图中的其他路线称为非关键路线。关键路线在网络图中一般以双箭线、粗线或红线表示。

2.绘制网络图的基本规则

（1）一张网络图中只能有一个起点事项和一个终点事项。如果一张网络图中有两个或两个以上的起点事项或终点事项，就要检查网络图的绘制是否正确。

（2）两个节点之间只能有一条箭线。如果在两个节点之间存在多个平行活动的作业，则除保留一项作业活动的节点外，其余活动要通过增加节点，用虚箭线来连接，如图 6-4所示。

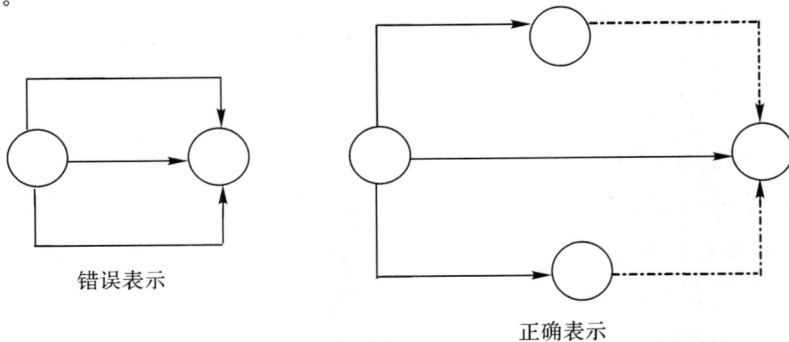

图 6-4　用虚箭线表示作业间的逻辑关系

（3）网络图中不允许有封闭的循环路线。网络图中不允许有回路，否则在运用计算机运算时会出现死循环而无法得出结果。网络图中箭线的方向只能从左到右，以垂直90°为限，不能反方向，以免形成回路，如图 6-5 所示。

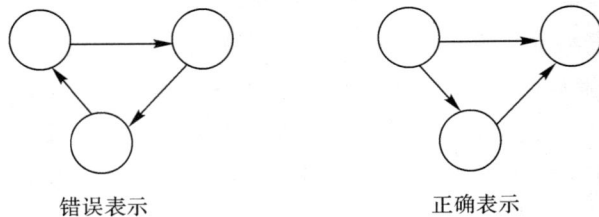

图 6-5　网络图中不允许出现回路

（4）网络图中的所有节点均须按从小到大的原则进行统一编号，以便于识别、检查和计算。编号顺序遵循从左到右，从上到下的原则，箭头节点的编号要大于箭尾节点的编号，同时结合工序之间的前后关系的规则来进行，不允许有重复编号出现。号码数字写在节点的圆圈之内,以与工序作业时间区分。

3.网络图的绘制及关键路线的确定

在绘制出网络图后,为了能用网络图进行计划安排和控制,还必须计算网络时间,并找出关键线路。

(1)作业时间的确定

网络图中各项作业的时间值是编制计划和安排活动的基础。作业时间是指完成某项作业、某道工序所需的时间,常用符号 T 表示。作业时间的单位视具体情况确定,一般用周或日,也有采用小时或月的。网络计划技术中确定作业时间值,一般是采用单一时间估计法和三点时间估计法。

单一时间估计法就是在估计某项作业时间时,只确定一个时间值。它是以完成该项作业的最大可能时间为标准的,适用于变化因素少或有先例可循的活动。

三点时间估计法在估计作业时间时,先预计三种时间值,然后据以计算出完成该项作业时间的平均值。这三种时间值是:

乐观时间。指在顺利的情况下完成作业所需的最少时间,常用 a 表示。

正常时间。即在正常条件下完成该项作业所需的最有可能的时间,常用 m 表示。

悲观时间。指在不正常情况下完成该项作业可能需要的最长时间,常用 b 表示。

根据上述 a、m、b 三种时间估计值,按下列公式计算出作业时间平均值 T:

$$T=(a+4m+b)/6$$

【思考】 三点时间估计法适用于哪些情况?

(2)作业最早开始时间和结束时间的计算

在网络图上,每一项作业都存在一个最早可能在什么时间开始和最早可能在什么时间结束的问题。作业最早可能开始时间被称为活动的最早开始时间,作业最早可能结束时间被称为活动的最早结束时间。活动的最早开始时间和最早结束时间有密切关系。最早结束时间等于最早开始时间加上作业时间,即:

$$EF_{(i,j)}=ES_{(i,j)}+T_{(i,j)}$$

式中:i 表示一项作业的箭尾结点的编号;

j 表示一项作业的箭头结点的编号;

$i{\rightarrow}j$ 表示从结点 i 开始到结点 j 结束的作业;

$T_{(i,j)}$ 表示作业 $i{\rightarrow}j$ 的作业时间;

$ES_{(i,j)}$ 表示作业 $i{\rightarrow}j$ 的最早开始时间;

$EF_{(i,j)}$ 表示作业 $i{\rightarrow}j$ 的最早结束时间。

在简单的网络图中,前一项作业的最早结束时间即为后一项作业的最早开始时间。即:

$$EF_{(i,j)}=ES_{(i,j+1)}$$

　　但在实际网络图中,有时有好几项作业汇集到一个结点,或有好几项作业同时从一个结点出发,这时就要计算从该结点开始的各项作业最早可能开始的时间。网络图中结点的最早开始时间的计算公式为:

$$ES_{(i,j)} = \max\{ES_{(i-1)} + T_{(i-1,i)}\}$$

式中:max 表示取最大值;

　　$ES_{(i)}$ 代表箭头结点的最早开始时间;

　　$ES_{(i-1)}$ 代表箭尾结点的最早开始时间;

　　$T_{(i-1,i)}$ 表示活动的作业时间。

　　因此,当从某一结点开始的作业有好几项时,这几项作业的最早开始时间是相同的,都等于这个结点的开始时间。计算网络图上各结点的最早开始时间,应从始点开始,自左至右,逐个推算,直到终点。始点的最早开始时间为零,终点因无后继活动,所以它们的最早开始时间和最早结束时间是相同的。

　　(3)作业最迟开始时间和结束时间的计算

　　在网络图中,为保证下一项作业的按时开工,每一项作业又都有一个最迟必须在什么时候开始和最迟必须在什么时候结束的问题。这就要求计算出各项作业的最迟开始时间和最迟结束时间。

　　设:$LS_{(i,j)}$ 表示作业的最迟开始时间;

　　$LF_{(i,j)}$ 表示作业的最迟结束时间。

　　则:　　$LS_{(i,j)} = LF_{(i,j)} - T_{(i,j)}$

　　即某项作业的最迟开始时间等于其最迟结束时间减去作业时间。

　　在简单的情况下,下一项作业的最迟开始时间等于前项工作的最迟结束时间。但当若干项作业从同一个结点出发时,则应分别计算从该结点出发的每一项作业的最迟开始时间,然后选择其最小值,作为前项工作的最迟结束时间。这样,若进入某一结点 j 的作业有好几项时,这几项作业的最迟结束时间是相同的,我们把这个时间称为结点 j 的最迟结束时间。节点 j 的最迟结束时间的计算公式为:

$$LF_{(j)} = \min\{LS_{(j,j+k)}\} = \min\{LF_{(j+k)} - T_{(j,j+k)}\}$$

式中:min 表示取最小值,$k \geq 1$;

　　$j+k$ 表示从结点 j 开始的各项作业箭头结点的编号;

　　$LF_{(j)}$ 表示箭尾结点 j 的最迟结束时间;

　　$LS_{(j,j+k)}$ 表示作业 $j \to j+k$ 的最迟开始时间;

　　$LF_{(j+k)}$ 表示箭头结点 $j+k$ 的最迟结束时间;

　　$T_{(j,j+k)}$ 表示作业 $j \to j+k$ 的作业时间。

　　利用上述公式,就可以计算各结点的最迟结束时间,其方法、程序与计算最早开始时间相反。它是从终点开始,自右至左,逐个用减法进行逆算,直至始点。结点的最迟结束时间等于最迟开始时间,等于整个计划的总工期。

（4）总时差的计算

所谓总时差是指在不影响后续活动最迟开始时间的条件下，完成某项作业可供机动的总时间。总时差又称机动时间，一般而言，机动时间越多，生产潜力越大，越应采取措施加以利用，以充分发挥人力、物力的作用。

总时差的计算公式为：

  某作业的总时差＝该作业最迟开始时间－该作业最早开始时间

  ＝该作业最迟结束时间－该作业最早结束时间

即： $TF_{(i,j)} = LS_{(i,j)} - ES_{(i,j)} = LF_{(i,j)} - EF_{(i,j)}$

（5）关键路线的确定

在网络图中，若某项作业的总时差为零，即没有机动时间，我们就把它称为关键作业，由关键作业或工序连接而成的路线即为关键路线。关键路线是网络图中费时最长的路线，它决定了项目的最早完工时间或最迟结束时间。凡是在关键路线上的作业，其时差均为零。关键路线一般只有一条，但有时也可能同时出现几条。

绘制出网络图，估计了各种作业时间，并计算出最早开始时间和结束时间、最迟开始时间和结束时间，找出关键路线之后，管理人员就可以据此对该项活动进行计划优化和控制了。

【思考】 区分关键路线和非关键路线有何意义？

4. 绘制网络图的实例

为了说明 PERT 网络绘制的机理，请看下面的简单例子：假定你是一家建筑公司的施工经理，你被分派监督一座办公楼的施工过程，你必须估算建这座办公楼需要多长时间。你仔细地将整个项目分解为活动和事件，表 6-2 概括了主要事件和你对完成每项活动所需时间的估计，图 6-6 是基于表 6-2 的数据绘制的 PERT 网络。

表 6-2　办公楼建设的主要事件及其时间估计

事件	描述	期望时间（天）	预备事件（紧前工序）
A	审查设计和批准施工	4	—
B	造地基	5	—
C	立屋架和砌墙	5	A
D	建造楼板	8	B
E	安装窗户	5	B
F	搭屋顶和室内布线	7	C,D
G	铺地板和嵌墙板	5	C,D
H	安装门和内部装饰	4	E,F
I	验收和交接	5	G

根据上表中的工序之间的关系,借助网络图的绘制规则,我们可以绘制出网络图 6-6。

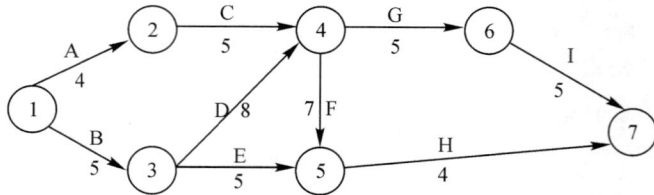

图 6-6　PERT 网络图

从网络图中,经过计算其最早开始时间和最迟结束时间可知,线路 B—D—F—H 为关键路线,所需时间即工期为 24 天。

（三）网络计划技术的优点和局限性

1. 网络计划技术的优点

网络计划技术适用于各行各业、特别是包含较多作业、需要多家单位配合完成的大型工程项目。因为网络计划技术具有以下几个特点:

（1）系统性。通过箭线关系,能将整个计划中的各项工作之间的内在联系和制约关系清晰地表示出来,使管理者对他们在计划中所处的地位和作用一目了然,易于对一项复杂的任务有条不紊地进行全面考虑和安排,并可促使相关人员之间相互了解、协调和配合,有利于发挥各自的作用,处理好局部与整体之间的关系,从而实现系统整体效益的最优化。

（2）动态性。利用网络技术编制的计划是一种灵活性很强的弹性计划,它把计划执行过程看成是一个动态过程,可不断根据实际情况调整资源,调动非关键路线上的人力、物力、财力加强关键作业,确保最终目标的实现。

（3）可控性。网络图提供了明确的活动分工以及相应的期限要求,为管理人员提供了控制标准;关键路线及关键工序为管理人员指明了控制重点。管理人员可事先评价达到目标的可能性,指出实施中可能发生的困难点和这些困难点对整个任务产生的影响,以便准备好相应的措施,降低任务难以完成的风险。

（4）易掌握。网络计划技术把图示和数学方法结合起来,计算简便,直观性强,容易掌握运用,有利于普及推广。由于网络图可以通过计算机进行运算,所以采用网络计划技术还有利于实行计算机管理,从而提高管理效率。

2. 网络计划技术的局限性

网络计划技术尽管有许多优点,但也有一定的局限性。主要的问题表现在:

（1）很难准确估计作业时间。

（2）当网络很复杂时,一旦某项关键工作拖期,重新调整网络计划和寻找关键路线要花费大量时间和人力。尽管计算机的应用在很大程度上缓解了这个矛盾,但提供给高级主管人员的网络图仍不应太复杂。

（3）网络计划技术绝不是灵丹妙药，它虽然推动了计划，但其本身并不是计划。虽然它建立了一种重视和正确利用控制原则的环境，但并不能自动地进行控制。它的作用大小取决于主管人员对其掌握和运用的程度，以及认识和重视的程度。

【思考】 网络计划技术要发挥其作用，必须具备什么前提条件？

虽然通过网络图可以了解计划全貌和各项活动之间的依存制约关系，进而掌握关键路线并进行有效的计划和控制，但网络计划技术也不是万能的。如果计划本身模糊不清，并对时间进度做出不合理的"瞎估计"，那么网络计划技术也许毫无用处。因此，网络计划技术的有效性取决于组织成员对该项技术的运用。

三、目标管理

目标管理 MBO（management by objectives）是由美国著名的管理学家德鲁克在1954 年出版的《管理实践》一书中提出的。这种方法被提出后，成为许多西方国家组织广泛采用的一种系统地制定目标，并据此进行管理的有效方法。目标管理方法也可以说是有效的计划方法。

实践证明，目标管理是一种很实用的管理方法，在美国最大的 500 家工业公司中大约有 40%的公司采用了目标管理，日本企业运用目标管理的比例则更高。

（一）目标管理的概念和特点

目标管理是一种综合的、以工作为中心和以人为中心的管理方法。首先由一个组织中的上级管理人员、下级管理人员，以及员工共同制定组织目标，并由此形成组织内每一位成员的责任和分目标。明确规定每个人的职责范围，最后又用这些目标来进行管理，并评价和决定对每个部门、每个成员的贡献和奖惩。因此目标管理就是一个组织的上下级管理人员和组织内的所有成员共同制定目标、共同实施目标的一种管理方法。目标管理的特点主要表现在以下几个方面。

1.目标管理是以目标为中心的管理

目标管理强调，明确目标是有效管理的首要前提。明确的目标使组织有了协同行动的准则，可使每个成员的行动一致，以最经济有效的方式实现组织的目标。因此，在目标管理中，应注重目标的制定，各分目标都必须以总目标为依据，分目标是总目标的有机组成部分，计划的制订和执行以目标为导向，计划执行完成后又以目标的完成情况来进行考核。同时，由于目标管理把重点放在目标的实现上，这克服了只注重工作而忽略目标的旧式管理的弊端，有助于克服管理的盲目性、随意性，能够收到事半功倍的效果。

2.目标管理强调系统性

任何组织都有不同层次、不同要求的多个目标，如果各目标之间相互不能协调一致，组织规模越大、人员越多，发生冲突和浪费的可能性就越大；同时，组织总目标的实现有赖于组织各分目标的实现，这要求组织各目标之间应相互支持，相互保证，形成相互支援的目标网络体系,从而保证目标的整体性和一致性。

3.目标管理重视人的因素

目标管理是一种参与式、民主式、自我控制的管理制度,也是一种把个人需求与组织目标结合起来的管理制度。目标管理强调以人为中心,通过目的性、自我控制式、个人创造性的目标进行管理。目标管理强调由管理者和下属共同确定目标和建立目标体系,下属不再只是工作,执行命令,他们本身就是制定目标的参与者;目标是上下级人员共同协商研究的结晶,这不仅能使组织目标更符合实际,更具有可行性,而且能激发各级人员在实现目标过程中的积极性和创造性,能使员工发现工作的乐趣和价值,享受工作带来的满足感和成就感。在这种制度下,上下级之间是平等、尊重、信赖和支持的关系,下级在承诺目标和被授权后是自觉、自主的。

(二)目标管理的程序

一般而言,目标管理可以分为以下三个步骤。

1.建立一套完整的目标体系

实行目标管理,首先要建立一套完整的目标体系。这项工作总是从企业的最高主管部门开始,然后由上而下逐级确定目标。上下级的目标之间通常是一种"目的—手段"的关系;某一级的目标,需要用一定的手段来实现,这些手段就成为下一级的次目标,按级顺推下去,直到作业层的作业目标,从而构成一种链式的目标体系。

这个过程比较复杂,实际操作中应该把握几个要点:一是目标管理必须被全体员工所理解,并真正得到上级领导的全力支持。因此,理想的目标管理应开始于组织的最高层。高层领导者在初始阶段要向下属解释什么是目标管理,为什么要进行目标管理,在评价业绩时它能起什么作用。这项工作可以起到动员和宣传的作用,有利于形成一个实行目标管理的良好组织氛围。二是上下级共同参与制定目标,并对如何实现目标达成一致意见。下级参与目标的制定和执行是目标管理中一个非常重要的过程,它反映了目标管理的实质,有助于调动员工实现目标的主动性和积极性。三是目标的制定是一个反复的过程。高层设置的目标是初步的,下级拟订出整个可考核的目标系列,根据它来进行修改。上级对下级的目标也有一个大体的设想,这个设想随着与下级一起制定目标的进程而改变。管理人员应反复与他的上级一起审查所有下级的工作目标和他自己的目标,直到给部门中的每项工作都制定出合适的目标。这样,目标的制定不仅是一个连续的过程,也是一个反复循环、相互作用的过程。四是最终形成的目标体系应既有自上而下的目标分解体系,又有自下而上的目标保证体系,从而保证总目标的实现。

2.目标的实施

通过各级实施,每个人都明确在实现总目标的过程中自己应承担的责任,实行职责范围内的自我管理、自我监督、自我调整,以保证全面实现预定的绩效目标。

在此过程中要把握以下几个要点:一是实行充分授权。根据权责一致原则,若承担某一任务,必须拥有完成这一任务所需要的权力。组织的总目标落实到个人后,管理者要实行充分授权,完善个人自由完成目标所需要的目标责任,使其在实施目标的过程中进行自我管理。自我管理的最大成效就是使员工感到工作是出自内心愿望的，从而能够最大地发挥员工积极性。二是要保持定期或经常的成果反馈或检查。目标在实施过程中一般来说主要靠员工自我管理和自我控制，但是，上级也必须定期地检查各项任务的进展情况。下级定期地向上级报告实施目标的进展情况，上级则不断地将衡量的结果反馈给下级，以便他们能够调整自己的行动，与组织的整体目标保持一致。例如，如果一个目标和任务要在一年内完成，那么，管理人员和有关的下属人员最好每一季度检查讨论一次这项任务的进展情况，以便及时发现问题，采取相应的措施。

3. 对成果进行检查和评价

当目标管理一个周期结束时，领导必须逐个地检查有关的下级或个人的目标任务完成情况，并与原订的目标进行比较。完成好的，要充分肯定成绩，并根据各人完成任务的情况给予相应的报酬和各种奖励；对未能完成任务的，要分析和找出原因，由非个人原因造成的问题，一般不宜采用惩罚措施，重要的在于共同总结经验教训，以便为下一周期的目标管理提供宝贵的经验，把以后的工作做好。

（三）目标管理的推行

1. 目标管理的优点

目标管理是一种很实用的管理方法，国内外不少企业都采用目标管理方法。目标管理的优点如下：

（1）目标管理可使各项工作都有明确的目标和方向，从而避免工作的盲目性、随意性，避免形式主义和做无用功，并可使管理者摆脱被动局面。

（2）通过目标的系统分解，可提高组织整体工作的一致性，有助于增强各级人员的进取心、责任感，充分发挥每一位组织成员的内在潜力和积极性。

（3）目标管理有助于实现有效控制。目标管理解决了控制工作中的两个难点控制标准和控制手段问题，使控制工作落到了实处。

（4）目标管理强调参与，有助于增强全体组织成员的团结合作精神和内部凝聚力。

2. 目标管理的推行过程中常见的一些问题

应用目标管理也会出现一些问题，认识这些问题有助于我们提高工作质量。在实践中经常出现的问题有：

（1）对目标管理的本质缺乏认识。对目标管理的认识往往需要一个过程，缺乏对目标管理基本思想的正确认识，常常会使目标管理走样，蜕变成为一种管理上的时髦或骗人的手段。例如，有的管理者认为目标管理就是目标的制定和分解，只注重对目标的制定和分解，而不注重发挥下属的积极性和在执行过程中对下属的指导及帮助。

（2）在目标制定过程中草率从事。目标是目标管理的核心，没有目标不行，目标不正确后果更严重。影响目标的因素往往很多，而多个目标之间也难以平衡，加上目标的确定需要上下级反复讨论协商，需要耗费大量时间和精力，因而有的组织刚开始还比较认真，到后来就草率从事，把目标管理变成了数字游戏，或强迫下属接受不认同的目标，从而使目标管理失去了本身的意义。

（3）管理人员难以转换角色。目标管理强调目标的实现，主要依靠下级人员的自我控制和自我调节，管理人员的职责是及时进行监督检查，提供帮助和指导，而不是直接指挥下属的工作，但有的管理人员常常难以适应这种角色的转换，在具体行动过程中不时地插手下属的工作，指令下属应该怎么做，使下属左右为难，从而使目标管理的思想得不到落实。

（4）不按协议兑现奖惩。目标管理强调考核目标的完成情况，并按事先商定的协议予以奖惩。而在实际操作中，当下属完成任务后，若管理人员不按事先商定的协议兑现奖惩而是以各种原因转换考核标准，则目标管理就会流于形式。

因此，目标管理的推行，一要有思想基础，让大家对目标管理的基本思想有共同的理解；二要得到管理人员，特别是高层管理人员的支持；三是贵在坚持，只有坚持原则，按协议兑现奖惩，才能使目标成为每一个组织成员的行动指南，达到目标管理应有的效果。

【思考】 你认为目标管理除在企业适用外，是否还适用于其他组织，如学校、机关、研究所甚至是个人？举例说明。

▷【本章小结】

1. 计划作为管理的一项基本职能，具有明确组织成员行动的方向和方式，预测变化，减少冲击，为组织的稳定发展提供保证，为组织资源的筹措和整合提供依据，为检查与控制组织活动奠定基础等作用。

2. 计划工作的内容可以概括为六个方面，即做什么（what）、为什么做（why）、何时做（when）、何地做（where）、谁去做（who）、怎么做（how），简称为"5w1h"。

3. 了解各种计划类型有助于我们在实际编制计划的工作中避免漏掉某些重要的因素，提高计划的先导性和有效性。计划按影响程度，可分为战略计划和行动计划；按时间跨度，可分为长期计划、中期计划和短期计划；按对象和应用范围可分为综合计划、部门计划和项目计划；按内容的详尽程度可分为具体计划和指导计划。

4. 任何完整的计划，一般都要经过这样一个工作过程：确定目标或任务，明确前提条件、制订战略或行动方案，落实人选并明确责权利，分配资源和制定应变措施。

5. 影响计划的权变因素有组织的层次、组织的生命周期、环境的不确定性程度和未来许诺的期限。

6. 计划的首要工作就是明确目标。目标具有多样性、层次性、网络性、明确性、可衡量性、挑战性、可达性、时间期限、与奖惩相联系等特征。

7. 目标制定一般遵循以下基本原则：以满足社会或市场需求为前提，以提高组织绩效为出发点，所制定的目标值应是经过努力有可能实现的，要适当考虑组织的社会责任。目标制定过程包括分析组织环境和组织愿景、拟订总体目标方案、评估各总体目标可行方案并选择决策方案、具体化总体目标、优化目标体系。

8.目标管理是一种综合的、以工作为中心和以人为中心的管理方法。具有以下特点:以目标为中心,强调系统性,强调人的因素。

9.现代计划方法包括滚动计划法、网络分析技术、时间管理。滚动计划法是一种定期修订未来计划的方法。网络分析技术的关键是 PERT 图的构造。时间管理强调时间作为一种特殊的资源,管理者应该有效区分被动时间和可支配时间,并按所提供的七个步骤有效地利用自己的可支配时间。

【复习思考题】

1.计划职能与管理的其他职能有什么联系?

2.有人说:"计划总是赶不上变化,因此制订长期计划是无用的。"你认为呢?

3.选定目标时应注意哪些问题?

4.实施目标管理应该具备哪些条件?

5.滚动计划法的特点。

6.请结合自己的生活实际说明时间管理的重要性。

7.利用网络分析技术和下表中的数据绘制网络图,计算节点的最早开始时间和最迟结束时间,并确定关键路线。

工序名称	紧前工序	工序作业时间(天)
A	—	2
B	A	2
C	B	3
D	A	2
E	C	5
F	C	3
G	C	8
H	F、G	3
I	E、H	4
J	D、I	4

8.请根据本章知识,对你的自身能力、追求和所处环境进行分析,明确你在各方面的目标,在此基础上,与其他同学交流讨论目标制定过程中的经验教训。

【案例讨论】

用目标管理法解决了夫妻争吵的问题——家庭中目标管理的运用

小王和小张是刚刚结婚三四年的"90后"夫妻。夫妻两个性格有些不大相同,丈夫小王是个踏实认真有些内向的人,而妻子小张是个活泼外向的人。他们在婚姻的头两年相处得很融洽很愉快,但这几年的争吵逐渐增加,他们争吵主要倒不是因为性格的问题,而是因为两个人对于金钱的观点很不相同。小张在医院做财务工作,工资不高但比较稳定,每个月发了工资小张都自己支配,小张喜欢交际爱漂亮,所以她自己的工资每个月都入不敷出,经常向丈夫伸手要钱。小王在一家企业工作,收入尚可,他自己比较节俭。家庭的开支全部由小王负责,另外还要补贴给妻子一部分零花钱。几年下来,小王发现家里没存什么钱,本来想换套房子买辆车,但发现家庭账户上根本没钱。因此,小王经常提醒妻子要节约点用钱,两个人为这个事情没少争吵。

妻子小张认为自己赚钱能养活自己已经很不错了,很多家庭的妻子都不赚钱,自己虽然有时候会问老公要点零花钱但也是理所应当。不是有句话那么说的:你负责赚钱养家,我负责貌美如花。再说很多家庭的财政大权都是老婆掌握,丈夫每个月的工资都要交给妻子支配。但丈夫小王认为既然结婚了就是一个家庭了,就不能那么任性,要为家庭的未来打算,要换房买车生娃,这些都需要不少的花销,要把自己的工资都交给乱花钱的妻子,那么家里恐怕要喝西北风了……不存钱怎么行?两个人就这个问题经常争吵,夫妻感情也不如从前了。

苦闷的丈夫小王为了避免过多的争吵,尽量减少跟妻子的交流,没事就在网上玩游戏或者聊天。有一天,他在网上遇到了大学同学,就开始倾诉他的苦闷,甚至想到要离婚。小王的大学同学小李现在是研究管理的专家,小李告诉他离婚不是办法,给小王支了个招:用目标管理的办法解决问题。以下是他们的聊天记录:

"既然你老婆希望管理家里的财务,你就让她管嘛。"

"那可不行,她总会乱花钱,这样都剩不下钱了,让她管钱我俩都得喝西北风去。"

"你这样啊,你不是想买车吗?你老婆应该也会觉得买辆车比较方便吧。"

"是的,她一直都吵着买车的,可惜家里没存下钱。"

"我给你支个招。就等她心情好的时候,比如你跟她一起看电视,现在电视上车的广告很多,你就趁机说:'老婆,这车不错啊,我们家应该买辆车了。'你老婆一定会同意你的提议。你接着说:'但是目前我们的钱不够,这样吧,我们做个计划吧,看买个多少钱的车,选你喜欢的。然后计划多久买这么辆车,按照我们目前的收入除去正常开销每个月要存多少钱。老婆,我把工资都给你,你把买车的钱存下来,再除去我们家日常开销,剩下的全由你来支配。'"小李顿了顿继续说:"当然你这个目标的设计都是要提前研究好的,这样除去买车和日常开销的钱,供你老婆自由支配的资金其实并不多了,但也不要太少。通过这种方式,你们的家庭目标就能实现了。同样的,诸如换房之类的目标也可以通过类似的方法来实现。"

"老同学,你这个招数实在是厉害啊!"

"不是我的招数厉害,是管理大师的招数厉害。这个方法在管理学里面叫目标管理,就是上下级一起来制定目标,员工感觉这个目标是自己制定的,他会主动去执行,所以这个也是一个很好的激励手段。另外这个目标肯定是支撑组织目标的,是在组织大目标之下制定的个人目标,能够保证合理配置资源,保障组织目标的实现。"

"我大学时候也学过管理学,觉得这个东西离我们很遥远,而且管理理论挺晦涩的,当时没认真学。现在真后悔啊,原来管理学这么有用。"

"现在学也不迟啊,老同学!"

丈夫小王用了同学小李教的目标管理的方法顺利解决了夫妻争吵的问题,为此,他特意去买了很多管理学的书来学习。这些知识不光对他做家庭管理有很大的帮助,他的事业也蒸蒸日上……

【思考】　1.你能通过该案例进一步总结目标管理的特色优点吗?
　　　　　2.你还能想到哪些可以应用目标管理方法的场景?

第七章

组 织　　　≫ ≫ ≫　　≫

学习目标

通过学习本章的内容,学生能够:

1. 明确组织的概念,组织设计的任务、程序和基本原则;
2. 了解组织结构的概念及部门化的种类;
3. 掌握各种组织结构的基本形式及发展趋势;
4. 明确人员配备的任务、内容和原则,熟悉选聘、考核、培训等各项工作;
5. 掌握组织整合的基本概念及基本内容。

引 例

韩都衣舍责权利对称的"蚂蚁军团"

韩都衣舍成立于 2008 年,是国内领先的互联网服饰集团,2012—2017 年连续 6 年做到了国内电商平台互联网服饰行业综合排名第一,2017 年全年销售额约达 17 亿元,在 2017 年的"双十一",韩都衣舍的销售额为 5.16 亿元。

韩都衣舍每年发布几万款自有品牌的新款服装,这极大地考验了它的应变能力。为此,它在内部实行了鼓励员工自主创新的产品小组制,成立了 280 个产品小组,这些小组又被称为"蚂蚁军团"。每个产品小组由设计师(选款师)、页面制作专员、货品管理专员三个角色组成,通常为 1～3 人。

产品小组独立核算,根据销售额、毛利率、库存周转率等指标,每天进行业绩排名;产品小组拥有很大的自主权,比如公司只会规定最低定价,而款式、尺码、库存深度、基准销售价格、促销政策等,则全部由产品小组自己决定。产品小组业绩提成也有明确的公式,即业绩提成=销售额×毛利率×提成系数。

韩都衣舍 CEO 赵迎光认为，作为一家年销售额十多亿元的公司的 CEO，自己竟然不忙，核心原因就是产品小组模式配合公司支持"多款多批次小批量生产"的柔性供应链系统，极大地释放了人才的活力，也为公司培养了大批具有经营思维的产品开发和运营人员。

【思考】 进入移动互联网时代，一些新型组织的企业不断涌现，阅读上述韩都衣舍的案例之后思考，你认为韩都衣舍自成立以来爆发性增长的原因是什么？组织模式在其中起到了怎样的作用？

第一节　组织概述

"组织"一词的原始意义是纺织，即将丝麻织成布帛。从词性上来分析，它既可以是名词，也可以是动词。

作为名词的组织是指人们为了实现某一特定的目的而形成的系统集合，即有一个特定的目的，由一群人所组成，有一个系统化的结构。如政府行政机关、工商企业、学校、医院等都是组织。它代表某一实体本身，必须具备三个共同的特征：①组织都具有各自明确的目的，共同目标是组织存在的前提；②每个组织都由一定的人群组成，内部必然要进行分工与合作；③每个组织要有不同层次的权力与责任制度，即有相应的系统性结构用以控制和规范组织内成员的行为。

作为动词的组织指的是组织工作，也就是管理的组织职能，即为了有效实现组织目标建立组织结构，配备人员，制定规章制度，分工授权并进行协调的活动过程。它包含的主要工作内容有：①设计并建立组织结构，包括内部分工和相互关系的组织模式；②建立组织制度规范体系与信息沟通模式，保证组织的有效运行；③人员配备与人力资源开发；④组织协调与变革。

组织就是围绕一项共同目标建立起来的集体机构，它指定组织机构中的全体人员的职位，明确其职责，交流信息，并协调其工作，在实现既定目标中获得最大的效率。

以上定义中包括了组织的五大要素：人员、职位、职责、关系和信息。

组织根据目标，构建起系统化的结构，然后将合适的人选放入其中，并设计出运行机制、沟通模式，打造出企业文化，使得整个组织顺利运作。

所以企业管理的组织职能就是要进行组织机构的设计、人员的选聘和任用、组织的权力与沟通机制的设立。随着环境的变化，企业目标会发生变动，组织相关的架构和内容也要跟着变动，这是组织的整合和变革。

【思考】 如果某高校要在异地建一个分校,试问要进行哪些组织工作?

第二节 组织设计

一、组织设计的任务

组织设计是指进行专业分工和建立使各部分之间有机地协调配合的系统的过程,就是对组织开展工作、实现目标所必需的各种资源进行安排,以在适当的时间、适当的地点把工作所需的各方面力量有效地组合到一起的管理活动过程。组织设计的任务,具体地说就是建立组织结构和明确组织内部的相互关系,提供组织结构图、部门职能说明书、岗位结构图和岗位职责说明书等。

简言之,组织设计就是为了实现组织目标,对企业要做的事情进行梳理,设置相应的岗位,把这些岗位有机地搭建起来,形成一个系统的有机的整体。这是一个搭积木的过程。最终,我们"搭建"的成果是组织结构图、岗位结构图、部门职能说明书和岗位职责说明书。然后为了这个搭建的组织结构能够运作,我们配备了人员,建立了规章制度,进行了权力配置。

其中,组织结构图是描述组织的所有部门及部门之间关系的结构框架图。它可以明确表明组织中的部门设置情况和层次结构,直观地反映出组织的内部分工和上下级隶属关系。

岗位结构图反映的是各部门内部的分工情况,表明了组织中的各种岗位及岗位之间的权力关系,它是与岗位职责密切相联系的。如一个组织的财务部门可以设计划、会计核算、审核、出纳等多个岗位,而岗位如何设置是由组织的性质、目标、任务、规模等因素所决定的。

组织内部相互关系的明确,则通过编制职务说明书来实现。具体来说有部门职能说明书和岗位职责说明书。

部门是指具有独立职能的工作单元的组合。部门职能说明书一般包括部门名称、上下级隶属关系、主要职能、责任、权力、与有关部门的协作关系,以及岗位协调等内容。通过它可以清楚了解该组织中各部门之间的职能分工情况。

岗位职责说明书一般包括岗位名称、上下级关系、岗位职责、主要工作、直接责任、岗位权力、岗位的素质要求(如学力、经历)等内容。

【思考】 分析在"三个和尚没水吃"与"三个臭皮匠,顶个诸葛亮"两个典故中,是什么导致了这两种截然不同的组合效果?

二、组织设计的程序

虽然每一个组织的目标不同,其组织结构形式也不相同,但每个组织的基本设计过程是基本类似的。一般来说组织设计包括以下三个步骤。

(一)弄清组织目标以及为了达成组织目标所要做的事情

这是组织设计所要做的最重要的基础工作,也是保障管理有效性的必要的工作。需要弄清的问题包括:为了达到组织目标,企业当前所要做的事情以及未来可能出现的变动并且为此所做的准备是什么;企业目前的内外部环境、条件是怎样的。充分搜集整理出这些信息之后再进行下一步骤。

(二)因事设岗——岗位分析与设计

在第一步骤的基础上,即摸清楚了为了实现组织的目标需要做哪些事情后,我们要确定为了做这些事情需要设置哪些岗位,以及需要的数量。因事设岗就可以知道这些岗位的任职人员要具备哪些素质才能胜任。这就是组织设计的基础工作——岗位分析与设计。它是明确完成组织目标所须进行的各种活动,也就是在组织目标活动逐级分解的基础上,设计与确定组织内开展各项工作和管理活动所须设置的岗位类别和数量,以及每个岗位所拥有的职责权限和任职人员所应具备的素质。

(三)部门化

我们在设置了相应的岗位的基础上,为了方便管理,就将岗位放到一个个的“小盒子”里进行分类,这个“小盒子”就是部门。这个过程就叫部门化。到这一步骤,我们组织设计的基本单元——积木块已经完成,接下来的工作是进行搭建。

部门划分就是根据各个职务所从事的工作性质以及职务之间的相互联系,按某种逻辑将各个职务合并成一些组织单元,如部门、处室等,这就是部门化过程。其目的是明确责任和权力,并有利于不同的部门根据其工作性质的不同采取不同的政策,以及加强各个部门内部的沟通和交流。部门划分要注意:

(1)部门与部门之间的职能要避免重复;

(2)组织中所有的管理工作在进行部门划分之后不能有遗漏,即所有的工作都归属有关部门;

(3)部门岗位设置与人员配备要与工作量相匹配。

【思考】　部门化都有哪些方式呢?

[阅读材料]

部门化的类型

部门化是对组织整个管理系统进行分解,然后再按某种原则合并成若干基本管理单元,如部门、处室等的过程。它是在管理劳动横向分工基础上进行的。不同的管理或业务部门,是使整个管理系统有机运转起来的细胞和基础。所以说,划分部门的实质,是对管理劳动的分工,即将不同的管理人员安排在不同的管理岗位和部门中,通过他们在特定环境、特定相互关系中的管理工作来使整个管理系统有机地运转起来。

1. 职能部门化

即按业务活动的相似性来设置管理部门(见图 7-1),这是一种传统的、普遍的组织形式。它的优点有:一是因为按职能类型划分是设立部门最自然、最方便、最符合逻辑的标准,据此进行的分工和设计的组织结构可以带来专业化分工的种种好处,有利于强化各项管理职能;二是由于各部门只负责一种类型的业务活动,有利于工作人员的培训,有利于其相互交流以提高技术水平;三是有利于维护最高行政指挥的权威,有利于维护组织的统一性,并提高工作效率。其弊端是由于各部门管理人员长期在一个专业部门工作,形成了自己的行为模式,会不注意协调配合,从而影响整个组织目标的实现;同时容易出现部门主义,并且导致整体管理较弱,即整个组织对于外界环境变化的反应较慢。

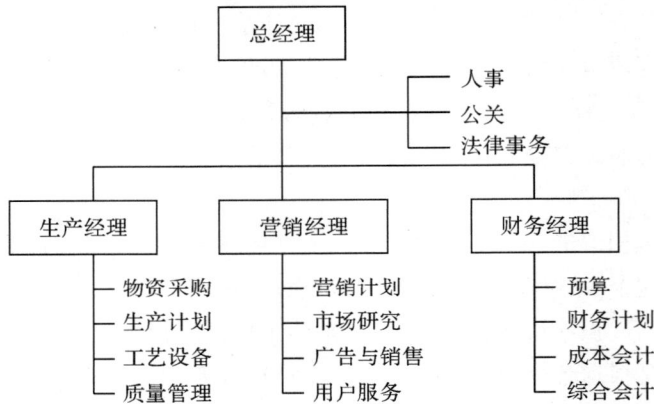

图 7-1　职能部门化组织结构

2. 产品部门化

随着企业的成长和产品品种多样化,出现了按不同的产品来划分部门,设置管理单位的做法(见图 7-2)。高层管理者授予部门管理者在某一产品或产品系列的制造、销售和服务等方面广泛的权力。产品部门化的优点:一是能使企业将多元化经营和专业化经营结合起来;二是有利于企业加强对外部环境的适应性,以市场为主导,及时调整生产方向;三是有利于促进企业的内部竞争;四是可提高决策的效率,易于保证产品质量和进行核算并有利于全面管理人才的培养。其局限性:一是需要较多的像总经理那样的全面管理人才去管理各个产品部;二是各产品部门容易产生本位倾向,从而影响企业的统一指挥;三是产品部某些职能管理机构与总部的重叠会导致管理费用增加,从而影响整个企业的竞争力。

3. 区域部门化

这是根据地理区域因素来设立管理部门,把不同地区的经营业务和职责划分给不同部门的经理(见图 7-3)。这种形式不像职能和产品部门化那样普遍,但许多全国性或国际性的大组织常采用此种方式。其优点:一是能对本地区环境的变化做出迅速的反映;二是在当地组织业务活动如生产时可以减少运费和运送时间,降低成本;三是可以调动各地区管理者参与决策的积极性,有利于协调地区内各种活动。其缺点与产品部门化类似:一是需要很多具有全面管理能力的人才;二是与总部之间的职责划分比较困难,某些管理机构重叠,使管理费用增加;三是增加了总部对其控制的难度。

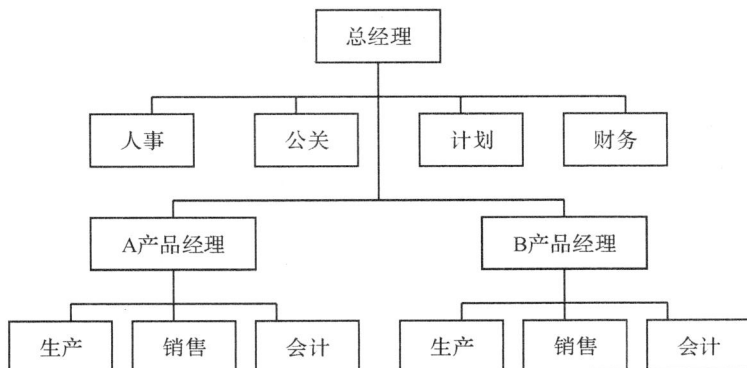

图 7-2 产品部门化组织结构

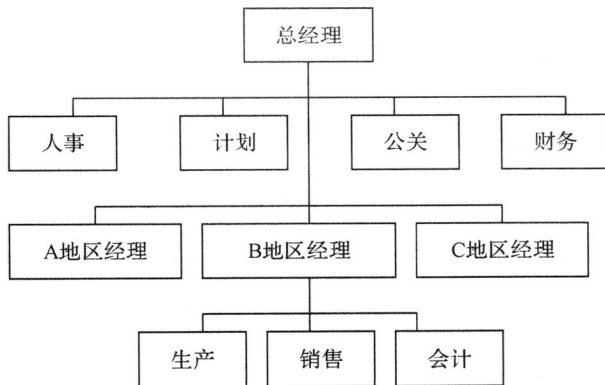

图 7-3 地区部门化组织结构

4. 顾客部门化

这是根据顾客的需要和顾客群设立相应的部门(见图7-4)。不同类型的顾客在产品品种、质量、服务、价格等方面会有不同的要求。实行顾客部门化可以更加有针对性地按需生产,向顾客提供针对性更强、质量更高的服务。其缺点是,只有当顾客群达到一定规模时,这种部门化方式才比较经济,否则会加大成本,同时增加协调的难度。所以顾客部门化只用于服务对象差异较大,对产品与服务有特殊要求的组织,如大超市针对零售、团购、批发商、代理商分别建立管理机构。

(四)搭建结构并进行平衡

将这些部门的"积木块"进行搭建,确定横向和纵向的关系及沟通联系方式、工作流

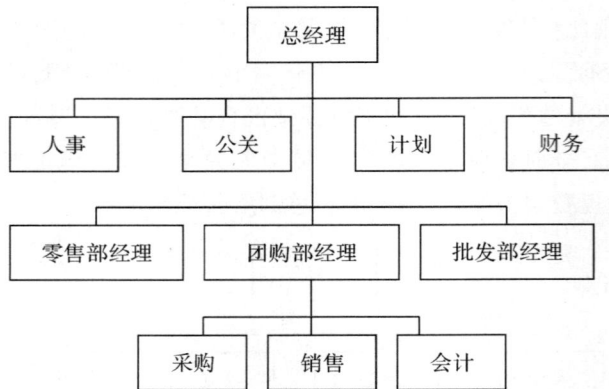

图 7-4 顾客部门化组织结构

程。即确定这些积木块谁在上谁在下、谁和谁是平级,平级的积木块之间又有何种联系和关联,而这些积木块又是有机的系统的彼此协调配合的,我们还要为此设置机制、流程和规范。

经过各方面的综合平衡,最后形成合理的组织结构。

（五）责权利的确定

通过企业的各项规章制度、工作流程等将企业的软件设定好,明确每一个岗位每一个部门的责权利,从而保障企业的顺利运作。

三、组织设计的原则

组织结构有多种形式,而每一种结构形式都有其特定的优缺点。对于某一特定的组织,可以采用不同的组织结构形式,但管理者必须遵循组织设计的基本原则,它是对各种结构形式的组织设计都普遍适用的要求,也是评价组织结构合理与否的标准。归纳起来,组织设计有以下几条基本原则。

（一）有效性原则

这是指管理组织在实现组织目标过程中的活动是富有成效的,而且是有效率的。任何组织都有特定的目标,组织结构只是实现组织目标的手段,必须根据组织目标来考虑组织结构的总体框架,所以本原则也可称为目标原则,即从组织目标来看必须执行的原则。

管理者在进行组织设计工作时,无论是决定选取何种形式的组织结构,还是配置哪些职位、部门与层次,都必须从服从并服务于组织目标实现的需要出发来加以考虑和选择。首先要明确该组织的发展方向、经营战略、目标要求,这是组织设计的前提。同时要认真分析,为了保证组织目标的实现,必须做哪些事,怎样才能做好等,然后以事为中心,设计职务,建立机构,配备人员,即组织结构要因事设职,因职设人。最后要从组织运行的实际出发,及时调整结构以适应形势变化和组织目标的发展变化。

（二）管理幅度原则

这是从组织起因观察所得的原则。因为任何管理人员能够直接有效地指挥和监督的下属数量总是有限的。这个所能有效管辖的直接下属的数量界限就被称作管理幅度。

组织设计中的管理幅度原则就是指正确处理有效管理幅度和管理层次的关系问题。

管理层次是指一个组织中为了实行有效管理而建立起来的从组织的最高层领导到基层员工的管理层次数。在一般情况下，管理层次和管理幅度成反比例关系，如一个部门中的操作人员数一定，每个管理人员能直接管理的下属数越多，那么该部门内的组织层次也就越少，所需的管理人员就越少；反之，每个管理人员能直接管理的员工越少，所需的管理人员就越多，相应的组织层次也就越多。

由此可见，管理幅度的大小，在很大程度上制约了组织层次的多少。而影响管理幅度的因素有：工作能力，包括管理者的能力和下属的成熟程度；工作内容和性质，包括工作的标准化程度；工作条件，如助手配备情况，信息手段的配备情况，工作地点相近性等；工作环境，主要是指组织的外部环境等。

管理幅度过大，会造成领导监督不力，使组织陷入失控状态。管理幅度过小，又会造成管理人员配备增多，管理效率降低。所以保持合理的管理幅度是组织设计的一条重要原则。

【思考】 信息技术发展和办公自动化程度的提高对管理幅度影响如何？

（三）统一指挥原则

这是早期管理学家提出的处理上下级关系的原则，是从组织职权关系上得出的原则。统一指挥，是指组织中的每一个下属应当而且只能向一个上级直接汇报工作。统一指挥原则使每个组织上下级之间形成一条等级链，各级组织在行政业务上都应当实行行政领导人负责制，而执行具体管理职能的业务部门其内部也实行领导人负责制。组织内部的分工越是细致、深入，统一指挥原则对于保证组织目标实现的作用就越重要。政出多门、命令不统一，一方面会使真正想做事的下属产生无所适从的感觉；另一方面，也会给一些不想做事的下属以利用矛盾、逃避责任的机会。

（四）权责对等原则

这是指在组织等级链上的每一个环节都应该无一例外地贯彻职权与职责相对应的原则，也是从组织的职权关系上得出的原则。职权是人们在一定职位上拥有的权力，职责则是完成任务的义务，职权与职责相对应是遵循逻辑的必然结果。所以在进行组织设计时，既要明确各部门或职务的职责范围，又要赋予其完成职责所必需的权力，使职权和职责两者保持一致，这是组织有效运行的前提，也是组织设计中必须遵循的基本原则之一。只有责任义务，没有职权或权限很小，会使管理者的积极性和主动性受到严重束缚；相反，只有职权而无责任，或者责任程度小于职权，则会导致组织中出现权力滥用和无人负责并存的局面。

【思考】 请举出一个权责不对等的案例。

(五)协调原则

这是从组织工作本身得出的原则。它是指组织中的各个部门、各个层次既要有合理的分工,又要注重相互的协作和配合,即在分工协作的基础上加强纵向和横向协调。

根据这一原则,首先要搞好分工,解决各人干什么的问题。分工时,应注意分工的粗细要适当,要根据需要和可能合理确定分工。

同时,要避免分工过细而增加不必要的组织界限,影响信息沟通;要明确各部门之间的协作关系及各项跨部门工作的流程,防止接口不清,而导致责任不明。

纵向协调因为有上下级隶属关系相对而言比较容易些。而横向协调需要在组织设计时使每项职能业务标准化,并明确横向流程,通过工作保证体系来进行横向协调。

也可以把职务相近的部门合并,组成若干系统,每个系统设一名主管领导,或者通过设立系统管理机构进行横向协调,如企业的"全面质量管理办公室"和学校的"办学水平评估办公室"等。

四、组织设计的影响因素

组织设计的影响因素也就是组织设计的依据,主要包括以下方面。

(一)战略

战略是实现组织目标的各种行动方案、方针和政策选择的总称,而组织结构是帮助实现组织目标的手段,两者是一个相互影响、相互作用的关系。我们进行组织设计时就必须考虑组织的战略,组织在发展过程中需要不断地对其战略的形式和内容做出调整,新的战略一旦形成,组织结构就应该进行调整,以适应新战略实施的需要。而在制定战略时,也必须考虑一定组织结构的影响,所以我们将战略作为组织设计最重要的影响因素。

这里的战略指的是组织重大发展决策、规划,它可以在两个层次上影响组织结构设计:一是不同的战略对组织开展的业务和管理活动有不同的要求,这会影响到组织设计中的职务设计和部门划分;二是组织战略重点的改变会引起组织业务活动重心的转移和核心职能的改变,从而使各部门各岗位在组织中的相对位置发生变化,因此就要求对组织结构做必要的调整,如对管理职务以及部门之间、岗位之间的关系做出调整。

(二)规模

这里的规模指的是组织的人数。组织的规模越大,工作就越专门化。标准化操作程序和规章制度越多,组织结构就会越趋于复杂和规范化。这表现在:一是随着规模的扩大,受管理者管理幅度的影响,不可避免地需要分层次;二是组织关系更加复杂,协作也就更加困难,需要对员工进行部门划分,形成多部门结构。

组织的规模,往往与组织发展的阶段相联系,伴随着组织的发展,组织活动的内容会日趋复杂,人数逐渐增多,活动的规模和范围会越来越大,组织结构也就需要随之进行调整。组织发展的不同阶段要求有不同的组织结构模式与之相适应。例如,创业阶段,新的组织面临许多未知的挑战,组织结构常常是简单、灵活而集权的。随着员工的增多和组织规模的扩大,组织取得经验和自信后便进入职能发展阶段,组织结构由松散转变为正规、集权,其通常的表现形态就是职能型结构。而当组织的业务活动进入多元化和跨地区市场以后,组织就进入了分权阶段,此时事业部制结构可能更为适宜,如许多企业在内部划小经营单位,使各部门按创业阶段的特点来进行管理,而这样做的结果是使各部门本位主义严重,高层管理者会有"失控"之感。于是,在组织内部增设了许多参谋和高级助手以加强对各部门的控制,从而进入参谋激增阶段。而参谋激增又导致了直线与参谋之间的矛盾,为了解决分权和高度职能化带来的问题,使高层管理者再度高度集中决策权力,这就是所谓的再集权阶段。

总之,不同的组织规模和组织不同的成长阶段必须有不同的组织结构与之相适应。

(三)技术

这里的技术是指为了完成组织目标而进行的各种活动所需要的仪器、设备、控制方法等。组织的活动需要利用一定的技术和反映一定技术水平的物质手段来进行。技术水平的高低不仅影响组织活动的效果和效率,而且会对组织的职务设置、部门划分、部门间的关系以及人员素质要求产生相当程度的影响。比如,信息处理的计算机化必将改变组织中会计、文书、档案等部门的工作性质和形式。

随着工艺技术复杂程度的提高,组织内的管理层次和参谋人员数也在增加,中层以上管理人员的管理幅度也在相应增加。在常规技术下,组织结构可以高度的规范化。反之,在非常规技术下,由于问题具有较大的不确定性,而且要处理的例外问题多,对组织的灵活性要求高,组织结构应当是高度分权化的,并要保持较低程度的正规化。信息技术的普及和计算机手段在生产作业活动中的更广泛更深入的应用,促使生产技术向非常规范化演进,相应地也促进了管理组织结构发生变化,变得更具柔性和有机性。

(四)环境

这里主要指的是外部环境因素。外部环境之所以会对组织结构产生重大影响,是因为任何组织或多或少都是个开放系统,组织作为整个社会大系统的一个组成部分,它与外部的其他社会小系统之间存在着各种各样的联系,而任何一个组织的运作都不可脱离一定的外部环境,有效的组织结构是那些与外部环境相适应的结构。外部环境对组织结构设计的影响主要表现在三个不同的层次上:一是对职务和部门设计的影响;二是对各部门关系设计的影响;三是对组织结构总体特征的影响。

一般的环境可分为相对稳定环境和不稳定环境。与此相适应,有两种不同的组织结构:机械结构和有机结构。处于相对稳定环境中的组织宜采用机械结构,而处于不稳定环境中的组织多采用有机结构。

外部环境的内容在第四章已经做了介绍,这里再指出一点,组织结构必须与它的环境相适应,包括应当与其所在地的文化价值观相适应。如在一个权力距离较大的社会,建立分权协商式的组织结构,其运行效率就不会太高。

第三节　组织结构类型

一、组织结构概述

组织结构是组织设计的结果之一,也是描述组织的框架体系,即由于分工与授权形成的行为规范纵横交错的框架体系。它的本质是成员之间的分工协作关系,其内涵是人们的职、责、权关系。因此,组织结构又可称为权责结构,一般可以用结构图来表示。

1. 组织结构具体内容

(1)职能结构。即完成组织目标所需的各项业务工作及其比例和关系。如一个企业有经营、生产、技术、销售、行政等不同任务职能,但都为实现企业总目标服务。

(2)层次结构。即各管理层次的构成,又称组织的纵向结构。如公司结构层次一般是董事会→总经理→各职能部门→基层。

(3)部门结构。即各管理或业务部门的构成,又称组织的横向结构。如一个高校设置教务、财务、人事、设备、科研等职能部门。

(4)职权结构。即各层次、各部门在权力和责任方面的分工及相互关系。如董事会负责决策,经理负责执行与指挥等等。

2. 组织结构的三种成分

(1)复杂化。指的是组织分化的程度。一个组织越是进行细致的劳动分工,具有越多的纵向管理层次,组织单位地理分布越是广泛,则协调人员及时活动就越是困难,即复杂化程度越高。

(2)正规化。指的是组织依靠规则和程序引导员工作为的程度。一个组织使用的规章条例、制度越多,其结构越正规化。

(3)集权化。指的是决策制定权力的分布状况。决策高度集中称为集权化,而决策制定权力授予下层人员称作分权化。

【思考】　复杂化、正规化、集权化之间有什么联系?

二、组织结构的基本形式

组织结构形式是管理组织结构设置的具体模式,它包括纵向结构设计和横向结构设计两个方面。横向设计解决部门划分问题,建立分工协作关系;纵向设计解决层次划分问题,建立领导隶属关系。由于每一个组织的目标、所处的环境、拥有的资源是不同的,其组织结构也必然会有所区别。但各种组织结构之间会有很大的相似性,现将基本的组织结构形式归纳如下。

（一）直线制

直线制组织结构形式（见图 7-5），是一种最早形成和最简单的组织形式，在军事系统中得到广泛应用后推广到企业管理中，如手工业作坊的组织结构就是这种形式。其突出特点是组织的一切活动均由组织的主管人员直接进行指挥和管理，不设专门的参谋人员和职能机构，最多只有几名助理协助工作，从最高管理层到最低层实现直线垂直领导。

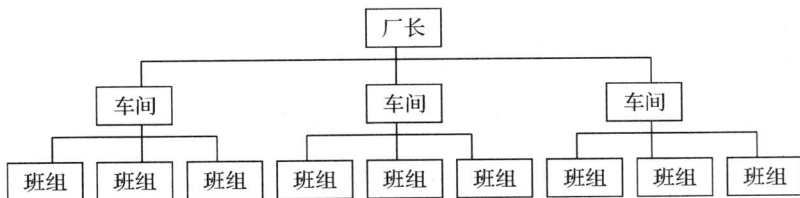

图 7-5　直线制组织结构

直线制的优点是：管理结构简单，管理费用低，权力集中，指挥统一，沟通迅速，责任明确，反应灵活，纪律和秩序的维护较为容易。其缺点是由于没有职能机构，要求各级管理者精明能干，具有多种管理专业知识和业务技能知识。实际上每个管理人员的精力和能力毕竟有限，而且组织内部的横向联系比较差，所以这种结构只适合于小型组织，如小企业和现场作业工地等。

（二）职能制

职能制组织结构形式（见图 7-6），是泰勒提出的一种组织结构形式。其主要特点是用专业分工的职能管理者来代替直线制的全能管理者。也就是在组织内部设置各专业领域的职能部门及其主管，由他们在各自负责的业务范围内向直线系统直接下达命令和指示。各级单位负责人除了要服从上级行政领导的指挥外，还要服从上级职能部门领导在其专业领域内的指挥。

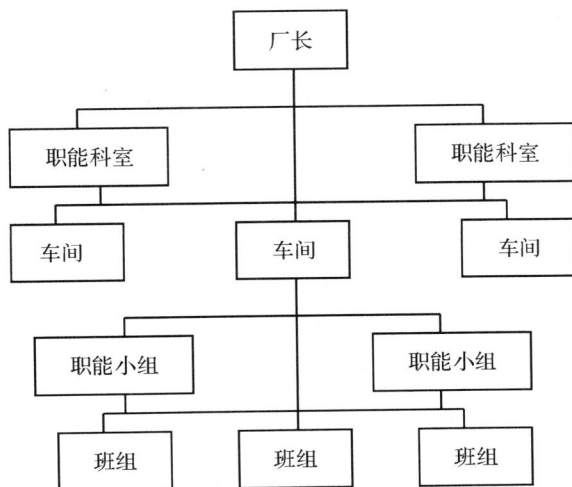

图 7-6　职能制组织结构

职能制的优点是:每个部门的管理者只负责一方面的工作,有利于充分发挥专业人才的作用;专业管理工作可以做得细致、深入,对下级工作的指导比较具体。其作用若发挥得当,可以弥补各级行政领导人管理能力的不足。

但是,职能制组织有一个致命的缺陷,即"上头千条线,下边一根针",容易形成多头领导,削弱统一指挥。有时各职能部门的要求可能相互矛盾,造成下级人员无所适从。所以这种形式实际上很少采用,主要是作为一种管理理念而存在。

(三)直线职能制

直线职能制组织结构形式(见图7-7),是对职能制的一种改进。它是以直线制为基础,在各级行政领导之下,设置相应的职能部门,如人事、财务等从事专业管理。其特点是各级直线部门担负着实现组织目标的直接责任,即只有各级行政负责人才具有对下级进行指挥和下达命令的权力;而各级职能部门只是作为行政负责人的参谋与助手,主要负责提供建议、信息,对下级只起业务指导作用,不能对下级直线管理人员发号施令,只有当行政负责人授予他们某种职能权力时他们才有一定程度的指挥命令权。如企业生产部门受领导委托召开生产调度会,指挥日常生产活动。

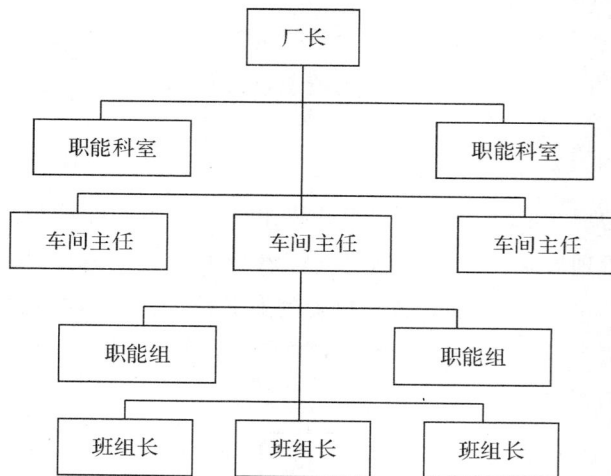

图7-7　直线职能制组织结构

直线职能制的优点是既保持了直线制集中统一指挥的优点,又吸取了职能制发挥专业管理职能作用的长处,即指挥集中、决策迅速,分工细致、职责分明。既可减轻直线管理人员的负担,又能充分发挥专家的特长,容易维持组织纪律,确保组织秩序,特别是在外部环境变化不大的情况下,组织的效率较高。

它的缺点是:各职能单位自成体系,不同的直线部门和职能部门之间的目标不易统一,相互之间容易产生不协调,从而增加了高层管理人员的协调工作量;由于分工细、规章多、组织弹性不足,对环境变化的反应较慢,不易适应新情况;由于职能部门的管理人员只重视与其有关的专业领域,因而不利于在组织内部培养综合型管理人才。虽然直线

职能制有这些潜在的缺点,但目前它在我国绝大多数组织尤其是所面临环境比较稳定的

中小型组织中得到了广泛的采用。

（四）事业部制

事业部制组织结构形式（见图 7-8），是一种实行分权管理的内部组织形式。它最早是由美国通用汽车公司总裁艾尔弗雷德·斯隆于 1924 年提出来的，目前已成为国际上各大型企业跨国公司普遍采用的典型的组织结构形式。

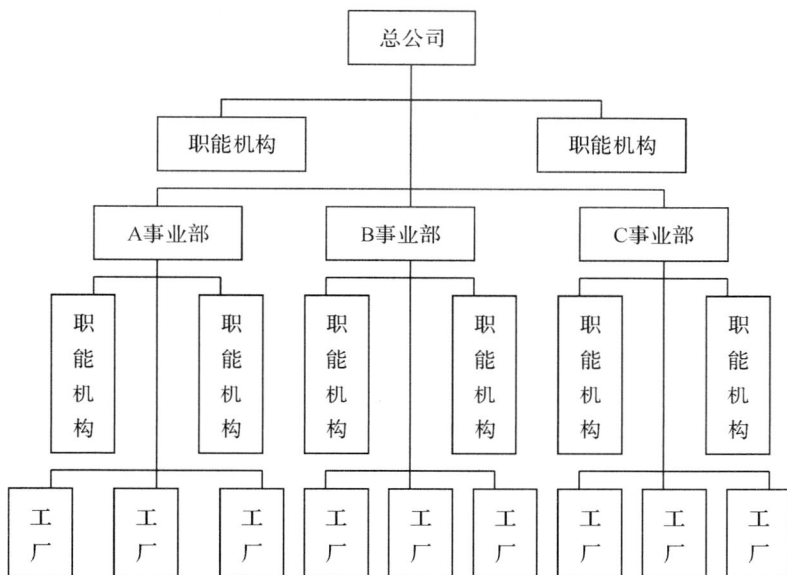

图 7-8　事业部制组织结构

它的特点是按产品或市场（地区）设立事业部，而这些事业部均是独立的利润中心，在总公司领导下，实行独立经济核算，自负盈亏地经营。企业的最高管理层（总公司）是企业的决策机构，它的主要职责是研究和制定公司的总目标、总方针、总计划以及各项政策。各事业部在不违背总目标、总方针和公司政策的前提下充分发挥其主观能动性，自主管理其日常经营活动。

事业部制的优点是：能把多种经营的专门化管理和公司总部的集中统一领导更好地结合起来，总公司和各事业部间形成比较明确的责、权、利关系；可使总公司和最高管理层从繁重的日常事务中解放出来，得以从事重大问题的研究和决策；事业部制以利润责任为核心，既能保证公司有稳定的收益，也有利于调动事业部经营的主动性和积极性；各事业部能相对自主独立地开展经营活动，从而有助于培养高层管理人才。

事业部制的缺点是：管理部门重叠设置，增加了管理人员和管理费用；各事业部容易产生本位主义，调度和反应不够灵活，不能有效地利用公司的全部资源；由于各事业部相当于一个独立的企业，对事业部的管理人员素质水平要求较高；集权与分权关系处理难度较大，分权过大会削弱公司的整体领导力，分权不足则会影响事业部的经营自主性和积极性。

事业部制主要运用于组织规模很大且有不同市场面的多产品的现代大企业。

（五）矩阵制

矩阵制组织结构形式（见图 7-9），是一种非长期固定性的组织结构形式。它是在项目组形式上发展起来的。

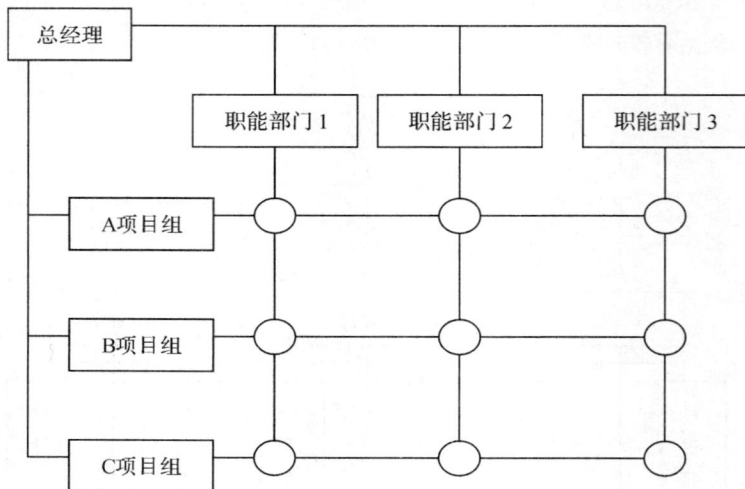

图 7-9　矩阵制组织结构

项目组是指为了完成某个特定的任务，而把一批不同背景、不同技能和来自不同部门的人组织在一起的一种组织形式。例如，企业中的技术革新小组，高校里的课题组，研究所里的攻关组等。一个组织里同时存在着几个常设的项目组，形成了一种新的组织形式，即矩阵制。

矩阵制的特点是：既有按管理职能设置的纵向组织系统，又有按项目、产品、任务等划分的横向组织系统。横向系统的项目组所需的人员从各职能部门抽调，他们既接受本职能部门的领导，又接受项目组的领导，一旦某一项目完成，该项目组立即撤销，人员回原部门工作。

矩阵制的优点是：加强了横向联系，使集权分权实现了有效的结合，便于集中各种专门的知识和技能，提高了组织的灵活性和应变能力；各种专业人员在一段时间内为完成同一项任务而一起工作，易于培养他们的合作精神和全局观念，且不同思想互相碰撞，容易取得创新性成果。

矩阵制的缺点是：由于成员工作位置不固定，容易产生临时观念；组织中存在着双重职权关系，出了问题往往难以分清责任。

因此，矩阵制结构只有在项目负责人与职能负责人能密切配合时，才能顺利地开展工作。

（六）委员会

委员会是执行某方面管理职能并实行集体决策、集体领导的管理者群体。委员会也是一种常见的组织形式，在实践中被广泛采用，如董事会、职工委员会、职称评定委员会等。委员会的特点是集体决策、集体行动。各个成员的权力是平等的,并依据少数服从多数的原则处理问题。

委员会按时间长短分为常设的委员会和临时委员会,按职权分为直线式的和参谋式。

委员会的优点是:集体领导和决策,能避免个人水平能力有限造成的各种失误,有利于从多层次、多种角度考虑问题,反映各方面人员的利益,有助于沟通和协调。

委员会的缺点是:决策速度慢,不利于个人负责,责任不清;有折中调和的危险;有可能为某一特殊成员所把持,使委员会形同虚设。

【思考】　怎样才能有效地发挥委员会的作用?

除此以外,尚有模拟分权制、超事业部制、学习型组织等多种组织结构形式。

【思考】　了解一下你就读的学校采用的是哪一种组织结构形式。

三、组织结构变化的基本趋势

随着经济全球化和知识经济时代的到来,各类组织的结构形式也在发生深刻的变化,特别是对于企业。在发达的市场经济国家,企业的变化趋势如下。

(一)重心两极化

随着买方市场的形成和竞争加剧,企业的重点部门由过去的生产转向研究开发和市场销售。从企业的经营过程来看,企业组织结构的特征正在形象地由"橄榄型"转变为"哑铃型"。

这种转变最主要的原因是市场环境的变化。在欧美等市场经济发达国家,有些企业基本就是由产品研究开发和市场研究开发部门组成的,而生产部门很少甚至没有。如美国的耐克公司就是典型的例子。

【思考】　在国内能否找到类似耐克公司的例子?

(二)外形扁平化

随着计算机和互联网在企业生产经营中的应用,企业的信息收集、整理、传递和经营控制手段日趋现代化,管理幅度普遍增加。金字塔式的传统层级结构正向少层次扁平式的组织结构演进。

有的跨国公司从十几个层次精简到5~6个层次,大大提高了管理效率,降低了管理费用。有人甚至悲观地预言,未来的时代是不需要中层管理者的时代。

(三)运作柔性化

指的是组织结构的可调整性,以及对环境变化、战略调整的适应能力。在知识经济时代,外部环境的变化已远远大于工业经济时代的变化,企业的战略和组织结构的调整必须及时。在此背景下柔性化的组织结构应运而生。

（四）团队组织

团队是指有明确目标与个人角色定位,强调自主管理、自我控制、良好沟通、合作协调的一种扁平式组织形式。

团队组织与传统的垂直式、功能化的组织模式相比,其本质差别与显著特征有:在组织形态上,团队属扁平型组织,取消了许多中间管理层次,以保证员工可以直接面对顾客与组织的总目标;在目标定位上,团队有明确的目标,每个成员有明确的角色定位与分工。团队成员角色有以工作为导向、以关系为导向和以自我为导向三种角色;在控制上,强调自主管理、自我控制,没有拥有制度化权力的管理者,只有组织者,团队成员充分发挥主动性、创造性,为实现组织的总目标而自觉奋斗;在功能上,团队可以跨部门建立,来自不同部门的成员,淡化原有界限实现功能交叉与融合,成员以多种技能实现互补,实现一种高度融合的协同作战;在相互关系上,团队成员有共同的价值观与理念,建立了良好的沟通渠道,相互之间高度信任、团结合作、整体协调,具有强大的凝聚力与战斗力。

（五）整体形态创新

指的是组织形态的创新,必然使组织在内部组织结构上发生重大的变化。学习型组织的创建和虚拟组织的产生是两个典型的例子。

学习型组织是指由于组织成员都积极参与和工作有关问题的识别与解决,从而使组织形成了持续发展能力的这样一种组织。在学习型组织中,员工们通过不断求取和共享新知识,参与组织的知识管理,并有意愿将其知识用于制定决策或做好他们的工作。

虚拟组织就是指那种以计算机信息网络系统为联系工具,以知识共享、信息共享为基础而组建的动态的组织群体。有时也被称为网络型结构。

与传统的组织相比,虚拟组织具有非实体性、以计算机信息网络连接、反应迅速与组成广泛等特点。

虚拟组织运行的基础和条件是:建立起知识和信息共享的理念,有紧密合作的愿望和较高的管理控制水平。

第四节　人员配备

人员配备是组织设计的逻辑延续。在设计合理的组织结构时,若不能根据各岗位的职务要求选配到合适的人员,就无法有效地发挥作用。所以,人员配备是组织职能的重要内容。其主要任务是:通过分析人与事的特点,谋求人与事的最佳组合,从而实现员工的不断成长和组织的持续发展。

一、人员配备的任务和原则

（一）人员配备的任务

人员配备是指组织通过对工作要求和人员素质的分析，为每一个岗位配备合适的人员以完成组织目标所需开展的各项工作的过程。人员配备的目的是谋求人与事的最佳组合。所以，人员配备的任务是既能满足组织的需要，又能考虑到组织成员的需要。

从组织需要角度去考虑：通过人员配备使组织系统得以运转；为组织发展积蓄干部力量；努力维持组织成员对组织的忠诚，稳定人心，留住人才。

从组织成员需要角度去考虑：通过人员配备，使每个人的知识和能力得到公正的评价、承认和运用；并使每个人的知识和能力不断发展、不断提高。

（二）人员配备的工作内容

确定人员需要的种类和数量，这是以组织设计中的岗位类型和岗位定编数为依据的。

选配合适人员，即从组织内外的候选人中进行筛选，为此必须进行招聘与甄选。

进行培训与考核，使员工能适应发展需要，始终保持人与事的动态最佳组合，以达到组织发展和员工成长的双重目的。

（三）人员配备的基本原则

1. 因事择人原则

这是人员配备的首要原则。即根据岗位工作需要配备具有相应知识和能力的人员。

2. 因材器用原则

这就是要根据每个人的特长和兴趣爱好来分配不同的工作，以最大限度地发挥出其才能和调动其积极性。只要条件允许，尽可能地把一个人所从事的工作与其兴趣爱好、能力特长结合起来。

3. 客观公正原则

这就是在人员配备过程中，组织要明确表明用人理念，为人们提供平等的就业和培训机会，对素质能力和工作绩效进行客观的评价，以最大限度地获得社会和员工的理解与支持。

4. 动态平衡原则

组织在不断发展变化，工作中人的能力和知识的适应性及组织对其成员素质的认识也在不断地发展变化。因此组织人事部门要根据组织和员工的变化，对人与事的匹配进行动态调整。

【思考】 人员配备的四项基本原则有什么联系？如何在实际中贯彻这些原则？

二、人员选聘

人员选聘是指组织通过招聘、选拔、安置和提升等来配备所需的管理者与员工。组织要依据职位或岗位本身的要求和受聘者应具备的素质和能力进行选聘。这是因为组织中不同层次、不同职能机构、不同岗位需要具有不同知识和技能的各类人员。

（一）选聘的途径

人员选聘有外部选聘和内部选聘两大途径。

1. 外部选聘

组织通过广告、职业介绍所、劳动力市场或到大专院校公开招聘等途径，从组织外部众多候选人中选拔符合空缺岗位工作要求的各类人员。

外部选聘的优点是：一是能为组织带来新鲜空气和新的管理方法或专业技能。二是被聘人员具有"外来优势"，既没有太多的框框约束，又没有与其他人员之间复杂的个人恩怨关系，如果他确有能力，便可迅速打开局面。三是有利于平息和缓和内部竞争者之间的紧张关系，并可摆脱组织关系网的约束。

外部选聘的缺点是：一是组织对应聘者的情况难以深入了解，有可能会选错人。二是外聘者不熟悉组织内部情况，也缺乏一定的人事基础，因此需要一段时间的适应才能进行有效的工作。三是外聘会影响组织内部成员的积极性，如较高层次的岗位若聘用外来人员就会堵死内部人员的升迁之路。四是选聘费用较高，如广告测评费用等。

2. 内部选聘

组织通过内部公开招聘，或通过考察选拔调整，把某些人员晋升配置或调任到一些空缺岗位上。

内部选聘的优点是：一是有利于鼓舞内部人员的士气，调动员工积极性，更好地维持组织成员对组织的忠诚。二是因为熟悉情况，可以迅速开展工作。三是组织了解情况，有利于保证选聘的正确性。四是手续简单，费用较低，并有利于吸引外部人才。

内部选聘的缺点是：一是可能造成"近亲繁殖"的现象，不利于开拓创新。二是在若干个内部候选人中提升一个，可能会使落选者产生不满情绪，从而不利于被选聘者开展工作。三是工作容易受到内部关系网的制约，有时内部可选择面较小。

如何确定选聘途径应根据组织的具体情况而定。

如组织缺岗较多，则从外部选聘为宜；组织规模较大，备选人才众多，产生缺岗时则多从内部选聘。有的重要岗位空缺，可以先内部选聘，在内部选聘不能获得合适人员的情况下，再从组织外部招聘。

【思考】 学校缺某一学科带头人，应该如何进行选聘？为什么？

（二）选聘的程序

选聘的程序就是指组织对各类人员选聘的过程，我们把招聘过程所涉及的诸多环节归结为三个阶段加以叙述。

1. 制订选聘方案

这是选聘的准备阶段。首先要确定负责筹划并实施选聘活动的责任机构，明确是由人事部门负责还是成立专门的选聘小组；然后分析各种选聘信息，如组织现有的人力资源使用情况，组织所需人员能否从组织内部调剂，外部劳动力市场供求状况（包括各类人员在市场上稀缺程度），本次选聘所需的各项费用等，在此基础上制定选聘方案。选聘方案是指导各实施阶段和环节的依据，必须精心设计。其内容一般包括：须选聘的岗位、数量，各岗位人员的录用条件，选聘的区域范围和起讫时间，选聘的程序安排及各阶段的时间安排，选聘测试评价方法及内容，各项工作责任人以及选聘的费用预算等。

2. 发布选聘信息

根据选聘方案确定的选聘途径发布各种选聘信息。如对外可以发布招聘广告，对内可以在本单位的布告栏（现在更多是内部网）中张贴招聘启事。选聘信息要明确岗位职责、数量、应聘条件、岗位待遇、应聘报名截止时间、接受应聘机构、地点，必要时还要公布选聘程序和时间安排。然后由专门的机构或人员在规定时间内接受应聘者报名。

【思考】　为什么有的组织在招聘人员时只接受书面形式报名？

3. 评价和选择应聘者

组织依据岗位上岗素质要求对应聘者进行评价和选择，从中选出能够胜任该岗位的人员。常用的手段与方法包括：应聘者申请表分析、资格审查、笔试与面试（包括实际能力考核）、体格检查等。

（三）选聘的具体方法

选聘的具体方法体现在选聘工作的程序中，主要是指组织在接受应聘者报名后如何进行评价和选择。不论是内部招聘还是外部招聘，为了保证上岗人员符合岗位要求，往往引入竞争机制，贯彻公开、公平、公正的原则，筛选出最合适的上岗人员。步骤如下。

1. 初选

指招聘小组对应聘者进行初步筛选，一般采用申请表分析和资格审查的方法。申请表是应聘者填写的各种信息资料，是组织根据不同岗位要求而设计的。资格审查则是对申请资料中所填写的"事实"的分析和核实。必要时也可通过与应聘者的简短会面交谈，淘汰那些不能达到岗位任职基本条件的应聘者，以减少选聘的工作量和成本。

2. 笔试

在初选的基础上，对相对有限的应聘者进行书面测试。内容包括智力和知识测试，个性和兴趣测试。智力测试是评价个人基本行为能力的常用方法，知识测试则侧重于了解应聘者掌握应聘岗位所需的基本知识和专业知识的程度、知识广博程度和深度。个性测试主要是通过各种量表测试一个人的心理和行为特征、兴趣方向以及对工作的价值取向等。通过对应聘者上述各方面的测评，可对应聘者适合岗位要求的程度做进一步的客观评价。

3. 面试

即通过面对面的接触进一步了解应聘者各方面的情况。面试可以有各种不同的技术和方法,可以是个别面试,也可以是集体面试,有情景模拟、无领导小组讨论、案例分析等,也常采用竞聘演讲与答辩等方式,组织可以通过面试进一步对应聘者的智力水平、知识面、能力结构、个性特征等进行考核与评价。

4. 体检

根据以上几方面的评价结果,招聘小组可以确定符合岗位上岗素质要求者为初步录用人员,并发出体检通知书,组织体检。对于未录用者,也应以书面形式告知结果,并对应聘者表示谢意。

5. 试用

根据体检结果最终确定录用人员名单,并与录用人员签订聘用合同。聘用合同中一般应规定一个试用期,以便在试用期内对录用者是否符合录用条件和能否胜任岗位做出实际鉴定。试用期满后,若录用者在试用期中的表现不符合录用条件,聘用单位可以解除聘用合同,辞退录用者。对于合格者,则予以转正,正式上岗。

【思考】 竞聘上岗属于哪一种选聘方法?

三、人员考核

人员考核是指相关部门或人员按照一定的标准,采用科学的方法和程序,对组织中各部门、各岗位人员在一定时期内完成岗位职责任务所表现出来的工作绩效和能力素质所做的衡量与评定。

(一)考核的目的和作用

进行人员考核的目的和作用主要表现在以下几个方面:

1. 促进组织内部的沟通,保证组织目标的实现。通过考核,可分解落实实现目标必须开展的各项工作,并及时了解各项工作的进展情况,促进组织内部之间的沟通,及时发现工作中的问题并采取纠偏措施,确保组织目标的实现。这应该是考核的首要目的。

2. 为促进员工的全面发展创造条件。通过考核既可使员工事先明确工作要求以充分发挥自己的才能;又可及时了解员工的工作情况,发现长处,改进不足。这种为个人认识自我进行的考核,可以为促进员工的全面发展创造条件。

3. 为人事调整、确定工作报酬和员工培训提供客观的依据。通过科学的考核,可对员工的工作绩效,履行工作岗位职责的情况做出客观的评价,从而有助于给员工以公平的工作报酬;为人事调整提供客观的依据,从而有助于保持人事配备的动态平衡和队伍优化;通过考核可以了解员工在工作中存在的普遍问题,从而为开展培训工作提供依据。

(二)考核的内容

对员工的考核,主要涉及德、能、勤、绩四个方面。

1. 德:即考核员工思想政治表现与职业道德。

2. 能:即考核员工从事的业务技术工作相应应具备的专业理论水平与实际能力。

3. 勤：即考核员工主观上的工作积极性和工作态度,包括在工作中表现出来的热情与干劲,考核工作态度,主要包括积极性、责任感、纪律性、协调性等。

4. 绩：即考核员工在工作过程中的实际成绩与效果。这是最重要的考核内容。考核绩效,主要包括员工所完成工作成果的数量、质量及时效。

也可以把人员考核内容分为绩效考核和素质评价两大类。绩效考核注重于评价考核对象在考核期内履行岗位职责的情况,而素质评价侧重于评价考核对象在考核期内所表现出来的符合岗位要求的程度和进一步发展的潜力。在实际工作中,我们往往是在上岗前或换岗时进行素质评价,以确定考核对象是否符合岗位条件,在上岗后则主要是通过绩效考核来了解其符合岗位要求的程度。绩效考核是确定对其评价、奖酬、使用的最基本依据。我们所说的考核一般是指绩效考核。

（三）考核的要求

1. 必须坚持客观公正的原则,这是考核最基本的要求。因为考核最基本的目的就是对员工给予公正的评价与对待。如果考核不能客观公正,考核就会失去意义,不但起不到激励作用,反而会起消极作用。

2. 要建立由正确的考核标准、科学的考核方法和公正的考核主体组成的考核体系。建立科学的考核体系是实现有效考核的前提、基础与必要条件。

3. 要注意考核结果的挂钩使用。考核不是目的,而是一种手段,考核的结果必须与本人见面,并与纠正偏差、解决问题、培训员工以及激励奖惩相挂钩。根据考核结果,来确定需要重点解决的问题,决定对员工采用何种培训,决定员工的工资报酬和奖惩、晋升或降职,否则考核就会毫无意义。

【思考】　如何在实际中对员工考核做到客观公正?

（四）考核的程序

考核一般包括考核准备阶段、考核实施阶段和考核结果处理阶段,每一个阶段中又包括若干基本步骤,现简述如下。

1. 考核准备阶段。这一阶段包括组建考核机构,制订考核计划,确定考核标准,设计考核方法和培训考核人员等工作。

考核机构主要负责落实考核程序规定的各项工作,一般由组织中负责考核的日常管理部门如人事处或人力资源部负责。

考核计划是根据组织的基本要求和具体的考核目的,确定本次考核的目标、对象、程序、实施时间与日程、考核主体。

考核标准主要有职务标准与职能条件两者,前者是组织所期望或要求做的工作内容与水平;后者是组织期望与要求个人应具备的能力内容与水平。

考核方法的具体步骤包括根据考核对象的工作性质和特点、考核标准的要求以及组织实际情况,灵活选择考核方法,并根据不同的考核方法编制相应的考核表。

培训考核人员是在考核前对考核人员进行培训,使他们掌握考核的目的与要求、程序与方法,包括进行必要的客观公正教育等。也包括对全体人员的考核动员。

2. 考核实施阶段。这一阶段包括收集了解被考核者工作情况的各种信息和根据考评标准对考评者进行衡量评价两部分内容。考核的具体实施阶段是考核过程的主体。要深入实际,深入群众获得当事人的积极配合,要用事先设计的科学的考核方法客观公正地进行衡量,搜集的信息要真实准确,并尽可能量化。

3. 考核结果处理阶段。这一阶段包括汇总考评结果、进行综合评价、反馈考核结果和运用考核结果等工作。

汇总考核结果是对搜集到的信息进行筛选、审核与提炼,并且汇总考评人员对被考评者的评价,以此进行全面综合、系统分析,正确地得出考核结论。

反馈考核结果是考核机构向被考评者反馈考核结果,以便促进其改进工作,同时也检验考核是否客观公正。反馈方式可以面谈,也可采用书面形式。被考评者若对考核结果有异议,可在规定期限内向考核机构申诉,由考核机构调查核实并提出处理意见。

运用考评结果是当被考评者对结果无异议或考核机构对申诉意见做出最终裁决后,按考核方案规定,将考核结果与被考核者的报酬、岗位调整、奖惩、培训等挂钩,并存入组织人事档案信息系统以作为今后人事处理的依据之一。

【思考】 深入实际了解一个组织年终考评的情况。

(五)考核的方法

不同的组织对不同人员采用不同的考核方法,归纳起来有定量考核与定性考核两大类,常用的有以下几种。

1. 实际测定法。即通过对各种项目的实际测量来进行考核的办法。如对员工进行生产技术技能的考核,常由员工现场作业,通过对其实际测量进行技术测定能力考核。

2. 成绩记录法。即将取得的各项成绩记录下来,以最后累计的结果进行评价的方法。这种方法主要适应于能实行日常连续记录的业务活动或其他职能工作,如记录生产的数量、质量、进度等。

3. 民主测评法。即由组织的成员集体打分评估的考核方法,一般采用问卷形式。由考核机构设计问卷,按考核项目设计问题,再由相关人员以书面的方式回答,最后由考核机构进行统计整理。如对领导者的考核通常按德、能、勤、绩等四个方面设计项目,并按优秀、良好、合格、不合格等做出评价。

考核人员有职工代表、中层干部等,也可以领导间互考。对其他员工也可采用全员评价法,即通过征询被考核人的上级、同级、下级和服务对象等各方面的意见来对其工作进行评价。

4. 因素评分法。即分别评估各项考核因素,为其评分,然后汇总,确定考核结果的一种考核方法。主要适用于对一些本身没有可度量的产品、不好直接计量的工作的考核。

其基本做法是先将考核的有关项目具体分成评定要素,分类排列,再规定每一个项目的分数,然后根据实际情况,对照标准分别给项目打分,最后以各项目累计分的方式综合表示出对考核者的评价。此法又可划分为加减法、扣减法、扣除法、累计法等多种具体形式。

四、人员培训

培训是组织为了实现组织目标和员工个人的发展目标而有计划地对全体员工进行训练和辅导,使之提高与工作相关的知识、技能、态度等素质,以使之适应并胜任岗位工作的活动。培训是组织人力资源管理中的一项重要工作。

(一)培训的目标

人员培训的最终目标是为了实现组织和员工的共同成长,具体在组织发展和人力资源管理中有以下几方面的作用:

1. 传递信息。这是培训的基本要求。如通过培训使企业管理人员了解本企业一定时期内的特定产品性能、工艺流程、市场状况等,以熟悉其生产经营业务。

2. 改变态度。通过对员工的培训有助于统一思想,强化组织成员对组织价值观的认同。

3. 更新知识。培训可促进员工知识与技能的提高,以更好地适应岗位工作的要求。随着现代技术迅猛发展,要不断对员工进行持续培训,更新知识。

4. 发展能力。对管理人员而言,就是要根据管理工作的要求,努力提高他们在决策、用人、计划、激励、沟通及创新等方面的管理能力。

【思考】 培训的作用有哪些?

(二)培训的内容与种类

1. 培训内容

组织中,对各级、各类人员的素质、能力的要求不同,故其具体培训内容也不同。但培训的基本内容不外乎三部分:组织文化培训、技术与业务理论知识培训和技术与业务能力培训。

2. 培训种类

本节讨论人员配备的目的是使人与事实现最佳结合,所以在此主要介绍岗前培训、在岗培训、转岗培训和晋升培训。

(1)岗前培训。是指对新录用人员在正式上岗之前的培训。内容主要包括:组织的历史、现状和发展目标、组织文化、职业道德和规章制度教育、岗位知识和技能。目的是使其尽快融入组织并胜任岗位。培训时间根据难易程度而定,从几天到几个月不等。

(2)在岗培训。是指为使现职人员适应工作要求而进行的培训。内容主要包括按岗位职责和任职要求进行知识和技能培训,使行为和素质不符合工作要求者能胜任工作;

给员工补充新知识新技能以适应岗位的新要求,并为今后发展充实基础。时间方式视实际需要和可能而定。

（3）转岗培训。是对需要转换岗位、工种或职业的人员所进行的定向培训。内容是以新的工作岗位所需要的要求和技能为主,目的是使员工能尽快适应新岗位的要求。培训可采用"跟岗培训"或"脱产培训"方式。

（4）晋升培训。是指对计划晋升职务的人员进行的专项培训。内容根据其所晋升的职务高低及所需素质分层次设计。目的是使晋升者提高工作能力,转换角色以适应新职务的要求。

【思考】 新教师在报到后,非师范类毕业生要参加的学校组织的教育学、心理学培训属何种类型的培训?

（三）培训的方式

人员培训包括在职培训与离职培训两大类。而具体培训方式主要包括以下几种。

1. 轮换工作。其目的是扩大受培训人员的知识面,除了使其解不同岗位的职能外,可以培养他们的协作精神和系统思想。如企业管理者不固定地轮换到生产、销售、计划等不同部门、不同岗位上锻炼。

2. 设置助理职务。是让受培训者与有经验的管理者一起工作,而有经验的管理者可以对受培训者给予特别培养和考查。这种方法能使受培训者逐步接触高层次管理实务,并积累经验直至能胜任领导岗位工作。

3. 临时性晋升。当由于某种原因出现正式管理人员职位空缺时,组织指派受培训者担任"代理"管理者,其在任职期间要承担完全责任,这种管理经验对受培训者相当宝贵。

4. 学徒制培训。这种方法主要用于对第一线操作人员的培训,即用师傅带徒弟的方法进行培训,手把手地传授实际操作经验。

5. 工作指导培训。管理者在执行工作职务的同时,要接受有经验管理者的辅导,亦称"在岗辅导",辅导是每一位部门经理的职责。有效的辅导能调动下属积极性,发挥其潜在的能力,并帮助他们克服缺点。

6. 离职培训。暂时离开工作岗位而接受的集中培训都属于这一类。如派受聘人员去大学、培训中心等专门学校进行培训,可以攻读学位,也包括专题讲习班、研讨会、讲座、外出考察等,主要是通过教学手段以及考察等方式强化学习,有助于受训者较快地提高理论知识水平,扩大知识面。

在选择培训方式时,应综合考虑各方面的因素,从中选择合适的方式方法实施培训活动。

【思考】 选派教师到基层担任分管科技的副县长是否为某种培训方式?

第五节　组织运作

　　组织是通过分工协作来发挥其整体功能的。组织结构的设计和人员的配备仅仅是明确了组织中的每一个人的具体职责和分工。组织功能的发挥则要通过组织整合来实现。

　　组织整合就是要求组织的全体成员能和谐一致地进行工作。具体地说就是协调组织中的各种力量,建立高效的信息沟通网络处理好组织的不同成员之间,直线主管与参谋之间的各种关系,使分散在不同层次、不同部门、不同岗位的组织成员能和谐一致地进行工作,朝着同一目标努力。

一、权力配置

　　职权是管理人员在岗位职务范围内的管理权限,是其履行管理职能的前提。组织中的管理人员是以直线主管或参谋两类不同身份来从事管理的。如何明确职权类型、协调职权关系是组织整合的重要内容。

　　(一)职权类型

　　1. 直线职权是组织中上级指挥下级工作的权力,表现为上下级之间的命令权力关系。这种命令关系自上而下,从组织的最高层,经过中间层,一直延伸到最基层,形成一种等级链。链中每一环节的管理人员都有指挥下级工作的权力,同时又必须接受上级管理人员的指挥,这种与等级链相联系的直线职权是直线管理人员所拥有的一种特殊职权。这种指挥和命令关系越明确,即各管理层次主管人员的权限越清楚,就越能保证整个组织的统一指挥。

　　2. 参谋职权是组织中作为直线人员的参谋或幕僚所拥有的辅助性职权。主要是建议咨询权。参谋关系是伴随着直线关系而产生的。它是一种服务和协助的关系,包括提供专门服务,进行某些专项研究。组织规模越大,活动越复杂,参谋人员的作用就越重要。参谋职权的正确发挥也就更具有迫切性。

　　3. 职能职权是组织中的参谋人员或某职能部门人员根据直线主管的授权所拥有的对其他部门或人员直接指挥的权力。如企业的生产部门根据生产经理的授权组织日常的生产活动;学校的教务处根据教学副校长的授权组织开展各项日常教学管理活动等。

　　【思考】　职能职权的产生是否违背组织内部统一指挥的原则? 为什么?

（二）职权关系

1.直线职权与参谋职权的关系

从直线职权与参谋职权的定义中,我们可以得出它们之间的关系是"参谋建议,直线指挥"。具体来说有两层含义:一是指直线人员在进行决策特别是重大决策之前要认真征求并尊重参谋人员的意见;二是指这两种职权之间的性质不同。参谋职权是咨询建议权,参谋人员可以向直线人员提出自己的意见和建议,但不能越俎代庖。指挥的权力应由直线人员来行使,并由其承担最后的责任。

但是在组织的实际运行过程中,直线人员与参谋人员之间经常会发生冲突,直线人员往往用怀疑的眼光看待参谋人员,认为他们有潜在的削弱直线人员职权的危险;还认为参谋人员不了解实际情况,提出的建议不是不切实际,就是片面偏激;而且参谋人员只负责提建议而不承担责任,工作顺利有成果时就沾沾自喜,想获取荣誉,而决策失误、工作失败时又不承担任何责任。而参谋人员则往往认为直线人员不了解参谋人员的作用,常感到怀才不遇;他们还认为直线人员思想保守、墨守成规、排斥新思想;而且还抱怨直线人员对参谋人员的工作没有提供必要足够的条件。

直线职权和参谋职权的关系若处理不好,会给组织带来严重的后果。为了协调好这两者之间的关系,必须重视以下几点:

（1）双方都要明确两种职权之间的关系。组织要通过规范化的文件对这种"参谋建议,直线指挥"的关系做出明文规定,以便相应人员各司其职。

（2）直线人员要认真听取参谋人员意见,并随时为参谋人员提供必要的工作条件和信息,不需要参谋的岗位就不设置参谋人员。

（3）参谋人员要努力提高自己的水平,只有这样才能为直线人员提供有效的帮助,体现自己的价值。

（4）加强合作,创造彼此谅解、诚信合作的友好气氛。

【思考】 教务处长具有哪些职权?请说明理由。

2. 直线职权与职能职权的关系

职能职权是由于直线人员授权而产生的,是由直线职权派生的限于特定职能范围内的直线职权。所以,它们之间是"直线有大权,职能有特权"的关系。其具体含义是:

在一个组织中,直线人员拥有除了其上层直线人员赋予职能部门的职能职权以外的大部分直线职权;职能部门人员只拥有上层管理者所赋予的特定职权,可在其职能范围内对其他部门及其下属部门行使指挥权力,如学校招生办公室代表学校给各学院下达招生计划,就是体现职能职权的例子。但职能权力应限定在规定的职能范围内,这对维护管理职位的完整性是十分重要的。如果职能职权扩展到相当大的程度,同级或下级直线人员就可能失去对本部门的控制而无法开展工作。为了维护组织的统一指挥原则,必须将职能职权限定在组织职能范围和作用层次范围内。其原则是上一层次的职能管理部门对下一层次的职能管理部门只有业务指导的权力,而没有直接命令和指挥的权力。上一层次的职能部门对下一层次的直线主管人员的决策有建议参与权,但没有命令指挥权。职能部门对下一层次直线人员的意见应由本层次的直线主管下达。

(三)授权

1. 授权的定义

所谓授权,就是指上级赋予下级一定的权力和责任,使下属在一定的监督之下,拥有相当的行动自主权。被授权者对授权者负有汇报情况和完成任务之责,授权者仍拥有指挥监督权。管理者授权属于广义上的分权,是现代管理的一种科学方法与领导艺术。

2. 授权的作用

(1)授权有利于组织目标的实现。通过科学的授权,基层可以拥有实现目标所必需的权力,自主运作,可以更好地促进目标的实现。

(2)授权有利于高层管理者从日常事务中超脱出来,专心处理重要决策问题。授权是领导者的分身术,高明的领导者都会恰当地运用授权。

(3)授权有利于激励下属,调动其工作积极性,增强其责任心,并增进效率。

(4)授权有利于培养锻炼下属。下属在自主运用权力,独立处理问题的过程中会不断提高管理能力和综合素质。

(5)授权可充分发挥下属的专长以弥补授权者自身才能之不足。即把自己不会或不精的工作委托给有相应专长的下属去做。

3. 授权的原则

(1)依目标需要授权。授权是为了更好地实现组织目标,所以必须明确授权目的,即向受权者明确所授事项的任务目标以及权责范围,使其能十分清楚地工作。

(2)适度授权。授权的程度要根据实际情况来决定,要根据工作任务及下级的情况灵活决定,既要防止授权不足,又要防止授权过度。

(3)职、责、权、利相当。这是指所授予的权力应能保证受权者履行相应职责,完成所授任务,做什么事给什么权;而受权者对授权者应负的责任大小应与其所受的权力相当,有多大权力就应该承担多大的责任;给予受权者的利益必须与其所承担的责任大小相当,有多大责任就应该承诺给予多大的利益。这就是说授权必须是有职有权、有权有责且有责有利。

(4)保持命令统一。通常要求一个下级只接受一个上级的授权,并仅对一个上级负责。这一原则还包括组织全局性问题应由高层直接决策,不授权给下级;各部门之间分工明确,不交叉授权,不越级授权。领导者将权力授予下级,但仍必须承担实现目标的责任。即职责并不能随授权而推给下级。

(5)有效监控。授权是为了更好地实现组织目标,授权之后,领导者必须保留必要的监督控制手段,使所授之权不失控,确保组织目标的实现。

【思考】 如何处理好授权原则之间的关系?

4. 授权的步骤

简单授权没有必要划分步骤,而较为规范的授权可以划分为以下几个步骤:

(1)下达任务。授权的目的是完成任务、实现目标。所以授权首先要下达任务,包括选择好授权对象下达明确的任务,而且尽可能量化,以及提出相关要求和完成时限。

(2)授予权力。在明确任务之后,就要授予其相应的权力,要做到权责对等,并与一定的利益挂钩。必须懂得给予一定的权力是使受权者得以完成授权者所下达的任务的基本保证。

(3)明确责任。受权人接受任务并拥有了所需的权力后,就有义务去完成所下达的任务并正确运用所委任的权力。受权人的责任主要表现为向授权者承诺保证完成所分派的任务并及时汇报,授权人可以根据任务完成情况给予受权人奖惩。但对于组织来说,授权者对于受权者的行为负有最终的责任。

(4)监控与考核。授权不同于弃权,因为授权者对组织负有最终的责任,必须对受权者进行必要的监督与控制,以保证权力的正确运用与组织目标的实现,授权者可以根据检查情况调整授权或收回权力,当工作任务完成后,要对工作业绩进行考核与评价。

5. 授权的艺术

实际授权中出现的问题,大多并不是因为管理人员不了解授权的重要性及其原则,而是因为他们没能或不愿应用这些原则。导致管理人员没能或不愿授权的主要原因有:

(1)管理人员自身能力差,不知给下级授什么权以及如何授权。

(2)对下属不信任。包括对下属能力的不信任,怕其没有能力完成所要做的工作;对下属动机的不信任,怕其"要职要权"或者担心别人比自己干得更好,从而影响自己未来的发展,因此不愿授权。

(3)职业偏好的影响。一个人善于从事某项职业,养成了一定的职业习惯,一旦他们走上管理岗位,其职业习惯会影响他们进行授权;而有些管理者本身对权力有特别的偏好,因而不愿意授权,喜欢自己掌握权力。

(4)害怕失去控制。

授权过程涉及授予和接受两方面,下级人员有时也有可能不愿接受上级的授权,其原因一般有如下原因。

(1)担心因干得不好而受到上级的训斥或惩罚,因而不愿接受过多的职权,上级说什么就干什么。

(2)害怕承担更多责任。有的下级由于缺乏自信,或者觉得相应的压力太大,因而不愿承担风险,希望一切由上级决策。

(3)有的下属认为即使是多做工作也不会带来更多的报酬,因而不愿承担更多的责任。

管理者若想要解决以上问题,克服这些心理障碍,可在实际工作中采取以下一些方法:

（1）上下级之间进行充分的交流。当上级下达任务时,上级要确保下属充分理解授权内容,即所授权力的大小、预期结果以及所要承担的责任。在授权后,当下属有困难时,上级要及时予以指导和帮助。

（2）对承担更多责任者予以额外的奖励。当上级对承担更多责任的下属予以可能的额外奖励时,下属将会愿意接受更多的授权。奖励可以是物质的,如奖金,也可以是精神的,如表扬、提供优越的工作条件、职务晋升等。

（3）提高管理者的素质。特别是提高对授权重要性的认识,同时要使上级形成信任下级,愿意放手和允许别人犯错误的心态。

（4）建立一种良好的组织文化。高层管理人员要致力于建立相互信任和鼓励、愿意承担风险的组织文化。在这种文化中上级会允许下属在改正错误的过程中不断提高素质,而下属也愿意承担更多的责任。

（5）建立一定的制度强迫管理者授权。即组织通过一定的政策以规章制度的形式迫使不愿授权的管理者授权。例如,加大管理者的管理幅度,迫使其授权给下属。

第六节　移动互联网时代组织的变革

一、传统的科层制组织的弊端在移动互联网时代凸显

前文介绍的基本的组织结构类型以科层制为主。科层制管理是由泰勒和韦伯两位科学管理学派泰斗于 20 世纪初开始倡导且广为企业界认同的组织管理模式,它体现了德国式的社会科学和美国式的工业主义的结合。

层级分工:通过更多层级,企业可以管理更多员工。

专业分工:不同部门和岗位专注不同领域工作,让员工各司其职,熟能生巧。

高层集权:决策权集中在高管身上,因为他们判断事情更全面和长远。

标准化作业:通过很多标准化的作业流程、规章制度和审批制度,确保员工高效作业,其决策符合公司整体利益。

中层监督:依靠大量中层管理人员上传下达,执行公司决策和监控进度,确保执行力。

基于这种管理模式,每个员工都清楚角色分工、标准作业流程,在主管的监督之下完成分内工作。科层制确实在 20 世纪帮助企业实现了大规模高效生产和运作,典型的有通用汽车、富士康、麦当劳、政府部门等。

但是,在移动互联网时代,经营环境和过去大不相同,科层制已出现运作低效的五大弊端。

（一）无法敏捷应对外部变化

由于分工过细、层级过多,科层制组织在面对外部竞争对手或用户需求快速变化时

显得迟钝和低效。这是因为团队不管在开发新产品还是调整新打法时,都需要取得多个部门的协同、多个层级的审批,导致内部耗时过长、低价值的环节过多,最后无法招架新创企业或者更敏捷的竞争对手的颠覆创新、快速迭代的经营方式。

(二)内部创新创业的阻力大

科层制强调的是各部门、各层级按照规章制度办事,例如,公司的年度计划、预算、绩效目标和配套的赏罚制度等。这些条条框框让团队和员工难以尝试计划之外的创新。

(三)员工缺乏积极主动性

科层制是计划经济式的,强调从上而下管控、标准化流程、精细化分工,鼓励员工安分守己,按规章制度办事。

由于资源集中在管理层手中,普通职员只能像螺丝钉一样重复运转,凡事被动,听从上级的吩咐和公司规章制度的安排,失去了主动思考和不断求新求变的动力。

这种工作环境容易给一些有想法、有激情的员工带来挫折感,他们不愿意在大企业磨灭自己的理想;加上政府鼓励大众创业,传统基金又在到处寻找优秀团队,很多优秀人才选择自立门户,这对科层制组织的人才保留造成不少冲击。

(四)决策瓶颈和"唯一"文化

由于员工的升官发财都依靠中高层管理人员的判断和分配,容易造成员工唯上主义的心态,部门之间也容易为了赢得上级的垂青而相互争功。另外,当企业变大和复杂时,高管也容易成为企业持续发展的瓶颈,降低决策效率。最后,企业不断过度依赖甚至神话高管判断,员工也容易逐渐缺乏独立思考的习惯。

(五)过度强调标准化和一致性

科层制组织内部管理偏向一刀切,不能充分考虑不同业务单元所在不同行业、不同发展周期和不同工作类型的差异。

这带来的后果是,企业的人才吸引、激励、发展,文化氛围,审批流程都不能随业务单元的差异而调整,从而影响企业的战斗力。

综上所述,作为工业经济时代的主流组织管理模式,科层制在新的时代已是明日黄花。随着企业的不断发展,科层制组织很可能会像恐龙一样走向灭绝。在新时代,组织管理模式必将发生重大变化。

二、领先传统企业的组织管理创新

为了规避科层制的后遗症,一些领先的传统企业进行了创新探索。从稻盛和夫的阿米巴经营模式,到华为的项目制……这些模式都具有小团队自我管理、大平台赋能等方面的创新点,都是以客户为导向,以激发员工活力为出发点所进行的有效探索。

(一)稻盛和夫的阿米巴经营模式

稻盛和夫是日本京瓷集团的创始人。京瓷集团是全球 500 强企业中唯一以生产零部件为主要业务的企业,50 多年从未亏损,利润率常年保持在 10％以上。在日本航空濒临破产之际,日本政府请稻盛和夫出任董事长,78 岁高龄的他带领日本航空在 3 个月之后扭亏为盈,32 个月后重新上市,并创造出当年全球最大的 IPO。稻盛和夫成功的秘诀就在于阿米巴经营。

1. 阿米巴的起源

阿米巴的本意是"变形虫",因为变形虫的身体仅由一个细胞构成,没有固定的外形,可以任意改变体型。

阿米巴起源于稻盛和夫对挖掘员工发展潜力的期望,其核心理念是通过激发每位员工的工作激情,激发组织的活力。

稻盛和夫认为,只有让员工充分了解企业经营状况,才能彻底激发员工的信心和责任心。

因此,他摸索出一套方法,告诉员工"你生产了价值多少的产品",而不是"你生产了什么产品"。

2. 小集体独立核算制度

在这样的理念下,稻盛和夫创造了"小集体独立核算制度"。

这个制度将整个企业分成很多个被称为阿米巴的小型组织,每个小型组织都是一个按照一定组织方式成立的利润中心,都可以独立经营,在独立核算基础上分裂、合并与成长。

小集体独立核算制度的核心就是单位时间值核算,分为以下四个步骤:

第一步:计算总销售额,即"对外销售给客户的销售额＋对内销售给其他阿米巴的销售额";

第二步:计算生产总值,即"总销售额—内部采购成本额";

第三步:计算结算销售总额,即"生产总值—阿米巴当月的运营费用";

第四步:计算单位时间值,即"结算销售总额/总花费时间"。

3. 阿米巴经营对领导者和员工的要求

阿米巴的核算需要阿米巴领导者在定价方面扮演积极的角色,他们需要熟知市场趋势,有商人般的头脑,看清楚客户能够爽快接受的最高价格,当两个阿米巴出现分歧时,上级阿米巴领导者要有效引导双方达成一致,解决纠纷。要想选拔优秀的领导者,就要打破年功序列制,根据能力选拔,能上能下。

京瓷集团共有 63000 多名员工,共有 1200 个阿米巴。阿米巴首先在制造部门推行,后来又在管理和销售部门推行。阿米巴倡导全员参与,具有合伙人理念,每一位员工都要懂得"用少量费用换取最大的销售额"。为此公司要充分信任员工并赋权,将严谨的数据实时反馈给现场,并帮助员工提升能力。

(二)华为的项目型组织

华为在全球有超过 16 万名员工,2015 年销售收入约 3900 亿元,是全球领先的信息与通信解决方案供应商,为电信运营商、企业和消费者等提供有竞争力的端到端 ICT(信息与通信技术)解决方案和服务。

1."铁三角"变革

华为CEO任正非在实践中发现,由于总部机关不了解前线,但拥有太多权力与资源,为了控制运营的风险,自然而然地设置了许多流程控制点,而且不愿意授权。

基于华为北非地区部"铁三角"(即客户经理、解决方案专家、交付专家组成的工作小组)的成功实践,任正非提出了"让听得见炮声的人呼唤炮火"的理念,将权力授予一线。同时,后方配备的先进设备、优质资源,应该在前线一发现目标和机会时就能及时发挥作用,提供有效的支持,而不是让拥有资源的人来指挥战争,拥兵自重。

在2009年,华为CEO任正非提出了"铁三角"组织模式。这种模式的精髓就是为了目标而打破功能壁垒,形成以项目为中心的团队运作模式,加快对客户需求的响应速度,减少内部官僚主义。

2.项目型组织

从2014年开始,华为将产生于运营商业务场景的"铁三角"模式进一步升级为"项目型组织"。

华为轮值CEO郭平把这种组织模式比喻为眼镜蛇,即头部可以灵活转动,一旦觅食或发现进攻对象,整个身体的行动十分敏捷,可以前后左右甚至垂直窜起发起攻击,而发达的骨骼系统则环环相扣,转动灵活,确保在发起进攻时能为头部提供强大的支撑。

(1)蛇头——项目组:组织变革以客户为中心,前端以项目形式将销售、供应链和财务打通,加大项目经理授权、项目预算管理权力和资源可获得性,并帮助项目经理提升能力,在总结试点经验的基础上进一步推动项目利益分享,提高基层作战组织在项目经营上的积极主动性。

(2)蛇身——平台:蛇身负责为蛇头提供强大的支持。华为的平台建设从1998年就开始了,从整合研发流程变革到整合供应链变革、CRM(客户关系管理)、财经体系变革再到人力资源体系变革,积累了丰富的经验和强大的能力。

为了有效支持项目制组织,华为仍在持续强化平台建设。一类是业务平台,例如华为正在进一步做大做实地区部平台,将地区部定位为"重装旅",包含基本完整的功能部门,将根据项目的优先级,抽调相关业务人员支持项目经理,成立项目组。二是职能平台,加强对项目的专业支持力度。华为之所以从2014年开始大力推行项目型组织,就是因为经过长年的财经体系转型,做到了每个项目都有编码,可以独立核算。同时,职能部门(如财务、人力资源)都在培养支持项目的人才,帮助项目经理更加有效地管理人、财、事。

(三)领先传统企业组织管理创新的共同点

总结这些领先传统企业,发现有如下特征。

1.以客户而非以领导为中心

给离客户最近的一线团队授权和赋能,让他们能够敏捷响应客户需要,并调动平台资源。

2.小团队自我驱动

通过权、责、利对称的模式,让小团队实现自我驱动。华为加大项目经理授权、项目预算管理权力和资源可获得性,并推动项目利益分享。

在这个快速变化的创新时代,新型组织模式不断涌现。虽然在有些地方传统的组织和模式仍在发挥作用,但我们不得不注意到新型组织模式和理论所呈现的强大生命力和适用性。

⊟▷【本章小结】

1. 组织是人们为了实现某一特定的目的而形成的系统集合。组织工作包括建立机构,配备人员,制定规章制度,分工授权并进行协调的活动过程。组织的定义包括人员、职位、职责、关系、信息五大要素。

2. 组织设计的任务是建立组织结构和明确组织内部的相互关系,具体地说,就是提供组织结构系统图和编制职务说明书。其一般经过职务分析与设计,部门划分,平衡形成结构三个步骤。

3. 组织设计的原则有:从组织目的看要贯彻有效性原则,从组织起因看要贯彻管理幅度原则,从组织的职权关系看要贯彻统一指挥和权责对等原则,从组织工作看则要贯彻协调原则。影响组织设计的因素主要有:战略、规模、技术、环境等。

4. 组织结构是组织设计的结果之一,也是描述组织内容的框架体系。包括职能结构、层次结构、部门结构和职权结构。组织结构的基本形式有:直线制、职能制、直线职能制、事业部制、矩阵制和委员会。

5. 人员配备是指组织通过对工作要求和人员素质的分析,为每一个岗位配备合适的人员以完成组织目标所需开展的各项工作的过程。其目的是谋求人和事的最佳组合。人员配备的主要工作内容有:确定人员需要的种类和数量,选配合适人员和进行培训与考核。

6. 人员选聘有外部选聘和内部选聘两大途径,各自具有对应的优缺点。选聘的程序一般包括制订选聘方案,发布选聘信息,评价和选择应聘者三个阶段,具体的选聘方法有初选、笔试、面试、体检和试用。

7. 考核是指相关部门或人员按照一定的标准,采用科学的方法和程序,对组织中各部门、各岗位人员在一定时期内完成岗位职责任务所表现出来的工作绩效和能力素质所做的衡量与评定。其目的是:保证组织目标的实现,促进员工的全面发展,为人事调整、确定报酬和员工培训提供客观的要求。考核内容涉及德、能、勤、绩四个方面。

8. 培训是组织开发现有人力资源和提高员工素质以适应组织发展要求的基本途径,其最终目标是实现组织和员工的共同成长。培训分为在职培训和离职培训两大类,其种类有岗前培训、在岗培训、转岗培训和升职培训。

9. 组织整合就是要求组织成员能和谐一致地进行工作。为此,必须处理好正式组织与非正式组织,直线、参谋与职权的关系,授权、集权与分权等关系。

10. 新型组织模式颠覆了传统的科层制,是学习管理所必须关注的重要趋势。

【复习思考题】

1. 何谓组织？组织设计的任务是什么？

2. 组织设计的原则有哪些？

3. 什么是管理幅度？如何理解管理幅度与管理层次之间的关系？影响管理幅度的因素有哪些？

4. 常见组织结构形式有哪些？它们各自的优缺点及其适用范围是怎样的？

5. 人员配备的主要任务是什么？它们的工作内容主要有哪些？

6. 人员配备的基本原则是什么？

7. 人员选聘的途径、程序和方法怎样？

8. 考核的目的、内容和方法是什么？

9. 培训对组织有什么作用？

10. 如何正确对待非正式组织？

11. 如何处理好直线与参谋关系？

12. 授权的原则与步骤怎样？

13. 集权与分权的优缺点是什么？

14. 新型的组织模式有哪些？特点是什么？

【案例讨论】

曾鸣：人人都是合作人

曾鸣，阿里巴巴集团学术委员会主席、湖畔大学教育长。曾任阿里巴巴集团执行副总裁、参谋长。1998年获得美国伊利诺斯大学（University of Illinois at Urbana-Champaign）国际商务及战略学博士学位。曾博士自2003年起一直担任阿里巴巴集团战略顾问。2006年8月加入阿里巴巴集团任集团参谋部资深副总裁。11月就任中国雅虎代总裁。在此之前任教于长江商学院和欧洲工商管理学院（INSEAD）。

组织的原则正在从管理和激励走向赋能，相应的组织的架构和运营法则也在发生重大而根本的变化。

我的观点是基于科层制结构的、以管理为核心的公司架构，会演变为以赋能为关键词的创新平台。这种创新的组织架构在于提供平台，让一群创造者可以更自由地联结，更顺畅地协同，更高效地共创。

（一）新组织架构的重要特征

互联网时代，新的组织会有三个重要的架构特征。

1. 强大的创新中后台

我们首先来说说创新的中后台。

一个组织越要求前端反应灵活、创新，越需要中后台用平台化的方法来提供支持和服务。传统的企业的典型架构是前后台一体化的，从产品到技术、到运营，它是一个垂直整合的架构。

阿里巴巴这几年做的最重要的事情就是试图打破这种烟囱式的结构，把能够共享的中后台资源都尽可能地整合在一起，用更高效的方法提供出来。

举一个最简单的例子。大家都强调数据的重要性，但是我们很早就意识到，在阿里巴巴内部数据都是割裂的。我们可能有近百个团队都在用自己的方法定义数据，甚至不同的团队对于一个用户是男性还是女性，都在用不同的方法定义。

所以试图用数据来创造新价值的时候，你发现完全没有一个合适的基础设施来支持这样数据驱动的创新。我们过去三年专门成立了一个团队就叫数据中台。他们要做的是一件非常苦的活，就是一个业务部门一个业务部门地去沟通，然后把他们的数据定义、数据计算、数据存储全部都标准化，放到一个统一平台上来。

这样的话，将来任何部门要调用数据，都有个统一的数据库。而且在使用数据的过程中，所有的变化都会被平台所跟踪，这样将来他们所取得的任何有附加值的服务，别的团队都能共享到。即使是经过一个几百人团队三年的努力，我们也仅仅是统一了集团一半多一点的数据业务。

这样的中后台最关键的特征是什么？是透明和分享。因为透明，每一个人都能清楚地知道其他平台参与者的工作，做了什么，怎么做的，有什么特点和结果，如何复用和修改。

在这个过程中每一次创新都建基于过去许多的创新实践基础之上，而不用闭门造车，重复建设。而每一次创新又同样在中后台的平台上沉淀，智能、技术、经验、模式都以这种机制日益丰富，共同迭代。

这样强大的中后台让创新的成本大大降低，效果也会大大提升，甚至是单枪匹马的创新者都可以借助平台的支持，像杠杆一样撬动起巨大的价值。

Facebook 内部有一套工作流的软件，所有工程师对于任何产品跟技术的讨论，他们所写的任何代码，都必须被记录在这个工作流软件当中，才被认为是有效的。任何没有被记录下来的信息都不认为是他们的工作，得不到认可。

这样一个工作流体系，它实际上变成了企业的知识库，每一个工程师所写的每一行代码都在这里面，随时可以去看五年前这个产品背后的逻辑，它的代码为什么是这么写的，这就变成了一个共享知识库。

附带的好处是非常让人震撼的，这就是平台相对于管理的效率。在 Facebook 很大程度上晋升是不需要再去重新被讨论的。你的能力到了什么程度，你该不该晋升，只要看你最终在这个巨大的知识库里面贡献了多少行代码，你的代码被多少人重复使用，你对整个组织的贡献就一清二楚了。

这样一种平台性合作所提供的价值远远大于传统管理中每个人都在自己

密闭的环境下运作产生的价值。

2. 自由联通、网状协同的团队结构

新组织的第二个特征是自由联通、网状协同的团队结构。传统公司里的组织结构叫作科层制，也就是典型的自上而下的树状结构，指令层层上传下达。

在新的组织里，组织架构的形象更像是一张网络，组织里的每一个点都与其他所有点实时相连接，确保任何脉动都会及时同步到整个组织中。组织与客户之间也是网状直连，来自客户的任何信号由组织内相应的网络结构实时接收，协同决策，并给出实时的反馈。

组织架构正在发生根本性的变化，从传统的组织结构入手，变成了从工作流入手，去重构整个公司内部的结构。工作流的特征是一个任务要被完成，它需要几方来协同，信息就必须实时触达这几方，然后让相关的人做出合适的反应来把这个工作完成，再传递到下一个工作。

举一个大家都很熟悉的例子——客户服务部门。又回到我们在前面讲到的"客户第一"为什么在传统企业很大程度上只是个口号。

因为客户服务部门虽然口头上被认为很重要，但实际上在公司内部往往地位都很低。而他们对客户提供服务的时候，因为没有资源，很多时候仅仅是在做一些信息的导流和简单的客户情绪安抚的工作，并不能真正解决客户的实际问题。

如果要真正解决客户实际的问题，一定要给这些客服人员赋能，而实现这个赋能的前提条件是：第一，信息流要通畅，他们要能看到所有相关的信息；第二，整个相关的工作流，以工作流为基础的节点要透明化，他们要知道任何一个问题到底牵扯到哪几方，他们要能够找到责任方调动相应的资源去解决一个问题。

所以，任何一个人在这个协同网上都能够根据需要获取相关信息，调动相应的资源，去在那个节点上解决掉问题。而不是像传统企业，所有的信息都在自下而上的科层制中被层层衰减，最后上面并不知道实际发生的问题，上面传达下来的指令也会层层衰减。

在阿里巴巴，我们过去几年花了很大力气的，就是把整个公司所谓的管理软件，也就是传统的 ERP 管理软件重新改造成尽可能地基于工作流，让信息流可以在所有相关方有效地流动起来。

现在大部分的公司还处于 IT 时代，他们强调的是 ERP 管理。而 ERP 是把过去比较有效的管理方法，通过软件的方式沉淀下来，它是对过去管理经验的一种提升。

但是我们需要的公司内部信息架构，其实是要支撑一个不断扩张的创新体。所以信息的自由流通，以工作流的方式重构组织结构，是非常大的一个挑战。

3. 在线且动态的指标矩阵

第三个重要的特征,就是要从传统的 KPI 管理走向一个在线动态的指标矩阵。这一点非常重要,我们虽然讲了这么多关于赋能的美好东西,但是如果一个公司一方面在传递这些理念,而它的实际运营还是以传统 KPI 来考核、管理、奖励的话,人还是依然会被实际的这个激励机制所束缚。

摆脱 KPI 的惯性制约,是组织创新非常难但是又必须跨过去的一个坎儿。那么如果我们不管理,不靠 CEO 来命令的话,新的组织靠什么来运行? 我们怎么知道组织是健康的? 组织是往正确的方向去运行的? 我们怎么让每个人之间可以真正地协同起来?

领先的互联网企业经过这些年的摸索,充分地利用了技术的优势。我们看到了一些很有趣的代表未来的新方法。其中最核心的就是所谓的 matrix 体系,我把它翻译成指标矩阵。

这中间有几个跟原来很不同的做法。

KPI 实际上往往被简化为一到两个考核指标,往往也就是明年的销售是多少、收入是多少,这样简单的考核指标。实际上很多企业的战略都被妥协了,因为 KPI 不能反映战略真正的要求。

我们现在的业务越来越复杂,特别是类似谷歌、淘宝这样生态型的企业,它的复杂度已经超过了任何人能够简单地靠直觉或者数据去判断的程度了。

所以,所谓的 matrix 就是用完全数据化的方式来测量、评估和监控创新。一方面要对现有的业务实现完整的数据化,同时要用数据化的方式定义出一个企业试图优化的方向,也就是所谓的价值目标的函数。

比如说淘宝,我们过去可以很简单地用这个平台每年销售了多少万亿作为一个考核指标。但这个考核指标忽略了太多的重要因素,比如说小卖家是不是有成长通道、企业的盈利能力、竞争环境等等,这些因素都没有办法被考核进去。

指标体系是可以对整个生态都用数据化的方式来衡量、监控的。比如说类似淘宝的企业要有个生态健康,生态健康我们可能很难抽象地用一个定义来说明。但是我们可能可以用几百个、几千个、几万个指标,基于数据智能这种优势来动态地模拟一个可能的健康生态。这个指标虽然一开始可能并不准确,但它可以迭代优化,最后越来越接近健康生态真正的状态。

指标体系代表了大家未来追求的方向。这个方向也不再是一个口号或者是一个很朦胧的目标,它可以被具化成一套数据,而这个数据又跟我们的业务是同一套指标体系。

这样的话,我们就能完整地看到每一个业务单元和我们整体的业务方向,或者说组织所要追求的方向之间的关系。我们不会再割裂地评估任何一个小单元的贡献,我们会从整体全局的动态优化来看,这个组织应该怎么调配资源,下一步往哪个方向去用力才能保证长期目标的有效实现。

两三年前,任正非有一句话曾经很流行,就是让听得见炮火的士兵做决定。但实际上如果没有公司组织架构的根本变化,这件事情是根本做不到的。在传统结构里面,士兵怎么可能调得动炮火。

但是在伊拉克战争之后,美军的一个最重要的变化是,各军种全部平台化,成为支持部门,同时做到了高度的信息化。所以,美军的目标是一个前线的连长能指挥的炮火是整个伊拉克战场司令员能指挥的炮火。

让听得见炮火的士兵做决策,其实有两个前提条件:首先是中后台要变成一个协同网络,这样的话他才能调动相应的资源;其次这个士兵必须有足够的判断力。把决策的权力直接从一个所谓的战区司令授给一个一线的士兵,这个士兵不可能是一个初中生,他必须是一个有非常强大综合技能的高端人才,才能调动后端的炮火。

这是组织原则中非常重要的一点,个体越来越强调专业知识,特别是综合判断力和创造力。

相应地,整个组织的结构也要网络化、平台化,来支撑任何一个个体根据需求调动资源的能力。在传统的格子化、封闭化的组织结构下,所有个体都是被封在一个非常小的区域内,既看不到全局,更不可能调动超出权限的资源,局部的决策效率完全没有根据全局的需要去优化。

(二)未来的组织形态

未来的组织会是怎样一个形态?

它们很可能是志同道合、自由联结、协同共创的合伙人之间形成的智能演化生态体。

一致坚守的价值观提供了组织最基本的凝聚力和内驱力,并定义了组织创新的目标和进化的方向。强大透明的创新平台提供了协同创新的基础设施,可以让团队比较自由地重组、协作和共创,让敏捷的小前端团队能够最迅速、最有效地整合资源,撬动最大的创新价值,同时逐步沉淀创新能力,为中后台积累经验和知识,为未来的创新赋能。

动态的指标体系作为组织的智能信息系统,及时同步了组织内外的数据和信息,让整个组织和创新的每一个部分都能相互了解,共同配合,从而实现实时的全局调试和优化,确保组织和创新向着正确的方向迭代和演进。所以,我们可以看到外部的商业环境是由网络协同和智能生态来推动的,而组织内部实际上也在贯彻着同样的网络协同和数据智能的原则,做到了内外一致。

(资料来源:《得到》app,《曾鸣:智能商业二十讲》)

1.总结案例中讲到的几家企业的组织结构创新,分别分析他们的特点。

2.总结这些案例中的共性,指出相比传统的组织结构,他们有什么优势。

第八章

领 导

‹   ‹‹‹ ‹

学习目标

通过学习本章的内容,学生能够:

1. 理解领导的含义、作用及领导者影响力的来源;

2. 掌握各种典型的领导理论的基本内容,了解有效领导的艺术;

3. 理解激励的含义、激励的心理机制和激励的本质;

4. 掌握各种典型的激励理论的基本内容,了解有效激励的方法和工具;

5. 理解沟通的含义及重要性,掌握沟通的过程和分类;

6. 理解沟通的内涵和在管理中的重要性;

7. 掌握沟通中存在的障碍及如何进行有效的沟通。

引 例

钟越的领导风格

银华技术开发公司由于在一开始就瞄准了国际市场,在国内率先开发出某高技术含量的产品,其销售额得到了超常规的增长,公司的发展速度十分惊人。然而,在竞争对手不断萌生并迅速成长的今天,该公司和许多高科技公司一样,也面临着来自国内外大公司的激烈竞争,逐渐陷入一些成长困境。为此,公司董事会聘请了一位新的常务经理钟越全面负责公司的工作,而原先的那个自由派风格的董事长仍然留任。钟越来自一家办事古板的老牌企业,他照章办事,十分严格,与银华技术开发公司的办事风格相去甚远。公司管理人员对他的态度是:看看这家伙能待多久! 一系列潜在的"危机"一触即发。

第一次"危机"发生在常务经理钟越首次召开的高层管理会议上。会议定于上午9点开始,可有一个人姗姗来迟,直到9点半才进来。钟越厉声道:"我再重申一次,本公司所有的日常例会要准时开始,谁做不到,我就请他走人。从现在开始一切事情由我负责。你们应该忘掉老一套,从今以后,就是我和你们一起干了。"到下午4点,竟然有两名高层主管提出辞职。

接着,银华技术开发公司发生了一系列重大变化。钟越首先颁布了几项指令性规定,一改原来公司各部门没有明确的工作职责、目标和工作程序的状况,使已有的工作有章可循;接着,他告诫公司副经理徐铜,公司一切重大事务向下传达之前必须先由他审批;另外,他对研究、设计、生产和销售等部门之间互相扯皮、踢皮球的现象极为不满,并认为是这种情况使公司一直没能形成统一的战略。

钟越在详细审查了公司人员工资制度后,决定将全体高层主管的工资削减10%,这使得公司一些高层主管向他提出辞职。

研究部主任认为:"我不喜欢这里的一切,但我不想马上走,因为这里的工作对我来说太有挑战性了。"

生产部经理也是个不满钟越做法的人,可他的一番话颇令人惊讶:"我不能说我很喜欢他,不过至少他给我那个部门设立的目标我能够达到。当我们圆满完成任务时,他是第一个感谢我们干得棒的人。"

采购部经理牢骚满腹,他说:"钟越要我把原料成本削减20%,他一方面拿着一根胡萝卜来引诱我,说假如我能做到的话就给我丰厚的奖励。另一方面则威胁说如果我做不到,他将另请他人。但干这个活简直就不可能,这种'大棒加胡萝卜'的做法是没有市场的。从现在起,我另谋出路。"

但钟越对被人称为"爱哭的孩子"的销售部胡经理的态度则让人刮目相看。以前,销售部胡经理每天都到钟越的办公室去抱怨和指责其他部门。钟越对付他很有一套,让他在门外静等半小时,见了他对其抱怨也充耳不闻,而是一针见血地谈公司在销售上存在的问题。没过多久,大家惊奇地发现胡经理开始更多地跑基层而不是钟越的办公室了。

随着时间的流逝,银华技术开发公司在钟越的领导下恢复了元气。钟越也渐渐地放松控制,开始让设计和研究部门放手去干事。然而,对生产和采购部门,他仍然勒紧缰绳。银华公司内再也听不到关于钟越去留的流言蜚语了。大家这样评价他:钟越不是那种对这里情况很了解的人,但他对各项业务的决策无懈可击,而且他确实带我们走出了低谷,公司也开始走向辉煌。

案例问题:1. 钟越进入银华公司时采取了何种领导方式? 这种领导方式与留任的董事长的领导方式有何不同? 他对研究部门和生产部门各自采取了何种领导方式?

2. 有人认为,对下属人员采取敬而远之的态度对一个经理来说是最好的行为方式,所谓的"亲密无间"会松懈纪律。你如何看待这种观点?你认为钟越属于这种领导吗?

第一节 领导工作

一、领导概念

一个人去买鹦鹉,看到一只鹦鹉前标着:此鹦鹉会两门语言,售价二百元。另一只鹦鹉前则标道:此鹦鹉会四门语言,售价四百元。该买哪只呢?两只都毛色光鲜,非常灵活可爱。这人转啊转,拿不定主意。结果突然发现一只老掉了牙的鹦鹉,毛色暗淡散乱,标价八百元。

这人赶紧将老板叫来:"这只鹦鹉是不是会说八门语言?"

店主说:"不。"

这人奇怪了:"这只鹦鹉又老又丑,又没有能力,怎么会值这个价呢?"

店主回答:"因为另外两只鹦鹉叫这只鹦鹉老板。"

管理启示:真正的领导人,不一定自己能力有多强,只要懂信任,懂放权,懂珍惜,就能团结比自己更强的力量,从而提升自己的身价。相反许多能力非常强的人却因为过于完美主义,事必躬亲,觉得什么人都不如自己,最后只能做最好的公关人员、销售代表,成不了优秀的领导人。

什么是领导?领导要发挥哪些作用?领导发挥作用的基础又是什么?本小节对此进行简要概括。

(一)领导的含义

1. 领导的定义

所谓领导,就是指指挥、带领、引导和鼓励部下为实现目标而努力的过程。领导者就是从事领导工作的人。这个定义包括下列三要素:

(1)领导者必须有部下或追随者,没有部下的领导者谈不上领导;

(2)领导者拥有影响部下的力量,即要有影响力;

(3)领导的目的是通过影响部下来达到组织的目标。

2. 领导和管理的区别

领导和管理是一回事吗?从本质上说,管理是建立在合法的、有报酬的和强制性权力基础上的命令下属的行为,下属必须遵循管理者的指示。在这一过程中,下属可能尽自己最大的努力去完成任务,也可能只尽一部分努力去完成工作。领导则不同,领导作为一种影响别人的行为,可以建立在合法的、有报酬的和强制性的权力基础上,但更多的是建立在个人影响力和专长权以及表率作用的基础之上。因此,一个人可能既是管理者,也是领导者。但是,管理者和领导者两者分离的情况也是有的。一个人可能是领导者但并不是管理者。非正式组织中最具影响力的人就是典型的例子,组织没有赋予他们职位和权力,他们也没有义务去负责组织的计划和组织工作,但他们却能引导和激励,甚至命令自己的成员。一个人也可能是个管理者,但并不是个领导者。领导的本质就是被领导者的追随和服从,它不是由组织赋予的职位和权力所决定的,而是取决于追随者的意愿。因此,那些没有部下追随的管理者,也就不是真正意义上的领导者。

【思考】 管理者如何成为领导者?

(二)领导的作用

领导工作在组织中起着协调个人需求和组织要求的作用。

1. 指挥作用

在人们的集体活动中,需要有头脑清晰、胸怀全局,能高瞻远瞩、运筹帷幄的领导者帮助人们认清所处的环境和形势,指明活动的目标和达到目标的途径。一方面,领导者必须具有广博的知识、深邃的思想、敏捷的反应、良好的判断力,有能力指明组织的战略方向和需达到的目标;另一方面,领导者还必须是个行动者,能率领员工为实现组织的目标而努力。唯有如此,领导者才能真正起到指挥作用。

2. 协调作用

在有许多人协同工作的集体活动中,即使有了明确的目标,也因各人的理解能力、工作态度、进取精神、性格等不同,加上各种外部因素的干扰,人们之间不可避免地会在思想上发生各种分歧,在行动上出现偏离组织目标的情况。因此,就需要领导者来协调人们之间的关系和活动,引领大家朝着共同的目标前进。

3. 激励作用

在组织中,劳动仍是人们谋生的手段。劳动者为了取得更多的报酬,大都具有积极工作的愿望,但这种愿望能否变成现实的行动,取决于劳动者的经历、学识、兴趣及需要的满足程度等。当劳动者的利益在组织的各项制度中得到切实的保障,并与其自身的物质利益紧密联系时,劳动者的积极性、智慧和创造力就会充分发挥出来。因此,需要领导者创造满足劳动者各种需要的条件、激励劳动者的动机来调动劳动者的积极性,激发他们的创造力,鼓舞大家的士气,让组织中的每个人都自觉地融入组织的目标中去,为实现共同的目标而努力工作。

引导员工朝共同的目标努力,协调员工在不同时空的活动,激发员工的工作热情,使其在组织活动中保持高昂的积极性,这便是领导者在组织和率领员工为实现组织目标而努力工作的过程中所必须发挥的具体作用。

【思考】 班级管理中班长如何有效发挥领导的作用?

（三）领导的影响力

领导者重要的任务是"影响"个体或群体的行为，其影响的基础是权力，即指挥下级的权力和促使下级服从的权力。领导者的影响力主要来自以下两个方面。

1. 职位权力

这种权力是基于领导者在组织中所处的位置由上级和组织赋予的，这样的权力随职务的变动而变动，不在职时就无权。一般出于压力和习惯，人们不得不服从。这种权力又包括三类，即合法权、报酬权和强制权。

（1）合法权。指根据个人在组织中所处职位而被正式授予的权力，其内容包括任命、罢免等诸多权力，其形式则具有非人格性和制度性的特征。合法权通常具有明确的垂直隶属关系，从而形成组织内部的权力等级体制。

（2）报酬权。指对依照其命令行事的作用对象拥有分配有价值资源的权力。报酬的实施方式包括物质性的和非物质性的，主要有鼓励、表扬、发奖、提薪和升级等。报酬权是巩固和维系权力关系的重要手段之一。

（3）强制权。指建立在惧怕基础上的，对不服从要求或命令的人进行惩罚的权力。组织中强制权的实施手段主要有批评、训斥、分配不称心工作、降薪、解雇等。

2. 个人权力

这种权力不是由于领导者在组织中的位置，而是由于自身的某些特殊条件才具有的，通常称为威信。这种权力或威信又包括两类，即专家权和典范权。

（1）专家权。指由于具有他人承认的知识、技能而产生的权力。下属听从有专家权力的上司的意见是因为认为这些意见有助于其更好地完成工作。

（2）典范权。又可称为模范权，是指由于具有他人喜欢、仰慕的人格特征而产生的力量。下属听从有典范权的上司的指示是因为对领导者高度认同，愿意学习、模仿他的言行借以投合追随者的各种需要。

专家权和典范权可以使下属产生归属感，这种归属感既非顺从也非抵制，它有助于员工们克服对变革的恐惧感。个人权力对下属的影响力要强于职位权力，尤其是典范权。

【思考】　如何理解领导者的人格魅力？

☞【管理小事例】

典范权的表率——周恩来

1976 年 1 月 8 日，周恩来逝世时，设在美国纽约的联合国总部门前的联合国旗降了半旗。自 1945 年联合国成立以来，世界上有许多国家的元首先后去世，联合国还没有为谁下过半旗。一些国家感到不平了，他们的外交官聚集在联合国大厦门前的广场上，言辞激愤地向联合国总部发出质问：我们的国家元首去世时,联合国的大旗升得那么高,中国的总理去世,为什么要为他下半旗呢?

当时的联合国秘书长瓦尔德海姆站出来,在联合国大厦门前的台阶上发表了一次极短的演讲,总共不过一分钟。他说:"为了悼念周恩来,联合国下半旗,这是我决定的,原因有二:一是,中国是一个文明古国,她的金银财宝多得不计其数,她使用的人民币多得我们数不过来。可是她的周总理没有一分钱存款!二是,中国有10亿人口,占世界人口的1/4,可是她的周总理没有一个孩子。你们任何国家的元首,如果能做到其中一条,在他逝世之日,总部将照样为他降半旗。"说完,他转身就走。广场上,外交官各个哑口无言,随后响起雷鸣般的掌声。瓦尔德海姆机敏而锋利的谈吐,不仅表现了他机智无比的外交才能,同时也反映了我们敬爱的周总理的高尚品格及伟大的人格魅力是举世无双的!

二、领导理论

领导理论是研究领导有效性的理论。人们对领导有效性的研究主要从三个方面进行,相应地,领导理论也分为三大部分,即领导特性理论、领导行为理论和领导权变理论。对三类领导理论的比较见表8-1。

表8-1　不同的领导理论之间的比较

领导理论	基本观点	研究基本出发点	研究结果
领导特性理论	领导的有效性取决于领导者个人特性	好的领导应具备怎样的素质	各种优秀领导者的图像
领导行为理论	领导的有效性取决于领导行为和风格	怎样的领导行为和风格是最好的	各种最佳的领导行为和风格
领导权变理论	领导的有效性取决于领导者、被领导者和环境的影响	在怎样的情境下,哪一种领导方式是最好的	各种领导行为权变模型

（一）领导特性理论

特性理论也称伟人理论、特质理论,是研究领导者的心理特性与其影响力及领导效能关系的理论。这种理论阐述的重点是领导者与非领导者的个人特性差别。

特性理论按其对领导特性来源的不同解释,可分为传统特性理论和现代特性理论。传统特性理论认为领导者所具有的特性是天生的,是由遗传所决定的,甚至将人的相貌、体型作为评价领导者是否称职的标准,现在已很少有人赞同这样的观点。现代特性理论则认为领导者的特性和品质是在实践中形成的,是可以通过教育和训练培养的。

不同的研究者对领导者应具有哪些特性说法不一。最有代表性的是美国普林斯顿大学包莫尔提出的企业家应具备的10种条件。

（1）合作精神。即愿意与他人一起工作,能赢得人们的合作,对人不是压服而是说服和感动。

(2)决策能力。即依赖事实进行决策,具有高瞻远瞩的能力。

(3)组织能力。即能发掘部属的才能,善于组织人力、财力和物力。

(4)精于授权。即能大权独揽,小权分散。

(5)善于应变。即机动灵活,善于进取,不抱残守缺、墨守成规。

(6)敢于创新。即对新环境、新事物和新观念有敏锐的感受能力。

(7)敢于负责。即对上级、下级、产品及用户抱有高度的责任心。

(8)敢担风险。即敢于承担企业发展不景气的风险,有创造新局面的信心及雄心。

(9)尊重他人。即重视和采纳别人的意见,不盛气凌人。

(10)品德高尚。即品德上为社会人士和企业员工所敬佩。

领导者特性理论是早期领导理论的研究成果,它的初衷是勾画出领导者在特性方面的共同点。随着研究的深入,研究者纷纷认定,仅仅依靠特性并不能充分解释有效的领导,完全基于特性的解释忽视了领导者与下属的相互关系以及情景的因素。因此,从 20世纪 40 年代末至 60 年代中叶,有关领导的研究集中在探讨领导者偏好的行为风格上,也就形成了领导行为理论。

【思考】 领导者到底是天生的还是后天培养出来的?

(二)领导行为理论

领导行为理论认为,考察领导好坏的标准是他的领导行为,而非他的内在素质。领导行为理论重点研究领导者的行为风格对领导有效性的影响。比较有代表性的领导行为理论有:勒温理论、四分图理论和管理方格图理论。

1. 勒温理论

美国心理学家勒温(P. Lewin)以权力定位为基本变量,通过各种试验,得出结论,他认为领导工作作风可以分为三种,即专权型、民主型和放任型。

(1)专权型领导。领导者个人决定一切,然后命令下属执行,他要求下属绝对服从,并认为决策是自己一个人的事,下级不能染指。这类领导者很少参加群体的社会活动,与下级保持相当的心理距离。

(2)民主型领导。领导者把决策权力定位于群体,发动下属讨论,共同商量,集思广益,然后决定。主要运用个人权力和威信,而不是靠职位权力和命令使人服从。分配工作时,尽量照顾到个人的能力、兴趣和爱好。积极参加团体活动,与下级没有什么心理上的距离。

(3)放任型领导。领导者很少运用职权,给下属以极大的自由度,下属人员愿意怎么做就怎么做,一切悉听尊便,毫无规章制度。他的职责仅仅是为下属提供信息并与企业外部环境联系,以便于下属开展工作。

勒温根据试验认为放任型领导工作效率最低,只达到社交目标,而完不成工作目标;专权型领导虽然通过严格管理达到了工作目标,但群体成员情绪消极、没有责任感、士气低落、争吵较多。民主型领导工作效率最高,不但工作目标得以完成,而且群体成员关系融洽,工作主动、积极、有创造性。因此,最佳的领导行为风格是民主型的领导作风。

【思考】 民主型领导方式是否适用于所有管理环境?为什么?

2. 四分图理论

1945 年,美国俄亥俄州立大学商业研究所发起了对领导行为研究的热潮。一开始,研究人员设计了一个领导行为描述调查表,列出了 1000 多种刻画领导行为的因素;后来霍尔平(Halpin)和维纳(Winer)将冗长的原始领导行为调查表减少到 130 个项目,并最终将领导行为的内容归结为两个方面,即以人为重和以工作为重。

以人为重,是指注重建立领导者与被领导者之间的友谊、尊重和信任的关系。包括尊重下属的意见,给下属以较多的工作自主权,体察他们的思想感情,注意满足下属的需要,平易近人,平等待人,关心群众,作风民主。

以工作为重,是指领导者注重规定他与工作群体的关系,建立明确的组织模式、意见交流渠道和工作程序。包括设计组织机构,明确职责、权力、相互关系和沟通办法,确定工作目标和要求,制定工作程序、工作方法和制度。

他们依照这两方面的内容设计了领导行为调查问卷,就这两方面各列举 15 个问题,发给企业,由下属来描述领导人的行为如何。调查结果表明,以人为重和以工作为重并不是一个连续带的两个端点,这两方面常常是同时存在的,只是可能强调的侧重不同,领导者的行为可以是这两个方面的任意组合,即可以用两个坐标的平面组合来表示,如图 8-1 所示。由这两方面可形成四种类型的领导行为,这就是所谓的领导行为四分图。

图 8-1 领导行为四分图

该项研究的研究者认为,以人为重和以工作为重,这两种领导方式不应是相互矛盾、相互排斥的,而应是相互联系的。一个领导者只有把这两者相互结合起来,才能进行有效的领导。即最佳的领导行为是既要以人为重,又要以工作为重。

3. 管理方格图理论

在四分图理论基础上,美国心理学家布莱克(R. Blake)和莫顿(S. Mouton)提出了管理方格图理论。管理方格是一张方格图,横轴表示领导者对生产的关心程度,纵轴表示领导者对人的关心程度。每根轴划分为 9 小格,第一格代表关心程度最低,第九格表示关心程度最高,整个方格图共有 81 个方格,每一小方格代表对"生产"和"人"关心的不同程度组合形成的领导方式,如布莱克和莫顿在管理方格图中列出了五种典型的领导方式。

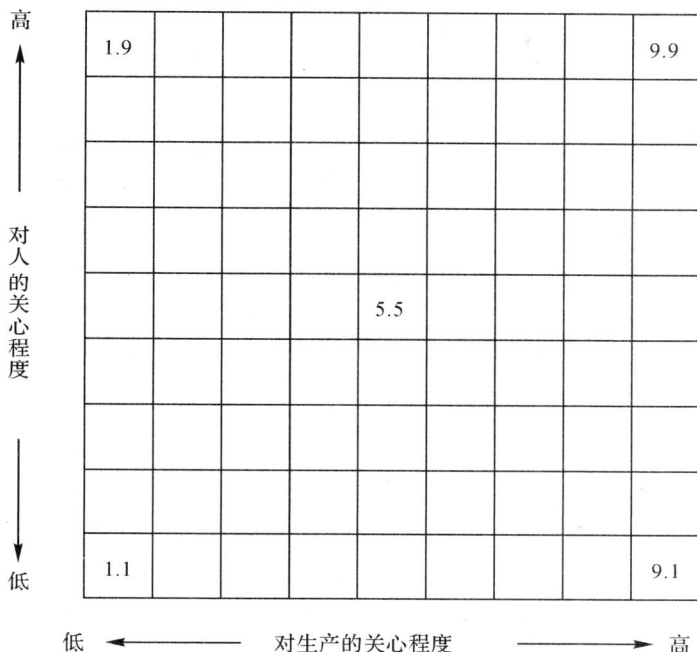

图 8-2 管理方格图

(1)1.1 贫乏型的管理。这种方式对员工的关心和对生产任务的关心都很差。这种方式无疑会使组织失败,但在实践中也很少见到。

(2)9.1 任务型的管理。这种方式只注重生产任务的完成,而不重视人的因素。在这种领导方式下,下属只能奉命行事,员工失去进取精神,不愿用创造性的方法解决各种问题,不能施展所有的本领。

(3)1.9 俱乐部型管理。这种领导方式恰与 9.1 型相反,即特别关心员工。持此方式的领导者认为,只要员工精神愉快,生产自然会好,不管生产好与坏,都首先要重视员工的情绪。这种管理的结果可能很脆弱,一旦和谐的人际关系受到影响,生产任务的完成情况将会大受影响。

(4)5.5 中间型管理。这种方式既不过分重视人的因素,也不过分重视生产任务因素,努力保持和谐和妥协,以免顾此失彼,遇到问题总想敷衍了事。此种方式会导致组织牢守传统习惯,从长远看,会使组织落伍。

(5)9.9 团队型管理。这种方式对生产和人的关心都达到了最高点。在这种管理方式下,员工在工作上希望相互协作,共同努力去实现组织目标;领导者诚心诚意地关心员工,努力使员工在完成组织目标的同时,个人需要也得到满足。应用这种方式的结果是,员工都能用智慧和创造力进行工作,出色地完成任务,关系和谐。

以上这五种领导方式哪一种最好呢？布莱克和莫顿组织了很多研讨会。绝大多数参加者认为 9.9 型最佳,也有不少人认为 9.1 型好,其次是 5.5 型。

【思考】 你认为管理方格图理论中哪一种领导方式最好？为什么？

(三)领导权变理论

领导权变理论是指领导者在变化着的条件下和特殊的环境中如何实现领导有效性的理论。权变领导理论的观点认为,领导行为的有效性不单纯是领导者个人的行为,某种领导方式在实际工作中是否有效主要取决于具体的情景和场合。从权变领导理论来看,没有最好的领导模式,只有最合适的领导模式。即 $E = f(L, F, S)$,其中,E 代表领导的有效性,L 代表领导者,F 代表被领导者,S 代表环境。比较有代表性的领导权变理论有:菲德勒模型、应变领导理论、途径—目标理论。

1. 菲德勒模型

菲德勒(Fred E. Fiedler)创立的权变理论不像以往的研究那样去寻找最优领导方式,而是认为领导的成功与否取决于领导风格与环境的要求是否相匹配。他认为领导风格从属于个人性格,因此具有持续性并难以改变。这种理论不是试图训练领导者采用新的领导风格,而是建议他们针对环境变化,在既有的风格中找到最适合的工作方法。

菲德勒先将领导者的领导风格分为关系导向型和工作导向型,通过设计最难共事者问卷 LPC(least-preferred co-worker questionnaire)来调查界定。他把对领导者最不喜欢的同事做出的评价定量化为 LPC 值,通过问卷调查来测定 LPC 值的大小,从而判断领导者属于哪一种领导风格。他认为,一个领导者,如果最不喜欢他的同事仍能给以好的评价,即被认为对人宽容、体谅、友好,是关系导向型;如果最不喜欢他的同事给以较低的评价,则被认为是惯于命令和控制下属的,是工作导向型的。

对于界定的两种领导风格,究竟哪种更为有效？菲德勒认为不是绝对的,这将受到环境因素的影响。他将决定领导风格的环境因素归为以下三类。

(1)领导者和下属的关系。主要指下属人员是否欢迎该领导者,领导者与下属之间是否相互信任。菲德勒认为,这一点对一个领导者来说,是决定其领导成功与否的最重要的条件。

(2)工作任务结构。具体指下属的工作程序化、明确化的程度。如果工作的性质单纯,工作的任务就会表现为目标明确,下属人员就能明确承担自己的责任,从而领导者就能下达具体命令。但如果工作任务的性质是非常规的,无论领导还是下属都对工作目标不明晰,工作质量就会低下。

(3)领导者拥有的职位权力。菲德勒指出,拥有明确职位权力的领导者比没有这种权力的领导者更容易使下属人员追随自己。一般来说,拥有强大权力、受员工爱戴的领导者,带领下属完成结构性很高的工作任务很容易。而在不受下属爱戴又没有权力的领导者面前,下属往往表现一般,很难完成工作任务。

通过大量的调查、观察和数据收集,菲德勒得到了不同环境因素组合下两种领导风格的有效性比较,如图 8-3 所示。

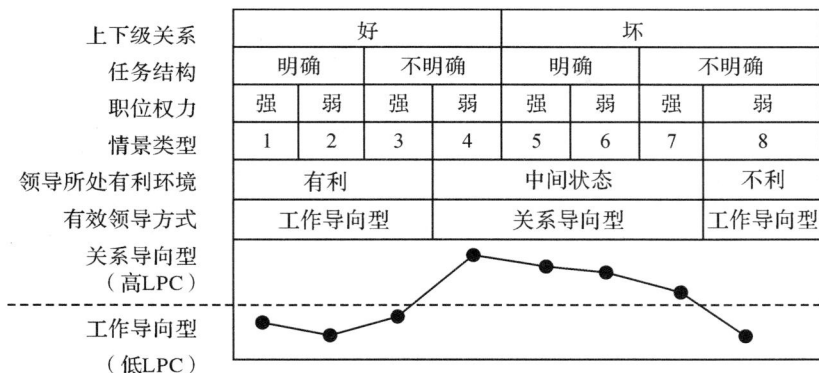

上下级关系	好				坏			
任务结构	明确		不明确		明确		不明确	
职位权力	强	弱	强	弱	强	弱	强	弱
情景类型	1	2	3	4	5	6	7	8
领导所处有利环境	有利			中间状态			不利	
有效领导方式	工作导向型			关系导向型			工作导向型	

图 8-3 菲德勒模型

菲德勒的研究结果表明:根据群体工作情境,采取适当的领导方式可以把群体绩效提高到最大的限度。当情境非常有利或不利时,采取工作导向型领导方式是合适的;但在各方面因素交织在一起且情境有利程度适中时,以人为重的关系导向型领导方式则更为有效。

有大量的研究对菲德勒模型的总体效度进行了考查,并得到了十分积极的结果,也就是说,有相当多的证据支持这一模型。但是,该模型目前也还存在一些欠缺,还需要增加一些变量来加以改进和弥补。另外,在 LPC 量表以及该模型的实际应用方面也存在着一些问题。比如,LPC 的逻辑本质尚未被很好地认识,一些研究指出作答者的 LPC 分数并不稳定。另外,这些权变变量对于实践者来说也过于复杂和困难,在实践中很难确定领导者与成员之间的关系有多好,任务的结构化有多高,以及领导者拥有的职权有多大。

【思考】 怎样理解和解释菲德勒的研究结果?

2. 应变领导理论

情境领导理论由何塞(Paul Hersey)和布兰查德(Kenneth Blanchard)提出,该理论认为,有效的领导行为要把工作行为、关系行为和下属的成熟程度结合起来综合考虑,要根据下属的成熟程度选择合适的领导方式。何塞和布兰查德将成熟度定义为:个体对自己的直接行为负责任的能力和意愿。它包括两项要素:工作成熟度与心理成熟度。工作成熟度是相对一个人的知识和技能而言的,工作成熟度高的个体拥有足够的知识、能力和经验完成他们的工作任务而不需要他人的指导。心理成熟度则与一个人做某事的意愿和动机有关,心理成熟度高的个体不需要太多的外部鼓励,他们靠内部动机激励。

应变领导理论使用的两个领导维度与菲德勒的划分相同:任务行为和关系行为。但是,何塞和布兰查德向前迈进了一步,他们认为每一维度有低有高,从而可以组合成以下四种具体的领导风格。

命令式(高任务—低关系)。领导者定义角色,告诉下属应该干什么、怎么干以及何时何地去干。

说服式(高任务—高关系)。领导者同时提供指导性的行为与支持性的行为。

参与式(低任务—高关系)。领导者与下属共同决策,领导者的主要角色是提供便利条件与沟通。

授权式(低任务—低关系)。领导者提供极少的指导或支持。

何塞—布兰查德理论的最后部分定义了成熟度的四个阶段。根据应变领导理论,随着员工的成长,领导者与员工之间的关系要经历四个阶段,即不成熟、稍成熟、较成熟和成熟,分别用 M_1、M_2、M_3 和 M_4 来表示。领导者要因此而不断改变自己的领导风格,领导生命也随之呈现出周期性的变化,所以应变领导理论也被称为领导生命周期理论。

M_1:下属对于执行某任务既无能力又不情愿,既不胜任工作又不能被信任。

M_2:下属缺乏能力,但却愿意从事必要的工作任务,有积极性,但目前尚缺乏足够的技能。

M_3:下属有能力却不愿意做领导者希望他们做的工作。

M_4:下属既有能力又愿意做领导者让他们做的工作。

随着下属由不成熟逐渐向成熟过度,领导行为应当按高任务低关系—高任务高关系—低任务高关系—低任务低关系逐步推移,如图 8-4 所示。

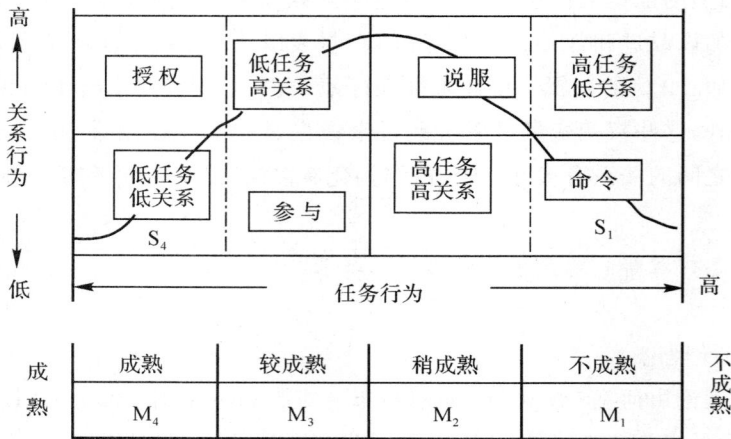

图 8-4 应变领导理论

M_1 阶段:命令式。下属需要得到明确而具体的指导。

M_2 阶段:说服式。领导者需要采取高任务—高关系行为。高任务行为能够弥补下属能力的欠缺;高关系行为则试图使下属在心理上"领会"领导者的意图。

M_3 阶段:参与式。出现的激励问题运用支持性、非指导性的领导风格可获最佳解决。

M_4 阶段:授权式。领导者不需要做太多事,因为下属既愿意又有能力担负责任。

应变领导理论告诉我们,随着下属从不成熟走向成熟,领导者不仅要减少对活动的控制,而且也要减少对下属的帮助,不断调整领导行为才能保持领导的有效性。

【思考】 举例说明在实际工作中如何运用应变领导理论进行管理。

3. 途径—目标理论

加拿大多伦多大学教授罗伯特·豪斯(R. J. House)把激发动机的期望理论和领导行为理论结合起来,提出了途径—目标理论。其基本观点是:领导者的职责在于帮助下属实现个人目标并确保这些个人目标与组织目标相一致。所谓途径—目标,是指有效的领导者要支持组织成员为实现组织目标所做的种种努力,为其完成任务提供各种必要的条件,领导者可以而且应该根据不同的环境因素来调整自己的领导方式和作风。

领导方式是由环境因素决定的,环境因素包括两个方面:一是下属的特点,包括下属受教育的程度,下属对于参与管理、承担责任的态度,对本身独立自主性的要求程度等,领导者对于改变下属的特点一般是无能为力的,但可改变工作环境来充分发挥下属的特长;二是工作环境的特点,主要指工作本身的性质、组织性质等。

途径—目标理论认为,对于一个领导者来说,没有什么固定不变的领导方式,要根据不同的环境选用适当的领导方式。领导方式可分为四种。

(1)指令型领导方式。给下属明确任务目标,明确职责,严密监督,通过奖惩控制下属的行为。当工作任务模糊不清、变化大或下属对工作不熟悉,没有把握,感到无所适从时,这种方式是合适的。

(2)支持型领导方式。对下属友好,平等对待,关心下属的生活福利。这种领导方式特别适用于工作高度程序化,让人感到枯燥乏味的情境。既然工作本身缺乏吸引力,下属就希望上司能成为满意的源泉。

(3)参与型领导方式。鼓励下属参与任务目标决策和解决具体问题。当任务相当复杂需要组织成员间高度的相互协作时,或当下属拥有完成任务的足够能力并希望得到尊重和自我控制时,采用这种方式是合适的。

(4)目标导向型领导方式。这是参与型领导方式的一种特殊类型,它主要强调目标设置的重要性,领导者通过为下属设置富有挑战性的目标和鼓励下属完成这些任务来管理下属。只要下属能完成目标,他们就有权决定怎么做。

途径—目标理论强调领导的有效性取决于领导行为、下属、任务之间的协调配合,如表8-2所示。

表 8-2 领导方式和环境

领导方式	领导行为	环 境
指令型	确定群体任务目标 明确各自职责 严格管理员工 用正式的权力管理	群体的任务是非程序化的 员工期望得到指点

续表

领导方式	领导行为	环　境
支持型	友好、平易近人 明白下属的兴趣 用奖励支持下属	任务缺乏刺激性 员工希望得到领导的支持和鼓励
参与型	让下属参与决策 分担职责 鼓励协调一致 用非正式权力领导	任务复杂、需要团体协调 员工希望得到某种指点 员工有工作所需技能
目标导向型	鼓励下属设置高目标 让下属充分发挥创造性 实行目标管理	员工希望自我控制 员工能自我激励 员工有工作所需技能

【思考】　途径—目标理论与菲德勒模型及应变领导理论有何异同？

三、有效领导的艺术

领导者的工作效率和效果很大程度上取决于他们的领导艺术。领导艺术是一门博大精深的学问，内涵极其丰富，此处只列举若干来体会。

（一）做好领导的本职工作

领导者有条不紊地办事是一种艺术。在组织中，我们经常看到一些这样的领导者，他们整天忙忙碌碌，工作十小时甚至更多，放弃了娱乐、休息和学习，还总是感到时间不够用。作为一个领导者，当发现自己忙不过来的时候，就应该考虑自己是否已经影响了下属的职权，做了本来应当由下属去做的事情。领导者必须明白，凡是下属可以做的事情，都应授权让他们去做，领导者只应干领导应干的事情。并且，即使对于那些必须由自己亲自处理的事情，也应先问三个能不能：能不能取消它？能不能与别的工作合并处理？能不能用更简便的方法处理？这样就可以把那些可做可不做的事情去掉，把一部分事情合并起来用最简便的方法去做，从而减轻负担，腾出更多时间去思考和筹划，更好地发挥领导的作用。同时，这也使领导能够有更多的业余时间和家庭及朋友相聚，实现工作和生活的平衡。

（二）善于同下属交谈、倾听意见

善于同下级交谈、倾听意见也是一种重要的领导艺术。没有人与人之间的信息交流，就不可能有领导。领导者在行使指挥和协调的职能时，必须把自己的想法、感受和决策等信息传递给被领导者，才能影响被领导者的行为。同时，为了进行有效的领导，领导者也需了解被领导者的反应、感受和困难。这种双向的信息传递十分重要。交流信息可以通过正式的文件、报告、书信、会议、电话、短信、互联网和非正式的面对面会谈等方式进行。其中，面对面地个别交谈是深入了解下属的较好方式，因为通过交谈不仅可以了解到更多、更详细的情况，而且可以通过察言观色来了解对方心灵深处的想法。但也有些领导者在同下属谈话时，往往同时批阅文件，左顾右盼，精力不集中，不耐烦，这不仅不能了解对方的思想，反而会伤害对方的自尊，失去下属对自己的尊重和信任，甚至还会造成冲突和隔阂。所以，领导者必须掌握同下属交谈、倾听下属意见的艺术。

（三）争取众人的信任和合作

领导者不能只依靠自己手中的权力，还必须取得同事和下属的信任和合作。有些新踏上领导岗位的人，往往只会自己埋头苦干，不善于争取别人的信任和合作；也有个别人只想利用手中的权力来使副手和下属慑服，而较少考虑如何取得他们的支持和友谊。其实，领导者和被领导者之间的关系不应当是一种刻板和冷漠的上下级关系，而应当建立起真诚合作的朋友关系，这就要求领导者在日常工作中要做到平易近人、信任对方、关心他人以及一视同仁等等。

第二节　激励原理

⇨【导入案例】

猎人与猎狗的故事

有一天，猎人带着一只猎狗到森林中打猎。猎狗将一只兔子赶出了窝，追了很久也没有追到。后来兔子一拐弯，不知道跑到哪儿去了。牧羊犬见了，讥笑猎狗说："你真没用，竟跑不过一只小小的兔子。"猎狗解释说："你有所不知，不是我无能，只因为我们两个跑的目的完全不同，我仅仅是为了一顿饭而跑，而它却是为了性命啊。"

这话传到了猎人的耳朵里，猎人想，猎狗说得对呀，我要想得到更多的兔子，就得想个办法，消灭"大锅饭"，让猎狗也为自己的生存而奔跑。猎人思前想后，决定对猎狗实行论功行赏。

于是猎人召开猎狗大会，宣布：在打猎中每抓到一只兔子，就可以得到一根骨头，抓不到兔子的就没有。

这一招果然有用，猎狗们抓兔子的积极性大大提高了，每天捉到兔子的数量大大增加，因为谁也不愿干看着别人吃骨头。

可是，一段时间过后，一个新的问题出现了。猎人发现猎狗们虽然每天都能捉到很多兔子，但兔子的个头却越来越小。

猎人疑惑不解，于是，他便去问猎狗："最近你们抓的兔子怎么越来越小了？"

猎狗们说："大的兔子跑得快，小的兔子跑得慢，所以小兔子比大兔子好抓多了。反正,按您的规定,大的小的奖励都一样,我们又何必费那么大的力气去抓大兔子呢?"

猎人明白了,原来是奖励的办法不科学啊!于是,他宣布,从此以后,奖励骨头的多少不再与捉到兔子的数量挂钩,而是与捉到兔子的重量挂钩。

此招一出,猎狗们的积极性再一次高涨,捉到兔子的数量和重量都远远超过了以往,猎人很开心。

遗憾的是,好景不长。一段时间过后,新的问题又出现了。猎人发现,猎狗们捉兔子的积极性在逐渐下降,而且越是有经验的猎狗积极性下降得越厉害。

这又是咋回事呢?于是猎人又去问猎狗。

猎狗们对猎人说:"主人啊,我们把最宝贵的青春都奉献给您了,等以后我们老了,抓不动兔子了,您还会给我们骨头吃吗?"

猎人一听,明白了,原来猎狗们需要养老保险,于是,他进一步完善激励机制,规定:每只猎狗每月捉到的兔子达到一个规定的量以后,多余部分可以转化为骨头的贮存,将来老了,捉不到兔子了,就可以享用这些贮存。

猎人宣布这个决定之后,猎狗们群情激昂,抓兔子的积极性空前高涨。猎人也无比欣慰,觉得从此可以万事无忧了。

就这样,过了一段时间之后,一件意想不到的事情发生了:一些优秀的猎狗开始离开猎人,自己捉兔子去了。

面对这一情况,一开始猎人以为是思想政治工作没做好,便连续举办了一系列"狗力资源与风险高层猎狗研修班",培训主题为:缺乏统一指挥所造成的狗力资源浪费。强调猎人的规划对猎狗捕猎的重要性,并有意夸大了缺乏统一指挥的负面影响。这一招对稳定猎狗队伍起到了一定的积极作用,但优秀猎狗流失的状况并未得到有效控制。

猎人有些着急了。他想,难道是奖励的力度不够?于是,他将优秀猎狗的奖励标准提高了一倍。这一招收到了比较明显的效果,优秀猎狗流失的问题得到了暂时缓解,但却没有从根本上得到遏制。一段时间之后,离开猎人,自己去捉兔子的猎狗又开始逐渐多了起来,而且基本上都是最优秀的。

聪明的猎人这下可犯愁了,他百思不得其解。万般无奈之下,他决定直接去向离开的猎狗们咨询。他用 10 根骨头的代价把 5 只猎狗请到一起,他十分动情地对它们说:"猎狗兄弟们,我实在不知道我做了什么对不起你们的事,你们为什么一定要离开我呢?"猎狗们对猎人说:"主人啊,您是天下最好的主人,我们有任何愿望,您都尽力给予满足,没有任何对不起我们的地方。我们离开您,自己去捉兔子,也不仅仅是为了多得几根骨头,更重要的是我们有一个梦想,我们希望有一天我们也能像您一样,成为老板。"猎人听后,恍然大悟,原来他们是想实现自我价值!怎么解决这一问题呢?

聪明的猎人经过较长一段时间的潜心研究,终于找到了解决方案。于是,他成立了一个猎狗股份有限公司,出台了 3 条新政策:第一条,实行优者有股。优秀的猎狗可以将贮存的骨头转化为公司的股份,并根据贡献率每年奖励一定数量的股份期权,使优秀的猎狗有机会在公司发财;第二条,实行贤者终身制。连续 3 年或累计 5 年被评为优秀猎狗者,可成为终身猎狗,享受一系列诱人的优厚待遇;第三条,实行强者孵化。优秀的猎狗可以随着业绩的增长,逐步成为团队经理、业务总监、总经理、董事长,实现做老板的梦想。

这一招十分灵验。从此以后,不仅该公司优秀的猎狗对猎人忠心耿耿,而且其他地方的优秀猎狗也纷纷慕名加盟,猎人的公司越办越火,长盛不衰。

一、激励概述

(一)激励的含义和必要性

所谓激励是指激发人的内在动机,使人产生一股内在的动力,朝所期望的目标前进的心理活动和行为过程。实际上就是调动人的积极性的过程。

激励是对人的一种刺激,是促进和改变人的行为的一种有效手段。激励可以激发人的内在潜力,开发人的能力,充分发挥人的积极性和创造性。在管理中,每个人都需要激励,其中包括自我激励以及来自同事、群体、领导和组织方面的激励。作为一个领导者,为了实现既定的组织目标,就更需要激励全体成员。

在一般情况下,激励表现为外界所施加的推动力或吸引力,它可以转化为自身的动力,使得组织目标变为个人的行为目标。具体说,一个人的行为,必须受到外界的推动力或吸引力的影响,这种吸引力和推动力通过个体自身的消化和吸收,产生出一种自动力,使个体由消极的"要我做"转化为积极的"我要做"。使人们始终处于施展才干的最佳状态的唯一有效的方法,就是表扬和奖励,尤其是在下属情绪低落时,管理者的激励奖赏是非常重要的。

(二)激励的心理机制

心理学的研究表明,人的行为具有目的性,而目的源于一定的动机,动机又产生于需要。由需要引发动机,动机支配行为并指向预定目标,是人类行为的一般模式,也是激励得以发挥作用的心理机制,如图 8-5 所示。

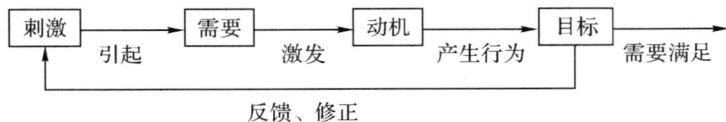

图 8-5　人类行为模式

需要:人只要存在,就会有各种需要。需要就是个体内部的一种不平衡状态,是指客观刺激作用于人的大脑所引起的个体缺乏某种东西的状态,它是个体积极性的源泉。

动机:动机是在需要的基础上产生的。当人的需要没有得到满足时,人就会去寻找可以满足需要的对象,从而产生进行活动的动机。动机是鼓励和引导一个人为实现某一目标而行动的内在力量,是产生行为的直接原因。需要推动着人们去活动,并把活动引向某个目标。从某种意义上说,需要和动机没有严格的区别。需要体现一种主观感受,动机则是使需要获得满足而支配行为表现的内心活动。

行为:行为是动机直接导致的结果。在组织中,个体的行为是其与工作和生活环境相互作用的产物和表现。任何一种行为的产生,都有其内在的原因,是在动机的引发与维持下进行的。动机对于行为,有着重要的功能,表现为三个方面:其一,始发功能,动机是推动行为的原动力;二是选择功能,即它决定个体的行为方向;三是维持和协调功能,行为目标达成时,相应的动机就会获得强化,使行为持续下去或产生更强烈的行为,趋向更高的目标,反之,则降低行为的积极性,或停止行为。

【思考】 举例说明激励的机制。

(三)激励的本质

管理者之所以要研究员工的动机和激励的机制,是因为它们与员工的工作业绩有关。一个人的工作成效首先取决于其能力,但仅有能力还是不够的,因为一个有能力的员工可能很积极地去做,也可能不愿意做,因此,在能力一定的情况下,动机就非常重要了。只有当一个人愿意干而且有能力干好时,其工作业绩才可能比较高。也就是说,在同样的环境条件下,一个人的工作业绩(P)是能力(A)与动机(M)的函数关系:$P=f(A,M)$。工作业绩随着这两者的提高而提高,随着这两者的降低而降低。

一般而言,一个人能力的提高需要经过比较长的时间,因此,一个人的能力在一定的时期内是恒定的。为了提高工作业绩,管理人员只有从提高员工的动机强度着手。激励的作用就在于可以激发人的内在动机,变消极为积极,使人努力地谋求上进,并充分发挥自己的才能。从长远来说,激励还可以鼓励人们不断地提高自己的能力,产生更高的事业追求,从而积极行动,为组织做出更大的贡献。

一个人的能力大小和动机的强弱受很多因素的影响,随着社会的发展,激励员工已变得越来越困难。现代人的需求越来越趋向于多样化,传统的激励技术——晋升加金钱刺激已变得不那么有吸引力,人们要求从工作中得到更多的满足。为此,管理者必须了解和掌握更多的激发人的动机的理论和方法。

二、激励理论

▷**【管理小事例】**

徽州渔翁

清江渔舟是徽州一道明丽的风景线。岸边三户渔家各有一只小舟、数只鱼鹰。商界旅游团前去参观。导游介绍,这三家中一家致富;一家亏损;另一家最惨,鱼鹰都死了,只能停业。商界来客细问缘由,导游说:"原因就出于扎在鱼鹰脖子上的细铁丝上,致富的渔翁给鱼鹰捆的铁丝圈不紧不松,不大不小,鱼鹰小鱼吞下,大鱼吐出;亏本的那家的圈捆得过松过大,本可卖钱的鱼也让鱼鹰私吞了;而最惨的渔家自以为精明,把鱼鹰的脖子扎得又紧又小,结果事与愿违,饿死鱼鹰,血本无归!"商界人士听罢,感叹不已:"到底是徽商故乡,处处可闻商道。"原来用铁丝圈捆鱼鹰的脖子也是门学问,捆得太紧,把鱼鹰勒死了,就无法捕鱼了;捆得太松,大鱼、小鱼全都被鱼鹰吃掉了,渔翁什么都没得着;只有捆得不松不紧,才能有双赢的结果,这其中就是讲究个"度"。

　　管理启示:员工是企业的第一生产力,是为企业创造价值的元素,如果把企业比做小船,那么,员工就是载舟之水。激励员工,是领导者的一门必修课。应该避免以下两种激励不当的情况:激励不足和激励过度。

在管理中,为了对员工进行有效的激励,很多专家学者展开了如何进行有效激励的研究,形成了不同的激励理论。这些理论大致可以分为三大类,包括内容型激励理论、过程型激励理论和行为改造型激励理论。三大类理论的比较见表8-3。

表 8-3　激励理论的比较

激励理论	研究着眼点	研究重点	典型理论
内容型激励理论	人有哪些需要	着重探讨什么东西能够使一个人采取某种行为,即着重于研究激励的起点和基础	需要层次理论、ERG理论、成就激励论、双因素理论
过程型激励理论	人是如何被打动的	着重研究行为是如何产生、发展、改变和结束的	期望理论、公平理论
行为改造型激励理论	人如何持续表现出某种行为	着重探讨如何引导和控制人的行为	强化理论、归因理论

这里主要介绍其中比较有代表性的几种激励理论:需要层次论、双因素理论、期望理论、公平理论和强化理论。

（一）马斯洛的需要层次理论

美国心理学家马斯洛(A.Maslow)在其所著的《人的动机理论》一书中,提出了需要层次理论,其主要观点如下所述。

1. 人的需要的五个层次。

(1)生理需要。它是人们生存的最基本需要,包括衣食住行和其他生理机能的需要。生理需要的满足是维持生命的必要条件,它处在需要层次的最低层。人在转向高层次的需要之前,总是集中全力以满足这类需要。

(2)安全需要。随着生理需要的满足,安全需要作为激励行为的目标被提了出来。安全需要的含义是广泛的,包括对人身安全,生活稳定,免受痛苦、威胁或病痛折磨等方面的需要。在现代组织中,安全需要主要表现为渴望从事一种安全而稳定的职业,有医疗保险、劳动保护,人身、家庭和处所免遭攻击,避免失业、疾病和其他各种危险,享受退休养老保障等。

(3)社交需要。表现为爱与归属的需要。如渴望爱与被爱、友谊、相互忠诚和信任、和谐的人际关系、归属于某一群体、被接纳、被支持等。

(4)尊重需要。尊重的需要分为内部和外部两部分。内部尊重因素,包括自尊、自主和成就;外部尊重因素,包括地位、认可和关注。尊重需要得到满足,能使人产生胜任、自信和对自己价值肯定的感情,是人获得成就的一种重要激励因素。若这类需要得不到满足,就会使人产生自卑感、软弱无力感,让人感到沮丧。

(5)自我实现需要。一种追求个人能力极限的内驱力,包括自我成长,从事和自己能力相称的工作,发挥自己的潜能,成为自己想要和应该成为的那种人。

2. 人的五个方面的需要是有层次的,由低到高分为生理需要、安全需要、社交需要、尊重需要和自我实现需要。其结构如图8-6所示。

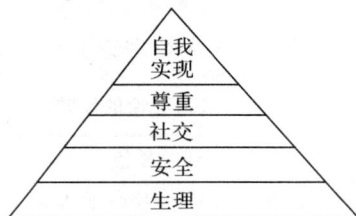

图 8-6 马斯洛的需要层次

3. 需要的实现和满足具有顺序性,即由低到高逐级实现。某一层次的需要相对满足之后,高一层次的需要会变得越来越具体。但不是每个人的这五种需要都能得到满足,低层需要比较客观,容易发觉,是从外在的物质方面获得满足的;高层需要难以辨认,不易发觉,是从内在的精神方面寻求满足的。越是高层的需要越难得到满足。据马斯洛估计,80%的生理需要和70%的安全需要一般会得到满足;而只有50%的社交需要、40%的尊重需要和10%的自我实现需要能得到满足。从心理学角度来看,难度越大,则激励力量越强。

4. 同一时期内可能同时存在几种需要。人的行为是受多种需要支配的,但每一时期内总有一种需要占支配地位。人的激励状态取决于其主导需要是否已得到满足(主导需要是指在各种需要中占统治地位的需要)。任何一种需要并不会因为下一个高层次需要的发展而消失,各层次的需要相互依赖与重叠,高层次的需要发展后,低层次的需要仍然存在,只是对行为影响的比重减轻而已。

5. 被满足的需要就不再是一股激励力量。需要是个人努力争取实现的愿望。已经满足的需要,就不再是激励的因素。一种需要一经满足,另一种需要就会取而代之,所以人们总是在力图满足某种需要。

马斯洛的需要层次理论启示管理者在工作中要了解员工的需要,找出相应的激励因素,采取积极的组织措施来满足不同层次的需要,以引导员工的行为,实现组织的目标。

值得注意的是,人们的需要并不是一成不变的,也不是一经满足就再也不会发生变化的,需要也是在不断增长的。因此,领导者的激励措施也必须是灵活多变的。表 8-4 给出了员工的需要层次及相应的激励因素和组织管理措施之间的对应关系。

表 8-4　根据马斯洛需要层次理论提出的激励措施

需要层次	激励因素	组织措施
自我实现需要	成长 成就 参与 创造	挑战性的工作 创造性的组织环境 决策参与制度 个人职业发展计划 培训制度
尊重需要	胜任 承认 地位 赏识	工作职称 内部提升 表彰制度 加大责任
社交需要	同事间友谊 群体的接纳 相互信任	协商制度 团体活动 沟通制度
安全需要	工作保障 工作安全 工作稳定	雇佣保证 退休金制度 健康保险制度 意外保险制度
生理需要	食物 住所	工资报酬 福利待遇 工作环境和条件

马斯洛的需要层次理论提出后得到了普遍认可,特别是在 20 世纪六七十年代很受一线管理者的欢迎,主要原因是该理论简单明了,易于理解,具有内在的逻辑性。其直观性和简易性使其极具吸引力。正因为这一理论是如此普及,人们对这一理论的信度和效度进行了大量的实证研究,但结果并不令人满意。极少证据能够支持人类存在这五种特定需要,并且五种需要是按层次排列的观点。马斯洛本人也曾强调这一模型的试探性和局限性。但无论如何,这一理论对需要所做的分类,给管理者了解员工的行为动机提供了一个很实用的思路,是激励理论的基石。随后奥尔德弗的 ERG 理论和麦克利兰的成就激励论都是在马斯洛需要层次论的基础上进行深入研究形成的,都从人的需要入手。

【思考】　查看 ERG 理论和成就激励论,比较它们与需要层次论有何联系和区别?

(二)双因素理论

20 世纪 50 年代末,美国心理学家赫茨伯格(F. Herzberg)对 9 个企业中的 203 名工程师和会计师进行了 1844 人次的调查,发现使受访人员感到不满意的因素多与他们的工作环境有关,而使他们感到满意的因素通常是由工作本身所产生的。根据调查结果,赫茨伯格提出了别具一格的"双因素理论",其主要观点如下所述。

(1)将影响人的工作动机的种种因素分为保健因素和激励因素两类。赫茨伯格修正了传统的认为满意的对立面就是不满意的观点,提出了双因素理论的前提假设:满意的对立面是没有满意,不满意的对立面则是没有不满意。在此基础上,把影响人的工作动机的种种因素分为两类:会使员工感到不满意的因素叫保健因素,不给予满足员工将会不满意,给予满足只是消除了不满,而不会产生明显的激励作用;能够使员工感到满意的因素叫激励因素,没有给予满足员工没有不满意,给予满足员工将会满意,起到明显的激励作用。根据调查,激励因素主要包括成就感、得到认可、工作本身的挑战性和趣味性、责任感、个人的成长与发展等;保健因素大多是属于工作之外的因素,包括组织政策、管理监督方式、工作条件、人际关系、报酬、地位、职业稳定性、个人生活需要等。

(2)激励因素是以人对工作本身的要求为核心的。如果工作本身富有吸引力,那么员工在工作时就能得到激励;如果奖励是在完成工作之后,或离开工作场所之后才有价值或意义的,则对员工工作只能提供极少的满足。例如,一个学生之所以潜心学习,是因为他对所学的知识感兴趣;而如果只是为了取得一定的学分,则其学习积极性一定难以持久,一旦取得必要的学分,他就不再努力钻研。也就是说,当工作本身具有激励因素时,人们对外部因素引起的不满足感会具有较大的忍受力;而当他们经常处于没有保健因素的状态时,则常常会对周围事物感到极大的不满意。

(3)只有激励因素的满足,才能激发人的积极性。由上可见,并不是所有的需要的满足都能激励起人的积极性的,只有那些激励因素的满足,才能激发起人的积极性。保健因素的满足只能防止人们产生不满情绪,而难以起到激励作用。因此,激励的确要以满足需要为前提,但并不是满足需要就一定能产生激励作用。

双因素理论就如何针对员工需要来激励员工进行了深入的分析,提出要调动和保持员工的积极性,必须首先具备必要的保健因素,防止员工产生不满情绪;但仅如此还不够,更重要的是要针对激励因素,努力创造条件,使员工在激励因素方面得到满足。

需要注意的是,对于哪些因素属于激励因素,哪些属于保健因素,赫茨伯格是根据对美国 20 世纪 50 年代末部分工程师和会计师的调查得出的,并不一定符合各国的实际。并且,对于每一个人来说,不仅需要因人而异,激励因素和保健因素也会各不相同。同一个因素,对于一个人来说是激励因素,对另一个人来说可能属于保健因素。因此在实际运用时,应区别对待不同人的保健因素和激励因素,才能提高激励效果。

【思考】 年终给职工发的奖金是激励因素还是保健因素? 为什么?

(三)期望理论

期望理论是美国心理学家弗洛姆(V. H. Vroom)在其 1964 年出版的《工作与激励》一书中提出的。期望理论的核心是研究需要和目标之间的规律。一个人产生最佳动机的条件是:他认为他的努力极可能导致很好的表现;很好的表现极可能导致一定的成果;这个成果对他有积极的吸引力。其基本含义主要是期望公式和期望模式。

1. 期望公式

期望公式是指某一活动对某人的激励力量（M）为他所能得到结果的全部预期价值（V）乘以他认为达成该结果的期望值（E）。用公式可以表示为：

$$M=V\times E$$

其中 M 表示激励力量，这是指调动一个人的积极性，激发出人的潜力的强度。V 表示目标效价，指达成目标后对于满足个人需要其价值的大小。E 表示期望值，这是指根据以往的经验进行的主观判断，达成目标并能导致某种结果的概率。

2. 期望模式

针对如何最大化激发人的积极性，弗洛姆提出了期望模式：

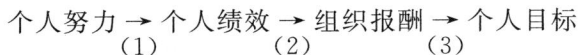

个人努力 → 个人绩效 → 组织报酬 → 个人目标
　　　　（1）　　　　（2）　　　　（3）

即要调动一个人的积极性，必须同时满足三种关系。

（1）努力与绩效之间的关系。个体感到通过一定程度的努力而达到工作绩效的可能性。

（2）绩效与报酬之间的关系。个体认为达到一定工作绩效有助于获得理想报酬的程度。

（3）报酬与个人目标之间的关系，或称价值或报酬的吸引力。个体对工作可能获得的潜在结果或报酬对个体的重要性程度评估，评估的结果取决于个体的目标和需要。

只有当人们感到设定的绩效是能够通过努力实现的，实现后将会得到理想的报酬，并且该报酬符合个人需要，人们才会产生积极性付诸行动。反之，未能满足其中的任一种关系，人们将不会采取行动。

期望理论是深受行为科学家欢迎的理论，因为他们认为这一理论能够被实践验证，并且比较清楚地说明了个体受到激励的原因。从实用的角度讲，期望理论为管理者提高员工的工作业绩指出了一系列可供借鉴的途径。在对员工进行激励的过程中，管理者不要泛泛地采用一般的激励措施，而应当采用多数组织成员认为效价最大的激励措施，而且在设置某一激励目标时要尽可能加大其效价的综合值，适当加大不同人实际所得效价的差值。同时，还要适当控制期望概率和实际概率，加强期望心理的疏导。期望概率过大容易产生挫折感，期望概率过小又会减少激励力量；而实际概率应使大多数人受益，最好大于平均的个人期望概率。

【思考】　讨论分析"期望越大，失望越大"。

（四）公平理论

公平理论是美国心理学家亚当斯（J. Stacy Adams）在其1965年出版的《社会交换中的不公平》一书中提出的。

公平理论的主要观点是：人是社会人，人们的工作动机，不仅受其所得报酬的绝对值影响，而且会受到报酬的相对值的影响。即每个人都把个人的报酬与贡献的比率同他人的比率做比较,若比率相等(个人所得的报酬/贡献＝用作比较的另一个人所得的报酬/贡献),则认为公平合理而感到满意,从而心情舒畅努力工作,否则就会感到不公平不合理而影响工作情绪。这种比较过程还包括同本人的历史的贡献报酬比率做比较。(注:亚当斯所说的贡献包括体力和脑力的消耗,包括技术水平、智慧、经验和工作态度,具体则体现为工作数量与质量。他所说的报酬包括物质和精神的奖酬,如工资、奖金、津贴、晋升、名誉地位等。)

公平理论指出,管理者必须对员工的贡献(投入)给予恰如其分的承认,否则员工就会产生不公平的感觉,当员工觉得自己受到了不公平对待时,员工的积极性就会严重受挫,并会采取各种行为消除由此而产生的紧张不安。

应当指出,人们在进行比较时,对贡献与报酬的评价全凭个体的主观感觉,但公平理论提出的基本观点是客观存在的,并直接作用于员工的行为过程,影响员工的积极性。为实现有效激励,管理者必须深入了解员工对其劳动报酬是否感到公平,并通过合理分配奖酬、调节奖励形式,纠正认知偏差,力求使每个员工都得到相应的报酬和待遇,进而增加其满足感,激发员工的积极性。同时也应教育员工正确选择比较对象和认识不公平现象。

【思考】 员工感觉到不公平对待时,会采取哪些行为?

(五)强化理论

强化理论是由美国心理学家斯金纳(B. F. Skinner)首先提出的。强化理论主要研究人的行为同外部因素之间的关系。该理论认为人的行为是其所获刺激的函数。如果这种刺激对他有利,则这种行为就会重复出现;若对他不利,则这种行为就会减弱直至消失。因此领导者要采取各种强化方式,以使员工的行为符合组织目标。

根据强化的性质和目的,强化可以分为五类:

1.正强化。正强化是一种增强行为的方法。即在一个要求的行为出现后,随即加以奖酬或提供正面的结果。美国人类协会所认可的动物行为训练技巧,就是利用行为的正面增强作用来强化动物的行为,进而控制动物一部分原本属于自然而随机产生的行为。

2.负强化。负强化也是增强一种行为的方法。是指预先告知某种不符合要求的行为或不良绩效可能引起的后果,允许员工按要求的方式行事来避免令人不快的后果。如在工厂中,事先建立以规章制度使员工知道迟到是要扣奖金的,这样员工为避免扣奖金这一不愉快的结果,而被激励要准时上班。

3.惩罚。惩罚是指用某种令人不快的结果,来减弱某种行为。如当有员工工作不认真、不负责任,经常出差错,或影响他人工作时,领导者就可以用批评、纪律处分、罚款等措施,以制止该行为再次发生。但是,惩罚也会有不良反应,如会激起员工的愤怒、敌意等。因此,领导者最好尽可能采用其他强化手段。

4.不强化。不强化是指对某种行为不采取任何措施,既不奖励也不惩罚。这是一种消除不合理行为的策略,因为倘若一种行为得不到强化,那么这种行为的重复率就会下降。如果一个人老是抱怨分配给他的工作,但却没人理睬他,也不给他调换工作,也许过一段时间他就不再抱怨了。

5.综合策略。综合策略是指对某人的不同行为采取一种以上的策略。如当有两种互补相容的行为,即一种合理另一种不合理时,可采用综合策略强化合理的行为,减少或消除其他不合理的行为。

在上述五种强化类型中,正强化对行为的影响最有力和有效,因为它能增加组织成员有效工作行为的发生。相反,惩罚和负强化只能用来减少组织成员无效工作行为的发生。因为惩罚和负强化只告诉组织成员不该做什么,但没有指出应该做什么。应用不强化常常很麻烦,有时甚至没有可能,因为它要求建立一种对组织成员来说是不愉快的环境,并持续到所希望的行为发生为止。此外,负强化和惩罚所用的方式令人不愉快,也会产生相反的效果。

管理者在应用强化理论进行激励时,应当以正强化为主,强化的方式也要因人而异。另外强化过程还要有科学的时间安排,以保证强化能实现预期的效果。不管采用什么样的强化方式都必须要让员工明确知道强化的目的,否则就达不到激励的结果。

【思考】　在实践中如何用好强化激励理论?

三、激励的方法与工具

（一）激励的方法

根据各种激励理论,管理者激励下属可采用多种方法和手段,其中最基本的方法是:工作激励、成果奖励和培养教育。

1.工作激励。工作激励是指通过设计合理的工作内容,分配恰当的工作来激发员工内在的工作热情。根据激励理论,一个人的投入产出率取决于其所从事的工作是否与其所拥有的能力、动机相适应。通过合理地设计和分配工作,组织能极大地激发员工内在的工作热情,提高其工作业绩。这就要求在设计和分配工作时,做到分配给员工的工作与其能力相适应,所设计的工作内容符合员工的兴趣,所提出的工作目标富有挑战性。

2.成果奖励。成果奖励是指在正确评估员工工作成果的基础上给予其合理的奖惩,以保持员工行为的良性循环。工作本身给员工带来的需求的满足是即时的和直接的,它使人们感受到了成功的喜悦、自我的价值和社会的承认等。同样的,工作以外的奖励,如金钱、就业保障、晋升等也能在一定程度上满足人们的生理和心理需求。管理者要引导员工的行为,使得它朝着有利于组织目标的方向行动,就必须把奖励的内容与员工的需求相结合,让奖励的多少与工作业绩的高低相挂钩。

3.培养教育。培养教育是指通过思想、文化教育和技术培训,提高员工的素质,从而增强员工的进取精神和工作能力。员工的工作热情和工作积极性通常与他们的自身素质有极大的关系。一般而言,自身素质好的人,自信心和进取心就强,比较注重高层次的追求,因此,相对来说比较容易自我激励,在工作中表现出高昂的士气和工作热情。所以,通过思想教育和业务知识与能力的培训,提高员工的思想觉悟,增强员工的工作能力,从而增强其自我激励的能力,是管理者激励和引导下属行为的一种重要手段。

(二)激励的工具

自 20 世纪 90 年代以来,西方企业在多种激励理论的基础上,提出了一些形式多样的激励工具,竭力改善企业员工的满意度和绩效,包括绩效工资、分红、员工持股计划、总奖金、知识工资和灵活的工作日程等。

1.绩效工资。组织突出绩效工资意味着员工是根据他的绩效贡献而得到奖励的,因此这种工资一般又称为奖励工资。它实际上是激励的期望理论和强化理论的逻辑结果,因为增加工资是和工作行为挂钩的。

2.分红。分红是员工和管理人员在特定的单位中,当单位绩效打破预先确定的绩效目标时,接受奖金的一项激励计划。这些绩效目标可以是细化了的劳动生产率、成本、质量、顾客服务或者利润。和绩效工资不同的是,分红鼓励协调和团队工作,因为全体员工都为经营单位的利益在做贡献。绝大多数公司都采用了某种精确的指定绩效目标和奖金的核算方法。

3.员工持股计划。员工持股计划给予员工部分企业的股权,允许他们分享改进的利润绩效。相对而言,员工持股计划在小企业的管理中比较流行,但也有像宝洁公司这样的大企业在采用这种激励计划。员工持股计划使得员工们更加努力地工作,因为他们是所有者,要分担企业的盈亏。但要使这种激励计划有效进行,管理人员必须向员工提供全面的公司财务资料,赋予他们参加主要决策的权利,以及给予他们包括选举董事会成员在内的投票权。

4.总奖金。总奖金是以绩效为基础的一次性现金支付计划。单独的现金支付旨在提高激励的效价。这种计划在员工感到他们的奖金真正反映了公司的繁荣程度时才有效,不然,效果适得其反。

5.知识工资。知识工资是指一个员工的工资随着他能够完成任务数量的增加而增加的工资。知识工资的发放增加了公司的灵活性和效率,因为公司需要的工作人员会越来越少。但要贯彻这项计划,公司必须有一套高度发达的员工评估程序,必须明确工作岗位,这样工资才可能随着新工作的增加而增加。

6.灵活的工作日程。灵活的工作日程主要指取消对员工固定的五日上班,每日工作八小时的限制。包括四日工作制、灵活的时间以及轮流工作制度。

上述这些激励工具,一个最明显的优势,是增强了组织对熟练员工的吸引力,最终有效降低了组织对这些员工的市场搜寻成本和培训成本。

☞【管理小事例】

两熊赛蜜

黑熊和棕熊喜食蜂蜜,都以养蜂为生。它们各有一个蜂箱,养着同样多的蜜蜂。有一天,它们决定比赛看谁的蜜蜂产的蜜多。

黑熊想,蜜的产量取决于蜜蜂每天对花的"访问量"。于是它买来了一套昂贵的测量蜜蜂访问量的绩效管理系统。在它看来,蜜蜂所接触的花的数量就是其工作量。每过完一个季度,黑熊就公布每只蜜蜂的工作量;同时,黑熊还设立了奖项,奖励访问量最高的蜜蜂。但它从不告诉蜜蜂们它是在与棕熊比赛,它只是让它的蜜蜂比赛访问量。

棕熊与黑熊想得不一样。它认为蜜蜂能产多少蜜,关键在于它们每天采回多少花蜜——花蜜越多,酿的蜂蜜也越多。于是它直截了当告诉众蜜蜂,它在和黑熊比赛看谁产的蜜多。它花了不多的钱买了一套绩效管理系统,测量每只蜜蜂每天采回花蜜的数量和整个蜂箱每天酿出蜂蜜的数量,并把测量结果张榜公布。它也设立了一套奖励制度,重奖当月采花蜜最多的蜜蜂。如果一个月的蜜蜂总产量高于上个月,那么所有蜜蜂都可以受到不同程度的奖励。

一年过去了,两只熊查看比赛结果,黑熊的蜂蜜不及棕熊的一半。黑熊的评估体系很精确,但它评估的绩效与最终的绩效并不直接相关。黑熊的蜜蜂为尽可能提高访问量,都不采太多的花蜜,因为采的花蜜越多,飞起来就越慢,每天的访问量就越少。另外,黑熊本来是为了让蜜蜂搜集更多的信息才让它们竞争,由于奖励范围太小,搜集信息的竞争导致蜜蜂之间相互封锁信息。蜜蜂之间竞争的压力太大,一只蜜蜂即使获得了很有价值的信息,比如某个地方有一片巨大的槐树林,它也不愿将此信息与其他蜜蜂分享。

而棕熊的蜜蜂则不一样,因为它不限于奖励一只蜜蜂,为了采集到更多的花蜜,蜜蜂相互合作,嗅觉灵敏、飞得快的蜜蜂负责打探哪儿的花最多最好,然后回来告诉力气大的蜜蜂一齐到那儿去采集花蜜,剩下的蜜蜂负责贮存采集回的花蜜,将其酿成蜂蜜。虽然采集花蜜多的能得到最多的奖励,但其他蜜蜂也能捞到部分好处,因此蜜蜂之间远没有到人人自危相互拆台的地步。

管理启示:激励是手段,激励员工之间相互竞争固然必要,但相比之下,激发起所有员工的团队精神更为重要。

第三节　沟　通

⇨【导入案例】

公司为了奖励市场部的员工,制订了一项海南旅游计划,名额限定为10人,可是13名员工都想去,部门经理需要再向上级领导申请3个名额。如果你是部门经理,你会如何与上级领导沟通呢?

部门经理向上级领导说:"朱总,我们部门 13 个人都想去海南,可只有 10 个名额,剩余的 3 个人会有意见,能不能再给 3 个名额?"

朱总说:"筛选一下不就完了吗?公司拿出 10 个名额就已经花费不少了,你们怎么不多为公司考虑?你们呀,就是得寸进尺,不让你们去旅游就好了,谁也没意见。我看这样吧,你们 3 个做部门经理的,姿态高一点,明年再去,这不就解决了吗?"

失败原因:

1. 只顾表达自己的意志和愿望,忽视对方的外在表现及心理反应。

2. 切不可以自我为中心,更忌讳出言不逊,不尊重对方。

希望大家通过以上的小故事,有所思考和感悟,在实际工作中有目的地加以运用,提高实际的沟通能力。

一、沟通的定义

在我们的管理工作中沟通几乎无时不在,无处不在:相互交谈是沟通,开会是沟通,发文件是沟通,打电话、发短信是沟通,写电子邮件是沟通,上网浏览是沟通,使用微信、微博是沟通,网上聊天是沟通,商务谈判是沟通,发布广告或进行人员推销也是沟通。在管理工作中,人们经常遇到不理解他人或者不能被他人理解,抱怨他人或者被他人抱怨的情况。指挥官责怪士兵不听指挥,士兵则怪罪指挥官不通人情;下级抱怨上级家长作风,刚愎自用,上级领导则批评下级缺乏责任心,不安心本职工作;同事之间缺少信任,关系冷淡,甚至相互排斥;部门各自为政,奉行本位主义,相互多有埋怨、责难,少有支持、合作;企业的宗旨、方针、态度得不到顾客、股东、政府、媒体等的理解和认同。凡此种种,究其原因,人们会不约而同地回答是"缺乏沟通"。沟通是一个人们经常使用的字眼。但对于究竟什么是沟通,定义竟有一百种之多。沟通的含义是相当丰富而复杂的,但如果从最一般的意义而言,所谓沟通,就是信息凭借一定的符号载体,在个人或群体间,从发送者到接受者之间进行传递,并获得理解的过程。沟通是人与人之间转移信息的过程,有时人们也使用交往、交流、信息传达等术语,它是人们传递自己的信息或获得他人思想、感情、见解、价值观的一种途径,是人与人之间交往的一座桥梁,通过这座桥梁,人们可以分享彼此的思想感情,也可以消除误会,增进了解。

二、沟通的内涵

要正确理解沟通的含义,可以从下述几点来把握:

1. 沟通首先是信息的传递与交流。如果信息和想法没有传递到接收者那里,也就不会发生沟通。沟通中传递的信息包罗万象,不仅包括一般事实,而且还包括思想、情感、价值观、意见和观点等。沟通过程是发送者把要传送的信息"编码"成符号传递给接收者,接收者在收到后进行相关的"解码"过程。传递信息要完整,即既要传递事实又要传递发送者的价值观及个人态度,只有这样才能实现有效的沟通。

2. 沟通成功的关键在于信息被充分理解。有效的沟通,意味着信息不仅被传递,而且被理解。我们知道,无论多么伟大的思想,如果不传递给他人或被他人理解,都是毫无意义的。最理想的沟通应该是信息经过传递后,接收者所感知的信息与发送者发出的信息完全一致。但是在现实生活中,由于信息是一种无形的东西,是一些符号,每个人对同一符号的理解和认识不同,沟通过程中容易存在不少问题和障碍。因此,在沟通过程中,只有传递的信息被充分理解,沟通的目的才能达到。

3. 有效的沟通在于双方能准确理解彼此的意图。在现实生活中,不少人认为,有效的沟通就是让别人接受自己的观点。实际上,沟通并不一定要使对方完全接受自己的观点,但一定要使对方完全明白你的观点。也就是说,你可以只是准确地理解对方所说的意思而不同意对方的看法。沟通双方能否达成一致意见,对方是否接受你的观点,并不仅仅取决于沟通是否有效,它还涉及双方根本利益是否一致、价值观念是否相似等其他关键因素。只要沟通过程中双方能准确理解彼此的意图,沟通就是有效的。例如,在一起车祸赔偿谈判中,受伤害一方要求责任方赔偿车辆损失费、住院费、手术费、误工费等共计二十余万元,责任方理解了对方提出的条件,但不完全接受。虽然双方意见没有达成一致,但责任方已理解了受伤害方所表达的意思,这就是有效的沟通。

4. 沟通是一个双向动态的反馈过程。每天我们都在与他人进行各种各样的沟通,但并不能说每个人都是成功的沟通者,也并不意味着对方已经与你沟通了,如果接收者并未对你发出的信息做出反馈,那么就没有达成有效的沟通。所以,有效的沟通必然是一个双向互动的反馈过程,这种反馈并非一定要通过语言表现出来,接收者也可以通过其表情或眼神、身体姿势这些形式将信息反馈给传递者,从而使发送者得知接收者是否接收与理解了其所发出的信息,并了解接收者的感受。

⇨【管理小案例】

谁能得救

有一条船在海上遇难了,有三个幸存者被海浪冲到三个相距很远的孤岛上。第一个人大声呼救,但周围什么也没有。第二个人也高声呼救,恰好一架飞机飞过天空,但飞机上的人听不到他的声音。第三个人在呼救的同时点燃了一堆篝火,飞机上的人发现了孤岛上的浓烟,通知海上救护队把他救了出来。虽然遇难的三个人都在向外呼救,但由于沟通方式不同,效果截然不同。

第一个人没有信息的接收者,第二个人发出的信息未被对方辨识,只有第三个人既有信息的接收者,发出的信息又能被对方辨识,才实现了有效的沟通。

三、管理沟通的作用

(一)协调企业外部环境

任何企业都要与政府管理部门、竞争者、顾客、股东、供应商等发生各种各样的联系,企业必须与之充分协调,了解其需要,然后才能采取措施满足其需要。在企业内部环境中,管理者必须了解管理对象的各个方面的信息,包括对象的活动特点以及对象间的关系,才能协调各个系统向着共同的目标前进。另外,管理沟通的协调作用还使企业的内外环境形成了有机的整体。

（二）激励

激励是管理永恒的主题,管理沟通是实施有效激励的基本途径。一方面,企业领导运用领导艺术,采取措施调动员工积极性的基本前提是了解员工的需求,而这就需要沟通来实现;另一方面,员工不仅有物质上的需求,而且有精神上的需求,实施有效沟通的企业能使员工自由地与上下左右进行交流,谈论自己的看法、建议,从而极大地满足员工自我实现的需求,并不断激发出他们的积极性和创造性。

（三）交流信息

管理沟通的一个重要职能就是交流信息。企业的各个部门都必须及时地将有关信息传递到相应部门,同时也会接收到相应的信息,如果信息交流中断,后果不堪设想。企业员工间的交流既有助于满足员工的心理需求,改善人际关系,又有助于使员工产生强烈的归属感。著名的安利公司有一个优点,它不像一般公司那样总是把"英雄豪杰"的照片挂在墙上。该公司有个很好的习惯,就是每一次找一个成功的业务员,叫他把故事讲给其他人听,再找一个失败的业务员,把他的挫折讲给别人听,让大家一起交流,最后再把五个成功的和五个失败的摆在一起,让大家再一次互相交流。安利的成功,与这种情感分享有很大的关系。

四、沟通的分类

（一）按沟通的组织系统分类

按沟通的组织系统分类,沟通可以分为正式沟通与非正式沟通。正式沟通是指按照正式的组织系统与层次进行的沟通。这类沟通代表组织,依照正式的程序与方法进行,应当慎重。非正式沟通则以非组织的形式进行,或以私人的形式进行。这类沟通代表个人,比较灵活。在进行沟通时要根据沟通的需要及实际情况,确定沟通类型,进行恰当的沟通。

（二）按沟通的流动方向分类

按沟通的流动方向分类,沟通可以分为上行沟通、下行沟通和平行沟通。下行沟通是指自上而下的沟通,是上级将决策、政策、命令、方法等传递给下级的行为。上行沟通是自下而上的沟通,是下级向上级汇报情况、反映问题、提出建议等的行为。平等沟通是指同一级别的组织或个人之间进行的沟通,主要用于通报情况等。

（三）按沟通的方法分类

按沟通的方法分类,可以将沟通分为书面沟通与口头沟通。书面沟通是指利用文字进行的沟通,它的特点是正式、准确、具有权威性、可以备查。常见的书面沟通的形式有:合同、协议、文件、规定、通知、布告等,电子邮件也属于书面沟通的范畴。口头沟通是借助于口头语言进行的沟通,例如以谈话、报告、讨论、讲课、电话等方式进行的沟通。它的特点是亲切感强、反馈速度快,但事后难以准确查证。

另外,还有其他的非语言沟通方式,如各类人体语言。常见的面部表情、各种肢体语言等,都可以用于信息的传递。如笑表示高兴,哭表示悲伤,鼓掌表示欢迎等。我们也可以将这一类沟通归入口头沟通的范畴。

(四)按沟通的可逆与否分类

按沟通的可逆与否分类,可以将沟通分为单向沟通与双向沟通。单向沟通是指仅朝着一个方向的沟通。它的特点是秩序好、速度快,但由于单向沟通无反馈,有时会造成信息丢失或短缺。双向沟通是指具有反馈的沟通。双向沟通的特点是有反馈、实收率高、气氛活跃,缺点是速度慢、交流时可能会有心理压力。

沟通还有其他的分类方式,在这儿就不一一赘述了。在进行具体的沟通时,采用什么样的沟通方式要根据具体的情况来确定。

五、沟通的过程

沟通发生之前,必须存在一个意图,即信息。任何一个沟通过程都存在信息的发送者和接收者。发送者对信息进行编码后,通过一定的通道将信息传递给接收者,接收者对接收到的信号进行解码,然后反馈给发送者。整个的沟通过程由七个要素组成:发送者、编码、信息、渠道、接收者、解码和反馈,如图 8-7 所示。

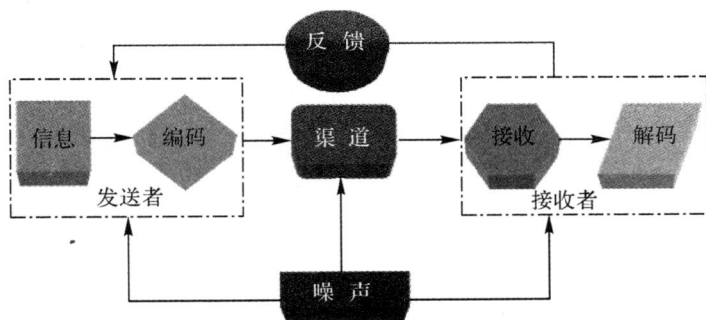

图 8-7　沟通的过程

整个沟通过程还受到噪声的影响。所谓噪声,就是指对信息的传送、接收和反馈造成干扰的因素。如难以辨认的字迹,电话中的静电干扰,接收者接收信息过程中的"走神",以及生产现场中机器设备或人群的背景噪音等。噪声可能影响沟通过程的任何环节,包括发送者、渠道和接收者。

在沟通过程中,尤其应该注意的是信息的反馈。若无反馈,沟通过程就是单向的;有了反馈,沟通过程就是双向的。反馈是能够增强沟通效果的强有力因素,因为它使得发送者能够判断接收者是否正确理解了信息。

下面的例子可用来说明沟通在有无反馈和不同反馈机制下,情况会怎样。

在美国贝尔电话实验室里,有个科学家正在进行通信试验,他将人员分成了三组。

每组人员由他指定两两互相传递信息。这两个人各得到一套骨牌,其中 A 的骨牌很有排列规律,B 的骨牌则是乱的。现在他要求 A 告诉 B 怎样将手中的骨牌像 A 的顺序那样排列。但每一组都有若干限制条件。第一组:每个小组中的 A 可以和 B 说话,但 B 不能回答。实验结束时,各小组中的 B 无一人搞对排列顺序。第二组:B 也不能和 A 说话,但可以按电铃示意 A 重复他的指示。实验结束时,有些小组的 B 将顺序搞对了。第三组:各小组的 A、B 可以自由交谈。实验结束后,每个 B 都搞对了顺序。

六、管理沟通的构成要素

一个完整的沟通过程需要各种要素共同发挥作用。管理者要提高管理的沟通技能,必须明确了解管理沟通的各种要素及其特点。结合前面提到的管理沟通过程,有效的管理沟通应充分考虑以下五个方面的构成要素:信息发送者、信息接收者、信息组织、沟通渠道和沟通文化。

(一)信息发送者分析

对于信息的发送者关键要明确三个问题:第一,我是谁? 第二,我在什么地方? 第三,我能给接收者什么? 信息发送者应注意识别并提升自身的可信度,通过持续的自我沟通过程,不断提高沟通意识和沟通技能。

(二)信息接收者分析

成功沟通的本质是换位思考,因此,沟通者在每次沟通中,要分析以下四个基本问题:第一,信息的接收者是谁? 第二,他们了解什么? 第三,他们感觉如何? 第四,如何激发他们? 这四个问题,归结到一点,就是要明确接收者需要什么,然后尽量给予他们。

(三)信息组织分析

信息组织是沟通分析的第三个重要环节。成功的沟通者在每次信息沟通发生之前,首先要思考如何完善沟通信息的组织结构。因此信息策略的制定,关键在于解决好怎样强调信息、如何组织信息这两个问题。

1.怎样强调信息

根据记忆曲线的研究,信息的开头和结尾部分容易为受众记住,因此,在信息的组织上,要坚持以下几个方面的原则:

(1)千万不要将沟通的重要内容"埋葬"在中央地带;

(2)要充分考虑那些吸引受众注意力的因素来保持受众自始至终对沟通内容感兴趣;

(3)开场白和介绍部分至关重要;

(4)应将沟通的重点放在显著位置上。

2.如何组织信息

沟通者在每次沟通之前,可能会遇到很多素材或信息,这些素材和信息有好的、坏的,完整的、零碎的,论据性的、结论性的……如何组织好这些信息是沟通者沟通策略的

关键组成部分。只有当沟通者强调并组织一个清晰的概念,将其传达给受众时,才能实

现有效的沟通。对这个清晰概念的组织应包括确定目标、明确观点、合理组织主体内容和结构等三个方面。

（1）目标确定。每位沟通者在沟通之前必须要有一个明确的目标，正如在许多管理现状中，管理者在管理行为中总预先设定一个目标一样。

（2）观点明确。沟通者在观点的明确上，要注意以下几个提出观点的基本要求：①明确自己的立场，并分析对方的立场；②提供可靠的信息；③提供不同的（常常是冲突的）价值观和利益；④听取其他观察者和参与者的意见；⑤要着眼于事实、价值、意见，不能采取中性的态度。

（3）内容和结构的组织。沟通内容的确定有两个基本原则：一是用一个简单的句子概括你的沟通目标，让他人能理解并能与你沟通。二是"沟通不是我们说了什么，而是受众理解了什么"。前一原则在目标分析、信息的强调中已有论及；而第二个原则，就要求沟通者根据不同对象修正沟通的信息表达方式和内容的结构安排。根据不同对象来选择信息表达方式的指导思想是明确不同的受众所需要的最重要的信息。

⇨【例子】

假设"我"将要在工作的时候去休假，在休假前"我"要向领导请示，并对同级的同事和下级交代相关工作，那么"我"对不同的信息接收者该怎么传达"我"的休假信息？

下面是针对不同对象安排的信息内容。

对领导：我已经向同事们安排好了工作，而且在休假后我可以投入更多的时间和精力以保持最好的工作状态。

对同级：为了这个假期，工作计划和日程我已经重新安排好了。我会感谢你们的关照的。

对下属：我个人经过反复考虑后，认为在这个时候休假是较合适的，而且其他人也给予了相似的看法。希望你们按计划组织开展好工作。

（四）沟通渠道分析

沟通渠道的选择是指对信息传播的媒体的选择。信息传播的媒介包括口头和笔头、传真、电子邮件、语音信箱、电子会议、电话、电话会议、电子公告板、新闻小组等。下面先简单地讨论不同渠道与选择的影响因素。沟通渠道主要有三种。

1.书面沟通或口头沟通渠道。书面沟通一般发生在沟通信息需要记录和保存，处理大量细节问题，采用精确的用词或让受众更迅速地接受信息时。而口头沟通一般发生在需要更为丰富的表达效果，在严格与持久性方面的要求较少，无须永久记录时。

2.正式或非正式沟通渠道。正式渠道一般适用于谈判或关键要点和事实的表达，它具有精确、内敛、技术性与逻辑性强、内容集中、有条理、信息量大、概括性强、果断、着重于行动、重点突出、力度大等特点。非正式沟通渠道适用于获取新的观念和新的知识的场合,它具有迅速、交互性强、反馈直接、有创造力、开放、直接、流动性强、较灵活等特点。它包括电子邮件、通知、个人之间的口头交流(面对面交流、语音信箱)等。

3.个体或群体沟通渠道。个体渠道适用于个人关系的构成,获知他人的反应,获取属于隐私或机密的信息的场合。具体形式包括当面交流、电话沟通、传真和电子邮件等。群体沟通则适用于团体形象和关系的构建,有助于取得团队反应,防止遗漏某人并确保团体中的每个成员都同时接收到信息,如各种会议形式。

(五)沟通文化分析

每一个沟通方法的制定都会受到国家、地区、行业、组织、性别、人种、工作团体之间不同的文化内涵的影响。

首先,从信息发送者看,文化的不同可能会影响到信息发送者的沟通目标、沟通形式和可信度。其次,从接收者看,文化因素会影响接收者对信息的处理。其三,从信息组织看,文化差异导致了对不同信息结构的选择。例如,喜好节奏缓慢、仪式性强的谈判方式的文化大多倾向于间接进入主题的结构,而偏向节奏快、高效率的文化则倾向于开门见山。其四,从沟通渠道看,文化也可以影响沟通渠道的选择。例如注重个人信用的文化选择口头沟通和协议;而注重事实和效率的文化则倾向于书面的沟通和协议。另外,文化的不同,还会影响对沟通风格、沟通语言、非文字信息(包括身体语言、声调、语速、实物和空间等)的选择。

七、有效沟通的障碍

所谓有效沟通,简单地说就是传递和交流信息的准确性高,它表明组织对内外噪音有很强的抵抗力。在沟通的过程中,由于存在着外界干扰以及其他种种原因,信息往往被丢失或曲解,使得信息沟通不能发挥正常的作用。

从信息发送者到信息接收者的沟通过程并非都是畅通无阻,其结果也并非总是如人所愿。相反,由于沟通的要素的存在,沟通过程中往往存在这样或那样的障碍,从而导致沟通失败或无法实现沟通目的的结果。信息沟通中的障碍是指由于沟通过程中某些干扰因素的存在,而导致的信息在传递过程中出现的扭曲或失真。在信息沟通中,障碍有三种来源:一是信息发送者;二是接收者;三是环境。沟通过程中一旦出现障碍就会使信息沟通成为空话,甚至造成双方的误会。

(一)来自于信息沟通发送者的沟通障碍

在信息沟通的过程中,作为主动方的信息沟通的发送者与接收者进行沟通的效果如何,很大程度上取决于信息发送者的自身素质和在信息沟通中的表现。以下是信息发送者的原因导致的沟通主要障碍。

1.信息发送者的编码能力欠佳。人们的沟通能力有相当大的差别,这种差别往往会影响有效的情感沟通和信息沟通。如果信息发送者表达能力较差,词不达意,或者逻辑混乱、晦涩难懂,就会使接收者无法准确对其进行解码。

2.信息沟通的对象与时机选择不合适。沟通是在至少两个人之间发生的事,只有一个人无法进行沟通,因而沟通中就存在一个对象选择的问题。选择信息沟通的对象与时机时要考虑沟通进行的时间和空间的要求。如果对传送信息的时机把握不准确,缺乏审时度势的能力,会大大降低信息交流的价值;信息沟通通道选择失误,则会使信息传递受阻,或延误传递的时机;若沟通对象选择错误,无疑会造成不是"对牛弹琴"就是自讨没趣的局面,直接影响信息交流的效果。

3. 信息发送者的形象不好。信息沟通传递中,接收者对信息不重视,常常是因为信息发送者的能力、态度、人品、经验等不被接收者信任,甚至被接收者厌恶。对不可信的信息,接收者不会接受,对于信息的不信任,实际上是对信息发送者的不信任。即使管理沟通时其所传递的信息是真实的,接收者也有可能用怀疑的眼光去理解它。在春秋时期,周幽王烽火戏诸侯即是典型例子。因而个人形象不好,将会严重地影响沟通的效果。

4. 信息沟通传递形式不当。信息沟通过程中,尽管信息发送者头脑中的某个想法很清晰,但信息传递的形式不当,沟通要求不明,通道不畅都会导致信息失效。如当我们使用言语即文字或口语和非言语即形体语言(手势、表情、体姿等)表达同样的信息时,一定要相互协调,否则会使人如"丈二和尚摸不着头脑";当我们传递一些十万火急的信息时,若不采用电话、传真或互联网等现代化的快速通道,而通过邮递寄信的方式,那么接收者收到的信息往往由于时过境迁而成为一纸空文。

(二)来自于信息沟通接收者的障碍

信息沟通不能产生良好的效果,除了有信息发送者的原因外,还有接收者在接收信息时由自己本身的问题造成沟通障碍的原因。以下是信息接收者的原因导致的沟通主要障碍。

1. 心理因素的障碍。在信息沟通过程中,接收者地位不平等或者对发送者存在不当的主观理解都可能会造成接收者在沟通中产生担忧、畏惧、紧张等心理反应,从而使接收者不能正确地理解发送者的意图。一般人在接收信息时不仅会判断信息本身,而且会判断信息的发送人。一般来说,地位高的人与地位低的人沟通时是有很多顾忌的,而下级与上级沟通时是有所顾忌的,如沟通对象会不会生气、自己会不会挨批评、沟通对象会不会对自己有看法等。如果接收者在信息沟通过程中曾经受到过伤害或有不良的情感体验,造成"一朝被蛇咬,十年怕井绳"的心理定式,对发送者心存疑惑,怀有敌意,或内心恐惧,忐忑不安,就会拒绝接收发送人所传递的信息甚至抵制参与信息交流。

2. 信息理解上的障碍。在信息沟通过程中,由于沟通双方在知识水平、社会经历等方面存在差异,信息发送者传递的信息到了接收者那里,可能会发生理解上的偏差,从而使信息沟通出现障碍。因为每个人只能在自己的社会经历及知识范围内解码,当信息超出这一范围时,他是无法理解的。甚至,还会产生误会,以至于阻碍沟通。

3. 缺乏尊重或不信任。接收者在信息交流过程中,有时会按照自己的主观意愿,对信息进行"过滤"和"添加"。现实生活中许多沟通失败的主要原因是接收者对信息做了过多的加工。如在不少组织中,我们经常可以看到在部下向上司进行的上行沟通中,某些部下"投其所好""报喜不报忧",所传递的信息往往经过层层"过滤"后或变得支离破碎,或变得完美无缺;还有的在接收信息时"添枝加叶",使得所传递的信息或被断章取义,或面目全非,从而导致信息的模糊或失真。

(三)来自于环境方面的沟通障碍

1.社会环境的影响。社会环境障碍主要是指社会中的生活方式、价值观、态度体系等方面要素对沟通的影响。例如,在美国的社会文化背景下,组织中的上下级沟通显得较为民主,下级可以直接向上级提出自己的意见。而在日本的公司中则是等级森严,沟通一般都是逐层进行的。因此,在日本公司中,人们之间的正式交往显得非常慎重。在我国的组织中,员工的非正式沟通行为更多地受社会关系的影响。例如,热衷传播小道消息,喜欢打听别人隐私等。

2.组织结构的影响。组织内正式沟通渠道的沟通效果在很大程度上取决于组织的结构形式,所以,结构形式对有效的组织沟通往往起决定性的作用。传统的组织结构具有严格的等级概念,所以,组织中的命令和信息都是沿着正式的组织渠道层层传递的。在这种信息传递过程中,每一层次的信息传递都伴随着过滤现象,层次过多必然会导致信息过滤的增多,信息传递的失真,从而减缓信息传递的速度。而在现代组织结构形式中,以网络为代表的沟通渠道,极大地改变了沟通的速度和方式,较好地克服了传统组织结构给沟通带来的信息过滤和信息延误的问题。其主要表现在三个方面:一是组织结构的类型。组织现有机构设置的模式和管理层级会直接影响信息在组织中传递的速度和方式。二是组织中提倡的沟通模式。一些组织强调正式沟通形式,一切都严格按照组织程序进行。三是组织规模大小。组织规模大小对沟通模式选择、沟通的有效性等都有直接影响。

3.组织文化的影响。组织文化是一些组织所创造和形成的、以一定的价值观为核心的一系列独特的制度体系和行为方式的总和。组织中员工的价值观和态度体系、行为方式在很大程度上要受组织文化的约束和影响,因而对组织中的信息沟通有着不可忽视的作用。例如,在一个崇尚等级制度、强调独裁式管理的官僚组织里,信息通常被高层管理者垄断,而且人与人之间的沟通过程缺乏互动性和开放性,自下而上的沟通行为常常不受重视。另外,一些组织缺乏一定的物质条件,没有员工进行沟通所必要的物质场所等,也不利于组织的有效沟通。

八、沟通的改善

尽管在信息沟通过程中不可避免地存在着沟通障碍,情况却也并不悲观。俗话说,"不怕做不到,就怕想不到"。只要认识到沟通的存在,我们妥善处理并排除沟通障碍就有了希望。研究表明,沟通是科学与艺术的问题。因此,解决沟通中思路、理念上的问题,认识和明确沟通中的障碍,掌握沟通的方法、手段等就显得非常重要。

要改善沟通关系,可以从以下五个方面有效排除沟通中的障碍。

(一)建立多种沟通渠道

自由开放而多样的沟通渠道是使沟通得以顺利进行的一大保证。"条条大道通罗马"说的正是达到目标有多种途径。面对不同的沟通对象，或面临不同的情形，应该采取不同的沟通渠道，这样方能事半功倍；否则，可能造成严重的后果。

现在，国内外管理成功的企业，都在沟通上有制度性的措施以确保沟通渠道的畅通。例如，举行经常性的员工会议或者活动。在会上，与会者可以不拘形式地自由提问，认真倾听员工提出的问题和意见。惠普公司则举行啤酒聚会以沟通上级与下属的感情。与此类似，很多国际大公司的高层管理者都养成了与员工一起就餐的习惯，以非正式的聊天作为一种管理沟通方式，无拘无束地谈天说地，进而有助于营造一种坦率、自由的沟通氛围，缩小管理者与被管理者之间的距离。

(二)提高信息沟通技能

一方信息沟通技能低会严重地影响双方之间的沟通，或者使对方不愿意与之沟通，或者使沟通的效果极差甚至是适得其反，这都不利于双方之间的信息交流和情感沟通。谁都不愿意与一个笨嘴拙舌、思路混乱、口齿不清的人进行过多的交谈，表达的内容不清晰也会造成接收信息的困难。这就要求沟通者平时加强口头表达能力和文字表达能力的锻炼，加强与人交往技巧的训练，不断从多次的沟通失败中吸取经验和教训并努力加以改进。

(三)考虑沟通双方的观点与立场

在信息沟通的过程中，沟通双方必须具有"同理心"与"真诚感"。"同理心"(empathy)也就是在沟通中能够感同身受，换位思考，站在对方的立场，以对方的观点和视野来考虑问题。

在管理沟通中，要做到换位思考，必须问自己三个问题：

(1)接收者需要什么？

(2)我能给接收者什么？

(3)如何把"接收者需要的"和"我能提供的"有机地结合起来？

(四)充分利用反馈信息

双向沟通只有在信息发送者收到表明信息已由接收者收到的反馈信号之后才算完结。在沟通过程中，应尽量多听取信息接收者的反馈意见，以了解接收者对传递的信息是否真正了解，以便于及时调整复述，使接收者完全而准确地掌握和理解信息。

反馈是信息沟通的重要保证措施，没有反馈，管理者就无法知道信息是否传递到了沟通对象那里。因此，管理者应尽量鼓励反馈，只有这样，接收者才乐意把反馈信息表达出来。

另外，信息发送者也应善于从接收者的表情中获得反馈信息，接收者的表情是接收者潜意识的感情流露，这种反馈信息有时是最真实、最确凿的，沟通者应该充分利用。面谈对象的眼神、面部表情、身体姿势通常都暗含着无法用语言表达的态度和心理倾向。如听话者眼睛的随意转动表明他无心听话，或者他认为话题无关紧要，这时，沟通者就应该调节沟通的进程，如转移话题等。

(五)养成积极倾听的习惯

在沟通过程中，要减少沟通障碍，提高沟通效果，沟通双方必须养成有效倾听的习惯。当然,要很好地倾听对方的谈话,并非像人们想象得那样简单。专家们的实验证明,倾听对方的讲话时,所有内容中大约 1/3 的是按原义理解,1/3 的被曲解了,剩下 1/3 则丝毫没被听进去。首先,倾听者一定要心胸开阔,抛弃那些先入为主的观念。其次,要全神贯注,努力集中注意力。同时,还要开动脑筋,进行分析思考,克服各种干扰,始终使自己的思维跟上讲话者的思路。最后,倾听对方讲话,还要学会约束自己,控制自己的言行。如不要轻易插话,或打断对方的讲话,也不要妄加评论。

▷【本章小结】

1. 所谓领导就是指指挥、带领、引导和鼓励群体成员为实现组织目标而努力的过程。它的本质是一种影响力。所谓领导者,就是从事领导工作的人。

2. 领导的作用具体有:指挥作用、协调作用和激励作用。领导者的影响力主要来自两个方面:一是职位权力,包括合法权、报酬权和强制权。二是个人权力,包括专家权和典范权。前者的作用弱于后者。

3. 领导理论是研究领导有效性的理论。人们对领导有效性的研究主要从三个方面进行。相应地,领导理论也分为三大部分,即领导特性理论、领导行为理论和领导权变理论。

4. 激励是指激发人的内在动机,使人产生一股内在的动力,朝所期望的目标前进的心理活动和行为过程。实际上就是调动人的积极性的过程。激励理论大致可以分为三大类,分别是内容型激励理论、过程型激励理论和行为改造型激励理论。

5. 沟通是指信息从发送者到接受者的传递过程。沟通是指为了特定目的,通过语言及各种媒介将信息、思想和情感在个人、群体或组织之间进行传递和交流的过程。

6. 沟通的作用有:协调企业外部环境;激励员工;交流信息。

7. 按沟通的组织系统分类,沟通可以分为正式沟通与非正式沟通。按沟通的流动方向分类,沟通可以分为上行沟通、下行沟通和平行沟通。按沟通的方法分类,可以将沟通分为书面沟通与口头沟通。按沟通的可逆与否分类,可以将沟通分为单向沟通与双向沟通。

8. 信息沟通中的障碍包括:来自于信息沟通发送者的沟通障碍;来自于信息沟通接收者的障碍;来自于环境方面的沟通障碍。

9. 改善沟通的途径:建立多种沟通渠道;提高信息沟通技能;考虑沟通双方的观点与立场;充分利用反馈信息;养成积极倾听的习惯。

▷【复习思考题】

1. 领导和管理有何不同?

2. 领导者的权力来源是什么? 如何正确地使用这种权力?

3. 领导理论包括哪几方面内容? 它们之间有什么区别?

4. 简述激励的内涵、作用和特点。

5. 典型的激励理论有哪些？各自的主要观点是什么？

6. 简述沟通的内涵、类型。

7. 简述沟通包含的基本要素和过程。

8. 沟通过程一般存在哪些障碍？

9. 克服沟通障碍的有效方法有哪些？

☞【案例讨论】

不会沟通，从同事到冤家

小贾是公司销售部一名员工，为人比较随和，不喜争执，和同事的关系处得都比较好。但是，前一段时间，不知道为什么，同一部门的小李老是和他过不去，有时候还故意在别人面前指桑骂槐，对跟他合作的工作任务也都有意让小贾做得多，甚至还抢了小贾的好几个老客户。

起初，小贾觉得都是同事，没什么大不了的，忍一忍就算了。但是，看到小李如此嚣张，小贾一赌气，告到了经理那儿。经理把小李批评了一通，从此，小贾和小李成了绝对的冤家了。

问题：如果你是小贾你会怎么办？

沟通成功案例（接导入案例）

同样的情况下，去找朱总之前用异位思考法，树立一个较低的沟通姿态，站在公司的角度上考虑一下公司的缘由，遵守沟通规则，做好与朱总平等对话，为公司解决此问题的心理准备。

部门经理："朱总，大家今天听说去旅游，非常高兴，非常感兴趣。觉得公司越来越重视员工了。领导不忘员工，真是让员工感动。朱总，这事是你们突然给大家的惊喜，不知当时你们如何想出此妙意的？"

朱总："真的是想给大家一个惊喜，这一年公司效益不错，是大家的功劳。考虑到大家辛苦一年，年终了，第一，是该轻松轻松了，第二，放松后，才能更好地工作，第三，也可以增加公司的凝聚力。大家要是高兴，我们的目的就达到了，就是让大家高兴的。"

部门经理："也许是计划太好了，大家都在争这 10 个名额。"

朱总："当时决定 10 个名额是因为觉得你们部门有几个人工作不够积极。你们评选一下，不够格的就不安排了，就算是对他们的一个提醒吧。"

部门经理："其实我也同意领导的想法，有几个人的态度与其他人比起来是不够积极，不过他们可能有一些生活中的原因，这与我们部门经理对他们缺乏了解，没有及时调整都有关系。责任在我，如果不让他们去，对他们打击会不会太大？如果这种消极因素传播开来，影响不好吧。公司花了这么多钱，要是因为这 3 个名额影响了效果太可惜了。我知道公司每一笔开支都要精打细算。如果公司能拿出 3 个名额的费用,让他们有所感悟,促进他们来年改进,那么他们多给公司带来的利益要远远高于这部分支出的费用。不知道我说的有没有道理? 公司如果能再考虑一下,让他们去,我会尽力与其他两位部门经理沟通好,在这次旅途中每个人带一个,帮助他们放下包袱,树立有益公司的积极的工作态度。朱总您看是否能考虑一下我的建议?"

第九章

控 制

<<<< <<<<

学习目标

通过学习本章的内容,学生能够:

1. 理解控制的含义及目的;
2. 理解基本的控制类型及其适用特点;
3. 掌握控制的基本过程及基本原则;
4. 了解人们反对控制的原因及管理者的管理对策;
5. 掌握常见的经营控制方式。

引 例

曲突徙薪

有人到别人家去做客,看到主人的烟囱太直了,火势很猛,灶边又堆着柴薪,就建议主人把灶上的烟囱改装得曲折一些,堆着的柴薪也搬得远一点。但主人没理他。过了几天,这家失火了,邻居都赶来救火,因为大家手脚快,所以很快就把火扑灭了。主人为了感谢大家的帮忙,就杀牛置酒,重重地款待大家。他还把客人的座位,按救火时出力的多少,顺次排列,以表示感谢。但是,主人却一直没有提起前几天要他改装烟囱的那位客人。大家觉得很奇怪,就问主人原因。主人说:"我今天是要请所有帮忙救火的人,至于建议的那个人,在火灾当天,我并没有看见他呀!""你错了!"当中一个人说,"如果你早听了他的话,这次失火根本就可以避免了。你感谢我们帮忙救火,其实更应该感谢的是建议你曲突徙薪的人啊。"主人听了恍然大悟,赶紧去请那位客人过来,并让他坐到上座。

(故事出自《汉书·霍光传》)

第一节 控制基础

控制是管理的重要职能之一。它是保证组织的计划与实际活动动态相适应的管理职能。没有控制就难以保证活动按照计划进行。一个有效的控制系统可以保证各项活动朝着达到组织目标的方向进行,而且控制系统越是完善,组织目标就越易实现。

一、控制的含义

所谓控制是组织在动态的环境中为了实现既定的目标而进行的检查和纠偏活动或过程。从这个概念可以看出控制有以下几个要点:①组织环境的不确定性。组织必须通过控制来及时了解环境变化的程度和原因,对原计划和目标采取有效的调整和修正。②控制有很强的目的性,即控制是为了保证组织中的各项活动按计划进行。③控制是通过监督和纠偏来实现的。④控制是一个过程。在实践中几乎所有的管理者都必须完成控制的职能,因为要保证组织的活动按照计划进行,控制是必不可少的。

控制和计划是密不可分的。一方面,计划为控制提供标准,是控制的前提条件之一;另一方面,控制是计划正确实施的保证。组织的一切活动都应当是有计划的,计划是组织内部开展一切活动的前提。从这个意义上讲,计划当然也是控制的前提。计划又规定了组织所希望的行为与结果,而控制是对计划执行结果的监测与校正,因而计划对控制工作具有更加重要的意义,即计划为控制工作提供了目标。计划越明确、全面和完整,控制的效果也就越好。另外,控制又是计划正确实施的保证。如果没有控制系统,没有实际情况与计划的比较,就不知道计划是否完成,计划就不可能正确地实施,组织目标也就不可能实现。

【思考】 一切管理活动都需要控制吗?

二、控制的目的

控制职能主要有两个目的:一是维持现状;二是打破现状。

维持现状是控制工作的基本目的。在变化着的内外环境中,通过控制工作,可以随时将计划的执行结果与标准进行比较,当发现有超过计划容许范围的偏差时,则应及时采取必要的纠正措施,以使系统活动趋于相对稳定,组织既定目标顺利实现。在组织的运行过程中,经常会出现可以迅速地、直接地影响组织日常管理活动的问题。这类问题如不马上解决,必然会直接影响组织目标的实现。对这类问题,应当采取果断的措施,及时解决。

管理控制过程中一定要防微杜渐,一些看似极微小的事情有可能使组织内部分崩离析,造成重大的损失。1979 年 12 月,洛伦兹在华盛顿的美国科学促进会的一次演讲中提出:一只蝴蝶在巴西扇动翅膀,有可能会在美国的得克萨斯州引起一场龙卷风。他的演讲和结论给人们留下了极其深刻的印象。这就是著名的"蝴蝶效应"。管理控制过程中也要注意"蝴蝶效应",混沌理论认为,在混沌系统中,初始条件的十分微小的变化经过不断放大,会对其未来状态造成极其巨大的影响。

控制工作要达到的第二个目的是打破现状。在某些情况下,变化的内外部环境会对组织提出新的要求,主管人员对现状不满,要革新、创新,要开拓新局面,这时就势必打破现状,即修改原定的计划,确定新的现实目标和管理控制目标,使之更先进、更合理。须要注意的是,对于组织内部长期存在的影响组织发展的"慢性问题",如影响组织发展的人员整体素质问题,应当采取从长考虑、逐步解决的办法,以确保组织的正常发展。这也是控制工作要解决的第二个问题。

控制的目的往往是与问题联系着的,即发现问题与解决问题。管理控制有时候须扩大问题,才能解决问题,而只处理看得见的部分,并没有实际解决问题。如有一个人发现锅子漏水,于是去找补锅匠修理。补锅匠找到渗水处,一锤敲下去,锅子主人见了大惊失色,骂道:"锅子洞越补越大!"补锅匠说:"漏洞不够大,就看不到,也修不了!"另有人被箭射中,去见庸医,此庸医锯下外面看得见的箭杆,而将箭头留在体内,就认为治好了,其后果可想而知。从更积极的意义上来说,如果能通过管理人员的积极努力,防止问题发生,即"防患于未然",显然是最好的控制方式。要做到这一点,就要求我们在管理的各个环节上尽可能地完善,同时在问题出现之前就能预测到并采取措施来加以防止。

【思考】　控制过程中什么时候该维持现状? 什么时候又该打破现状?

三、控制的类型

控制可以按照不同的标准进行不同的分类。常见的是按照控制时点把控制分为预先控制、事中控制和事后控制。

(一)预先控制

预先控制又称前馈控制。预先控制的控制作用发生在行动之前,关键是在问题发生之前采取管理行动。预先控制是用来防止问题的发生而不是当出现问题时再补救的。组织中运用预先控制的例子是很多的。比如,工厂在需求高峰来临之前,已添置机器,安排人员,加大了生产量,以防供不应求;公司在预计产品需求量将下跌后就开始准备开发新产品……

预先控制产生良好效果是管理者在管理过程中追求的目标。但这种控制操作起来往往需要及时和准确的信息,而这些信息常常是很难获取到的。因此,管理者总是不得不借助于另外两种类型的控制。

（二）事中控制

事中控制又称为同期控制。它是发生在活动进行之中的控制，即与工作过程同时进行。其特点是在活动过程中，一旦发生偏差，马上予以纠正。其目的就是要保证本次活动尽可能地少发生偏差和不发生偏差，改进本次而非下一次活动的质量。在事中控制中，由于需要管理者及时完成包括比较、分析、纠正偏差等完整的控制工作，所以，对管理者的要求较高。最常见的事中控制方式是直接视察。当管理者直接视察下属的行动时，管理者可以同时监督员工的实际工作，并在发生问题时马上进行纠正。虽然在实际行动与管理者做出反应之间肯定会有一段延迟时间，但这种延迟是非常短暂的，问题通常可以在出现大量资源浪费或造成重大损失之前就得以解决。事中控制的例子也非常多，例如，当你使用一些计算机软件如文字处理软件时，如果出现拼写错误或语法错误软件就会出现一个提示警告。

（三）事后控制

事后控制又称反馈控制。事后控制的控制作用发生在行动之后，是目前管理中最主要的传统控制方式。其特点是把注意力集中在行动结果上，并以此作为下一次行动改进的依据。其目的并非要改进本次行动，而是力求能"吃一堑，长一智"，改进下一次行动的质量。事后控制的主要缺点在于，管理者获得信息时浪费或损失就已经产生了。但是在许多情况下，事后控制是唯一可用的控制手段。例如，财务报表就是一种事后控制的例子。如果收入表显示销售收入下降，则下降已经发生了。管理者这时唯一的选择就是找出销售下降的原因并改变目前的状况。

上述三种控制方式互为前提，互相补充。

总的说来，事后控制不如事中控制，事中控制不如预先控制。可惜大多数的组织管理者很难做到这一点，等到错误的决策造成了重大的损失才寻求弥补。弥补得好，当然是声名鹊起，但更多的时候是亡羊补牢，为时已晚。有一则故事，魏文王问名医扁鹊说："你们家兄弟三人，都精于医术，到底哪一位医术最好呢？"扁鹊回答："大哥最好，二哥次之，我最差。"文王再问："那为什么你名气最大呢？"扁鹊答："我大哥治病，是治病于病情发作之前。由于一般人不知道他事先能铲除病因，所以他的名气无法传出去，只有我们家里的人才知道。我二哥治病，是治病于病情刚刚发作之时。一般人以为他只能治轻微的小病，所以他只在我们的村子里才小有名气。而我扁鹊治病，是治病于病情严重之时。一般人看见的都是我在经脉上穿针管来放血、在皮肤上敷药等大手术，所以他们以为我的医术最高明，因此名气响遍全国。"

【思考】 预先控制、事中控制及事后控制的前提条件各是什么？

控制还有其他分类方法：

按照控制的性质，可以把控制分为预防性控制和纠正性控制；

按照控制的手段，可以把控制分为直接控制和间接控制；

按照控制信息的来源,可以把控制分为反馈控制和前馈控制;

按照控制时所采用的方式,可以把控制分为集中控制、分层控制和分散控制。

四、控制系统的建立

现代管理的复杂程度越来越高,管理者要想依靠传统的技术手段进行有效的控制难度非常大。因此,必须依靠先进的信息技术建立一个完备的控制系统以实现对组织的有效控制。

一个组织的控制系统由以下几个要素组成,如图9-1所示。

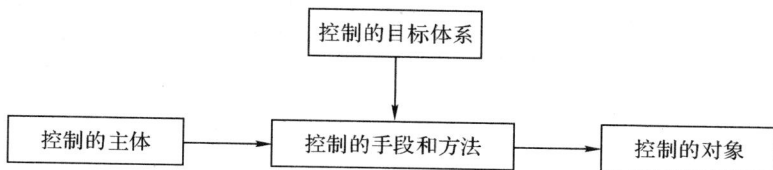

图9-1　组织控制系统的构成

（一）控制的对象

要建立控制系统,首先必须明确控制的对象,即明确要控制什么。

控制对象可从不同的角度进行划分。从横向看,组织内的人、财、物、时间、信息等资源都是控制的对象;从纵向看,组织中的各个层次,如企业中的部门、车间、班组、岗位都是控制对象;从控制的阶段看,组织内不同的业务阶段也是控制对象,如企业中供、产、销三个阶段都需要控制;从控制的内容看,能力、行为、态度、业绩等都可以成为控制的对象。组织的控制应该是全面的控制,组织控制系统的控制对象原则上应是组织的各个方面,并且组织控制活动中要把组织的各个方面当作一个整体来控制,只有统一控制才能使组织活动协调一致,达到整体的优化,从而有效地实现组织目标,否则就会顾此失彼。

（二）控制的目标体系

要建立控制系统,除要明确控制对象外,还要明确控制的目标体系,即要求控制在怎样的范围之内。在一个组织中,控制的目标体系常常以各种形式的标准体现出来,如时间标准、质量标准、行为准则等。控制应服从于组织发展的总体目标,因此,控制标准往往是根据总目标所派生出来的分目标及各项计划指标或制度要求来确定的,也就是说,控制目标体系与组织目标体系和计划体系是相辅相成的。

（三）控制的手段和方法

为了了解控制对象实际达到控制目标体系的程度,还需要明确衡量控制对象实际状况与控制目标体系之间差距的手段和方法。

控制的手段和方法是多种多样的,只要控制对象确定,控制目标的要求明确,就一定可以找到相应的衡量指标和衡量方法。

（四）控制的主体

控制系统必须明确各项工作的控制主体,其目的是落实对各控制对象根据控制目标体系要求进行控制的职责。组织内的控制活动是由人来执行和操纵的,因此,组织控制系统的主体是各级管理者及其所属的职能部门。

在控制主体中,管理者由于所处的地位不同,其控制的任务也不同。一般而言,中低层管理者执行的主要是例行的、程序性的控制,而高层管理者履行的主要是例外的、非程序性的控制。控制主体控制水平的高低是控制系统能发挥多大作用的决定性因素。

需要注意的是,控制系统只是整个管理系统中的一个子系统。管理者进行控制的根本目的,在于保证组织活动的过程和实际绩效与计划目标及计划内容相一致,最终保证组织目标的实现。必须将控制职能置于整个管理工作过程之中,才能发挥其应有的作用。

【思考】 一个组织的控制系统与信息管理系统是什么关系?

五、控制的基本前提

组织内任何形式的控制都有一定的前提条件,这些条件是否充分对控制工作能否顺利开展有很大影响。一般来说,控制的前提条件主要包括以下三个方面。

（一）有一个科学的、切实可行的计划

控制目标体系是以组织的目标和计划为依据的,控制工作的好坏与计划工作紧密相关。一方面,组织在行动之前制订出一个科学的符合实际的行为计划是控制工作取得相当成效的前提。另一方面,控制工作本身也需要有一个科学的、切实可行的计划,否则控制就会顾此失彼。从这两方面而言,有效控制是以科学的计划为前提的。

（二）有一个专司控制职能的组织机构或岗位

要做好控制工作必须要有专司监督职能的机构或岗位,建立健全与控制工作有关的规章制度,明确由何部门、何人来负责何种控制工作。监督机构与相应的规章制度越健全,控制工作也就越能取得预期的效果。

（三）有一个畅通的信息反馈渠道

控制工作中的一个重要步骤就是要将决策指令和计划执行情况及时反馈给管理者,以便管理者分析比较。为了获得准确的信息反馈,管理者在订好了计划,明确了各部门、各岗位在控制中的职责以后,还必须设计和维护畅通的信息反馈渠道,确定有关人员在信息传递中的任务和责任,事先规定好信息的传递程序、收集方法和时间要求等。只有加强领导,并建立畅通的信息反馈渠道,控制工作才能有效地进行下去。

第二节 控制过程

一、控制过程

虽然控制的对象各有不同,控制工作的要求也各不一样,但控制过程大致是相同的,都包括三个基本环节的工作:确定标准、衡量绩效和纠正偏差。

（一）确定标准

确定标准是进行控制的基础。没有一套完整的标准,衡量绩效或纠正偏差就失去了客观依据。所谓标准是指作为一种模式或规范而建立起来的测量单位或具体尺度。在控制活动中,由于计划是控制工作的前提,因此计划就构成了控制活动的主要标准。然而,由于计划的明细度与复杂度均不一样,不一定能满足控制工作的需要,加之管理人员不可能事无巨细全部过问,因此在详细的控制过程中还需要根据计划制定具体的控制标准。这类标准一般要求具体化、数量化,使控制人员可以根据具体的、量化了的标准进行控制,以及时发现各个环节中的问题,并采取措施。

1. 计划和目标是确立控制标准的依据

组织活动的最终目的是实现组织计划中所制定的组织目标,而控制的目的就是为了保证计划的顺利进行和组织目标的最终实现。因此,控制标准的制定必须以计划和组织目标为依据。目标偏了,其他工作做得再好也不能符合要求。

2. 控制标准的确定必须抓住关键点

组织目标是最主要的关键点。除此之外,对于实现目标有重大影响的因素和环节、最容易出现问题的薄弱环节,都是应该加以控制的关键点。在控制过程中,对这些关键点必须确定相应的控制标准。在任何组织活动中都存在着此类关键点,如在酿造啤酒的过程中,影响啤酒质量的因素很多,但只要抓住了水的质量、酿造温度和酿造时间这三个关键点,就能基本保证啤酒的质量。

3. 控制标准尽可能量化

控制标准可分为定量标准和定性标准两大类。定量标准便于度量和比较,是控制标准的主要表现形式。定量标准主要分为实物标准、价值标准、时间标准。实物标准有产量等,价值标准有成本、利润、销售收入等,时间标准有工时定额、工期等。除了定量标准外,还有定性标准,主要是有关服务质量、组织形象等方面的,一般难以量化。尽管如此,为了使定性标准便于掌握,有时也应尽可能地采取一些可度量的方法。

组织在确定控制标准的过程中肯定会遇到很多困难,但不管怎样,组织都应尽可能地建立量化、细化的控制标准,并且使控制标准具有可操作性。实在不能量化的控制标准也要尽量做到细化。

4. 制定标准的方法

控制的对象不同,为它们建立标志正常水平的标准的方法也不一样。一般来说,组织可以使用的建立标准的方法有三种:利用统计方法来确定预期结果,根据经验和判断来估计预期结果,在客观的定量分析基础上建立工程(工作)标准。

(1)统计性标准。它也叫历史性标准,是以分析反映组织在历史上各个时期状况的数据为基础,并为未来活动建立的标准。这些数据可能来自本组织的历史统计,也可能来自其他组织的经验。据此建立的标准,可能是历史数据的平均数,也可能是高于或低于中位数的某个数,比如上四分位值或下四分位值。

利用本组织的历史性统计资料为某项工作确定标准具有简便易行的好处,但是,据此制定的工作标准可能低于同行业的先进水平,甚至是平均水平。这种条件下,即使组织的各项工作都达到了标准的要求,也可能造成劳动生产率的相对低下,制造成本的相对高昂,从而造成经营成果不佳和竞争能力劣于竞争对手的后果。为了克服这种局限性,在根据历史性统计数据制定未来工作标准时,充分考虑到行业的平均水平,并研究竞争组织的经验是非常必要的。

(2)评估标准。实际上,并不是所有工作的质量和成果都能用统计数据来表示的,也不是所有的组织活动都保存着历史统计数据。对于新从事的工作,或对于统计资料缺乏的工作,可以根据管理人员的经验、判断和评估来为之建立标准。当利用这种方法来建立工作标准时,要注意利用各方面的管理人员的知识和经验,综合大家的判断,给出一个相对先进合理的标准。

(3)工程标准。严格地说,工程标准也是一种用统计方法制定的控制标准,不过它不是对历史性统计资料的分析,而是通过对工作情况进行客观的定量分析来进行控制的。比如,机器的产出标准是其设计者计算的在正常情况下的最大产出量;工人操作标准是劳动研究人员在对构成作业的各项动作和要素进行客观描述与分析的基础上,经过消除、改进和合并而确定的标准作业方法。

【思考】 控制标准的制定应该注意哪些问题?

(二)衡量绩效

组织活动中并非所有的偏差都能在产生之前被预见,在这种限制条件下,最好的控制方式应是能在偏差产生以后迅速采取必要的纠偏行动。为此,要求管理者及时掌握能够反映偏差是否产生并判定其严重程度的信息。用预定标准对实际工作成效和进度进行检查、衡量和比较,就是为了提供这类信息。

为了及时、正确地提供能够反映偏差的信息,同时又符合控制工作在其他方面的要求,管理者在衡量工作成绩的过程中应注意以下几个问题。

1. 通过衡量绩效,检验标准的客观性和有效性

制定标准是为了衡量工作绩效,但利用预先制定的标准去检查各部门在各个阶段的

工作,这本身也是对标准的客观性和有效性进行检验的过程。

检验标准的客观性和有效性,是要分析通过对标准执行情况的测量能否取得符合控制需要的信息。在为控制对象确定标准的时候,人们可能只考虑了一些次要的因素,或只重视了一些表面的因素,因此,利用既定的标准去检查人们的工作,有时并不能达到有效控制的目的。例如,职工出勤率是否达到了正常水平,不足以评价劳动者的工作热情、劳动效率或劳动贡献;分析产品数量是否达到计划目标,不足以判定企业的盈利程度;计算销售人员给顾客打电话的次数和花费在推销上的时间,不足以判定销售人员的工作绩效。在衡量过程中对标准本身进行检验,就是指出能够反映被控制对象的本质特征,从而得出最适宜的标准。评价员工的工作热情,可以考核他们提供有关经营或技术改造合理化建议的次数;评价他们的工作效率,可以计量他们提供的产品数量和质量;分析企业的盈利程度,可以统计和分析企业的利润额及其与资金、成本或销售额的相对百分比;衡量推销人员的工作绩效,可以检查他们的销售额是否比上年或平均水平高出一定数量;等等。

2. 确定适宜的衡量频度

控制过多或不足都会影响控制的有效性。这种“过多”或“不足”,不仅体现在控制对象和标准数目的选择上,而且表现在对同一标准的衡量次数或频度上。对影响某种结果的要素或活动过于频繁地衡量,不仅会增加控制的费用,而且可能引起有关人员的不满,从而影响他们的工作态度;而检查和衡量的次数过少,则可能使许多重大的偏差不能被及时发现,从而不能及时采取措施。

以什么样的频度、在什么时候对某种活动的绩效进行衡量,取决于被控制活动的性质。例如,对产品的质量控制常常需要以小时或以日为单位进行,而对新产品开发的控制则可能只需以月为单位进行就可以了。需要控制的对象可能发生重大变化的时间间隔是确定适宜的衡量频度所需考虑的主要因素。

3. 建立信息反馈系统

负有控制责任的管理人员只有及时掌握反映实际工作与预期工作绩效之间偏差的信息,才能迅速采取有效的纠正措施,不精确、不完整、过多或延误的信息将会严重地阻碍他们的行动。通常,并不是所有的衡量绩效的工作都是由主管直接完成的,有时需要借助专职检测人员的力量。然而,管理人员所接受的信息通常是零乱的、彼此孤立的,并且难免混杂着一些不真实、不准确的信息。因此,应该建立有效的信息反馈网络,通过分类、比较、判断、加工,提高信息的真实性和清晰度,同时将杂乱的信息变成有序的、系统的、彼此紧密联系的信息,并将反映实际工作情况的信息适时地传递给管理人员,使之能与预定标准相比较,及时发现问题。这个网络还应能及时将偏差信息传递给与被控制活动有关的部门和个人,以使他们及时知道自己的工作状况,知道为什么错了,以及怎样做才能更有效地完成工作。建立这样的信息管理系统,不仅更有利于保证预定计划的实施,而且能防止基层工作人员把衡量和控制视作上级检查工作和进行惩罚的手段而产生抵触情绪。

【思考】 控制时为什么要进行实际绩效的衡量？

（三）纠正偏差

在计划的实施过程中，往往会有偏离计划的现象发生，如果不及时采取措施，就很难保证组织目标的实现。所以，在计划的实施过程中，利用科学的方法，依据制定的控制标准对工作绩效进行衡量，及时发现和纠正计划执行中出现的偏差就显得尤为重要。纠正偏差的过程中，要首先分析偏差产生的原因，然后制定并实施必要的纠正措施。纠偏工作使得控制过程得以完整，并使控制与管理的其他职能相互联结；通过纠偏，能使组织计划得以遵循，使组织机构和人事安排得到调整，使领导活动更加完善。

为了保证纠偏措施的针对性和有效性，在制定和实施纠偏措施的过程中必须注意下列问题。

1. 找出偏差产生的主要原因

并非所有的偏差都可能影响组织最终目标的实现。有些偏差可能反映了计划制订和执行工作中的严重问题，而另一些偏差则可能是一些偶然的、暂时的、局部性因素引起的，不一定会对组织活动的最终目标产生重要影响。因此，在采取纠正措施以前，必须对反映偏差的信息进行评估和分析。首先，要判断偏差的严重程度，其是否足以对组织活动的效率构成威胁，从而分析原因，采取纠正措施；其次，要探寻导致偏差的主要原因。

纠正措施的制定是以对偏差原因的分析为依据的。而同一偏差则可能由不同的原因造成：销售利润的下降既可能是因为销售量的降低，也可能是因为生产成本的提高。前者既可能是因为市场上出现了技术更加先进的新产品，也可能是由于竞争对手采取了某种竞争策略，或是企业产品质量下降；后者既可能是由于原材料、劳动力消耗和占用数量的增加，也可能是由于购买价格的提高。不同的原因要求采取不同的纠正措施。要通过评估反映偏差的信息，分析影响因素，透过表面现象找出造成偏差的深层原因，在众多的深层原因中找出最主要者，为纠偏措施的制定指导方向。

2. 确定纠偏措施的实施对象

如果偏差是由于绩效的不足而产生的，管理人员就应该采取纠偏行动：可以调整组织的管理战略，也可改变组织结构，或实施更完善的选拔和培训计划，或更改领导方式。但是，在有些情况下，需要纠正的可能不是组织的实际活动，而是组织这些活动的计划或衡量这些活动的标准。如大部分员工没有完成劳动定额，可能不是由于员工的抵制，而是定额水平太高；承包后企业经理的兑现收入可高达数万，甚至数十万元，可能不是由于经营者的努力数倍或数十倍于工人，而是由于承包基数不恰当或确定经营者收入的挂钩方法不合理；企业产品销售量下降，可能并不是由于质量劣化或价格不合理，而是由于市场需求的饱和或周期性的经济萧条。在这些情况下，首先要改变的不是或不仅是实际工作，而是衡量这些工作的标准或指导工作的计划。

预定计划或标准的调整是由两种情况决定的：一是原先的计划或标准制定得不科

学,在执行中发现了问题;二是原来正确的标准和计划由于客观环境发生了预料不到的变化,不再适应新形势的需要。负有控制责任的管理者应该认识到,外界环境发生变化以后,如果不对预先制定的计划和行动准则进行及时的调整,那么,即使内部活动组织得非常完善,企业也不可能实现预定目标。如消费者的需求偏好转移,这时,企业的产品质量再高,功能再完善,生产成本价格再低,依然不可能找到销路,不会给企业带来期望利润。

3. 选择恰当的纠偏措施

找到产生偏差的主要原因,就可能制定改进工作或调整计划与标准的纠正方案。在纠偏措施的选择和实施过程中要注意:

(1)使纠偏方案双重优化。纠正偏差,不仅可以对实施对象进行选择,而且对同一对象的纠偏也可采取多种不同的措施。是否采取措施,要视采取措施纠偏带来的效果是否大于不纠偏的损失而定,如果行动的费用超过偏差带来的损失的话,这时最好的方案也许是不采取任何行动。这是纠偏方案选择过程中的第一重优化。第二重优化是在此基础上,通过对各种经济可行方案的比较,找出其中追加投入最少、解决偏差效果最好的方案来组织实施。

(2)充分考虑原先计划实施的影响。对客观环境认识能力的提高,或者由于客观环境本身发生了重大变化而引起的纠偏需要,可能会导致对原先计划与决策的局部甚至全局的否定,从而要求对企业活动的方向和内容进行重大的调整。这种调整有时被称为"追踪决策",即"当原有决策的实施将危及决策目标的实现时,对目标或决策方案所进行的一种根本性修正"。

追踪决策是相对于初始决策而言的。初始决策是尚未付诸实施,没有投入任何资源,客观对象与环境尚未受到人的决策的影响和干扰时的方案,因此是零起点的决策。进行重大战略调整的追踪决策则不然,此时企业外部的经营环境或内部的经营条件已经由于初始决策的执行而有所改变,是"非零起点"的。因此,在制定和选择追踪决策的方案时,要充分考虑到伴随着初始决策的实施已经消耗的资源,以及这些消耗对客观环境造成的种种影响。

(3)注意消除人们对纠偏措施的疑虑。任何纠偏措施都会在不同程度上引起组织的结构、关系和活动的调整,从而会涉及某些组织成员的利益,不同的组织成员会因此而对纠偏措施持不同态度,特别是纠偏措施属于对原先决策和活动进行重大调整的追踪决策时。虽然一些原先反对初始决策的人会幸灾乐祸,甚至夸大原先决策的失误,反对保留其中任何合理的成分,但更多的人对纠偏措施持怀疑和反对的态度。原先决策的制定者和支持者因害怕改变决策表明了自己的失败,从而会公开或暗地里反对纠偏措施的实施;执行原决策、从事具体活动的基层工作人员则会对自己参与的已经形成的或开始形成的活动结果怀有感情,或者担心调整会使自己失去某种工作机会,影响自己的既得利益,而极力抵制任何重要的纠偏措施的制定和执行。因此,控制人员要充分考虑到组织成员对纠偏措施的不同态度,特别是注意消除执行者的疑虑,争取更多人的理解、赞同和支持,以避免在纠偏方案的实施过程中可能出现的人为障碍。

【思考】 是否所有的控制都包括以上三个步骤?

9.2.2 控制的原则

(一)原则性与灵活性相结合的原则

控制是按一定标准进行的管理活动,目的是保证计划完成。受控者在控制过程中必须严格执行施控者的命令和决策,施控者对要完成的计划和要达到的标准不能有丝毫动摇。控制须坚持原则,必须严格按计划、按标准办事。对计划中存在的问题,必须及时反馈;对计划执行中存在的重大消极因素,必须坚决排除。但是,控制又是针对未来进行的管理,为了保护员工的积极性,对一些非原则性的缺点和错误,以及一些不影响大局的失误,应从正面给予帮助,积极引导,争取让受控者自觉、主动地去纠正偏差。

(二)重点控制与全面控制相结合的原则

重点控制指在计划的实施过程中对关系全局的重点部门和重点工作环节进行特别控制。全面控制指对计划实施过程中的诸多方面进行一般控制。控制必须做到重点控制与一般控制相结合,以重点控制来带动一般控制,以一般控制来保证重点控制。

重点控制在控制过程中是十分重要的。因为一项计划,无论多么简单,也会涉及多个部门的协调,要经过多个环节。不同部门、不同环节在计划实施中的地位和作用是不同的,有的事关全局,有的仅起配套的辅助作用。控制首先必须抓住这些事关全局的部门和环节,才能最有效率。

同时,在控制系统中,全面控制也是十分必要的。如果只抓重点控制,放弃全面控制,一些部门就会放任自流,一些环节虽然是非关键性的,但在失去控制之后也会影响计划的完成。所以说,全面控制和重点控制是相辅相成的,缺一不可。

(三)预先控制和事后控制相结合的原则

预先控制可以在一定程度上把问题解决在萌芽状态,但仅有预先控制还是远远不够的。因为计划执行受多种因素影响,人们不可能对所有的因素都知道得一清二楚,况且有些因素受各种条件约束,在事前也无法采取措施予以完全消除。所以,除了预先控制外还必须采取事后控制。事后控制内容明确,问题清楚,也比较容易采取办法解决。预先控制与事后控制相互补充,只要协调得好,可以大大提高控制的效率。

(四)有效性和经济性相结合的原则

在整个组织的活动中,生产、技术、人事、供应、销售、财务等工作各有不同,要按照不同的工作性质、内容、范围、要求和现实的条件进行控制,建立不同的控制标准,采用不同的方式,选择不同的控制类型,拟定具体的控制方案。这样的控制工作才能符合实际,才可能取得实效。同时要根据具体情况,建立和健全相应的组织机构,要在机构中将信息进行畅通无阻的传递,要做到权责分明,并且不同的工作要有各自不同的具体目标,切忌

"一刀切"。

在保证控制活动有效性的基础上还应该注意控制活动的经济性。通过控制必须要能获得一定的经济效益，要把实施控制所获得的成果同实施的费用进行经济比较，选择出投入少、效益好的经济合理的控制方案。

【思考】 在实际中如果这些原则产生冲突该如何处理？

三、控制的阻力及其管理对策

大量实践证明，对于那些有意义的控制，人们还是乐于接受的。但不管一个组织的控制系统是多么的有效，总会有人反对和抵制组织的控制，认为控制是对其行动自由的约束。

（一）控制过程中遇到阻力的主要原因

1. 控制过度

控制过度是管理者常犯的一种错误。如果这种过度的控制是与员工直接相关的，那么就会招致员工的反对，因为他们需要一定的自由度和自主权。如果控制涉及与工作无关的领域，就会使员工对这种过分的要求产生抵触情绪。控制过度不仅可能导致员工士气和责任心低下，而且还可能造成不信任，甚至法律纠纷，从长远来看无助于企业绩效的提高。

2. 不恰当的控制点或控制方法

即使不是面面俱到的控制，如果控制点选择不当，也会遭到反对和抵制。如有的组织只注意产品的数量而不注重质量，有的大学只强调教师出论著的多少而忽视教学等，都可能会引起人们对控制的反感。

控制方法不当也会导致人们对控制不满。例如，当一个组织单纯地根据管理者对下属的主观评价给予相应的奖惩时，人们就会对评价的客观性和奖惩的公平性提出质疑。

3. 不公平的报酬

有时人们反对控制是因为管理者未能根据考评的结果给予公平的奖惩。如果考评归考评，奖惩归奖惩，人们就会觉得这样的考评是没有必要的。例如，两个同等规模和类型的部门在进行年终结算，一个部门的行政费尚有 5000 元结余，另一个部门则超支 3000元。在这种情况下，若管理者在决定这两个部门第二年的预算时，给予的行政费相同，均为 30000 元，其中前一个部门的 30000 元包括上年度节余的 5000 元，后一个部门的 30000 元则已扣除上年度的 3000 元赤字，这样前者因去年的节余受到了惩罚，后者则反而因上年的赤字受到了奖励。很明显，人们对这样的预算往往会持反对和抵制态度。

4. 责任制度问题

效率高的控制系统往往都明确地规定各组织成员的工作职责，若职责不明，就容易被一部分人钻空子，因为组织中常常有一部分人不坚守岗位好好工作。当制度不明时，这些人一旦自己的工作出了问题,就会千方百计地推卸责任,反对和抵制组织对自己的控制。

(二)管理者的对策

1. 建立和完善有效的控制系统

要想进行顺利而有效的控制,必须从一开始就建立一个高效率的控制系统。如果组织已经建立了控制系统,但在实施控制时还是受到很大的阻力,则说明在很大程度上控制系统的设计不完善。新设计的控制系统不能简单地套用过去的做法和照搬其他组织行之有效的手段,控制系统的完善必须建立在对系统效率的连续监测和对存在问题的深入分析的基础上,将控制与计划等管理职能更好地结合在一起,不断提高它的客观性、准确性、灵活性和适时性。

2. 鼓励更多的员工参与控制

参与可减少和避免变革的人为阻力。让尽可能多的人参加对计划和控制系统的制定,可以使参与的人在遵守和执行控制中有更大的责任心,参与的人越多,反对和抵制的力量就会越小。

3. 采用目标管理

目标管理方法建立在将组织目标转化为成员个人目标的基础之上,即让组织中的管理人员和员工亲自参与工作目标的制定,将所制定的目标作为评价个人绩效的标准,员工在工作中实行"自我控制"。

目标管理将员工个人目标与企业整体目标结合在一起,使员工在工作开始之前就了解个人所得报酬和奖励的多少取决于个人目标完成的好坏以及个人工作对企业整体绩效的影响。同时目标管理将计划与控制紧密地联系起来,从而大大减少了员工对控制的抵触。

4. 建立记录备查制度

为了明确责任和便于解释,要建立各方面的记录备查制度。例如,一个车间主任认为他这个车间之所以未能达到原定的降低成本的要求,是因为原材料涨价了。如果控制信息系统记载着各种原材料的进价的话,就可以很快查出这个主任的解释是否正确,并确定相应的责任。因此,建立平时各方面的记录备查制度可减少人们对控制的反对情绪。

【思考】 你认为控制过程中还可能会遇到哪些阻力?该如何有效地解决?

第三节 控制方式与技术

一、常见的经营控制方式

经营控制是指管理者对组织中的人、财、物等各方面资源运用状况和成效的控制。在经营控制中,最常见的控制方式包括资金(财务)控制、时间控制、数量和质量控制、安全控制、人员行为控制和信息控制。

(一)资金控制

资金的运动在组织业务活动的整个过程中往往占有很重要的地位,因此管理控制中运用最广泛的就是资金控制。资金控制通过对一个组织中资金运动状况的监督和分析,对组织中各个部门、人员的活动和工作实施控制。最常见的资金控制方法有预算控制、会计稽核、财务报表分析等。

预算是一种以货币和数量表示的计划,是关于对组织完成目标和计划所需资源特别是资金的来源和用途的一项书面说明。预算可以控制各项活动的开展,并为工作效果评价提供检验标准。会计稽核的目的是通过对财务成本计划和财务收支计划的审查,以及对会计凭证和账表的复核,及时发现会计中存在的问题。财务报表是用于反映组织期末财务状况和计划期内经营成果的数字表。财务报表分析就是以财务报表为依据来分析判断组织的经营状况,从中发现问题。

【思考】 以上三种资金控制方法是否都属于预先控制?

(二)时间控制

任何组织的活动都是在一定的时间内进行的,对时间进行控制的目的是使组织对其实现目标过程中的各项工作做出合理的安排,以求按期实现组织目标。

时间控制的关键是确定各项活动的进行是否符合预定的时间安排。在时间控制中,甘特图和网络技术是常用的工具,它们都有助于使物资、设备、人力在指定的时间到达预定的地点,使之紧密地配合以完成任务。

(三)数量和质量控制

控制数量以满足生产和服务的需要,是每一个管理者都十分重视的问题。管理人员只有心中有"数",才能综观全局。控制数量,关键是要确定控制的数量标准。标准是衡量实际业绩的尺度,应设置合理且为大家所接受。数量控制标准的制定可通过动作研究和时间研究、过去的经验、同业的资料比较等来确定。

对数量的控制很重要,但其前提是要有一定的质量水平。质量不合格的次品,是不能计入产品产量的。没有质量,再大的数量也将失去意义,没有质量保证的数量当然也就没有了效益。因此,数量和质量是一个问题的两个方面,相比较而言,质量更为重要。

【思考】 举例说明如何做好质量控制。

(四)安全控制

安全控制包括人身安全、财产安全、资料安全等方面的内容。由于直接关系到组织人心的稳定、财产的保障、组织的前途,因此安全控制也是经营控制的一个重要方面。

1. 人身安全控制

人身安全控制的核心是控制各种工伤事故和职业病的发生。在组织要素中,人是最重要也是最宝贵的,作为管理者有责任保证组织成员的人身安全。为此要努力营造安全的工作环境,建立定期体检制度,设置安全控制保护系统,采取措施消除可能引发不安全的各种隐患;要加强对全体人员的安全教育,使之遵守安全操作方法;对于已发生的事故,应做好调查和记录工作,深入分析原因,防止其再发生。

2. 财产安全控制

组织中的各种财产是组织各项工作得以开展的物质保证,对于组织中的各种物资要进行妥善的保管。要建立适当的保管制度,根据不同物资的特性确定不同的保存要求,防止变质、丢失、火灾等情况的发生;要建立警卫制度,对保存有重要物资的部门设置安全门、警灯等系统及其他警备设施;要建立检查制度,定期或不定期地清点各类物资,做到账物相符,并检查各种设备是否保持在正常状态,以便在需要时能及时投入使用。

3. 资料安全控制

各种文件、资料、档案、数据库,都是对组织过去历史、商业情报和组织知识的记录,对于组织工作和各类问题的处理极为有用。有些资料在某些时期对某些组织成员具有一定的机密性,或因为时机不成熟不宜公开,或因可能产生不良反应而需加以保密,或因竞争需要而实施封锁。因此,对于各种文件档案资料,均应建立制度,力求妥善地加以保管。

(五)人员行为控制

组织是由人组成的,各种各样的工作都需要人去完成。从这个意义上讲,控制工作主要是对人的控制。由于人的行为是人的价值观、性格、经验、需要、社会背景等因素综合作用的结果,而这些因素又很难用精确的方法加以描述,因此对人的行为控制就成为控制中最复杂的部分,但也是必须加以重视的部分。常用的行为控制方法有评价和奖惩等。

1. 评价

对员工行为的评价可以是对其工作结果的评价,也可以是对其工作方法、工作内容的评价,还可以是对其工作行为的评价。通过对以上方面的评价,可以发现员工的工作结果与预期结果之间的差距,可以发现员工工作方法、工作内容及工作行为中存在的问题,管理者可以帮助员工改进工作方法与工作内容,调整其行为,以符合组织目标的需要。

为了克服偏见和主观臆断,必须建立比较客观的评价标准,使得评价结果更接近实际情况。评价标准的制定必须符合组织的实际情况,做到公正合理。如果组织的成员认为评价标准是合理的、公正的,他就会根据组织的评价标准调整自己的行为,使之符合组织的要求。反之,则可能产生消极的结果,影响员工工作的积极性。

2. 奖惩

奖惩是指通过对员工行为或绩效的评价,对表现好的、完成组织规定任务的员工进行奖励,而对表现不好的、没有完成组织规定任务的员工进行处罚,以达到控制的目的。奖励是一种对员工的行为进行肯定的方法,通过奖励可以使员工对组织认可的表现进一步维持并发展下去,以促使其更加努力地为实现组织目标而努力工作。奖励可以是物质奖励,也可以是精神奖励,包括对其级别的提升,还可以通过给员工分配更重要、更关键的任务来对其进行心理奖励。惩罚是对员工的行为进行否定的方法,通过惩罚可以使员工改变不符合组织要求的行为,以达到组织要求的行为规范,更好地为实现组织目标而努力。

（六）信息控制

现实的组织活动一般表现为物流、资金流和信息流三种运动方式。其中物流是指组织中物质形态的输入（资源）变成物质形态的输出（成品）的过程。物流反映组织活动的基本运动过程。由于物流运动纷繁复杂,通过直接控制物流的方式来加强管理,有可能使管理者陷入日常事务中而无法脱身。资金流是对组织中物流的反映,通过资金流来控制物流,有助于摆脱物流中具体形态的纠葛,从而提高管理的效能。但资金流的控制并不能完全代替物流的控制。能够综合反映物流和资金流的是信息流,信息流可以表现为各种文件、指示、合同、制度、报告等。信息流一方面伴随着物流和资金流的运动而产生,另一方面又对物流和资金流的方向、速度、目标起着规划和调节的作用,使之按一定的目的和规则运动。掌握和控制信息,就可以掌握和控制物流和资金流的情况,分析物流和资金流的运动规律,从而实现对物流和资金流的控制。现代组织中常用建立相应的计算机管理信息系统的方法来实现对信息流的控制。

【思考】 对于一个小型民营企业来说,该如何进行经营控制?

二、预算控制

预算控制是管理控制中应用最广泛,也是比较有效的一种控制方法。组织需要通过预算来估计和协调计划,预估未来一段时期内的经营收入与现金流量,为组织及下属各部门或各项活动规定了在资金、劳务、材料、能源等方面支出的额度。预算控制是指根据预算规定的收入与支出标准来检查、监督和控制各部门的活动,以保证各部门或各项活动在完成组织目标的过程中合理有效地利用资源,达到控制的目的。

(一)预算的作用

预算的作用主要体现在以下几个方面:

1. 帮助管理者掌握全局,控制组织的整体活动。资金财务状况对任何组织而言都具有十分重要的意义。通过预算,组织管理者可以清楚地看到资金将由谁、在什么项目上使用,从而可以通过资金状况来了解和控制组织的整体活动。

2. 帮助管理者合理配置资源。组织中各项活动的开展都离不开资金的支持,资金作为一种重要的杠杆调节着组织各项活动的轻重缓急及规模大小。因此,组织管理者可以通过预算合理配置资源,以确保组织重点活动的开展,同时对非重点活动的规模进行控制。

3. 有助于管理者对各部门的工作进行评价。由于预算为各项活动确定了投入产出标准,因此只要运用正确,就可根据各部门执行预算的情况,了解各部门资金使用的效率及工作任务的完成情况,从而对各部门的工作进行评价。另外,由于预算规定了各项资金的运用范围及资金使用的负责人,因此通过预算还可以控制各级管理人员的职权,明确各级管理人员的职责。

4. 有利于提高资金使用效率。由于预算具有严肃性,且组织管理者常把预算的执行情况作为考核下属管理人员的依据,因此各部门管理者在收支方面会尽可能精打细算,这有助于杜绝浪费,提高资金的使用效率。

(二)预算的种类

1. 收入预算。收入预算是指用货币单位表示的组织在一定时期内的收入的预算。编制收入预算时,应尽量考虑到来自各方面的可能收入,特别是组织的主营业务收入。对于收入要考虑到其数量与时间,并努力提高实现的可能性。收入预算是建立在销售预算的基础上的。销售预算是对销售情况的预测与说明,是预算控制的基础。管理人员应当重视销售预算的编制,毕竟企业是靠提供产品与服务所获得的收入来支付经营费用并获取利润的。

2. 支出预算。支出预算是指用货币单位表示的组织在一定时期内的支出的预算。对生产性企业而言,企业提供的产品与服务是在企业的内部生产过程中制造出来的,在这个过程中,企业要使用一定的劳动力资源,消耗一定的物质资源。因此,与销售预算相对应,企业应当编制能保证生产、销售活动得以正常进行的支出预算。在这个预算中,不仅要体现出获得必要的销售收入而需要的生产产品的支出,而且要考虑到为了实现销售收入而需要支出的费用。一般而言,这些预算包括直接材料预算、直接人工预算、附加费用预算等。

3. 现金预算。现金预算是对组织在未来一段时期内现金的流入与流出进行的预测,组织据此衡量现金的实际使用情况,通常由财务部门负责编制。现金是指现实的、可立即使用的资金。组织中有些用货币量表示的资金,实际处于实物形态,并不能自由使用;也有些资金只是挂在账上,而实际上并没有到手,这些资金均非现金,它们虽然也是组织的资产,但不能像现金那样自由使用。拥有一定的现金以偿付到期的债务是组织生存的首要条件。通过现金预算,可以估算计划期内可能提供的现金和所需支付的现金,以求得现金收支的平衡,并为管理人员利用可用的现金余量制定营利性投资计划提供所需信息。

4. 资本支出预算。资本支出预算是对未来一段时期内专门用于厂房、机器、设备、库存等资本支出情况的预测,也称为投资预算。这类支出具有支出数额较大、回收时间较长等特点,故需要单独列出,慎重考虑。另外,资本支出预算通常与长期工作计划相联系。

5. 总预算。总预算是在综合组织的各种预算的基础上编制而成的全面性的预算。总预算包括预计的资产负债表、资产损益表和现金流量表。资产负债表预测组织的资产、负债和所有者权益的情况,展示了组织财产的具体情况;资产损益表预计组织的收入、支出及利润情况,展示了组织的经营现状和成果;现金流量表预计现金的流入和流出情况,反映了组织的现金流动情况。总预算中还附有一些编制预算所必需的数据及资料,以及需要的情况分析。

（三）预算的编制

有效地从预期收入和费用两个方面对组织进行全面控制,不仅需要针对各个部门、各项活动编制分预算,而且要针对企业整体编制总预算。分预算是按照部门和项目来编制的,它详细说明了相应部门的收入目标或费用支出的水平,规定了它们在生产活动、销售活动、采购活动、研究开发活动或财务活动中筹措和利用劳力、资金等生产要素的标准。总预算则是在对所有部门或项目的分预算进行综合平衡的基础上编制而成的,它概括了企业相互联系的各个方面在未来时期的总体目标。只有编制了总体预算才能进一步明确组织各部门的任务、目标、制约条件以及在活动中的相互关系,从而为正确评价和控制各部门的工作提供客观的依据。

总预算的编制要以组织目标和业务计划为依据,其基本编制过程为:第一步是编制业务计划,如企业估计销售品种、销售数量和销售时间,编制销售计划;第二步是根据业务计划编制生产计划,如企业根据销售计划确定生产数量及产成品的存贮量;第三步是根据生产计划编制成本计划,计算出直接材料、直接人工、制造费用和经营费用;第四步是根据成本和费用估计数,预测现金流量和对其他账户的影响;第五步是结合固定资产投资和资金筹集计划,编制出预计的资产负债表、资产损益表、现金流量表。

在预算的编制中应当注意以下几个方面:

1. 正确处理组织总预算与部门分预算之间的关系。在编制预算时,应当正确处理组织总预算与部门分预算之间的关系。没有分预算,总预算就缺乏一定的科学依据;没有总预算,就很难对组织预算的整体有一个明确的了解,也难以明确组织内部各部门的任务、目标,以及互相制约的条件。

2. 用统一的数字形式来表述组织内的各类预算。任何预算都需要用统一的数字形式来表达,组织内的总预算更应如此。在组织的各种预算中,总预算应当用统一的货币单位来表示,而分预算则不一定使用统一的货币单位。对一些具体的项目而言,用时间、长度、重量等单位来表示能提供更多的信息。如在负责材料的部门预算中,用货币金额来表示原材料预算,则只能知道原材料的总费用标准,而不知道使用材料的种类与数量。

3. 避免预算过于烦琐。预算编制得过于烦琐是有危险的。如果一个预算详细地列出各种细枝末节的费用,则有可能剥夺管理人员工作时所需要的自由,影响其工作的主动性与创造性。

4. 避免预算目标取代组织目标。编制与执行预算过程中的另一个危险的倾向是把预算目标置于组织目标之上。如为了实现预算规定的支出标准,而在某些涉及组织发展的活动中节省经费,这有可能危及组织目标的实现。预算执行过程中一定要把组织目标放在第一位,正确处理局部目标与全面控制目标之间的关系,形成互相配合、全面协作的组织文化。

【思考】 任何组织都需要预算控制吗?为什么?

三、其他控制方式

其他常用的控制方法有比率分析、审计控制和统计分析控制等。

(一)比率分析

比率分析就是将企业资产负债表和损益表上的相关项目进行对比,形成一个比率,从中分析和评价企业的经营成果和财务状况。利用财务报表提供的数据,可以列出许多比率,常用的有两类:财务比率和经营比率。

1. 财务比率

财务比率可以帮助管理者了解企业的偿债能力、盈利能力等财务状况。

(1)流动比率。流动比率是企业的流动资产与流动负债之比。它反映了企业偿还需要付现的流动债务的能力。一般来说,企业资产的流动性越大,偿债能力就越强;反之则弱,并会影响企业的信誉和短期偿债能力。因此,企业资产应具有足够的流动性。资产若以现金形式表现,其流动性最强。但要防止为追求过高的流动性而闲置财务资源,使企业失去本应得到的收益。

(2)速动比率。速动比率是流动资产和存货之差与流动负债之比。该比率和流动比率一样是衡量企业资产流动性的一个指标。当企业有大量存货且这些存货周转率较低时,速动比率比流动比率更能精确地反映客观情况。

(3)负债比率。负债比率是企业总负债与总资产之比。它反映了企业所有者提供的资金与外部债权人提供的资金的比例关系。只要企业全部资金的利润率高于借入资金的利息,且外部资金不会在根本上威胁企业所有权的归属,企业就可以充分地向债权人借入资金以获取额外利润。一般来说,在经济迅速发展时期,负债比率可以很高。

(4)盈利比率。盈利比率是企业利润与销售额或全部资金等相关因素的比例关系。

它反映了企业在一定时期从事某种经营活动的盈利程度及其变化情况。常用的盈利比率有销售利润率和资金利润率。

销售利润率是销售净利润与销售总额之间的比例关系,它反映企业在一定时期的产品销售中是否获得了足够的利润。将企业不同产品、不同经营单位在不同时期的销售利润率进行比较分析,能为经营控制提供更多的信息。

资金利润率是指企业在某个经营时期的净利润与该期占用的全部资金之比,它是衡量企业资金利用效果的一个重要指标,反映了企业是否从对全部投入资金的利用中实现了足够的净利润。

2. 经营比率

经营比率是与资源利用有关的比例关系。它反映了企业经营效率的高低和各种资源是否得到了充分利用。常用的经营比率有以下三种:

(1)库存周转率。库存周转率是销售总额与库存平均价值的比例关系,它反映了与销售收入相比,库存数量是否合理,表明了投入库存的流动资金的使用情况。

(2)固定资产周转率。固定资产周转率是销售总额与固定资产之比,它反映了单位固定资产能够提供的销售收入,表明了企业对资产的利用程度。

(3)销售收入与销售费用的比率。这个比率表明单位销售费用能够实现的销售收入,在一定程度上反映了企业营销活动的效率。销售费用包括了人员推销、广告宣传、销售管理费用等,因此还可进行更加具体的分析。比如,预测单位广告费用能够实现的销售收入,或单位推销费用能增加的销售收入,等等。

反映经营状况的这些比率也通常需要进行横向的(不同企业之间)或纵向的(不同时期之间)比较,这样才更有意义。

【思考】 比率分析与其他控制方法相比有什么优点?

(二)审计控制

审计是常用的一种控制方法。所谓审计,是指审计部门根据法律、法规及相关制度对组织活动进行监督、审核的过程。根据审计主体的不同,可以将审计分为内部审计与外部审计;根据审计对象的不同,又可以将审计分为财务审计与管理审计。

外部审计是指由组织以外的审计机构对组织活动进行的审计。常见的外部审计机构有国家的有关审计部门、独立的审计事务所等。外部审计的特点是审计机构与人员和组织没有行政上的隶属关系,因而可以更加公正客观地进行审计,以增加审计的可靠性。这一类审计的缺点是参与审计的外部审计人员对组织的情况不太熟悉,因而有可能遇到一些困难,难以达到预期的效果。

内部审计是指由组织内部的审计机构或人员进行的审计。内部审计的特点是审计人员对组织情况比较熟悉,能有针对性地对本组织的情况进行审计,并根据审计的结果进行相应的监督与管理。另外,由于审计人员熟悉组织的情况,还可以根据审计的结果提出促进组织发展的意见与建议。当然,内部审计也有其缺点,即审计人员为组织内部人员,与组织有着千丝万缕的联系,这有可能影响审计的公正性与客观性,应加以注意。

财务审计是指以组织的财务活动为主体所开展的审计,其审计对象为组织的财务活动。财务审计的主要方法是对组织的财务账目、凭证、资产、债务等进行检查,以规范组织的财务行为。从这一方面而言,财务审计对于加强组织内部财务管理的制度化,控制支出的合理性,严格管理组织的财产,严格管理会计工作,改进组织的财务情况,都具有十分重要的意义。

管理审计是检查一个企业或部门管理工作的好坏,以评价其对人力、物力和财力的组织及利用的有效性。管理审计的目的是通过对组织管理工作的检查来评价组织各种资源的利用效果,以提高组织的管理水平。管理审计既包括对组织管理能力与效果的审计,也包括对各阶段管理活动的状况与效果的审计,如对组织内的部门审计,主要有对生产管理、财务管理、销售管理、人事管理等部门的审计。

在具体的审计过程中,要根据组织的实际情况及审计的目的来确定进行什么类型的审计。要将内部审计与外部审计、财务审计与管理审计等结合起来,从而更好地发现组织运行中存在的问题,及时进行整改,以更好地实现控制目标。

【思考】 审计控制对于组织而言是否是必需的?

(三)统计分析控制

统计分析控制是指组织的管理者运用各种数量分析方法,对有关的历史数据进行统计分析,了解有关因素的发展情况,据此进行趋势预测,并利用其中的规律与组织的实际运行业绩进行比较,从而进行控制的方法。用易于理解的方式编排统计资料和事先确定比较标准,是运用统计分析控制方法的关键。这种方法的优点是利用历史数据可以形成简单明了的统计曲线或图表,使管理者对组织过去的经营情况一目了然,并能对未来进行预测。将预测的结果与实际结果进行比较,可以发现组织活动中存在的问题,从而实施有效的控制。当然这一方法也有缺点,主要体现在根据过去对现在或未来进行的预测上,这种预测会受到多种因素的限制,这会影响其准确性,进而影响控制的效率。

☞【本章小结】

1. 控制是组织在动态的环境中为了实现既定的目标而进行的检查和纠偏活动或过程。计划为控制提供标准,是控制的前提条件之一;控制是确保计划正确实施的保证。

2. 控制职能有两个主要目的:一是维持现状;二是打破现状。

3. 控制可以按照不同的标准进行不同的分类。常见的分类标准是按照控制时点把控制分为预先控制、事中控制和事后控制。

4. 一个组织的控制系统由控制的对象、控制的目标体系、控制的手段和方法以及控制的主体几个要素组成。控制过程包括三个基本环节的工作:确立标准、衡量绩效和纠正偏差。

5.控制的原则包括:原则性与灵活性相结合的原则,重点控制与全面控制相结合的原则,预先控制和事后控制相结合的原则,有效性和经济性相结合的原则。

6.控制过程中遇到阻力的主要原因有:控制过度,不恰当的控制点或控制方法,不公平的报酬及责任制度问题。针对控制过程中所遇到的阻力,管理者可以采取的对策有:建立和完善有效的控制系统,鼓励更多的员工参与控制,采用目标管理及建立记录备查制度。

7.经营控制是指管理者对组织中的人、财、物等各方面资源运用状况和成效的控制。在经营控制中,最常见的控制方式包括资金(财务)控制、时间控制、数量和质量控制、安全控制、人员行为控制和信息控制。

8.预算是一种以货币和数量表示的计划,是关于组织完成目标和计划所需资源特别是所需资金的来源和用途的一项书面说明。预算的种类包括收入预算、支出预算、现金预算、资金支出预算及总预算。

9.其他常用的控制方法有比率分析、审计控制、统计分析控制等。

【复习思考题】

1.什么是控制? 说明其与计划的关系。

2.控制有哪些主要类型? 各自的特点是什么?

3.控制过程一般由哪几个基本步骤构成?

4.进行有效控制的基本原则是什么? 怎样才能贯彻这些原则?

5.人们对控制不满的主要原因有哪些? 怎样才能减少人们对控制的抵制?

6.常用的控制方法有哪些? 这些方法各自的特点是什么?

【案例讨论】

中美上海施贵宝制药有限公司的内部控制制度

中美上海施贵宝制药有限公司,由美国百时美施贵宝公司与中国医药对外贸易有限公司和上海医药(集团)有限公司共同投资,于 1982 年 10 月 14 日成立,1985 年 10 月正式投产,是在中国成立的第一家中美合资制药企业。施贵宝位列 2002 年美国上市公司市值 500 强的第 43 位,在中国已经成功地走过了三十多年的路程,以先进的技术、现代的管理、优质的产品和良好的业绩闻名全国。其完善的内部控制制度是现代化管理的重要组成部分。

1.公司内部控制的目标

(1)保护资产的安全。

(2)准确反映企业财务状况,给决策提供可靠的保证。

(3)保证政策规章和法规被遵守。

(4)提高管理效率。

相应地,施贵宝公司设计了如下图所示的内部控制结构。

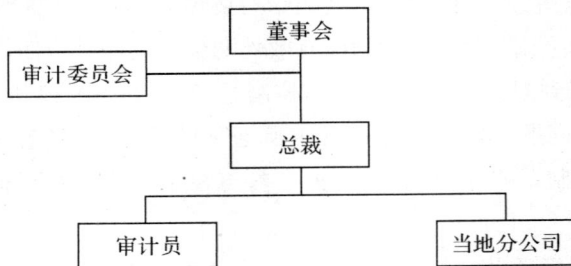

```
                    ┌─────────┐
                    │  董事会  │
          ┌─────────┴────┬────┘
    ┌─────┴─────┐        │
    │ 审计委员会 │        │
    └───────────┘   ┌────┴────┐
                    │   总裁   │
          ┌─────────┴────────────┐
    ┌─────┴─────┐          ┌─────┴─────┐
    │  审计员   │          │ 当地分公司 │
    └───────────┘          └───────────┘
```

2. 公司内部控制的基本原则

(1)不相容职务相分离原则。所谓不相容职务,是指那些如果由一个人担任,既可能弄虚作假,又有可能掩盖其错误行为的职务。不相容职务分离就是要求不相容职务由不同的人担任。该公司的内部控制制度正是通过对授权、核准、执行、记录各个环节的合理分工,实现了不相容职务的分离,保证了内部控制作用的发挥。

(2)合理的授权制度。授权制度是指企业在处理经济业务时,经过授权批准进行控制,即规定每一类经济业务的审批程序,以便按程序办理审批,避免越级审批和违规审批的情况发生。

(3)适当的信息记录。记录企业内部控制方面的重要信息。信息记录可以分为管理文件和会计记录。

(4)可靠的财产安全。其主要内容有限制接近、订购盘点、记录保护、财产保险、财产记录监控等。

(5)健全的内部审计。

3. 公司内部控制流程设计

1)收入循环

(1)订单处理。该公司在发展新客户时,采取了非常严格的考核制度,如要求新客户证照齐全,同时还需要进行其他方面的考察。此外,订单必须按顺序编号,如有缺号,必须查明原因。

(2)信用和退货控制。该公司根据自身实际经营状况、市场竞争的激烈程度和客户信誉情况等制定信用标准,并按规定向客户授予一定的信用额度。此外,该公司还严格控制销售质量,以减少退货损失。

(3)开票与发货。开票与发货职务相分离。开票以有关票据为依据,如客户的购货订单、发货通知等。发货通知单要编号,以保证所有发出货物均开票。发票和发货单须经有关主管部门和人员审批。

(4)应收账款管理。定期检查应收账款明细账余额并进行账龄分析。定期与客户对账,及时催收、回笼资金。确保收到的款项按时入账,并按时间顺序销账。

2）生产循环

（1）生产循环职责分离。包括生产计划的编制与复核、审批相分离；产成品的验收与产品制造相分离；存货的审批、发放、保管与记账相分离等。

（2）存货保管责任与实物安全控制。该公司建立了严格的存货保管制度，以保证实物财产的安全。同时，对存货规定合理的储存定额，定期考核，积极处理超储积压的存货，加速资金周转。

（3）定期对存货进行盘点，做到账实、账卡、账表、账账相符，并购买足额保险。

3）付款循环

（1）采购。原材料的请购、采购、验收、付款、记账必须由不同人员负责。采购员只能在批准的采购计划内按货物名称、规格、数量进行采购，不得擅自改变采购价格和内容。

（2）验收。只有经过验货后方可进行付款的审批手续（预付款业务除外），此举旨在保证货物的价格、质量、规格等符合标准。验收部门则严格按合同规定的品种、数量、质量进行验收。

（3）付款。发票价格、运输费、税款等必须与合同复核无误，凭证齐全后方可办理结算，支付货款，且货款必须经过银行办理转账。定期核对应付账款明细账与总分类账。

4）信息管理

（1）凭证连续编号。凭证必须按编号次序依次使用。领用空白凭证必须经过登记备案。

（2）建立定期复核制度，定期对凭证的填制、记账、过账和编制报表的工作进行复核。

（3）建立总分类账和明细分类账、总分类账和日记账的核对工作。

（4）业务经办人员在处理有关业务后必须签名、盖章，以备日后追溯责任。

（5）建立完善的凭证传递程序。

（6）制定会计信息定期分析制度，以便及时发现信息失误。

在内部控制过程中，应该注意：一是要进行成本效益分析；二是注意例外控制；三是防止内部控制执行人渎职；四是防止管理层滥授权。

（资料来源：朱婧晔.中美上海施贵宝制药有限公司内部控制制度评析.工业会计，2001，4；32—34.）

【思考】 1.中美上海施贵宝有限公司的内部控制制度中有哪些控制方法？

2.中美上海施贵宝有限公司的内部控制制度有何优点？

3.中美上海施贵宝有限公司的内部控制制度有哪些不足之处？谈谈你的改进意见。

第十章

创　新

> > > >　>

学习目标

通过学习本章的内容,学生能够:

1. 掌握创新的含义、特征与分类;
2. 理解创新的基本原则;
3. 理解创新的过程、内容、策略及方法;
4. 理解创新过程的管理。

引　例

空中食宿

空中食宿成立于 2008 年,其名称 Airbnb 是 AirBed and Breakfast 的缩写。作为一家服务型网站,它联系旅游人士和家有空房出租的房主。游客可以从个人而不是酒店手中租住一间房屋。空中食宿正在对包括商务旅行和休闲旅行在内的整个酒店行业产生颠覆性影响。一项调查显示,空中食宿的房屋供应量每增长 10%,酒店房间收入就会下滑 0.35%。

（资料来源:Airbnb 如何动摇全球酒店业的根基?.环球资讯,2015-3-16）

思考:国内目前崛起的类似的公司如小猪短租、蚂蚁短租也是采用了类似的模式,这种创新模式对传统的酒店行业造成了何种影响? 你能想到类似的对传统行业进行颠覆式创新的企业吗?

第一节 创新概述

一、创新的含义与特征

（一）创新的含义

创新是一种思想及在这种思想指导下的实践，是一种原则及在这种原则指导下的具体活动。美国经济学家熊彼特在其《经济发展理论》一书中首次提出了创新的概念。他认为，创新是对"生产要素的重新组合"，具体来说，包括以下五个方面：①生产一种新产品，也就是消费者还不熟悉的产品，或是已有产品的一种新用途和新特性。②采用一种新的生产方法，也就是在有关的制造部门中未曾采用的方法。这种方法不一定非要建立在科学新发现的基础上，它可以是以新的商业方式来处理某种产品。③开辟一个新的市场，就是使产品进入以前不曾进入的市场，不管这个市场以前是否存在过。④获得一种原材料或半成品的新的供给来源，不管这种来源是已经存在的还是第一次创造出来的。⑤实现一种新的企业组织形式，例如建立一种垄断地位，或打破一种垄断地位。

【思考】 你能举例说明这五个方面吗？

后来，许多研究者也对创新进行了定义，有代表性的定义有以下几种：①创新是开发一种新事物的过程。这一过程从发现潜在的需要开始，经历新事物的技术可行性研究阶段的检验，到新事物的广泛应用为止。创新之所以被描述为是一个创造性过程，是因为它产生了某种新的事物。②创新是运用知识或相关信息创造和引进某种有用的新事物的过程。③创新是对一个组织或相关环境的新变化的接受。④创新是指新事物本身，具体说来就是指被相关使用部门认定的任何一种新的思想、新的实践或新的制造物。⑤创新是由新思想转化到具体行动的过程。

由此可见，创新概念所包含的范围很广，涉及许多方面。比如，有的东西之所以被称作创新，是因为它提高了工作效率或巩固了企业的竞争地位；有的是因为它改善了人们的生活质量；有的是因为它对经济具有根本性的提高作用。但值得注意的是，创新并不一定是全新的东西，旧的东西以新的形式出现或以新的方式结合也是创新。（注意：创新不一定就是全新的东西。）我们说，创新是生产要素的重新组合，其目的是获取潜在的利润。

（二）创新的特征

1. 创新的不确定性

（1）市场的不确定性。主要是不易预测市场未来需求的变化，外界因素如经济环境、消费者的偏好都会对市场变化产生影响。当出现根本性创新时,市场方向无从确定,也就无法确定需求。计算机刚出现时,有人估计全美国只有几十台的需求,这显然同实际情况相差万里。市场不确定性的来源,还可能是不知道如何将潜在的需要融入创新产品中去,以及未来产品如何变化以反映用户的需要。当存在创新竞争者时,市场的不确定性还指创新企业能否在市场竞争中战胜对手。

(2)技术的不确定性。主要是如何用技术来体现、表达市场中消费者需要的特征;能否设计并制造出可以满足市场需要的产品和工艺。有不少产品构思,按其设计的产品要么无法制造,要么制造成本太高,因此这种构思和产品都没有什么商业价值。新技术与现行技术系统之间的不一致性也是一个重要的不确定性来源。

(3)战略的不确定性。主要是针对重大技术创新和重大投资项目而言的。它指一种技术创新的出现是否会使已有投资与技能过时的不确定性,即难以判断它对创新竞争基础和性质的影响程度,以及面临新技术潜在的重大变化时企业如何进行组织适应与投资决策。当重大技术创新出现时,战略不确定性常常因严重的战略性决策失误导致产业竞争领先地位的交替。例如,美国钢铁业面临氧气顶吹转炉等重大工艺创新的机会时,没有放弃原来的大量投资,没有引入新的工艺技术,而日本则利用这一机会建成了世界上效率最高的钢铁厂。

2. 创新的保护性和破坏性

不同创新对企业产生影响的范围、程度和性质是不同的。两个极端的情况是:保护性的和破坏性的。具有保护性的创新,会提高企业现有技术能力的价值和可应用性。创新的破坏性则表现在使企业现有的技能和资产遭到毁坏,新的产品或工艺技术会使企业现有的资源、技能和知识只能低劣地满足市场的需要,或者根本无法满足要求,从而降低现有能力的价值,在极端情况下,会使其完全过时。

3. 创新的必然性和偶然性

创新的必然性是由管理的不可复制性产生的。管理的不可复制性本身就必然要求管理创新,从泰勒制管理到丰田生产方式,再到现代流行的 CIMS、虚拟系统、电子商务、网络营销等,可以说任何一种管理的模式、方法都是随着时代的发展和许多科学技术的进步而产生的管理创新。很多情况下,创新是在大量的实验、调研、严谨的思考下产生的。然而,另一种创新方式对今天的管理人员来说也是丝毫不能忽视的,那就是偶然。就像牛顿因看到苹果落地而发现万有引力定律一样,一些偶然的事件可以引发创新。

4. 创新的被排斥性

创新活动常常受到来自各方面的排斥、压力和抵制。习惯于原有生活方式和思维方式的人们往往不欢迎任何改动和变革。形象地说,创新恐惧症已成为现代组织——企业、学校、政府的一种通病。在一种特定的社会环境中,那些公司最高管理层的人们有无数条理由希望这个环境能够延续下去。因为在这种情况下,没有麻烦,没有威胁,也没有紧迫感,一切都显得平平稳稳。不过,这也意味着任何一项新产品的创新就其本质而言,都是一场推进创新力量和排斥、抵制创新力量之间的你争我夺。而管理者所面临的挑战就是在这些力量中间保持平衡。另一方面,我们应该对华而不实的或仅仅是象征意义的新产品的创新,以及与新产品战略目标不相一致的新产品持抵制态度,这种抵制不应受到阻挠。

【思考】 你有过创新思想被排斥的经历吗?

5. 创新的复杂性

有人说,创新过程就像一条链条。认为只要增加上游的基础研究的投入就可以直接增加下游的新技术、新产品的产出。但在实际经济活动中,创新有许多的起因和知识来源,可以在研究、开发、市场化和扩散等任何阶段发生。创新是诸多因素之间一系列复杂的、综合的相互渗透而共同作用的结果,创新不是一个独立的事件,而是由许多小事组成的一个螺旋式上升的轨迹,是一个复杂的系统过程。

6. 创新的时效性

企业创新一般总是从产品创新开始的。一种新的市场需求总是表现为产品需求,因而,在创新初期,企业的创新活动主要是产品创新。一旦新产品被市场接受,随之而来的企业将把注意力集中在过程创新上,其目的是降低生产成本、改进品质、提高生产效率。当产品创新和过程创新进行到一定程度时,企业的创新注意力会逐渐转移到市场营销创新上,目的是提高产品的市场占有率。在这些创新重点的不同时间段上,还会伴随着必要的组织创新。新产品投放市场一定时间后又会被更新的产品所代替,这种替代也使得创新具有时效性。新产品被更新的产品所替代的原因可能有两方面:一是消费者的偏好发生了变化;二是生产产品的技术得到了更新。正是因为创新具有时效性,所以在进行创新决策时,要考虑三个问题:消费者对创新产品需求的持续时间、该产品被其他产品替代的可能性以及创新所处的时期。

7. 创新的动态性

事物是发展变化的,不仅组织的外部环境和内部环境在不断发生变化,而且组织的创新能力也要不断积累、不断提高,决定创新能力的创新要素也都要进行动态调整。从企业间的竞争来看,随着企业创新的扩散,企业竞争优势将会消失,这就要不断推动新的一轮又一轮的创新,以便不断确立企业的竞争优势。因此,创新绝不是静止的,而是动态的。不同时期组织的创新内容、方式、水平是不同的。从企业发展的总趋势看,前一时期低水平的创新,总是要被后一个时期高水平的创新所替代。创新活动的不断开发和创新水平的不断提高,正是推动企业发展的动力。

二、创新的作用

(一)创新可以提高企业的竞争实力

创新可以将企业的劣势转化为优势,将不利因素转化为有利因素。例如,洗衣机的载物洗涤容量一般为 5 公斤,而且还呈增大趋势,海尔公司凭着灵敏的市场触角,巧妙地在产品的细微之处大胆创新,与消费潮流背道而驰,思维逆转,推出 2 公斤装的"小小神童"洗衣机。海尔的"只有淡季的思想,没有淡季的产品"的创新理念,使海尔随时保持创新思维,建立了一整套技术创新制度和相应的科研管理模式,最终赢得了市场。

（二）创新为企业的长期持续发展提供动力

企业要想持续发展,必须进行创新,不进行创新的企业,其发展就会缺乏推动力。早在 1994 年,著名的经济学家克鲁格曼就提出了"虚拟的亚洲经济"的观点。他认为亚洲（除日本外）经济的增长主要是依靠资金和劳动力的大量投入,而不是依靠科技进步,因此这一地区的经济高速增长是不可能持续很久的。这一预言不幸被言中。1997 年爆发的东南亚金融危机波及整个亚洲,导致这些国家的经济增长放缓,甚至出现负增长。

与此相反,美国自里根时代以来,便重视和强调创新的作用,从而出现了自"二战"以来最长时间的持续的经济增长,特别是 1997 年的亚洲金融危机以及 1998 年的俄罗斯和拉美的金融风暴,导致大多数发达与不发达国家经济的倒退,而美国经济却始终稳定有力。这正好说明了光靠资金和劳动力的大量的投入来推动经济增长是不可持续的,必须把重点转移到知识创新上来。

（三）自主创新是企业的根本

一个企业要取得先进的知识有两个途径:一是引进;二是创新。引进知识当然不失为一种快捷的方法,这种方法曾经是一些发展中国家和企业实现赶超的根本途径,但这样永远也无法真正赶超先进国家和先进企业,而且有些技术由于对方为了获得竞争中的绝对优势而被保守秘密。因此,企业要真正强大起来,进行自主创新才是立足之本。例如,日本企业在 20 世纪 80 年代通过引进技术并消化吸收确实得到迅速的发展,但其却在知识呈几何级数增长的今天,在竞争中败给了强调自主创新的美国企业。

第二节　创新的条件和过程

一、创新的条件

为使管理创新能有效地进行,还必须创造以下的基本条件。

（一）创新主体（企业家,管理者和企业员工）应具有良好的心智模式

这是实现管理创新的关键。心智模式是指由于过去的经历、习惯、知识素养、价值观等形成的基本固定的思维认识方式和行为习惯。创新主体具有的心智模式:一是远见卓识;二是具有较好的文化素质和价值观。

（二）创新主体应具有较强的能力结构

管理创新主体必须具备一定的能力才可能完成管理创新,创新管理主体应具有:核心能力、必要能力和增效能力。核心能力突出地表现为创新能力;必要能力包括将创新

转化为实际操作方案的能力,从事日常管理工作的各项能力;增效能力则是控制协调加快进展的各项能力。

（三）企业应具备较好的基础管理条件

现代企业中的基础管理主要指一般的最基本的管理工作,如基础数据、技术档案、统计记录、信息收集归档、工作规则、岗位职责标准等。管理创新往往在基础管理较好的基础上才有可能产生,因为基础管理好可提供许多必要的准确的信息、资料、规则,这本身有助于管理创新的顺利进行。

（四）企业应营造一个良好的管理创新氛围

创新主体能有创新意识,能有效发挥其创新能力,与拥有一个良好的创新氛围有关。在良好的工作氛围下,人们思想活跃,新点子产生得多而快,而不好的氛围则可能导致人们思想僵化,思路堵塞,头脑空白。

（五）管理创新应结合本企业的特点

现代企业之所以要进行管理上的创新,是为了更有效地整合本企业的资源以完成本企业的目标和任务。因此,这样的创新就不可能脱离本企业和本国的特点而存在。在当前的国际市场中,短期内中国大部分企业的实力比西方企业弱,如果以刚对刚则会失败,若以太极拳的方式以柔克刚,则可能是中国企业走向世界的最佳方略。中国企业应充分发挥以"情、理、法"为一体的中国式管理制度的优势和特长。

（六）管理创新应有创新目标

管理创新目标比一般目标更难确定,因为创新活动及创新目标具有更大的不确定性。尽管确定创新目标是一件困难的事情,但是如果没有一个恰当的目标则会浪费企业的资源,这本身又与管理的宗旨不符。

二、创新过程

要有效地组织企业的创新工作,就必须研究和揭示创新的规律。创新有无规律? 对这个问题目前颇有争议。美国是创新活动比较活跃的国家,对创新活动也有比较深的理解,所以 3M 公司的一位常务副总裁在一次演讲中甚至这样开头:"大家必须以一个坚定不移的信念作为出发点,那就是:创新是一个杂乱无章的过程。"

应该说,杂乱无章是创新的本质的说法可以为人们所接受。因为创新是对旧事物的否定,是对新事物的探索。对旧事物的否定,必定要突破原先的制度,破坏原先的秩序,必须不遵守原先的章法;对新事物的探索,意味着要在不断的尝试中去寻找新的秩序、新的方法,在取得最终成果之前,要经历无数次的反复,无数次的失败。因此,它看上去必然是杂乱的。但这种杂乱是相对于旧制度、旧秩序而言,就创新的总体来说,它们必然遵循一定的步骤、程序和规律。

总结众多成功企业的经验,成功的创新要经历"寻找机会—提出构想—迅速行动—忍耐坚持"这四个阶段。

（一）寻找机会

创新是对原有秩序的破坏。原有秩序之所以要打破,是因为其内部存在着或出现了某种不协调的现象。这些不协调对系统的发展造成了某种不利的影响。创新活动正是从发现和利用旧秩序内部的这些不协调现象开始的,可以说不协调为创新提供了契机。

旧秩序中的不协调既存在于企业的内部,又可产生于企业的外部。就企业外部而言,有可能成为创新契机的变化主要有:

1. 技术的变化。可能影响企业相关资源的获取、生产设备及产品的技术水平。

2. 人口的变化。可能影响劳动市场的供给和产品销售市场的需求。

3. 宏观经济环境的变化。迅速增长的经济可能给企业带来不断扩大的市场,而整个国民经济的萧条则可能降低企业产品需求者的购买能力。

4. 文化与价值观念的转变。可能改变消费者的消费偏好或劳动者对工作及其报酬的态度。

就企业内部来说,引发创新的不协调现象主要有:

1. 生产经营中的瓶颈,可能影响了劳动生产率的提高和劳动积极性的发挥,因而始终困扰着企业的管理人员。这种不协调环节的产生,既可能是某种材料的质地不够理想,且始终找不到替代品,也可能是某种工艺加工方法的不完善,或是某种分配政策的不合理。

2. 企业意外的成功和失败。如派生产品的利润贡献不声不响地、出人意料地超过了企业的主营产品;老产品经过精心整顿改进后,结构更加合理、性能更加完善、质量更加优异,但并未得到预期数量的订单,等等。这些出乎意料的成功和失败,往往可以把企业从原先的思维模式中解放出来,从而成为企业创新的一个重要源泉。

企业的创新,往往是从密切地注视、系统地分析社会经济组织在运行过程中出现的不协调现象开始的。

(二)提出构想

敏锐地观察到了不协调的现象以后,还要透过现象研究原因,并据此分析和预测不协调的未来变化趋势,估计它们可能给企业带来的积极或消极的后果,并在此基础上,努力利用各种方法,消除不协调,使企业在更高层次实现平衡的创新构想。

(三)迅速行动

创新成功的秘密主要在于迅速行动。提出的构想可能还不完善,甚至可能很不完善,但这种并非十全十美的设想必须立即付诸实施才有意义。"没有行动的思想会自生自灭",这句话对于创新思想的实践尤为重要,一味追求完美,以减少受讥讽、被攻击的机会,就可能坐失良机,把创新的机会白白地送给自己的竞争对手。例如,20世纪70年代,施乐公司为了把产品搞得十全十美,在罗彻斯特建造了一座全由工商管理硕士(MBA)占用的29层高楼。这些MBA们在大楼里对第一件可能开发的产品设计了拥有数百个变量的模型,编写了一份又一份的市场调查报告,然而,当这些人继续不着边际地分析时,当产品研制工作被搞得越来越复杂时,竞争者已把施乐公司的市场抢走了50%以上。所以创新的构想只有在不断地尝试中才能逐渐完善,企业只有迅速地行动才能有效地利用不协调提供的机会。

（四）忍耐坚持

构想经过尝试才能成熟，而尝试是有风险的，不可能一击即中。创新过程是不断尝试、不断失败、不断提高的过程。因此，创新者在开始行动以后，为取得最终的成功，必须坚定不移地继续下去，决不能半途而废，否则便会前功尽弃。

第三节　创新的内容与方法

一、创新的内容

系统在运行中的创新要涉及许多方面。在此，我们主要以社会经济生活中大量存在的企业系统来介绍创新的内容。

（一）观念创新

管理观念又称为管理理念，它是指管理者或管理组织在一定的哲学思想支配下，由现实条件决定的经营管理的感性知识和理性知识构成的综合体。一定的管理观念必定受到一定社会的政治、经济、文化的影响，是企业战略目标的导向、价值原则，同时管理的观念又必定折射在管理的各项活动中。进入 20 世纪 80 年代以来，经济发达国家的优秀企业家提出了许多新的管理观念。如知识增值观念、知识管理观念、全球经济一体化观念、战略管理观念、持续学习观念等。在我国，企业的经营观念存在着经营不明确、理念不当、缺乏时代创新精神等问题，因此，应该尽快适应现代社会的需要，结合自身条件，构建自己独特的经营管理理念。

（二）目标创新

我们知道，知识经济时代的到来导致了企业经营目标的重新定位。为什么？原因很简单：一是企业管理观念的革命，要求企业经营目标重新定位；二是企业内部结构的变化，促使企业必须重视非股东主体的利益；三是企业与社会的联系日益密切、深入，社会的网络化程度大大提高，企业正成为这个网络中重要的联结点。因此，企业经营的社会性越来越突出，从而要求企业高度重视自己的社会责任，全面修正自己的经营目标。众所周知，美国曾经最为推崇的是利润最大化，盈利能力曾经是评价美国企业好坏成败的唯一标准，可是就在那里，今天评价企业的标准已经发生了巨大的变化。适应知识经济时代的多元目标相互协调的企业经营目标观念被广为接受。例如，在全世界享有盛誉的美国《财富》杂志评选最优秀企业时，采用了创新精神、总体管理质量、财务的合理性程度、巧妙地使用公司财产的效率以及公司做全球业务的效率等九项指标。从这些带有导向性的指标中我们看到，企业对员工、对社会、对用户的责任等指标在整个指标体系中占了相当分量。所以，在新的经济背景下，我国企业要生存，目标就必须调整为"通过满足社会需要来获得利润"。

☞【小资料】

知识经济是指有别于传统工业经济的新型经济。它是以高新技术产业为支柱,以智力资源的占有、配置为依托的一种可持续发展的经济。1996 年,国际经济合作组织在《科学、技术和产业展望报告》中指出,在过去 10 年中,该组织成员国 GDP 增长的 50％以上是以知识经济为基础的,这些国家的高技术产品在制造业产品中的份额翻了一番多,达到 20％～25％。知识密集的服务部门,如教育、通讯、信息等部门的发展更是日新月异。有人估计,科技进步对经济增长的贡献率,已从 19 世纪初的 5％～20％提高到 20 世纪 90年代的 70％～80％,全球信息高速公路建成后将提高到 90％。因此,国际经济合作组织在报告的最后总结说,事情已使人们越来越清楚:知识是支撑经济合作组织国家经济增长的最重要因素。

（三）技术创新

技术创新是企业创新的主要内容,企业中出现的大量创新活动是有关技术方面的。技术水平高低是反映企业经营实力的一个重要标志,企业要在激烈的市场竞争中处于主动地位,就必须不断地进行技术创新。由于一定的技术都是通过一定的物质载体和利用这些载体的方法来实现的,因此企业的技术创新主要表现在要素创新、要素组合方法的创新和产品创新三个方面。

1. 要素创新

企业的生产过程是一定的劳动者利用一定的劳动手段作用于劳动对象,使之发生物理、化学形式或性质变化的过程。参与这个过程的要素包括材料、设备以及企业员工三类。材料是构成产品的物质基础,材料的费用在产品成本中占很大的比重,材料的性能在很大程度上影响产品的质量。设备创新对于减少原材料、能源消耗,对于提高劳动生产率、改善劳动条件、改进产品质量有十分重要的意义。企业的人事创新,既包括根据企业发展的技术进步的要求,不断地从外部取得合格的新的人力资源,而且更应注重企业内部现有人力的继续教育,提高人的素质,以适应技术进步后的生产与管理的要求。

2. 要素组合方法的创新

利用一定的方式将不同的生产要素加以组合,这是形成产品的先决条件。要素的组合包括生产工艺和生产过程两个方面。工艺创新既要根据新设备的要求,改变原材料、半成品的加工方法,又要求在不改变现有设备的前提下,不断研究和改进操作技术和生产方法,以求得现有设备的更充分的利用,现有材料的更合理的加工。工艺的创新与设备创新是相互促进的,设备的更新要求工艺方法做相应的调整,而工艺方法的不断完善又必然促进设备的改造和更新。企业应不断地研究和采用更合理的空间分布和时间组合方式,更好地进行人机配合,提高劳动生产率,缩短生产周期,从而在不增加要素投入的情况下,提高要素的利用效率。历史上,福特汽车公司将泰勒的科学管理原理与汽车生产实际相结合而发明的流水线生产方式是一个典型的生产组织创新。

3. 产品创新

产品创新包括品种和结构的创新。品种创新要求企业根据市场需要的变化,根据消费者偏好的转移,及时地调整企业的生产方向和生产结构,不断开发出用户欢迎的产品;结构创新在于不改变原有品种的基本性能,对现有产品结构进行改进,使其生产成本更低,性能更完善,使用更安全,更具市场竞争力。产品创新是企业技术创新的核心内容。它既受制于技术创新的其他方面,又影响其他技术创新效果的发挥;新的产品、产品的新结构,往往要求企业利用新机器设备和新工艺方法;而新设备、新工艺的运用又为产品的创新提供了更优越的物质条件。

(四)制度创新

制度是组织运行方式、管理规范等方面的一系列的原则规定,制度创新是从社会经济角度来分析企业系统中各成员间的正式关系的调整和变革。企业具有完善的制度创新机制,才能保证技术创新和管理创新的有效进行。如果旧的落后的企业制度不进行创新,就会成为严重制约企业创新和发展的桎梏。企业制度主要包括产权制度、组织制度和管理制度三个方面的内容。企业制度创新就是实现企业制度的变革,通过调整和优化企业所有者、经营者和劳动者三者的关系,使各个方面的权利和利益得到充分的体现;不断调整企业的组织结构和修正完善企业内部的各项规章制度,使企业内部各种要素合理配置,并最大限度地发挥效能。

(五)结构创新

在工业化社会的时代,市场环境相对稳定,企业为了实现规模经济效益,降低成本,纷纷以正规化、集权化为目标。但随着企业规模的不断发展,组织复杂化程度也越来越高,信息社会的到来,使环境不稳定因素越来越多,竞争越来越激烈。管理者如果意识到传统的组织结构不适应现代环境的多变性便会实施创新。一个有效组织应当是能随着环境的变化而不断调整自己的结构,使之适应新环境的组织。根据这一认识,现代企业组织正不断朝着灵活性、有机性方向发展。

(六)环境创新

环境是企业经营的土壤,同时也制约着企业的经营。环境创新不是指企业为适应外界变化而调整内部结构或活动,而是指通过企业积极的创新活动去改造环境,去引导环境朝着有利于企业经营的方向变化。例如,通过企业的公关活动,影响社区政府政策的制定;通过企业的技术创新,影响社会技术进步的方向。就企业而言,市场创新是环境创新的主要内容。市场创新是指通过企业的活动去引导消费,创造需求。人们一般认为新产品的开发是企业创造市场需求的主要途径。其实,市场创新的更多内容是通过企业的营销活动来进行的,即在产品的材料、结构、性能不变的前提下,或通过市场的地理转移,或通过揭示产品新的物理使用价值,来寻找新用户,再通过广告宣传等促销工作,来赋予产品以一定的心理使用价值,影响人们的某种消费行为,诱导、强化消费者的购买动机,增加产品的销售量。

(七)文化创新

现代管理发展到文化管理阶段,可以说已达到顶峰。企业文化通过员工价值观与企业价值观的高度统一,通过企业独特的管理制度体系和行为规范的建立,使管理效率有了较大提高。创新不仅是现代企业文化的一个重要支柱,而且还是社会文化中的一个重要部分。如果文化创新已成为企业文化的根本特征,那么,创新价值观就得到了企业全体员工的认同,行为规范就会得以建立和完善,企业创新动力机制就会高效运转。

二、创新的模式

(一)自主创新

自主创新是指拥有自主知识产权的独特的核心技术以及在此基础上实现新产品的价值的过程。自主创新包括原始创新、集成创新和引进技术再创新。自主创新的成果,一般体现为新的科学发现以及拥有自主知识产权的技术、产品、品牌等。

一般来说,自主创新活动风险较大,成本较高,相应的利润也较高。由于市场需求的复杂性和市场环境的多变性,以及生产、技术等方面的不确定性,首创型创新活动具有较大的不确定性和风险性。另外,要开辟一个全新的市场,企业必须先进行大量的市场开发投资,包括市场调查、产品开发、设备更新、组织变动、人员培训、广告宣传等。当然,如果首创型创新获得成功,企业便会因此获得巨大的市场利益。如果首创失败,企业就会蒙受一定的损失。首创型是一种高成本、高风险、高报酬的创新活动。因此,在采用首创策略时,创新者应根据实际情况,充分考虑各种创新条件的影响,选择适当的创新时机和方式,及时进行创新。

(二)模仿创新

模仿型创新是创新度最低的一种创新活动,其基本特征在于模仿性。模仿者既不必率先创造全新的新市场甚至也不必对首创进行改造。模仿创新者既可模仿首创者,又可以模仿改造者,其创新之处表现为自己原有市场的变化和发展。一些缺乏首创能力和创新能力的中小企业,往往采用模仿战略,进行模仿创新。

一般来说,模仿创新者所承担的市场风险和市场开发成本都比较小。虽然模仿创新者不能取得市场领先地位,却可以通过自己某些独占的市场发展条件来获得较大的收益和竞争优势。例如,模仿创新者可以采取率先紧跟首创者的策略,从而取得时间优势;或者采用市场割据策略、低成本策略,从而获得价格竞争优势。模仿创新有利于推动创新的扩散,因而也具有十分重要的意义。任何一个首创者或模仿创新者企业,无论它拥有多大的实力,也无法在一个比较短的时间内占领所有的市场。因此,一旦自主或模仿创新获得成功,一大批模仿创新者出现就成为必然。

(三)合作创新

合作创新是指企业与科研机构、高等院校、管理咨询公司等共同联合进行的创新。合作创新是以合作伙伴的共同利益为基础,以资源共享或优势互补为前提,通常有明确的合作目标、合作期限和合作规则,相互之间高度信任、共同参与的管理创新活动。合作创新是管理创新中最重要、最富有成效的一种创新模式,它最大的特点就是能够突破原有的思维定式,否定原有的管理模式,进行较大的管理创新活动。

三、创新的方法

（一）头脑风暴法

它是美国创造工程学家 A.F.奥斯本在 1940 年发明的一种创新方法。这种方法通过一种别开生面的小组畅谈会，在较短的时间内充分发挥群体的创造力，从而获得较多的创新设想。当一个与会者提出一个新的设想时，这种设想就会激发小组内其他成员的联想。当人们卷入"头脑风暴"的洪流之后，各种各样的构想就像燃放鞭炮一样，点燃一个，引爆一串。这种方法的规则有：

1. 不允许对别人的意见进行批评或反驳，任何人不下判断性结论。

2. 鼓励每个人独立思考，广开思路，提出的改进设想越多越好，越新越好。允许相互存在矛盾。

3. 集中注意力，针对目标，不私下交谈，不干扰别人的思维活动。

4. 可以补充和发表相同的意见，使某种意见更具说服力。

5. 参加会议的人员不分上下级，平等相待。

6. 不允许以集体意见来阻碍个人的创造性设想。

7. 参加会议的人数不超过 10 人，时间限制在 20 分钟到 1 小时。

这种方法的目的在于创造一种自由奔放的思考环境，诱发创造性思维的共振和连锁反应，产生更多的创造性思维。讨论 1 小时能产生数十个乃至几百个创造性设想，适用于问题较单纯，目标较明确的决策。

这种方法在运用中的发展为"反头脑风暴法"，做法与"头脑风暴法"相反，对一种方案不提肯定意见，而是专门挑毛病，找矛盾。它与"头脑风暴法"一反一正可以互相补充。

（二）综摄法

这种方法是美国人哥顿在 1952 年发明的一种开发潜在创造力的方法。它是以已知的东西为媒介，把毫不关联、互不相同的知识要素结合起来创造出新的设想，也就是摄取各种产品和知识，综合在一起创造出新的产品或知识，故名综摄法。这样可以帮助人们发挥潜在创造力，打开未知世界的窗口。

综摄法有两个基本原则：

1. 异质同化，即"变陌生为熟悉"。这实际上是综摄法的准备阶段。是指对待不熟悉的事物要用熟悉的事物、方法、原理和已有的知识去分析对待它，从而提出新设想。

2. 同质异化，即"变熟悉为陌生"。这是综摄法的核心。是指对熟悉的事物、方法、原理和知识，用不熟悉的态度去观察分析，从而启发出新的创造性设想。

（三）逆向思考法

这种方法是顺向思维的对立面。逆向思维是一种反常规、反传统的思维。顺向思维的常规性、传统性，往往导致人们形成思维定式，是一种从众心理的反映，因而往往成为人们一种思维"框框"，阻碍着人们创造力的发挥。这时如果转换一下思路，用逆向法来考虑，就可能突破这些"框框"，取得出乎意料的成功。

逆向思考法由于是反常规、反传统的,因而它具有与一般思考不同的特点:

1. 突破性。这种方法的成果往往冲破传统观念和常规,常带有质变或部分质变的性质,因而往往能取得突破性的成就。

2. 新奇性。由于思维的逆向性,改革的幅度较大,因而必然是新奇、新颖的。

3. 普遍性。逆向思考法应用范围很广,几乎适用于一切领域。

(四)检核表法

这种方法几乎适用于任何类型与场合的创造活动,因此又被称为"创造方法之母"。它是用一张一览表对需要解决的问题逐项进行核对,从各个角度诱发多种创造性设想,以促进创造发明、革新或工作中的问题的解决。实践证明,这是一种能够大量开发创造性设想的方法。

检核表法是一种多渠道的思考方法,包括以下一些创造技法:迁移法、引入法、改变法、添加法、替代法、缩减法、扩大法、组合法和颠倒法。它启发人们缜密地、多渠道地思考问题和解决问题,并被广泛运用于创造、发明、革新和企业管理。它的要害是一个"变"字,而不是把视线凝固在某一点或某一方向上。

(五)类比创新法

类比就是在两个事物之间进行比较,找出两个事物的类似之处,这个事物可以是同类的,也可以是不同类的,甚至可以差别很大。然后再据此推出它们在其他方面的类似之处,因此,类比创新法是一种富有创造性的发明方法,它有利于发挥人的想象力,从异中求同,从同中求异,产生新的知识,得到创新性成果。类比方法很多,有拟人类比法、直接类比法、象征类比法、因果类比法、对称类比法、综合类比法等。

(六)信息交合法

它是通过若干类信息在一定方向上的扩展与交合,来激发创造性思维,提出创新性设想的方法。信息是思维的原材料,大脑是信息的加工厂,不同信息的撞击、重组、叠加、综合、扩散、转换,可以诱发创新性设想。要正确运用信息交合法,必须注意抓好以下三个环节。

1. 收集信息

不少企业已设立专门机构来收集信息。网络化已成为当今企业收集信息的发展趋势。如日本三菱公司,在世界设置了115个海外办事处,约900名日本人和2000多名当地职员从事信息收集工作。收集信息的重点放在收集新的信息,只有新的信息才能反映科技、经济活动中的最新动态、最新成果,这些往往对企业有着直接的利害关系。

2. 简选信息

包含着核对信息、整理信息、积累信息等内容。

3. 运用信息

收集、整理信息的目的都是运用信息。运用信息,一要讲快,快才能抓住时机;二要交合,即这个信息与那个信息进行交合,这个领域的信息与那个领域的信息交合,把信息

和所要实现的目标联系起来思考,以创造性地实现目标。信息交合可通过本体交合、功

能拓展、杂交、立体动态四个原则进行。

总之,信息交合法就像一个"魔方",通过各种信息的引入和各个层次的交换会引出许多系列的新信息组合,为创新对象提供了千万种可能性。

（七）模仿创新法

人类的创造发明大多是由模仿开始的,然后再进入独创。勤于思考就能通过模仿做出创造发明,当今有许多项目模仿了生物的一些特征,以致形成仿生学。模仿不仅用于工程技术、艺术,也用于管理方面。

（八）形态分析

形态分析就是通过矩阵的方式来产生想法,这种方法起源于天体物理学的复杂技术领域。例如,一个二维矩阵,每条轴上有 10 个想法,这样两两结合,就会产生出 100 个想法。如果再增加也有 10 个想法的第三维,这样就能产生 1000 个想法。

以制造随身听的公司为例,在三维形态分析中,第一阶段就是为矩阵的三条轴找到合适的分类方式。在这一例子中,轴可以是形状、功能和地点,相应的矩阵如下:

形状:随身听的形状可以是钢笔、手表、耳饰、眼镜、手杖、日记本、梳子以及纽扣等。

功能:随身听可以产生音乐、噪音、动物的叫声,也可以作为呼机或者是留声机使用。

地点:随身听使用的地点可以有教堂、办公室、厕所、足球场、机场和街道。

这例子显示出一个 $8 \times 5 \times 6$ 的矩阵,共产生了 240 个想法,从这个想法的宝库里找出一两个好想法的机会大大增加了。

第四节　管理创新的管理

创新是一种可以组织并需要管理的系统工作。据统计,在所有的有效创新中有 90% 来自于分析、系统组合和有目的的创新。尽管管理者对灵机一动的创新也应该给予赞赏和鼓励,但管理者更应该致力于在组织中积极地引导员工进行系统的创新。从根本上说,推动一个组织稳定、快速发展必须依赖于有组织、有目的的系统创新。从这个意义上说,我们必须对管理创新进行管理,使之能够更有效地开展。

管理创新的管理实质上是要回答如何使管理创新活动更加有效,如何使管理创新行为持续、稳定地进行,使管理创新成为管理者必须履行的一个重要管理职能的问题。

为了保障管理创新工作的顺利进行,管理创新工作与其他工作一样,也需要计划、组织、领导和控制。

一、管理创新的计划

管理创新计划的制订是创新管理的基础。制订科学的管理创新计划可以提高管理创新过程的效率和成功率。

一般来说,与企业中的其他工作一样,管理创新计划的制订要服从企业的总体目标,通过深入分析企业的外部环境和内部条件,明确管理创新目标,选择正确的创新途径,配置必要的创新资源,制订切实可行的实施计划。

企业制订管理创新计划,首先要进行创新对象的选择,即根据企业环境的变化和管理中发现的各种问题决定进行什么样的创新,是观念创新、组织创新,还是方法创新。是否能正确选择管理创新对象取决于管理者是否有强烈的问题意识,就是说在制定创新计划的时候,管理者能否事先预计到可能发生的各种问题;问题发生时,能否及时准确地感知和察觉。一般来说,应把前面计划期遗留的问题和最近发生的管理中的突出问题作为管理创新对象优先考虑。

管理创新计划应由企业最高领导亲自主持制订,由于实施管理创新成果涉及企业的方方面面,所以计划工作应尽早进行。

收集资料、分析资料、提供依据等具体工作由综合管理部门与其他职能部门去做,各部门应提交本部门本年度需要解决的各种管理问题,及创新活动开展所需要的人、财、物和可行性分析、对其他工作的影响。企业领导必须掌握第一手资料,拟定的草案和各种汇总资料、数据必须由企业领导班子亲自审定、批准。

二、管理创新的组织

管理创新的组织工作要求管理者按照创新目标和计划的要求建立合理、高效、能保证计划顺利实施的组织结构与体系,合理安排和调配各种组织资源,以保证管理创新计划的顺利完成。具体而言,管理创新的组织工作主要包括以下几个方面。

1. 建立和完善创新制度。制定鼓励创新的规章制度是企业进行创新管理的基础工作。通过制度建设可以使管理创新活动制度化、规范化、持续化。通过创新制度的建立和完善,可以将创新工作纳入组织体系之中,明确组织创新理念、与创新有关的职责分工和工作规则,有效保证从事创新活动所需要的各种资源,为创新工作的开展提供组织保障。如有的企业明确规定创新包括技术创新与管理创新,每年用于创新的经费不低于上一年度销售收入的 5%,同时明确了对创新成果的奖励政策和创新者的各种权益,使企业的各项创新工作得以正常进行。

2. 保证对管理创新的投入。对于管理创新,所需要的投入既包括资金方面,又包括时间、精力、信息等方面。管理者要舍得在管理创新与管理创新的组织上花一定的时间与精力,也要给员工以一定的时间和条件使其能够进行管理创新。把每个人的每个工作日都安排得非常紧,使每个人都"满负荷工作",人们就没有时间进行思考,也就无法产生创新的构想。管理者要让员工用部分工作时间去思索,如 IBM、3M、奥尔-艾达以及杜邦公司等美国成功的企业往往让员工自由地利用 5%～15% 的工作时间来开发他们的兴趣和设想。

3. 成立创新小组。在企业内部有效开展管理创新的组织形式可以多种多样,如成立质量管理小组(简称 QC 小组)、攻关小组、管理专项工作推进小组等。

4.广泛开展创新思维与创新技法教育。目前,我国许多企业的员工没有接受过创新思维和创新技法的教育。创新意识十分薄弱,甚至许多人不知道什么是创新学,个人的创新障碍普遍不同程度地存在。许多人不想也不知道如何来开发自己的潜能,因而很少有人把心思放在各类创新活动上。这是一种极大的人力资源的浪费,事实证明,一般员工经过短时间的培训就可以收到明显效果,对员工进行全新技能的开发投资也是投资回报率最高的投资之一。

三、管理创新的领导

管理创新工作是开发员工的智力,而不是体力。在管理创新工作的领导过程中,管理者主要是要建立良好的组织创新环境并做好创新的激励工作。为此,要做好以下几个方面的管理工作:

1.管理者应以身作则,富有创新精神。只有自身富有创新精神的管理者,才会珍惜员工的创新性,才会支持和鼓励员工的创新。只有富有创新精神的管理者,才会意识到创新主要取决于人。因而把那些不盲从、爱独立思考的有创新才能的人看成是最宝贵的财富,进而珍视他们的意见,善于吸收和保护有才能的人,在工作中善于鼓励下属进行创新,并帮助下级发挥他们的创新潜力。

2.创造促进创新的组织氛围。公司文化对创新行为具有重大的影响。在官僚作风严重的环境下,创新是很难得到推动的。为了促进创新,公司必须创造一种环境,使雇员们敢于冒险。

3.正确地对待失败。创新的过程是一个充满不确定性的过程,失败是难免的。创新者和创新的组织者都应该认识到这一点。为此,管理者必须非常小心地对待创新失败,如果创新失败的原因是能力不够、系统性失误或管理草率,组织应予以适当的惩罚;对由于不确定性而导致的失败,则不应惩罚。组织应致力于允许"试错"的组织文化的建设,并在制度上保证失败者不会因为创新失败而受到惩处,从而鼓励人们大胆创新。促进创新的一个好方法就是大张旗鼓地宣传创新、鼓励创新,使每一个人都奋发向上、跃跃欲试、大胆尝试,做好该做的事,鼓励创新,使每个人都认识到自己在组织中的职责不仅是按照既定的规则工作,也包括寻找更好的工作方法,以更好地实现组织目标。我们甚至可以对创新的失败同样给予鼓励。

4.强化创新激励机制。要激发每个人的创新热情,就必须建立合法的评价和报酬机制。创新的原始动机既可能是出于责任心、个人的成就感和自我实现的需要,也可能是为了生存,为了得到更多的收入,不管是出于什么目的,都必须建立合理的奖惩制度。如果创新的努力和工作不能得到企业的认可,不能得到公正的评价和合理的报酬,则创新的动力就会逐渐消失。

四、管理创新的控制

如同企业其他项目一样,关于管理创新的各项工作,也应该纳入企业工作检查范围并加以经常性的督促,只有这样,才能保证创新目标的实现。

建立实施过程中的控制与评价体系。管理创新方案实施的关键是要在实施过程中建立控制与评价制度,确保执行部门和人员严格按照创新方案去实施,否则创新方案实施效果不理想的原因就难以搞清楚。如果严格按照创新方案去实施,而效果不理想,那么就说明原来的创新方案需要修改与完善。如果没有严格按方案去实施,出现效果不理想的情况,将会面临左也不是右也不是的局面。修改方案没有依据,因为不能证明方案在什么地方有问题。如继续执行,则执行者有意见:明摆着没有用,为什么还要执行?这样,创新活动就会流产,企业就得不到实效。而如果能在方案实施过程中建立信息反馈渠道,及时检查实施情况,发现差异,查明原因,对创新方案进行不断修正和完善,直至达到预定的创新目标为止,就可以确保创新目标的实现,促使企业管理水平上一个新台阶。

▷【本章小结】

1.创新是生产要素的重新组合,其目的是获取潜在的利润。

2.创新的特征:不确定性,保护性和破坏性,必然性和偶然性,被排斥性,负责性,时效性和动态性。

3.创新的过程:寻找机会—提出构想—迅速行动—忍耐坚持。

4.创新的内容:观念创新,目标创新,技术创新,制度创新,结构创新,环境创新和文化创新。

5.创新的模式:自主创新,模仿创新和合作创新。

6.管理创新的管理分成四个过程:管理创新的计划,管理创新的组织,管理创新的领导和管理创新的控制。

▷【复习思考题】

1.生活中,你是一个具有创新意识的人吗?周围的人在这个问题上是如何评价你的?请做一个调查。

2.你能理解熊彼特创新含义中五个具体方面的内容吗?说说你的看法。

3.请为创新的过程画一张图。

4.创新的内容和方法各有哪些?

▷【实训题】

每10人一组,围绕班级某项工作开一次会,用头脑风暴法找出创新构想。各组做好记录。然后进行比较,看谁想得多,想得好,最后列出认为具有可行性的构想(可有多个)。

▷【案例讨论】

小米的无缝开放式创新

2018年5月3日,小米集团正式以"同股不同权"公司身份向港交所提交

IPO(首次公开募股)申请文件,有望成为港股首批"同股不同权"上市公司,也有望成为2018年全球规模最大IPO。

小米拟赴港上市的消息一直不绝于耳,此前多家券商预计,小米估值高达1000亿美元。据港媒报道,小米最快6月中招股,6月底至7月初挂牌。这一规模的IPO将是香港有史以来最大规模的IPO,小米同时也有望成为2018全球最大型的科技新股。

小米成立于2010年,在短短的七八年间迅速发展。是什么成就了今天的小米呢?其公司的创始人雷军曾在不同的场合表示了创新对小米的重要性。下面我们就从几个方面来看小米的开放式创新。

产品策划

小米创始人雷军是一位手机发烧友和互联网领域创业的老兵,创始人团队其他成员也在软硬件开发方面具有丰富的经验,他们认为,发烧友乐意体验和参与手机新产品的开发,可以口碑销售的推动者,从而让更多的人知道并认可小米手机,因此小米把核心用户定位于发烧友。小米副总黄吉江说:"为什么发烧友那么重要?原因很简单,因为我们一上来就挑了一波最严格、最挑剔的用户,你过不了他们这一关,就不用继续了;但是你过了他们这一关,他们会成为你最大的口碑推动者。"

小米在产品策划阶段充分考虑用户的价值和参与感,把发烧友当成"领先用户",并作为一种创新资源和小米产品的共同创造者,而这正是开放式创新和认知盈余理论所阐述的互联网时代的客户参与企业产品创新的景况。领先用户有几重主要价值:①明确的需求信息,他们可以清晰地描述出他们的需求,这是一般用户难以做到的;②帮助公司开发新产品和服务的原型和概念;③最后是加速新产品的开发过程,并帮助公司降低成本。互联网让企业从世界范围内寻找领先客户并保持与他们的密切沟通变得快速和低成本。

小米公司在产品和功能的策划阶段注重提出产品价值假设和增长假设。这一过程首先从找到发烧级"早期使用者"开始,他们对不完美产品和产品错误愿意接受,而且渴望给厂商提供反馈意见。如果产品的价值假设是正确的,发烧友们会积极地将产品介绍给其他客户(口碑),从而实现增长假设,否则厂商需要根据领先用户的反馈进行调整。

产品设计

基于为发烧友打造的高品质低价格智能产品的定位,小米在产品设计阶段重视用户的需求,邀请客户密切参与。小米认为重视用户的想法,让他们的期望快速实现是对客户最大的尊重和回报。就软件来说,小米手机操作系统是基于Android改进的用户界面(MIUI)系统。MIUI团队在原生的Android系统上不断进行功能增添和改进,设计人员在设计过程中通过网上平台与客户密切讨论。每天推出一个内测版供荣誉组核心客户试用以确定该功能是否符合他们的真正需求。在客户的参与下,小米推出了200余项符合国人使用习惯的设计。小米经常用投票方式征集用户意见,然后根据用户反馈来决定功能的去留。另外,小米设置了爆米花奖,由用户投票选出最好功能,让客户直接决定员工的奖励。

小米手机硬件研发也是基于市场的最新最好的标准对元部件进行组合,在同一个大版本的平台上,推出几个小版本,对销售的每一个批次的硬件都有微改善,从而保证核心设计的稳定性同时快速适应市场的变化和不同客户的需求。手机硬件的内部和外部设计都由小米团队完成,他们从用户体验出发进行设计,在易用性和个性化上重点发力。在手机新功能开发之前会通过论坛提前向用户透露一些想法,或者在正式版本发布前几周,让用户投票选择需要什么样的产品,从而及时调整。

小米如此广泛邀请客户参与产品设计,最后呈现出来的是适合不同用户的不同使用习惯的功能集大成产品。设计功能集大成产品是为按长尾分布的消费者提供更多价值的一种方式,另一种方式是做很多个性化产品来满足不同客户的需要,这两种做法在互联网时代都可以做到物美价廉。精益创业的思路也体现在小米产品设计的过程中,设计人员不断就产品某个功能提出价值假设,然后及时与客户沟通以验证或否定该假设,与客户共同设计契合市场需求的产品功能。

产品开发

对于处于不确定环境下的企业,小步快跑、快速迭代的产品开发方式是一种很好的选择,这与小米提倡的专注、极致、口碑、快不谋而合。小米的快速迭代、随做随发产品开发方式来源于软件敏捷开发模式,这种方法的基本假设是任何产品推出时不会是完美的,所以要迅速让用户接触产品,从而找到真实的需求。对于传统软件开发模式,小米副总黄江吉说:"微软一直在追求最完美的开发模式,那是一种让你不可能犯错的开发模式。首先花几个月时间做计划;然后是设计,设计又是几个月的时间;然后开发,开发这个过程可能仅仅占整个周期的24%甚至更少,最后的测试也是一个浩瀚的工程。在微软,没有测完的产品是不可以发布的。这个流程1~2年完成一次。而小米在产品开发阶段,把客户既当产品经理,又当体验评测员,设计了多种平台和工具,多渠道收集和分析用户的反馈,基于大数据进行分析,更看重用户的网上吐槽,根据用户的最大痛点去判断到底什么方面要修正和提高。同时,小米完整地建立了一套依靠用户的反馈来开发和改进产品的机制,包括建立员工与客户互动的互联网平台,建立激励机制鼓励员工与客户交流激发客户参与开发的热情,从海量的用户反馈筛选有用信息,紧盯重点反馈,及时解决问题。参与产品开发的发烧友对产品在功能和技术上有深刻的认识,并愿意参与产品的开发。按照客户的兴趣和参与程度,小米推动建立了一些客户组织,例如开发者团队等,客户所参与的绝大部分工作都是以志愿者方式无偿奉献,有少量的产品开发工作(例如适配更多机型)小米会外包给客户完成并向他们支付报酬。"

产品测试

小米公司在产品测试阶段大量地卷入了客户做全方向的测试。据小米估计,软件中约80%的问题是客户找到的。在这个过程中,小米有很多创新之处:一是按客户的兴趣和能力建立客户组织;二是建立内部的容错和快速修正机制;三是建立风险控制机制。针对每个小米产品,都设有一个客户组成的荣誉内测组,这是一个测试该产品的核心组织,完全由客户自治,他们选举自己的管理委员会,制定操作规则,自主发展成员。例如MIUI荣誉内测组成员每天都有数千人参与小米MIUI当天发布的软件测试,通过了内测的产品,才会被推广到更大的客户群。例如MIUI每周推出的开发版,会有几百万在开发组的客户使用,最后每月的稳定版有几千万普通客户使用。洪锋说,迭代开发具有极大的容错机制。如果你一上来就面对所有的用户,你就不敢创新,因为如果犯错,代价太大了。通过三个版本的迭代,可以极大地降低犯错概率。

面对日益快速增加的庞大客户群,为了控制产品瑕疵带来的风险,小米采取灰度升级的方式,首先通过一些条件选择1%的用户让他们升级,然后观察他们的使用,经过确保他们没有遇到问题之后,再分步把产品分层次逐渐推广至其余客户。同时小米会让用户知道他们是哪个级别的用户,这一尝鲜的策略吸引了部分客户成为小米的测试人员。小米把做软件的思维也用在做硬件上。在每一代小米硬件产品正式发售之前,小米都会推出工程测试机,让荣誉内测组的资深发烧友试用,拿到工程机的客户必须按照小米的要求进行测试并写出报告,小米论坛专门开辟出版块收集米粉对测试机提出的建议,miui.com也设有专门的BUG库。所有问题汇总后,工程师会在下一批量投产前改进。

产品发布

小米把产品发布既当成营销手段,也当成回馈粉丝并与粉丝互动的方式。小米有两种典型的产品发布方式,一种是线下方式,例如每年一度的新产品发布会;一种是线上方式,例如经常更新的MIUI软件。小米年度新产品发布会是一场精心设计的秀,充满仪式感,小米非常重视产品发布会的每一个环节,既有新产品看点,还有现场台上台下的互动。新产品的线上发布是小米的常规产品发布方式,大部分新版硬件产品和几乎所有软件产品都是用线上方式发布的。例如MIUI每天发布一个内测版,每周发布一个开发版,每月发布一个稳定版。线上发布除了成本低廉,还可以及时收集客户反馈表。小米团队秉持开发就是为了发布,发布就是为了反馈,反馈就是为了指导下一步的开发的原则,在产品发布后让开发团队快速地开始跟踪客户反馈,进入下一轮的产品策划—设计—开发—测试的循环过程。

无缝开放式创新

产品创新流程和模式的创新必须与公司组织管理相融合与匹配。小米有关研发的组织创新体现在两个方面,其一,与其他公司按产品研发流程的阶段性功能进行员工组织的方式不同,小米研发团队分成两个层级,大产品团队(例如 MIUI,某型号手机)以及下面的若干个产品功能团队。产品功能团队是日常运作核心,每个小团队包括产品经理设计师、开发工程师、测试、运维、论坛客服等职务,少则 3 人最多 10 人,完成一个功能从策划到发布的完整过程,每个步骤之间实现无缝对接。小组开发出最小化可行产品后,卷入用户全程参与策划、设计、开发、测试和发布的全过程,从而不断改进产品,实现产品的快速迭代升级。这种创新方式已经有几个版本的变种,例如敏捷开发、精益创业等。小米的产品快速迭代模式最重要的特点是在产品创新的全过程实现众包。其二,小米创造了一套线上线下寻找、管理、激励领先客户和发烧友的机制,包括搭建了高效的互联网平台,构建了自我管理的客户组织,并形成了一套让客户和员工互相激励的措施等。小米搭建的网上平台让客户以极低的成本参与企业产品创新的过程,在实现自我价值的同时也为企业聚沙成塔创造了巨大的价值,在互动协作中使企业和用户之间出现了传统企业和客户所不曾有过的新特征,例如平等、受尊重、为社会创造额外价值等。

基于对小米产品研发各阶段的分析以及整个产品创新管理过程的综合考察,我们认为小米模式与目前的六代创新模式相比具有崭新的特征,因此把这种模式命名为无缝开放式创新(seamless open innovation)。因为首先,小米产品创新全程对客户开放,利用互联网打通了公司产品团队和客户之间的墙,让员工与客户无缝合作,而不是像传统的开放式创新仅主要解决创新思路来源和创新成果利用的问题;其次,小米产品创新过程的迭代开放和循环往复性,让产品创新过程的每个步骤无缝对接,而不是传统产品创新管理的阶段性、线性化过程。

(参考资料:无缝开放式创新:基于小米案例探讨互联网生态中的产品创新模式.科研管理,2014(12))

1.你觉得小米的无缝开放式创新的特点有哪些?

2.小米的开放式创新和一般企业的创新有什么不同?有什么优点和不足?

3.你觉得小米的创新属于哪种类型的创新?

4.小米的创新经验对其他企业有什么借鉴?

主要参考文献

1. 成刚.组织与管理原理.上海：上海人民出版社,2002.

2. 顾锋.管理学.上海：上海人民出版社,2004.

3. 郭咸钢.西方管理思想史.北京：经济管理出版社,2004.

4. 哈罗德·孔茨,海因茨·韦里克.管理学(第十版).张晓君等,编译.北京：经济科学出版社,1998.

5. 加雷斯·琼斯,珍妮弗·乔治.当代管理学(第3版).郑风田,赵淑芳,译.北京：人民邮电出版社,2005.

6. 揭筱纹.管理思想史.北京：清华大学出版社,2011.

7. 理查德·L.达夫特,多萝西·马西克.管理学原理.高增安,马永红改编.北京：机械工业出版社,2005.

8. 刘峰.管理创新与领导艺术.北京：北京大学出版社,2006.

9. 斯蒂芬·P.罗宾斯,玛丽·库尔特.管理学(第7版).孙健敏,黄卫伟,王凤彬等,译.北京：中国人民大学出版社,2004.

10. 苏勇,罗殿军.管理沟通.上海：复旦大学出版社,1999.

11. 孙焱林,陈雨良,李彤.实用现代管理学.北京：北京大学出版社,2004.

12. 王卫东,陶应虎.管理学——基于网络构建竞争优势.北京：科学出版社,2004.

13. 小约翰·谢默霍恩.管理学原理.甘亚平,译.北京：人民邮电出版社,2005.

14. 邢以群.管理学(第2版).杭州：浙江大学出版社,2005.

15. 邢以群.管理学.北京：高等教育出版社,2007.

16. 熊勇清.管理学.长沙：湖南人民出版社,2005.

17. 徐光华,暴丽艳等.管理学——原理与应用.北京：清华大学出版社,北京交通大学出版社,2004.

18. 杨孝伟,赵应文.管理学——原理、方法与案例.武汉：武汉大学出版社,2004.

19. 张明玉等.管理学.北京：科学出版社,2005.

20. 张兆响,司千字.管理学.北京：清华大学出版社,2004.

21. 赵涛,齐二石.管理学.天津：天津大学出版社,2004.

22. 赵涛.管理学案例库.天津：天津大学出版社,2005.

23. 赵涛.管理学习题库.天津：天津大学出版社,2005.

24. 周三多等.管理学——原理与方法(第四版).上海：复旦大学出版社,2005.

25. 周文霞.管理中的激励.北京：企业管理出版社,2004.

26. 周祖城.企业伦理学.北京：清华大学出版社,2005.